复旦卓越·21世纪旅游管理系列
TWENTY-FIRST CENTURY TOURISM MANAGEMENT SERIES

中国旅游地理

主　编　谢永健
副主编　万颖莹　刘　讯

复旦大学 出版社

内容提要

本书主要以旅游行业一线从业人员及管理人员应具备的中国旅游地理基础知识为出发点，分析了中国旅游资源产生的环境特征，阐述了中国旅游资源的总体特征及分布规律，详细介绍了各旅游区的旅游资源特色及其地理分布，简明介绍了各省、区、市的重点旅游线路，并配置了旅游示意图以方便学习者掌握地理区位概念，还设计了大量思考与练习题，以满足师生教学需求。本书可作为应用型本科、高职高专旅游管理专业的教材，也可作为旅游行业从业人员的业务学习和培训参考用书。

前言

依据高职高专旅游管理专业的人才培养方案，把握旅游职业教育的实际需要，适应当前职业教育改革的要求，结合中国旅游业发展的特点及现状，为应用型本科和高职高专院校旅游管理专业以及旅游企业从业人员培训编写了本书。"中国旅游地理"是旅游管理专业的必修课程，也是学习中国旅游知识以及导游资格证考试的基础课程。本书完全可以满足本课程的教学需要，主要从中国旅游资源地理和中国区域旅游地理两大部分安排内容。中国旅游资源地理部分主要阐述旅游资源的概念、中国旅游资源的总体特征及其产生的环境特征、中国自然旅游资源和人文旅游资源的特征及分布规律；中国区域旅游地理部分主要分析各旅游区的旅游地理环境及旅游资源特征及其对旅游业的影响，介绍各旅游区的主要旅游地及主要旅游线路。

本书的编写从学生学习的实用性出发，简明阐述旅游地理概念，详尽地解释旅游资源的地理特征，采用了大量图表，可以直观呈现中国旅游资源的分布规律，依照导游资格考试的要求充分设计每章的思考与练习题以便学生巩固掌握重点知识，并通过填图练习和实训题提高解决实际问题的技能。本书还充分考虑了教师的教学需要，在合理安排教学内容的同时还摘录了旅游行业最新的动态及信息资料，并配置了各省（区、市）的旅游景点分布示意图，充分利用地图方法辅助教学。本书作者把从事中国旅游地理教学二十多年的教学经验积累制作了PPT课件供教学参考使用，实现纸质教材、电子教案及课件的同步性，加强了教学的方便性。

本书由江西工业贸易职业技术学院旅游系谢永健老师主编并统稿，第一章中国旅游地理概述、第二章中国旅游资源地理、第三章中国旅游地理区划、第四章东北旅游区、第五章中原旅游区、第六章长江下游旅游区、第七章长江中上游旅游区、第十章西北旅游区由谢永健老师编写，第八章华南旅游区、第九章西南旅游区由刘讯老师编写，第十一章青藏旅游区、第十二章港澳台旅游区由万颖莹老师编写。

本书在编写过程中参考了大量的相关文献资料,已在书后的参考文献部分列出,在此谨向这些文献资料的作者表示诚挚的谢意!由于编写水平有限,书中难免存在疏漏不当之处,敬请专家和读者批评指正。

编者

2021 年 3 月

目录

第一章　中国旅游地理概述 / 001
　　学习目标 / 001
　　第一节　旅游地理的概念 / 001
　　第二节　中国旅游地理研究的主要内容 / 003
　　第三节　中国旅游地理研究的意义和方法 / 004
　　思考与练习 / 005

第二章　中国旅游资源地理 / 007
　　学习目标 / 007
　　第一节　旅游资源概述 / 007
　　第二节　中国旅游资源产生的环境特征 / 011
　　第三节　中国自然旅游资源 / 021
　　第四节　中国人文旅游资源 / 038
　　思考与练习 / 061

第三章　中国旅游地理区划 / 068
　　学习目标 / 068
　　第一节　中国旅游地理区域概述 / 068
　　第二节　中国旅游地理区划方案 / 070
　　思考与练习 / 074

第四章　东北旅游区 / 075
　　学习目标 / 075
　　第一节　旅游地理环境及旅游资源特征 / 075
　　第二节　主要旅游地介绍 / 080

第三节　主要旅游线路介绍 ………………………………………… / 097
　　思考与练习 …………………………………………………………… / 099

第五章　中原旅游区 …………………………………………………… / 102
　　学习目标 ……………………………………………………………… / 102
　　第一节　旅游地理环境及旅游资源特征 …………………………… / 102
　　第二节　主要旅游地介绍 …………………………………………… / 108
　　第三节　主要旅游线路介绍 ………………………………………… / 157
　　思考与练习 …………………………………………………………… / 160

第六章　长江下游旅游区 ……………………………………………… / 164
　　学习目标 ……………………………………………………………… / 164
　　第一节　旅游地理环境及旅游资源特征 …………………………… / 164
　　第二节　主要旅游地介绍 …………………………………………… / 171
　　第三节　主要旅游线路介绍 ………………………………………… / 208
　　思考与练习 …………………………………………………………… / 210

第七章　长江中上游旅游区 …………………………………………… / 213
　　学习目标 ……………………………………………………………… / 213
　　第一节　旅游地理环境及旅游资源特征 …………………………… / 213
　　第二节　主要旅游地介绍 …………………………………………… / 216
　　第三节　主要旅游线路介绍 ………………………………………… / 241
　　思考与练习 …………………………………………………………… / 243

第八章　华南旅游区 …………………………………………………… / 246
　　学习目标 ……………………………………………………………… / 246
　　第一节　旅游地理环境及旅游资源特征 …………………………… / 246
　　第二节　主要旅游地介绍 …………………………………………… / 249
　　第三节　主要旅游线路介绍 ………………………………………… / 267
　　思考与练习 …………………………………………………………… / 268

第九章　西南旅游区 …………………………………………………… / 271
　　学习目标 ……………………………………………………………… / 271

第一节　旅游地理环境及旅游资源特征……………………………………… /271
  第二节　主要旅游地介绍……………………………………………………… /275
  第三节　主要旅游线路介绍…………………………………………………… /308
  思考与练习……………………………………………………………………… /310

第十章　西北旅游区 …………………………………………………………… /314
  学习目标………………………………………………………………………… /314
  第一节　旅游地理环境及旅游资源特征……………………………………… /314
  第二节　主要旅游地介绍……………………………………………………… /317
  第三节　主要旅游线路介绍…………………………………………………… /344
  思考与练习……………………………………………………………………… /345

第十一章　青藏旅游区 ………………………………………………………… /348
  学习目标………………………………………………………………………… /348
  第一节　旅游地理环境及旅游资源特征……………………………………… /348
  第二节　主要旅游地介绍……………………………………………………… /351
  第三节　主要旅游线路介绍…………………………………………………… /362
  思考与练习……………………………………………………………………… /363

第十二章　港澳台旅游区 ……………………………………………………… /365
  学习目标………………………………………………………………………… /365
  第一节　旅游地理环境及旅游资源特征……………………………………… /365
  第二节　主要旅游地介绍……………………………………………………… /368
  思考与练习……………………………………………………………………… /382

主要参考文献 …………………………………………………………………… /384

第一章 中国旅游地理概述

学习目标

通过本章学习，你应该较清晰地认知地理环境对人类的旅游活动产生的深刻影响，理解旅游地理的概念，了解本课程的学习内容和重难点，掌握学习中国旅游地理的方法并运用到具体的学习中去。

第一节 旅游地理的概念

案例导引

某高校地理专业毕业的小李是一名中学地理老师，毕业后曾考取导游资格证，因而常常利用假期到旅行社做兼职导游，而且他成了一名深受游客喜爱的导游。在与其他导游接触过程中他发现，能将景点地理现象讲解清楚的导游一般都较受游客欢迎，因为这类导游知晓地理现象与旅游资源之间的关系，对景点旅游资源的成因讲解明白，令游客更清晰地理解旅游景观的特点，达到更好的旅游审美的目的。

一、地理环境与旅游的关系

人类的旅游活动离不开地理环境。

旅游是人们离开长期居住地到异地去短暂迁移的人类活动类型。这项活动的特征及性质，既离不开客源地的地理环境特征，也离不开目的地的地理环境特征，而且人类活动的结果也将对地理环境产生不同程度的影响。因此，旅游这一社会现象与地理环境之间有着必然的联系，相互影响，相互制约。

1. 旅游活动是在一定地理环境中进行的

人们之所以离开常住地到异地去，就是因为两地的地理环境特征有着一定的差异，这种差异对人们产生了吸引力，于是在这个空间里发生了旅游活动这种人类现象。

地理环境是指以人类为中心的，人类生存的地域空间，包括自然地理环境和人文地理环境两大部分。自然地理环境是指人类生存的自然地域空间，也就是人们常说的自然界，是人类生存和发展的自然基础，一般认为其范围涵盖大气圈、水圈、岩石圈、生物圈四个圈层，也可以分解为地貌、气候气象、水文、土壤、植被、动物等六个要素。人文地理环境是指人类在其发展过程中不断征服自然和改造自然而创造的大量的人类活动，以及这些活动所产生并保留下来的痕迹，包括政治、经济、历史、文化、宗教、民俗、建筑等诸多方面。

2. 旅游资源是地理环境的一部分

旅游资源是自然界和人类社会存在的可以为旅游业开发利用的部分，地理环境正是包括自然环境和社会环境两部分。因此，地理环境中那些能吸引游客的、可以开发利用为旅游景观的因素和现象，即构成为旅游资源。自然旅游资源为自然环境中的一部分，人文旅游资源为人类社会环境中的一部分。

3. 旅游业的发展必须与地理环境相协调

旅游业的发展依赖旅游资源的可持续利用、旅游交通的便利运行以及地区经济的强力支持，也就是说，旅游业的发展离不开区域空间，景区景点的规划与开发都必须紧密结合区域的经济规划，与区域地理环境相协调。同时，旅游业的发展也将对区域地理环境产生一定的影响，当旅游开发规划符合区域地理环境特征时会促进区域环境质量的提升，并进一步支持旅游业的发展，形成良性循环；反之，旅游资源的开发利用没有遵循科学合理的原则，将导致对地理环境的破坏，并反过来限制旅游业的持续发展。

二、旅游地理学的概念

旅游地理学是旅游管理学科体系中的一门专业基础性学科，是随着现代旅游业的蓬勃发展的需要而兴起的。同时，旅游地理学又是地理学科体系中的一个分支学科，地理学家运用地理学研究方法，将地理学的有关研究成果结合旅游学的内容，综合研究人类旅游活动产生、发展及分布的规律，分析其与地理环境之间的关系，以及人类旅游活动对自然环境和社会环境可能造成的影响。

旅游地理学是研究人类旅游活动与地理环境、社会经济发展之间关系的科学。

人类的旅游活动所涉及的面特别广,旅游地理的研究不可避免地与众多学科的研究领域有着密切的联系,如自然地理、社会经济、历史文化、音乐艺术、民族民俗、园林建筑、哲学宗教、生态环境、心理审美、烹饪美食等。因此,旅游地理学是一门综合性、应用性很强的学科,要求研究学习旅游地理时同时具备各相关学科的基础知识和文化素养,才能达到更高的目标。

第二节 中国旅游地理研究的主要内容

中国旅游地理是研究中国范围内旅游活动与地理环境的关系,以及旅游活动对社会经济发展的影响,因此,中国旅游地理学习研究的主要内容体现在以下五个方面。

一、中国旅游地理环境特征

中国旅游地理环境主要研究中国旅游业生存和发展的地理背景条件,包括自然条件、经济条件和社会文化条件等,也是中国旅游业发展的最基础条件。

二、中国旅游资源地理

中国旅游资源地理主要研究中国旅游资源的类型、特征、空间分布规律,以及旅游资源的开发评价。

三、中国旅游交通地理

中国旅游交通地理主要研究中国旅游交通方式及其地域组合、中国旅游交通网布局及其发展、中国旅游交通与旅游线路设计的关系。

四、中国旅游区划

中国旅游区划主要研究中国旅游区划的原则、依据、区划方案,以及各区划方案

五、中国分区旅游地理

中国分区旅游地理主要研究中国旅游区的旅游地理环境特征、旅游资源特色、主要旅游地及主要旅游线路。这一内容是中国旅游地理学知识体系中最重要的内容，也是学习本课程的重点内容。

第三节　中国旅游地理研究的意义和方法

一、学习研究中国旅游地理的意义

1. 有助于各旅游地科学合理地开发旅游资源，推动旅游业的发展

中国旅游地理的主要研究内容为中国及各旅游区的环境特征和旅游资源特征，强调地方特色和区域差异，旨在指导各区域充分发挥当地旅游特色与优势，促进各旅游区科学合理开发特色旅游资源，从而推动旅游业的持续发展。

2. 坚实旅游从业者的知识基础，提高旅行社经营管理水平

旅游从业者通过学习掌握中国旅游地理的相关知识，有助于正确认识各地发展旅游业的环境特征和旅游资源特征，在实际工作中能更好地筹划和组织旅游客源市场，合理设计旅游线路，开发旅游产品，促进旅游经济效益、社会效益和环境效益协调发展，提高整个旅游行业的经营管理水平，为旅游业的可持续发展夯实基础。

3. 增强旅游从业者的环境意识，为旅游业可持续发展培养人才

中国旅游地理侧重于研究各旅游地旅游地理环境特征基础上的旅游资源开发，强调环境保护与资源开发的协调一致性，有利于区域旅游资源的可持续性利用，学习研究者可以大大增强环保意识，特别是高校旅游管理专业学生学习时可以很好地培养先进的环保理念，为旅游业可持续发展培养人才。

4. 指导旅游者合理选择旅游目的地，成为旅游者的"导游"

中国旅游地理介绍了中国及各旅游区域的旅游资源分布规律，较详细地分析了各地旅游特色，介绍各地特色旅游资源和主要景区及主要旅游线路，对旅游者可以起到选择旅游目的地的参谋作用，在一定程度上可以起"导游"的作用，成为旅游者的指导书。

二、学习中国旅游地理的方法

1. 重视地图的帮助

地理学的研究和学习一定是离不开地图的运用和帮助的，中国旅游地理的学习内容都要落实到一定的地域空间上，借助中国地图和各旅游区域地图的帮助，可以更直观反映旅游地理环境特征，更清晰明了旅游地和旅游线路的分布，达到更好的学习效果。

2. 综合分析与主导原则并用

旅游所涉及范围特别广，从自然因素到人文环境，影响旅游业的因素众多，因此在进行区域旅游分析时，需要全面考虑各方面因素对其综合分析，同时又要在各影响因素中找到作用最大的主导因素，并以此总结区域旅游资源特征和旅游地特色。

3. 学会对比分析

各旅游区的旅游资源特征和旅游地特色是在与其他旅游区的比较中凸显出来的，所以在学习区域旅游地理时要学会对比分析，可以借助列表的方法进行对比，更为直观明晰。

4. 拓展知识面

中国旅游地理所涉及知识面很广，各相关知识在本课程无法全面介绍，需要学习者利用各种渠道学习获得，只有通过自学的方式学得更多更广的相关知识才能更深入地理解本课程内容，达到更好的学习效果。

5. 通过实地考察

实地考察是传统的学习研究地理学的非常有效的方法，学习者如果能够利用适当的机会对所学书本知识内容进行实地考察，不仅能够加深理解，增强记忆，而且可能还会有自己的新发现，产生新体验，大大增强学习效率。

 思考与练习

1. 简述中国旅游地理研究的主要内容，并分析中国旅游地理课程与本专业其他课程的关系。
2. 你认为地图在学习中国旅游地理时有什么样的作用？你将为学习中国旅游地理准备哪些地图？
3. 填空题

（1）自然地理环境就是人们常说的_____。

（2）想要更明确认识到一个旅游区的旅游特色，可以借助于_____的学习方法。

4. 判断题

（1）地理环境是指地貌、气候气象、水文、土壤、植被、动物等六个要素。（   ）

（2）旅游地理学是研究人类旅游活动与地理环境、社会经济发展之间的关系的科学。（   ）

（3）充分利用地图是学习旅游地理学的重要的方法。（   ）

第二章 中国旅游资源地理

学习目标

了解中国旅游资源产生的自然地理环境和人文地理环境，认识中国旅游资源的整体特征，掌握中国各类旅游资源的特征及其分布规律。

第一节 旅游资源概述

一、旅游资源的概念

1. 旅游资源的定义

资源是指一国或一定地区内拥有的物力、财力、人力等各种物质要素的总称，是可以被人类开发和利用的客观存在形态，它广泛地存在于自然界和人类社会中。资源可以分为自然资源和社会资源两大类。

旅游资源的定义可以从资源的定义理解中延伸出来。一般来说，旅游资源是指在自然界和人类社会客观存在的，能激发旅游者旅游动机并实现旅游行为，为旅游业所利用并能产生经济效益、社会效益和环境效益的各种事物和因素的总和。

2. 旅游资源的含义

理解旅游资源的概念可以从以下四方面着手。

第一，旅游资源是客观存在的，是地理环境的一部分，但不等同于地理环境，是地理环境中可为旅游业所利用的部分。旅游资源包括自然界和人类社会中的各种事物和因素，有物质的，也有非物质的；有有形的，也有无形的。比如，湖光山色、珍禽异兽、天象变幻、文物古迹、园林建筑等有形的资源，掌故传说、文学艺术、社会风尚、民俗风情等无形的资源。旅游资源的范围非常广泛，包括自然生成的，也包括人为创造的，甚至包括许多现代被旅游业利用而原来是为其他目的创造的物质和环境，如奥运会场馆、众多影视公司为拍摄影视剧而修建的拍摄基地等都被开发为具有游览功能、娱乐功能的旅游资源。

第二，旅游资源是旅游者的旅游吸引物，将对旅游者产生某方面的价值。旅游资源能激发旅游者某方面的兴趣，激发其旅游动机和旅游行为，吸引游客到异地进行旅游观光、消遣娱乐、休憩疗养、登山探险、科学考察、文化交流等旅游活动。但任何一类旅游资源所具有的吸引力都有相对性而非绝对性，它取决于人们的旅游需求的差异，它只能吸引某些客源市场，而不可能对全部市场产生同样大的吸引力。因此，旅游资源的界定只能针对一定旅游客源市场而言，并且还应考虑不同的历史背景下它所能产生的旅游吸引力。

第三，能为旅游业所利用的旅游吸引物才可以称为旅游资源。所谓能为旅游业所利用，就是指旅游吸引物本身具有可进入性，在现实条件下可以被旅游企业开发出来利用为旅游目标物，虽然很多客观存在的事物对旅游者具有吸引力，能激发旅游者的旅游动机，但如深海探险、登月旅游等，由于其进入条件所限并不能为旅游业所利用，所以还不能称之为旅游资源。

第四，旅游资源能产生经济效益、社会效益和环境效益。旅游资源在为旅游企业所利用时即产生了经济效益，为一个国家或一个地区的经济增长做出贡献。同时，也要兼顾民众的幸福生活以及民族的文化传承与发展，产生社会效益。在利用旅游资源时还要特别强调环境保护及可持续发展，让旅游业真正成为"无烟工业"。

二、旅游资源的分类

根据目的的不同，旅游资源可以有不同的分类标准和分类方法。为了学习的便利，本书主要介绍最基本的分类方法，即根据旅游资源的基本属性及成因性质，将旅游资源分为自然旅游资源和人文旅游资源。

1. 自然旅游资源

自然界由地形地貌、气候气象、水体、动植物等自然要素构成，而这些构成要素中能对旅游者产生吸引力且能为旅游业所利用产生效益的部分即是自然旅游资源，包括青山绿水、奇石异洞、流泉飞瀑、阳光沙滩、气象气候、奇花异草、珍禽异兽等。

自然旅游资源之所以能对游客产生吸引力，是因为它具有显著的地域特色，甚至具有唯一性，能通过人们的视觉、听觉、嗅觉、味觉、触觉、联想、想象等感知觉产生美感，获得精神上与物质上的享受。

自然旅游资源是地理环境的一部分，是具有旅游价值的自然地理环境部分，具有资源与环境双重属性，是最基本的旅游资源。基于自然地理环境的性质，自然旅游资源具有突出的地域性与地带性、季节性与节律性、组合性与共生性等特征。

2. 人文旅游资源

人类在利用自然、改造自然、与自然界共生的过程中创造了独具特色的人文地理环境，同时也形成了丰富多彩的人文旅游资源。人文旅游资源是指人类历史上所创造的，具有旅游价值的可以开发利用的一切事物和现象，是人类活动所产生的物质财富和精神财富，它们内容丰富、含义深刻，具有明显的时代性、民族性和高度的思想性、艺术性。

人文旅游资源可以是人类活动的遗迹。人类历史发展过程中留下了无数的活动遗址、建筑、雕塑、壁画、文学艺术、伟大工程、帝王陵墓等各种形式的遗存，具有很高的美学价值。

人文旅游资源也可以是人类正在进行的活动内容。在现代社会，由于地域、社会形态、民族及族群等方面的差异而形成了许多具有独特性的社会文化类别，因而形成所谓的异域风情，其内容非常丰富，包括民风民俗、民居建筑、服饰装饰、歌舞艺术、故事传说、餐饮美食、生活习惯、节庆活动等。这些独特的社会文化在不同地域的差异，就构成了吸引游客的重要因素，也是重要的人文旅游资源。

三、旅游资源的评价

旅游资源的一个重要特征是具有开发价值，但开发前一定要进行调查与评价，只有科学评价后才能进行针对性的开发工作，把资源的价值利用好，才能做好对资源的保护工作，为合理开发利用提供科学依据。

旅游资源的评价内容很广泛，大致包括三个方面，即资源本身评价、开发条件评价，以及经济效益、社会效益和环境效益的评价。

1. 资源本身评价

（1）旅游资源的性质

旅游资源的性质决定了旅游资源的开发利用的功能、开发方向，也对区域开发规模、开发程度及旅游设施的配置有重要影响。

（2）旅游资源的特色

旅游资源的特色是一个区域旅游资源区别于其他地区旅游资源的独到之处，是评价该地区旅游资源对旅游者吸引力大小的重要因素，是旅游资源开发可行性和决定性条件。

（3）旅游资源的价值与功能

旅游资源的价值决定了其开发的功能。旅游资源的价值包括美学、历史文化、科学考察等价值，也包括经济、社会、文化交流等方面的价值。因此，旅游资源的功能包括观光游览、休闲度假、娱乐、疗养、健身、体育、探险、修学、商贸等。旅游资源的价值与功能决定了旅游地旅游资源的地位、开发前景及开发层次等。

（4）旅游资源的密度与容量

旅游资源的密度是指在一定地域内旅游资源集中的程度。孤立的单个景观即使具有较显著的特色和价值也不一定适合于旅游开发，只有资源在地域上相对集中，且具有主体旅游资源，同时又有相配套的其他旅游资源，其开发价值才高。旅游资源容量是指在一定条件下，一定时间内旅游资源所能容纳的旅游活动量，包括容人量和容时量两方面，它反映了旅游开发的用地、设施、投资规模、景观布局等内容。

2. 开发条件评价

（1）区位交通条件

区位交通条件指旅游资源所处的地理位置、交通状况及与周围旅游区的关系。它决定了旅游资源所在区域的可进入性，进而影响旅游资源开发的时间、规模、层次、市场指向、旅游线路的组织及接待设施的建设。这是评价旅游资源开发条件的首要因素。

（2）客源市场条件

客源市场是旅游资源开发利用的出发点和归宿，旅游经济活动是围绕旅游市场展开的。对于一个国家或地区而言，能不能对旅游市场作出正确分析，对于旅游资源开发决策和市场开拓至关重要。客源市场有个时空问题，在时间上，客源的不均匀分布形成旅游的淡旺季；在空间上，客源的分布范围及密度，是由旅游资源的吸引力和社会经济环境决定的。客源市场反映了旅游者对各种旅游活动的整体需求，因此，客源市场条件分析对旅游资源的开发非常重要。

（3）区域经济条件

它包括资源所在区的经济发展水平、工农业生产、商业及饮食、基础设施、人员素质等多方面因素。旅游资源开发离不开社会经济发展条件的支撑。区域经济条件决定了该区域旅游资源开发的资金、物质、人力等条件，同时也影响旅游市场需求。

（4）环境质量条件

旅游资源所处环境的质量直接影响其吸引力。旅游资源所处的环境包括自然生态环境、社会环境、文化环境、政治环境、投资环境等。自然环境包括大气质量、水体质量、气候、植被覆盖、景观稳定性和保护状况等。社会文化环境包括当地居民对外来游客的接受程度、治安状况、文化差异和冲突等方面。政治环境与投资环境包括国家政局的稳定情况、地区经济发展战略和政策、政府支持程度等。只有科学严谨分析了环境因素才能对旅游资源开发利用程度和深度进行科学评价。

3. 经济效益、社会效益和环境效益评价

经济效益、社会效益和环境效益是衡量一个地区旅游资源是否具备可开发性的重要指标。经济效益的评价集中反映在旅游资源的开发会给当地及附近地区带来哪些直接或间接的经济效益，对当地经济发展产生何种影响。社会效益评价集中反映在旅游资源的开发具体的社会文化意义和可能造成的影响。环境效益的评价则集中反映在旅游资源的开发是否会造成资源的破坏和环境的恶化。以上三项内容的评价相互关联、互为影响。因此，在具体的评价工作中应通过综合考察、分析和权衡利弊，才能得出科学结论。

第二节　中国旅游资源产生的环境特征

一、中国旅游资源的基本特征

1. 种类多样，数量丰富

在中国辽阔的国土范围内，地形多样，气候各异，自然地理环境复杂；历史悠久，民族众多，人文地理环境丰富多彩。在这种地理环境条件下，中国的旅游资源不仅种类齐全，而且数量也十分丰富。无论是古代建筑、古城遗址、帝都王陵、禅林道观、园林艺术、民俗风情、工艺特产、风味佳肴，还是自然山川、江河湖海、冰川雪原、沙漠荒野、珍禽异兽、奇花异草，多姿多彩，不可胜数，其资源之丰富足以位于世界各国前列。

截至2019年8月，我国所拥有的列入世界遗产名录的旅游资源就有55处，位居世界第一。其中，世界文化遗产有37个：长城，明清故宫（北京故宫、沈阳故宫），莫高窟，秦始皇陵及兵马俑坑，周口店"北京人"遗址，布达拉宫历史建筑群，承德避暑山庄及周围寺庙，曲阜孔庙、孔府、孔林，武当山古建筑群，平遥古城，苏州古典园林，丽江古城，北京皇家园林——颐和园，北京皇家祭坛——天坛，大足石刻，青城山—都江堰，龙门石窟，明清皇家陵寝，皖南古村落（西递村、宏村），云冈石窟，高句丽王城、王陵及贵族墓葬，澳门历史城区，殷墟，开平碉楼与古村落，福建土楼，"天地之中"历史古迹，元上都遗址，"大运河"，丝绸之路（长安—天山廊道路网），庐山国家公园，五台山，杭州西湖文化景观，红河哈尼梯田文化景观，土司遗

址，广西左江花山岩画，鼓浪屿，良渚古城遗址；世界自然遗产有14个：武陵源风景名胜区，九寨沟风景名胜区，黄龙风景名胜区，云南三江并流保护区，四川大熊猫栖息地，中国南方喀斯特，三清山国家公园，中国丹霞，澄江化石遗址，新疆天山，神农架，可可西里，贵州梵净山，黄（渤）海候鸟栖息地（第一期）；世界文化与自然遗产有4个：泰山，黄山，峨眉山—乐山大佛，武夷山。

2. 空间分布广泛，地域差异大

中国旅游资源非常丰富，而且空间分布广泛。从黑龙江漠河到南沙群岛，从东海之滨到西部内陆，从高原到平原，从高山到峡谷，从城镇到乡村，遍布丰富的自然旅游资源和人文旅游资源。

受到各地自然地理和人文地理环境巨大差异的影响，中国各地旅游资源的种类和特征又存在显著的地域差异性。东北地区天寒地冻、林海雪原，人们享受滑雪冰雕的乐趣；南海之滨阳光沙滩、椰林海韵，人们充分享受海水浴、日光浴；长江三角洲，人们享受着都市生活的繁华；西北大漠，人们可以去品味沙漠驼铃的孤独。

此外，中国旅游资源的地域分布还具有相对集中的特点。例如，名山胜水主要集中在东部地区，皇家园林、帝王陵寝以北京、西安为代表的北方地区更具有代表性，园林建筑以苏州、杭州为代表的南方地区为胜，现代人造景观以深圳为代表的沿海都市最有吸引力，较原始的自然风光和民族风情旅游资源则以青海、西藏、云南和贵州为代表的西部地区最为富集。

3. 时间分布季节性强

自然旅游资源和人文旅游资源在时间上都表现出显著的季节性。自然旅游资源的季节性主要是由所处的地理纬度、地势和气候条件等决定的。旅游资源的季节性体现最明显的是气候旅游资源、生物旅游资源和各种节庆活动。这种季节性的特征直接造成了各地旅游的淡旺季转换，如东北地区的冬季冰雪旅游、华北地区的秋季旅游、华东地区的春夏季旅游、华南地区的冬季避寒旅游等。

4. 文化内涵独特而深远

中国是世界文明的发祥地之一，流传至今的宝贵遗产构成了极为珍贵的旅游资源，其中许多资源以历史悠久、文化灿烂、底蕴深厚而著称。旅游资源的文化性是指旅游资源能使人获得知识，能给人以美的享受，使人产生美感、快感和愉悦感。

我国的古代文明不仅创造了众多历史与文化价值很高的人文旅游资源，还赋予了不少自然旅游资源以丰富的文化内涵。如我国的古长城、京杭大运河、都江堰、丝绸之路、四大道教名山和佛教名山，无不彰显出我国旅游资源文化内涵的深远性。我国的名山胜水几乎都留下了历代诗文、题刻、碑碣，以及亭台楼阁、寺庙宫观、文化书院等。因此，我国不少风景名胜都成了历史文化、宗教文化、审美文化的载体，人文旅游资源与自然旅游的复合体和交融体。

二、中国旅游资源产生的地理环境特征

作为旅游吸引物的旅游资源既是地理环境的构成部分，同时它的存在又是地理环境各要素相互作用的结果，研究地理环境的特征才能理解旅游资源的特征。中国地域辽阔，历史悠久，地理环境复杂多样，从而为丰富多彩的旅游资源提供了物质基础。

1. 中国自然地理环境基本特征

（1）疆域广阔，位置优越

中国位于亚洲大陆东部，疆域广阔，北起漠河附近的黑龙江江心，南抵南海群岛的曾母暗沙，南北纵跨5 500千米；西起帕米尔高原，东至黑龙江与乌苏里江汇合处，东西横贯5 200千米。中国陆地疆域面积960万平方千米，占全球陆地总面积的6.4%，占亚洲陆地总面积的21.8%。陆地疆界长达2.28万千米，是世界上陆界最长的国家之一。陆上与朝鲜、蒙古、俄罗斯、哈萨克斯坦、吉尔吉斯斯坦、塔吉克斯坦、阿富汗、巴基斯坦、印度、尼泊尔、不丹、缅甸、老挝、越南等14个国家相邻。

中国近海面积470多万平方千米，从北至南有渤海、黄海、东海、南海以及台湾东岸的太平洋海区，海上分布岛屿大小有6 300多个，海岸线总长达3.2万千米。

中国辽阔的疆域，使我国形成了复杂多样的自然地理环境，从而造就了丰富多彩的自然旅游资源。优越的地理位置，与众多的国家相邻，漫长的海岸线，使我国开展国际旅游的条件非常优越，为国际旅游交往提供了便利。

（2）地形多样，以山地为主，分布复杂

中国地势总的特点是西高东低，逐级下降，大致形成三级阶梯：昆仑山—祁连山以南、横断山以西的青藏高原为第一级阶梯，平均海拔在4 000米以上，分布有大量的高山和极高山，遍布冰川、雪山、荒漠、戈壁等自然生态类型；青藏高原以北、以东，至大兴安岭—太行山—巫山—雪峰山一线为第二级阶梯，海拔一般在1 000～2 000米，以内蒙古高原、黄土高原、云贵高原和塔里木盆地、准噶尔盆地、四川盆地等高原、盆地为主；大兴安岭—太行山—巫山—雪峰山一线以东地区为第三级阶梯，平均海拔在500米以下，集中分布了我国的平原和丘陵，如东北平原、华北平原、长江中下游平原和辽东丘陵、山东丘陵及东南丘陵等（见图2-1）。

中国地貌不仅类型多样，在空间上分布也错综复杂，高原、山地、盆地、平原、丘陵等地形单元分布交错叠加，如青藏高原上有众多高山和柴达木盆地，更使其崎岖而变化多端，造就了我国气候上和水文上的复杂多样性。

中国地形尽管复杂多样，但仍以山地为主，广义上的山地面积占据了中国陆地总

中国旅游地理

中国地势图

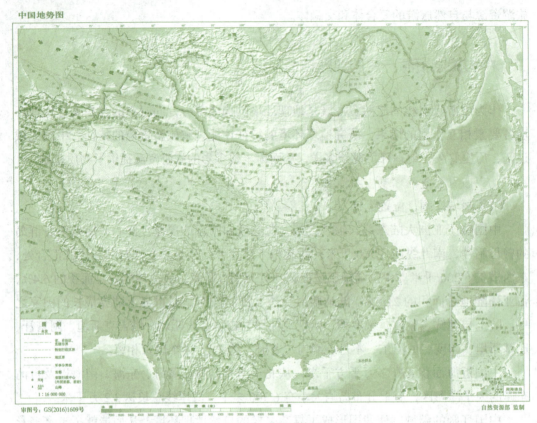

图 2-1　中国地势图

面积的 65%，而且地势很高，1 000 米以上的高原高山面积占了全国面积的一半以上。以山地为主的地形特点，尤其是西部地区分布大面积的高原高山，给西部地区的旅游交通的改善增加了很多难度，但同时由于西部地区的可进入性较差，又使其旅游资源保持有较强的吸引力。

总之，中国辽阔的领土，复杂多样的地形，大大丰富了中国自然旅游资源。同时，由于幅员辽阔和西部高原高山的屏障阻隔，使我国与西方古代文明相隔离，从而独立创造了本民族独特的华夏文明，造就了中国独特的人文旅游资源。

（3）典型的季风性，强烈的大陆性，气候复杂多样

中国位于世界上面积最大的大陆——欧亚大陆的东部，同时又位于世界上面积最大的大洋——太平洋的西岸，强烈的海陆热力差异导致典型的风带季节性位移，又受到青藏高原的热力与动力作用，使中国气候具有典型的季风性。这种季风气候特征表现在冬季盛行从陆地吹向海洋寒冷干燥的偏北风；夏季盛行从海洋吹来的温暖湿润的偏南风；春季处于由北风转南风的转换时期，气温快速上升，大气层不稳定，西北和华北地区多大风干燥，南方地区多雨水湿润；秋季处于南风转换为北风的过渡期，气

温下降快，大气层稳定，呈现秋高气爽的天气。我国典型的季风性气候主要控制在中东部地区，春夏秋冬，四季分明。

由于青藏高原的巨大隆起和西高东低的阶梯状地形结构，使得我国大部分中西部内陆地区难以受到从大西洋、印度洋和太平洋输送来的海洋气流的影响，而干燥的冬季北方气流非常强大，影响范围广，决定了我国气候具有强烈的大陆性特征。表现在与同纬度地区相比，我国冬季气温偏低，夏季气温偏高，年温差大，日温差也大；降水稀少，干旱面积广大，而且降水的季节分布也很不均匀，降水主要集中于夏季，约占年总降水量的60%以上，有许多地区夏季暴雨成灾，而冬春季节则旱灾严重，风沙大。

受到地形地貌多样复杂的影响，中国气候类型也具有复杂性和多样性的特点。从北到南呈现寒温带、中温带、暖温带、亚热带、热带和赤道带；从东到西横列湿润带、半湿润带、半干旱带、干旱带；平均海拔在4 500米以上的巨大的青藏高原的存在，形成特殊的高山高寒气候。

中国气候的这些特征，不仅孕育了丰富多彩的自然与人文旅游资源，也形成了各异的旅游环境，极大地丰富了中国旅游的内涵，增强了其神秘色彩和旅游吸引力。

2．中国人文地理环境基本特征

中华民族是一个勤劳勇敢而且充满智慧的民族，在数千年发展历史中创造了独具特色的人文地理环境，并形成了中国多姿多彩的人文旅游资源。

（1）中华文明悠久而灿烂

中国是世界上著名的文明古国，不仅有4 000多年有文字可考的悠久历史，而且是世界上唯一一个没有被割断过历史的文明古国，它所积淀的文化遗存是世界上任何一个国家都不能相提并论的。公元前2000多年，夏朝的建立，使中国成为世界四大文明古国之一。汉唐时期中国已经成为世界上的大国和强国，张骞出使西域，开辟了通往西方世界的"丝绸之路"；唐朝向世界各国开放，与50多个国家建立外交关系；玄奘西天取经，极大地弘扬了佛法，丰富了中国人的宗教信仰。蒙元帝国的疆域是人类历史上空前的，使东西方世界的关系得到了空前的发展。明朝郑和下西洋使中国以高度的文明和繁荣富强著名于世。清朝时期，形成了以汉族为主体的，包括满、蒙古、回、藏、维吾尔族等50多个民族大融合的局面。

文字的出现和运用是人类文明进步的重要标志。我国在公元前16世纪的商朝就出现了甲骨文，并已开始运用甲骨文记录历史。春秋战国时产生的孔孟儒家文化以及墨、道、法家文化奠定了中国传统思想文化深厚的根基。诗词歌赋、国画书法、戏曲杂技等艺术形式在世界上独具一格，特色鲜明。我国的传统医学、园林艺术、陶瓷工艺，以及烹饪、武术、音乐、舞蹈等无不以其独创性屹立于世界文化艺术之林，尤其是中国的丝绸和陶瓷曾在历史上作为对外文化交流的重要媒介而享誉世界。

中华民族不仅创造了伟大的精神文明，还创造了高度发达的物质文明。中国古代的造纸、印刷术、指南针、火药四大发明，深刻地影响了世界历史发展的进程。中国古代的伟大工程如万里长城、京杭大运河、都江堰、坎儿井等都是我们祖先给我们留下的宝贵的古代物质文明的财富。

悠久的历史和灿烂的文化形成了我国在规模、数量和历史文化价值上居世界前列的文物古迹旅游资源。

（2）民族众多，民族风情多样而独特

人以及他们的活动是人文地理环境中最具有活力的构成因素。

民族是指人们在一定历史阶段形成的一种具有共同语言、共同地域、共同经济生活和表现为共同文化特点基础上的共同心理素质的稳定的共同体。我国是一个拥有56个民族的国家，各民族由于所处的地理环境差异，以及所经历的发展过程不同，各自形成了鲜明而独特的风俗民情，他们在居住建筑、饮食、服饰、生产、交通、婚丧、岁时、家庭、村落、宗教、道德、礼仪、禁忌以及语言文字、文学艺术等方面，无不反映出强烈的地域特色和民族风格，成为我国人文地理环境中最具有活力的旅游资源。

我国少数民族主要分布在西南、西北、东北和高山高原地区。全国共形成西藏、新疆、内蒙古、宁夏、广西5个少数民族自治区，而云南省是我国少数民族种类最多的省份。在这些地区的人文旅游资源中，民族风情成为了重要的内容。

（3）近代革命纪念地众多，意义非凡

辛亥革命以来的中国近代革命活动留下了遍布全国的纪念地，这些红色故地、纪念馆和名人故居，结合相关的革命活动事件，对各界人士纪念那段历史、凭吊革命先烈具有非凡意义，逐渐开发为红色旅游胜地，如湘赣闽红色旅游区，红军长征途中的遵义，以延安为中心的西北革命根据地，以及北京、上海、天津、广州等城市的名人故居等。

（4）新中国城乡风貌日新月异，建设成果斐然

新中国成立以来，尤其是改革开放以来，我国城乡风貌发生了巨大的变化。城市建设日新月异，以北京为代表的古都新貌建设的成就，以深圳为代表的特区城市的崛起，以上海为代表的巨大港口城市的潜力发掘，都令世界惊叹。长江上众多大桥、西昌卫星发射中心、上海东方明珠电视塔、杭州湾跨海大桥、长江三峡水利工程枢纽、港珠澳跨海大桥等大批令世界侧目的现代巨型工程，也是旅游资源的一个重要部分。

3. 中国旅游交通地理

旅游交通是指为旅游者的旅游活动而提供的各种交通方式及交通服务。旅游交通作为承载旅游目标物可进入性特征的重要支柱，对旅游客源地与目的地空间相互作用

的产生及旅游客源的实现与促进，起着至关重要的作用。在世界范围内，旅游资源开发的进程及资源开发利用的程度都受到过旅游交通的阻碍或促进作用，尤其是我国中西部地区，长期受到交通条件的限制，严重制约了旅游业的发展。从某种意义上说，旅游交通是旅游业发展的"生命线"。

旅游交通很难与普通公共交通完全分开，从全球范围看，旅游游客使用最广泛、最频繁的旅游运输形式还是公共交通，旅游交通与地区公共交通体系紧密结合在一起。但由于旅游活动的特殊性，人们对旅游交通还是有一定的特殊需求的，旅游交通的特点体现在其季节性强，更准时、快捷，舒适性强，地区分布不均衡等方面。

旅游交通按其路线和运输工具的不同，可分为铁路、公路、航空、水路以及一些特殊运输方式。各种运输方式各有其优点和劣势，在具体选择和运用过程中要有机结合、优势互补、协调发展，共同形成适应本地区旅游业发展的交通网络。

（1）铁路旅游交通

铁路旅游交通对现代旅游业的发展起着重要作用。与其他交通方式相比，铁路运输具有运价低、运载量大、受天气影响小、准点率高、安全、舒适等特点，尤其是随着科学技术的不断进步，特别是近年来一些关键技术的突破，高速铁路突飞猛进地发展，更加巩固了铁路运输在旅游交通运输上的地位，我国大多数的中长距离旅行的国内游客都乘用火车。

新中国成立以来，我国铁路运输发展很快，各省、区、市都发展了铁路运输，基本形成了一个以北京为中心，多条纵贯南北、横贯东西的干线，以及无数专线组成的铁路运输网。

① 京沪线：京沪铁路从北京到上海，于1968年建成，全长1 463千米。全线跨越京、津、冀、鲁、苏、皖、沪四省三市，途经北京、天津、德州、济南、徐州、蚌埠、南京、镇江、常州、无锡、上海，是我国东部沿海的交通大动脉。2010年10月建成通车的京沪高速铁路从北京南站出发终到上海虹桥站，全线纵贯北京、天津、上海三大直辖市和河北、山东、安徽、江苏四省，全长约1 318千米，与既有京沪铁路的走向大体并行，是我国目前最长的客运专线之一，人们乘坐京沪高速列车，从北京到上海只要4个多小时。

② 京九线：京九铁路从北京到香港九龙，跨越京、津、冀、鲁、豫、皖、鄂、赣、粤、港十个省、区、市，途经北京、霸州、衡水、商丘、阜阳、麻城、九江、南昌、赣州、龙川、深圳、香港等城市。全长2 553千米，是介于京沪线与京广线之间的一条南北运输大动脉。京九线经过的冀鲁豫黄河下游地区、鄂豫皖大别山地区和赣南革命老区，都是全国经济比较落后的地区，自1996年开通以来，对缓解我国南北运输的紧张状态、完善我国铁路体系的布局，加速沿线经济落后地区的经济发展起着重大的作

用。同时，京九线的开通运营也对全国各区与香港特别行政区之间的经济文化交流产生深远的影响。

③京广线：京广铁路北起北京，南至广州，连接了京、冀、豫、鄂、湘、粤五省一市，全长2 324千米。途经城市有北京、石家庄、郑州、武汉、长沙、株洲、广州等，纵贯华北平原、长江中游平原和珠江三角洲平原，是我国中部地区最重要的铁路干线。与京广铁路并行的一条到目前为止建设里程最长的高速铁路——京广高铁也已经开通，将北京至南海之滨的广州的车程缩短为8小时，形成了一条纵贯我国南北、辐射范围最广的高速客运通道。

④京哈线：京哈铁路是一条自北京至哈尔滨的东北地区最重要的铁路干线，也是中国与俄罗斯联运旅客列车的重要通道之一，途经唐山、秦皇岛、沈阳、长春等城市，全长1 249千米。与京哈线并行的京哈高铁即将开通，将为关内外交通运输的改善起重要作用。

京包—包兰—兰青—青藏线：全线从北京出发，至西藏的拉萨，途经北京、张家口、大同、呼和浩特、包头、银川、兰州、西宁、格尔木、拉萨，是一条横贯中国东西的铁路，将首都北京与遥远的西藏紧密相连，对改善内蒙古、宁夏、青海、西藏等西北部少数民族地区的交通状况具有极其重要的意义。尤其是青藏铁路，被誉为天路，是世界上海拔最高、在冻土上建设的里程最长的高原铁路，是中国新世纪四大工程之一，2013年9月入选"全球百年工程"，是世界铁路建设史上的一座丰碑。它的修建推动西藏进入铁路时代，密切了西藏与祖国内地的时空联系，拉动了青藏地区的经济发展，对该地区旅游业的发展具有里程碑式的意义。

⑤集二线、同浦线、太焦—焦枝—枝柳线：此线路北起中蒙边境的二连浩特，南至广西柳州，跨蒙、晋、豫、鄂、湘、桂六省区，途经城市有二连浩特、大同、太原、焦作、洛阳、襄阳、怀化、柳州等，是我国中部地区沟通南北的重要通道。

⑥宝成—成昆线：该铁路线北起宝鸡，途经城市有宝鸡、成都、攀枝花、昆明等，翻越秦岭、大巴山，穿越川西平原，飞越岷江，横跨金沙江，到达昆明，全长1 754千米，沿途多崇山峻岭、急流险滩，成昆铁路桥和隧道总长度占线路总长度的40%，工程之艰巨为世界铁路建筑史上所罕见。该线的建成促进了西南地区经济建设，加强了民族团结，也是连接西北地区的重要通道。

⑦陇海—兰新线：这是我国最长的一条横跨整个东西部的铁路干线，东起黄海之滨的连云港，跨苏、皖、豫、陕、甘、新六省区，途经连云港、徐州、商丘、开封、郑州、洛阳、西安、宝鸡、兰州、哈密、吐鲁番、乌鲁木齐等，西至阿拉山口，全长3 682千米。沿途经过我国许多古都、历史文化名城和风景名胜区，是重要的旅游铁路线。另外，此铁路往西经中亚地区可直抵波罗的海沿岸及大西洋沿岸各国，成为

世界上最重要的"亚欧大陆桥",也是我国及其他远东各国通往中亚、中东、欧洲的捷径。

⑧沪杭—浙赣—湘黔—贵昆线:这是一条我国南方地区最重要的横贯东西的铁路大动脉,跨越沪、浙、赣、湘、黔、滇六省市,途经上海、杭州、鹰潭、南昌、株洲、怀化、贵阳、昆明等,全长2 677千米。这条铁路对加强华东、中南和西南地区的联系,开发西南地区丰富的矿产资源和旅游资源,具有重要的作用。与此铁路线并行,已经开通了沪昆高速铁路,将长江三角洲与西南边陲用快速交通运输形式相连,极大地改善了西南地区人民的出行速度,也为西南地区的旅游业发展提速。

⑨南昆线:此线西起昆明,东至南宁,北接贵州红果,全长898.7千米。南昆铁路沿线地形险峻,地质复杂,工程艰巨,技术标准高,它的建成标志着我国铁路修建技术的一个重大突破。南昆铁路沿线是我国最典型的岩溶地貌区,也是我国未脱贫人口最集中的地区,它的建成对开发沿线地区的旅游资源,带动山区人民脱贫致富,促进当地经济发展具有重大意义。

除以上中国铁路网"四横六纵"外,还有许多对区域交通改善具有重要意义的铁路线,如连接江西与福建的鹰厦线,连接江西与安徽的皖赣线,连接成都与重庆的成渝线,连接湖北襄樊与重庆的襄渝线,连接哈尔滨与大连的哈大线,黑龙江境内连接满洲里与绥芬河的滨洲滨绥线等。

(2)公路旅游交通

公路交通运输方式在旅游活动中起着不可替代的作用。它的优点非常突出,灵活、方便、自由,能深入到旅游景点内部,实现"门到门"的交通服务,短程旅行速度快,尤其是对自驾旅行的旅游者更凸显其优越性。

新中国成立以来,我国的公路建设进入一个快速发展的阶段,尤其是改革开放以来,我国高速公路的建设发展突飞猛进,至2019年8月我国高速公路总里程达到了14.3万千米,稳居世界第一位。目前,我国以北京为中心,由国道、省道和一般公路组成联系各省、区、市的全国公路网络已经形成,其中将首都北京和省会城市以及重要城市连接起来的国道主干线是全国公路网的骨架,在全国公路运输中起着重要作用。

在公路旅游交通运输中起着最重要作用的是高速公路。已经建成以"五纵七横"国道主干线为主的高速公路网,"五纵"是指黑龙江同江到三亚(同三)、北京到福州(京福)、北京到珠海(京珠)、内蒙古二连浩特到云南河口(二河)、重庆到广东湛江(渝湛);"七横"是指黑龙江绥芬河到内蒙古满洲里(绥满)、辽宁丹东到西藏拉萨(丹拉)、青海到宁夏银川(青银)、江苏连云港到新疆霍尔果斯(连霍)、上海到成都(沪蓉)、上海到云南瑞丽(沪瑞)、湖南衡阳到昆明(衡昆)。

阅读资料 2-1

高速公路和高速铁路

高速公路属于高等级公路。中国交通运输部《公路工程技术标准》规定，高速公路指"能适应年平均昼夜小客车交通量为 25 000 辆以上、专供汽车分道高速行驶，并全部控制出入的公路"。各国尽管对高速公路的命名不同，但都是专指有 4 车道（包括）以上、两向分隔行驶、完全控制出入口、全部采用立体交叉的公路。

2014 年 1 月 1 日起实施的《铁路安全管理条例》（附则）规定：高速铁路是指设计开行时速 250 千米以上（含预留），并且初期运营时速 200 千米以上的客运列车专线铁路（简称客运专线或客专）。这个定义有两个要点，设计时速 250 千米以上及客运专线。

（3）航空旅游交通

航空旅游交通的优势在于快捷、舒适、安全，航线开辟不受沿线地面各种天然或人为障碍的限制，因而承担着远距离的国际旅游和国内中远程旅客的运输任务。

我国航空运输业的发展非常迅速，截至 2016 年，我国民航全行业运输飞机期末在册 2 950 架，开通定期航班航线 3 794 条，其中国内航线 3 055 条；国内通航城市 214 个；国际通航 56 个国家的 145 个城市。目前我国民航业在旅客周转量、货邮周转量、运输总周转量等指标方面，均稳居世界第二，仅次于美国。

我国五大航空公司：中国国际航空公司、中国东方航空公司、中国南方航空公司、海南航空公司、深圳航空公司。

我国五大航空枢纽：北京首都国际机场、香港国际机场、上海浦东国际机场、广州白云国际机场、上海虹桥国际机场。

（4）水路旅游交通

水路交通根据航线不同，可分为远洋航运、近海航运和内河航运。水路运输运载能力大、成本低、能耗少、投资短，对于旅游运输其最大的优势就是价格低。但它存在一些明显的制约因素，如速度慢、受自然条件影响大、灵活性差等，因而在旅游交通中发挥的作用受到许多制约。

我国河湖海条件都很优越，水运交通运输事业也有很大的发展，全国水运主通道总体布局规划是发展"两纵三横"共 5 条水运主通道。"两纵"是指沿海南北主通道、京杭大运河淮河主通道；"三横"是指长江及其主要支流主通道、西江及其支流主通道、黑龙江松花江主通道。

我国主要海港：大连、秦皇岛、天津、烟台、青岛、连云港、南通、上海、宁波、温州、福州、厦门、基隆、高雄、汕头、深圳、香港、广州、湛江、北海等主要港口。我国已经开辟远洋航线30余条，与世界150多个国家和地区的400多个港口通航。

第三节　中国自然旅游资源

一、地貌旅游资源

地貌，即地表的起伏形态外貌。它是自然环境的背景，对自然旅游资源的特征评价和资源的开发评价起着重要作用。高原的雄浑，平原与盆地的坦荡，阡陌纵横、河网密布、山地起伏、岭谷交错，这些本身就是风景。岩溶、火山、黄土、沙漠、海岸、丹霞、冰川，地貌因不同成因而各显风姿。地貌构成了一种重要的风景旅游资源，成为风景的骨架。

同时，地形的起伏，又影响着旅游资源开发的可通达性和开发条件。我国西部地区尤其是青藏地区和西南高山地区，自然和人文旅游资源都极为丰富，但由于地形起伏太大，可进入性太差，或因高寒缺氧，生活条件艰苦，严重影响旅游业的发展。

我国地貌类型多样，按形态可分为平原、丘陵、山地、高原、盆地等；按成因可分为花岗岩地貌、岩溶地貌、丹霞地貌、火山地貌、海岸地貌、风沙地貌、冰川地貌等。

1. 山岳地貌

"仁者乐山"，自古人们对山岳就有深厚的感情，赋予它特殊的意义。山地受垂直气候的影响，往往成为避暑胜地。加上山岳一般植被覆盖率高，空气清新，负氧离子含量高，有利于人们的健康，是疗养休闲的好去处。因而山岳是最受游客喜爱的地方，在中国国家相关部门批准的重点风景名胜中，山地风景占一半以上。

（1）五岳

五岳是中国传统文化中对五座名山的总称。中国古代历代帝王、佛道和文人在中国大地上的东、西、南、北、中分别选出五座具有特色的名山代表给予特别关注，并留下了极为丰富的历史文物古迹，成为中国古代文化和山水风光的完美结合体。五岳曾是封建帝王仰天功之巍巍而封禅祭祀的地方，更是封建帝王受命于天的象征。

表2-1 中国的五岳

名　称	方　位	所　属　地	海　拔　高　度	主要特色及代表景点
泰山	东岳	山东泰安	1 532.7米	雄，南天门、天街
华山	西岳	陕西华阴	2 154.9米	险，长空栈道、千尺幢
恒山	北岳	山西浑源	2 016.1米	奇，悬空寺、金龙峡
衡山	南岳	湖南衡阳	1 300.2米	秀，祝融峰、方广寺
嵩山	中岳	河南登封	1 491.7米	峻，少林寺、中岳庙

（2）四大佛教名山

自汉朝佛教传入中国，各方佛僧选择名山建寺庙、修道场，使中国出现了许多佛教名山，其中有四座最有名，分别是五台山、峨眉山、普陀山、九华山。这四大佛教名山一直是世界与中国的多元佛教文化交流中心，此后历朝发展，历代兴建，成为了著名的旅游景点。

表2-2 中国四大佛教名山

名　称	所　属　地	菩萨道场	主要特色及代表景点	遗　产　名　称
五台山	山西五台县	文殊道场	清凉世界，塔院寺	世界文化遗产
峨眉山	四川峨眉山市	普贤道场	峨眉天下秀，金顶	世界自然与文化双重遗产
普陀山	浙江舟山市	观音道场	海天佛国，梵音洞	
九华山	安徽青阳县	地藏道场	莲蓬佛国，月身宝殿	

（3）四大道教名山

道教是中国的本土宗教，由张道陵于东汉顺帝时首创于四川鹤鸣山，到南北朝时盛行起来。全国各地的名山自东汉开始建宫观修道场，延续至清末，而著名的道教道场有四座山，被统称为中国四大道教名山，这些道教名山分别为：供奉广援普度天尊的安徽齐云山、供奉真武大帝的湖北武当山、供奉道德天尊的四川青城山、供奉降魔护道天尊的江西龙虎山。

表2-3 中国四大道教名山

名　称	所　属　地	主要特色及代表景点	供奉对象	遗　产　名　称
齐云山	安徽休宁县	幽深奇险，月华街、楼上楼	广援普度天尊	
武当山	湖北丹江口市	玄岳，金殿	真武大帝	世界文化遗产
青城山	四川都江堰市	青城天下幽，天师洞	道德天尊	世界文化遗产

续表

名　称	所　属　地	主要特色及代表景点	供奉对象	遗产名称
龙虎山	江西鹰潭市	道家祖庭、丹霞地貌、上清宫、天师府、悬棺	降魔护道天尊	世界自然遗产

2. 花岗岩地貌

花岗岩是岩浆侵入地壳后冷凝而成的侵入岩，在地质构造运动中抬升出露地表后，由于其本身坚硬且多节理，在外力作用下风化显著，使得山体高大，主峰突出，山岩陡峭险峻，气势宏伟，多奇峰、深壑、怪石等（见图2-2）；或产生球状风化，形成巨大的浑圆裸石，如厦门日光岩、海南三亚的"天涯海角"等（见图2-3）。

中国花岗岩地貌分布广泛，我国大部分名山多以花岗岩地貌为主，如黄山、华山、泰山、三清山等。

图2-2　花岗岩奇峰

图2-3　花岗岩球状风化

3. 岩溶地貌

岩溶地貌又称为喀斯特地貌，是碳酸盐岩（主要是石灰岩）等可溶性岩类在特定的地质、气候、水文条件下，受地表水和地下水的溶蚀和冲蚀作用而形成的山、水、洞相结合的奇特的地貌景观，包括石林、峰林、峰丛、孤峰、天生桥、地下暗河、溶洞等类型（见图2-4和图2-5）。溶洞中又有石钟乳、石笋、石柱、石幔、石花、石珍珠、卷曲石、石边坝等千奇百怪的堆积地貌形态。

中国的岩溶地貌景观分布广泛，其中滇、黔、桂三省区是世界上岩溶地貌分布最广、最为典型的地区，闻名遐迩的桂林山水和云南路南石林即为此种地貌类型的典型代表。

图 2-4 石林

图 2-5 峰林

4. 丹霞地貌

丹霞地貌是指以陆相为主的红色砂砾岩上发育的具有陡崖坡的地貌类型。主要特色是赤壁丹崖、丹山碧水，包括顶平、身陡、麓缓的方山，高大的石墙、石峰、石柱、石窗、石桥等各种形态。

我国是世界上丹霞地貌的主要分布区，其中赣、闽、粤、黔四省区分布较为集中，广东仁化丹霞山、江西鹰潭龙虎山、福建武夷山、贵州赤水等为典型代表（见图 2-6）。

5. 火山地貌

火山地貌是火山喷发出的岩浆在地表冷凝所形成的各种地貌类型，包括火山口（见图 2-7）、火山锥、流纹岩、火山熔岩洞穴和熔岩隧道、地下森林、温泉，以及火山堰塞湖等。

我国火山地貌主要分布在环太平洋火山地震带，黑龙江五大连池、吉林长白山、云南腾冲及台湾大屯较为典型，其中五大连池被称为"火山博物馆"。

6. 海岸地貌

海岸地貌是指海岸在地质构造运动、海浪与潮汐的冲刷和堆积、生物以及气候因素的共同作用下形成的各种地貌类型。按动力条件，海岸地貌可分为海岸堆积地貌和

图 2-6 丹霞地貌

图 2-7 火山口

海岸侵蚀地貌两种。

侵蚀地貌包括海蚀洞、海蚀台、海蚀崖、海蚀穴、海蚀蘑菇等，富有观赏价值。这一类海岸地貌的代表有浙江舟山群岛普陀山的潮音洞和梵音洞、台湾东海岸的"清水断崖"、青岛海滨的"石老人"和海南三亚的"南天一柱"。

海岸堆积地貌包括沙质海岸、生物海岸和淤泥海岸。沙质海岸最适合开发海滨浴场，进行海水浴、日光浴、沙滩浴等活动，是开展海滨度假旅游的最佳场所。典型代表有北戴河海滨、大连金石滩海滨、青岛海滨、三亚海滨和广西北海海滨等。生物海岸主要是指珊瑚和红树林等生物形成的特殊堆积海岸地貌，这一类型海岸在我国主要分布在海南、台湾南部、广东南部等热带、南亚热带地区。大面积分布于我国江苏黄海海岸的淤泥海岸则不适于开展旅游活动，但多可开辟为盐场（见图2-8和图2-9）。

图2-8　沙滩

图2-9　岩岸

7. 风沙地貌

风沙地貌是风力对地表进行侵蚀，并将松散物质搬运、堆积而形成的地貌类型，包括风积地貌和风蚀地貌。干旱的西北地区是我国风沙地貌的主要分布区。

风积地貌主要以沙漠形态呈现，它的旅游吸引力主要表现在浩瀚千里的雄伟气势、千姿百态的沙丘形态、奇特而具有顽强生命力的沙漠生物、鸣沙等神奇的自然现象，加上隐藏在沙漠里的神秘古老文化遗存，以及沙疗等独特的健体活动的开展，令中东部地区的人们产生无限遐想和强烈向往。

鸣沙，又名响沙，被称为"会唱歌的沙子"，一般在午后，人们会听到沙丘里发出轰隆隆的响声。鸣沙发出的声响各不相同，其形成的原因也众说不一，有电荷说，有共鸣说，还有碰撞说，甚至还有吐气说，争论不休。但大家比较公认的中国鸣沙山主要是甘肃敦煌鸣沙山、宁夏中卫沙坡头和内蒙古包头响沙湾。

我国沙漠面积广大，近年开展沙漠旅游较好的有甘肃敦煌鸣沙山、宁夏中卫沙坡头沙漠公园、甘肃酒泉沙漠公园、毛乌素沙漠景观及塔克拉玛干沙漠等（见图2-10）。

风蚀地貌是指在干旱地区由风和风沙对地面物质进行吹蚀和磨蚀作用所形成的地貌类型，包括风蚀壁龛、风蚀蘑菇、风蚀柱及雅丹地貌等。雅丹地貌在维吾尔语中意为"有陡壁的小丘"，是古河湖中地层经强大风力长期"雕塑"而成的垄脊、土墩、沟槽、洼地等形态。新疆的罗布泊和克拉玛依市乌尔禾特别典型，每当大风狂吼时，卷起漫天沙尘，风声有如鬼哭狼嚎，大风停息后，风蚀垄脊、土墩、风蚀沟槽、洼地犹如城堡、街巷，故又被称为"魔鬼城"（见图2-11）。

图2-10 毛乌素沙漠

图2-11 乌尔禾"魔鬼城"

8. 冰川地貌

在高纬度地区或高山地区的永久积雪不断加厚转化为冰川冰，沿着相对低洼的路线在重力作用下缓慢移动，形成冰川。冰川地貌是冰川的侵蚀和堆积作用形成的地貌类型，常见的形态类型有角峰、刀脊、U形谷和冰碛湖等。

中国西部许多高山都发育有冰川地貌，如四川省的海螺沟冰川是我国海拔最低的冰川，冰舌前端海拔仅2 850米（见图2-12）；天山有我国最大面积的冰川区，而天山天池也是我国著名的冰碛湖，美丽平静的天池与覆盖冰川的博格达峰相依相伴，构成一个童话般的世界，吸引世界人们的目光。

图2-12 海螺沟冰川

二、水体旅游资源

水体作为非常"灵动"的自然要素，历来受到爱旅行人士的重视和欢迎，中国古人认为"智者乐水"。水体不仅其本身具有形、色、声、味、影等多样美感,而且在各类风景中成为重要的构景要素,所谓"水随山转,山因水活",风景"因山而俊,因水而秀"等说法,皆表达了水体在构景中的重要性。同时,水体也是最能满足游客参与要求的旅游资源,无论是大海沐浴、冲浪,还是江河漂流、垂钓,都能使人们获得充分的旅游情趣。我国水域面积广大,构成水体旅游资源的江河、湖泊、瀑布、涌泉、冰川、近海等水体类型齐全,内涵丰富,具有很大的旅游开发价值。

1. 江河旅游资源

江河旅游资源的价值主要体现在河岸风光,加上两岸的城乡建设、文物古迹、水利建设等丰富的人文特色,组成景观,吸引人们进行放松舒缓的游船观光、人文访古,开展科学研究;一些河段也可开展峡谷游及漂流活动等。

我国最具有代表性的大型江河旅游资源主要是长江干流及其重要支流。长江是世界第三长河,全长6 300千米,发源于青藏高原,干流流经11个省(区、市),最后汇入东海。上游河水深切于横断山区,形成众多的深山峡谷,如奇险的虎跳峡;在四川宜宾后的河段切穿巫山山脉,形成举世闻名的长江三峡;出三峡后又在两湖平原形成世界所罕见的"九曲回肠"荆江河段;到了中下游尤其是进入长江三角洲地区则是一派水乡泽国、鱼米之乡景象;在长江口段,江阔水深、水天一色,尤为壮观。当长江流经重庆、武汉、南京、上海等大型城市时,水面宽阔,波光潋滟,与两岸城市风景相结合,产生极佳的游轮旅游效果(见图2-13)。

我国风景河段主要分布于长江以南地区,如漓江、富春江、湘江、楠溪江、瑞丽江等。漂流河段也主要集中于南方的河流,比较有代表性的有湖南猛洞河、贵州马岭河、重庆大宁河、广西资江、武夷山九曲溪等。另外,在黄河的宁夏和内蒙古河段上还开展了独具特色的羊皮筏与牛皮筏漂流活动(见图2-14)。

峡谷的特点是谷地幽深而狭窄,谷坡陡峻而高耸,多位于河流的上游地段。我国

图2-13 城市与河流

图2-14 峡谷漂流

比较著名的峡谷地貌有雅鲁藏布江大峡谷、金沙江虎跳峡、长江三峡、青海龙羊峡，以及台湾太鲁阁峡谷等。

阅读资料 2-2

漫游长江三峡

"自三峡七百里中，两岸连山，略无阙处。重岩叠嶂，隐天蔽日，自非亭午夜分，不见曦月。至于夏水襄陵，沿溯阻绝。或王命急宣，有时朝发白帝，暮到江陵，其间千二百里，虽乘奔御风，不以疾也。"

1 400 多年前有个叫郦道元的人写下了名垂青史的著作《水经注》，其中有节选描绘长江三峡山水风光与雄伟险峻的散文。郦道元作为个小有名气的地理学家，自幼博览群书；他的父亲是当年的青州刺史，一位名不见经传的将军，不过却能培养出一位妙笔生花的儿子。郦道元也和中国文学史上一些名气很大的文人一样仕途坎坷，但是他勤奋好学，广泛阅读不少历史文献和地理知识。相比于后世的徐霞客是有过之而无不及，徐霞客也是以写游记散文而闻名。

入选初中语文课本的"三峡"，给人展现出了万里长江中的一幅清新秀丽的水墨山水画。2019 年 8 月，笔者有幸来到三峡。先是去了湖北宜昌的西陵峡，然后坐游轮一夜之间就到了重庆境内的巫峡，最后坐游轮到达瞿塘峡。感受到古人文字的魅力，脱离课本看见真实的三峡，正所谓"读万卷书，行万里路"。郦道元写三峡时惜墨如金，只用了不到 200 字的篇幅就描绘出了错落有致的大自然风光。真正做到了情景交融，生动传神。

步入西陵峡，我感觉到了险峻。它大峡套小峡，就是说峡中还有峡，有兵书宝剑峡、灯影峡等。这个兵书宝剑峡据说还和三国时期蜀汉丞相诸葛亮有关系，相传是他的遗物。"兵书"相传是在悬崖石缝中的古代悬棺葬遗物。至于宝剑，只不过是一块坍塌的峭壁上的突兀的岩石。有点神秘色彩，还有个传说是当年楚汉战争时刘邦手下谋士藏兵书的地方，如今无法考证，众说纷纭了。西陵峡还是长江三峡中最漫长的峡谷，北宋文坛盟主欧阳修就曾经说过"西陵山水天下佳"。境内有三峡大坝、三峡人家，还有三峡瀑布。三峡大坝是中国水力发电工程，三峡人家是少数民族聚集地，而三峡瀑布比黄果树瀑布还要高 30 米，古称白果树瀑布。三峡大坝的对面据说就是中国历史上第一位伟大的浪漫主义爱国诗人屈原和中国古代四大美女之一的王昭君的故乡。因此，后世有不少文人墨客都留下了诗篇或者文字记载,《水经注》中也有记载屈原和他的老家。

"曾经沧海难为水,除却巫山不是云"是唐朝大诗人元稹笔下的巫峡;"夜发清溪向三峡,思君不见下渝州"是诗仙李白笔下的三峡;"即从巴峡穿巫峡,便下襄阳向洛阳"是诗圣杜甫笔下的巫峡。巫峡位于重庆市巫山县,因境内有神女传说而闻名。中国古代四大美男子之一、屈原的学生宋玉曾经就写过《神女赋》,也为后世的才子曹植提供了灵感,才有了《洛神赋》。屈原笔下山鬼形象,其实也就是巫山神女的化身,传说山鬼是神农氏炎帝的女儿。

"君问归期未有期,巴山夜雨涨秋池。何当共剪西窗烛,却话巴山夜雨时。"这是晚唐著名诗人李商隐船过三峡时,路过巴东县而留下的佳作。巴东是恩施土家族苗族自治州辖县,我也有幸去了巴东,我感受到了浓郁的土家风土人情与文化内涵。之前说的那个古栈道其实就是古代巴山人的一种安葬方式,历经千年,经久不衰;在悬崖峭壁上一个坟冢,成为千古之谜,让人浮想联翩,望而却步。我记得我们的游轮还去了一个叫神农溪的地方,它的上游就是闻名遐迩的神农架。据说上古时代的神农氏采药上山去神农架,然后下山坐船的必经之路正是神农溪。我跟着导游一起领略着山水风光,不禁感叹大自然的鬼斧神工。

"朝辞白帝彩云间,千里江陵一日还。两岸猿声啼不住,轻舟已过万重山。"我还来到了李白笔下的白帝城,那里就是当年蜀汉开国皇帝刘备托孤的地方,也是长江三峡的最后一站——瞿塘峡。瞿塘峡有个夔门,就是现在10元人民币后面那个图案。因此夔门被誉为天下第一门,其实它并不是一个城门,而是一个山峡。它让人感觉到了"一夫当关万夫莫开"的气势,画面实在是太美,雄伟壮观。我不由自主地赞叹大自然的结晶,深深地陶醉其中。当年参加白帝城托孤的除了诸葛亮还有赵子龙等身经百战的老将军。

三峡还有"山重水复疑无路,柳暗花明又一村"的感觉。移步换景,恰似百里画廊,美不胜收。我想起了毛主席写过"高峡出平湖,神女应无恙"的诗句来赞美三峡。我们面对大自然的神奇变化,应该心生敬畏之心,这一点亘古不变。值得一提的是诗仙李白那句"轻舟已过万重山",试想有多少老百姓驾一叶扁舟过万重山的时候,为此丢掉性命,何其艰难!

长江三峡全长大概有200千米,当地百姓民风淳朴,引来了无数文人墨客来到这里留下墨宝。我想起了瞿塘峡所在的重庆市奉节县正是有着中华诗城的美誉。境内旅游资源极其丰富,有传说中的天坑地缝,有星罗棋布的感觉,也有传说色彩，于是三峡让世人更加刮目相看了……

　　三峡，我轻轻地来了，却舍不得离开，即使没有带走一片云彩，但还是离开了。

（资料来源：罗辰　文章阅读网，2019年9月4日）

2. 湖泊旅游资源

与浩瀚的大海、奔腾的江河相比，湖泊最能体现水体静态的审美特征。湖泊水面与周围的山岳、植被、气候气象以及人文景观可组合形成万千景象，构成无与伦比的美妙图景。

我国湖泊众多，面积在1平方千米以上的湖泊达2800多个，广泛分布于青藏高原、东部平原、云贵高原、新疆和内蒙古地区以及东北地区。由于其所处地理环境的差异以及形成原因的不同，它们各自所具有的旅游价值也有差异。鄱阳湖、洞庭湖、太湖、洪泽湖、巢湖等平原大型湖泊主要分布于我国的东部平原地区，它们给人以壮阔浩瀚之感，与周边风景共同形成生动灵秀的鱼米之乡景观；镶嵌于山地丘陵之中的山地秀美湖泊，形态多样，与湖边的山峰、森林、村寨等融为一体，往往形成幽静而秀丽的景观，这一类湖泊有千岛湖、九寨沟海子、天池、台湾日月潭等；分布于青藏高原、内蒙古高原及云贵高原的高原湖泊远山近草、连天接地，具有蓬勃又神秘的美感，如西藏的纳木错湖、青海的青海湖、内蒙古的呼伦贝尔湖、云南大理的洱海、贵州的红枫湖等；许多城市依湖而建，城市与湖泊相依千百年，湖泊成了城市不可分割的重要部分，湖区成为城市居民休闲娱乐的重要处所，有的湖泊甚至成为城市最重要的名片和标志，我国这一类湖泊很多，如昆明的滇池、杭州的西湖、武汉的东湖、北京的北海、南昌的青山湖等；因人类在江河上兴修水利、拦河筑坝而形成的人工水库，称为人工湖，除了具有蓄水、灌溉、发电、养殖、防洪等功能外，还可开发旅游项目，如千岛湖、松花湖、仙女湖、三门峡水库等。

3. 海洋旅游资源

在全球范围内，海洋都是最受欢迎的康乐型旅游资源，空气、阳光、沙滩、海岸、海水及水生动物和植物相结合，提供了很好的观光、休养、休闲和娱乐功能，同时滨海和近海还适宜开展海水浴、阳光浴、帆板、冲浪、潜水、垂钓、水上摩托艇、水上跳伞、沙滩排球等活动。另外，在一些特殊区域的独特的自然地理环境下还能出现独具特色的海域景观，如杭州湾钱塘涌潮为代表的海洋潮汐现象，是一种蔚为壮观的海水运动景观。

我国拥有漫长的海岸线，在大连与三亚之间的漫长的沿海地带开发了数以百计的海滨度假胜地，尤以海南、广东、广西、台湾、福建等热带和南亚热带省区的海滨度假区利用季节最长，旅游价值更高。我国著名的海滨旅游胜地如三亚、北海、广州、深圳、厦门、舟山、青岛、烟台、威海、北戴河、大连等，不仅海滨风景优美，还与独特的城市风貌相结合，更增强其旅游价值。

4. 涌泉旅游资源

泉是指地下水的天然露头。我国是世界上涌泉最为丰富多样的国家之一，估计总泉数在10万处以上。涌泉作为旅游资源，其价值可从形态、温度、色泽、声音、味道、触感、化学成分对人体健康的作用以及历史等方面体现出来。按泉水出露形态、流量、温度、化学成分等可以分为温泉、冷泉、矿泉、观赏泉、品茗泉、沐浴泉等。

（1）沐浴性温泉

人们常按泉水温度对其分类，将20℃以下的称为冷泉，20～37℃为温泉，超过37℃为热泉。我国处于环太平洋和地中海—喜马拉雅两大火山与地震带，地热资源非常丰富，形成遍布全国的数万处温泉。主要集中于粤、闽、台、滇等省（区、市），著名的以温泉占主体地位的风景旅游度假疗养胜地有陕西临潼华清池、广东从化温泉、南京汤山温泉、北京小汤山温泉、台湾北投温泉等。

（2）康体性矿泉

矿泉是指含有对人体健康有益的特殊成分，具有一定的医疗或保健价值的涌泉。我国具有显著医疗价值的代表性矿泉主要有辽宁汤岗子温泉、黑龙江五大连池、内蒙古阿尔山温泉、广东从化温泉、江西明月山富硒温汤等。

（3）品茗性淡水泉

好茶、佳酿历来离不开好水，我国有许多涌泉因品茗和酿酒而闻名，如杭州虎跑泉、镇江中泠泉、无锡惠山泉、北京玉泉、上饶陆羽泉等，酿造茅台酒所用的贵州赤水两岸的清泉、酿造五粮液所用的四川金鱼泉、酿造青岛啤酒所用的崂山矿泉等，也都很有名。

（4）观赏性奇特泉

涌泉喷涌如果有独特的动态美，也会以其奇特而形成著名的旅游景点，如被称为"天下第一泉"的济南趵突泉、济南珍珠泉、云南腾冲的沸泉"大滚锅"、四川广元龙门山上的含羞泉、云南大理的蝴蝶泉、安徽寿县的喊泉、台湾台南县的水火泉等。

5. 瀑布旅游资源

瀑布是由溪、泉、河、湖等水体流经陡坎断崖时凌空跌落而形成的特殊水体旅游资源。它的旅游价值主要表现在体、形、色三者相结合的动态美上，往往成为历代文人吟诗作画的对象，因此它是自然与人文相融合的典型。

我国降水较多的南方山地、云贵高原、横断山区、喜马拉雅山南麓以及东北山地瀑布景观较为丰富。贵州黄果树瀑布、黄河壶口瀑布、黑龙江镜泊湖吊水楼瀑布被称为我国三大瀑布。我国的山岳名瀑很多，几乎遍布各大名山，它们飞流直下，轻纱飘逸，给山景增添了活力与秀色。庐山、黄山、雁荡山的瀑布自古享有"天下三奇"之誉。

三、气候气象旅游资源

气候是指一个地方长时间的天气平均状态及其变化规律。而气象则指大气要素短时间内表现出来的特征，包括冷、热、干、湿、风、云、雨、雪、霜、雷、电、虹、霞、光等。

1. 气候与旅游资源

气候是自然地理环境的重要组成要素之一，是地表千差万别的自然景观形成的主导因素，同时也影响着人类文明和社会地理环境特征，因此气候地域差异性就造成了自然旅游资源和人文旅游资源的地域差异性规律，如北方地区山地旅游资源的雄伟险峻和南方地区山地旅游资源的秀美幽深之区分。气候的季节性节律变化导致了旅游业的淡旺季交替的变化规律，如华南地区的冬季、江南的春夏季、华北地区的秋季、东北地区的夏季和冬季、云贵川地区的夏季等都是旅游旺季。"宜人的气候"本身就构成了一种特殊的气候旅游资源，成为吸引游客的重要原因，如四季如春的"春城"昆明，就是以其气候宜人而取胜的。气候、气象条件还影响着旅游交通及旅游开发。

中国幅员辽阔，气候类型多样，因而具有丰富多彩的气候旅游资源。东北的冰雪旅游、华南的滨海旅游、江南山地的避暑旅游，使得"白色旅游""蓝色旅游""绿色旅游"在我国不同地区同时并存。中国大部分国土位于温带和亚热带季风气候区，四季分明，春夏秋冬景观变化明显、反差强烈，这也极大地丰富了我国的气候旅游资源，"春观桃柳，夏赏风荷，秋临丹桂，冬咏寒梅"。我国西部地区有典型的大陆性气候特点，对中国的旅游产生不利影响，冬季严寒，夏季酷暑，春秋季气候宜人但季节短暂，而北方春季多风沙，南方春季多雨水，这些都给出行游客造成一定的困扰。

2. 气象与旅游资源

气象状况，万千变化，气象因素是最活跃、最富于变化的构景因素。无论是晴空万里、阳光明媚，还是春雨蒙蒙、大雪纷飞，抑或是云海薄雾、朝霞夕照，甚至是神奇莫测的海市蜃楼、瑰丽多姿的极光、银装素裹的树挂等，都具有造型美、动态美、色彩美。"沧海日，赤城霞，峨眉雪，巫山云，洞庭月，彭蠡烟，潇湘雨……是宇宙奇观。"我国的云海、雨淞、日出、夕阳、佛光、蜃景又被合称为"天象六景"。

（1）云、雾、雨景观

在湿润的南方及东部沿海地区，由云、雾、雨这类非实体气象因素构成的景观较为普遍，如峨眉山、衡山就是因四季云海而构成秀丽奇景著称于世，庐山的瀑布云、苍山玉带云、三清山响云、泰山云海玉盘等云中奇景享誉中外（见图2-15）。"水光潋滟晴方好，山色空蒙雨亦奇"，山中、水面常出现的雾景，以及蒙蒙细雨往往都能成为一种特殊的意境，令游客流连忘返，如江南春雨、巴山夜雨、潇湘烟雨等（见图2-16）。

图2-15　泰山云海　　　　　　　　图2-16　潇湘烟雨

（2）冰雪、雾凇景观

我国的北方，尤其是东北地区冬季漫长，且湿润寒冷，降雪量较大，往往构成大雪纷飞、冰天雪地、林海雪原的景象，这对于南方地区的人们具有极大的吸引力，成为东北地区最具特色的旅游资源（见图2-17）。南方的较高山区冬季的雪景也具有极高的观赏价值，如黄山雪景、庐山的雪景及台湾玉山的积雪等都有很高的知名度。

雾凇是雾气在低于0℃的附着物上凝华而成的白色松絮状冰粒，其漫挂于树枝上，特别是河湖边的垂柳，似绽开的银花，精致而繁盛，成为奇景。"吉林树挂"就是我国最著名的雾凇景观（见图2-18）。

（3）佛光与海市蜃楼景观

当人背着太阳而立，光线投射到相对方向的云层雾墙上时，就可能出现围绕人影的彩色光环，被称为佛光。佛光常出现在云海较多的中低纬度地区的中高山地，且往往出现在晴朗无风的早晨或傍晚。峨眉山金顶佛光最为著名，此外庐山、黄山、泰山也都能见到（见图2-19）。

海市蜃楼是太阳光线经过远距离折射，将远处景物显现在空中或海面上空的一种幻景，主要出现在海湾、沙漠和山顶。我国山东蓬莱和长岛县、江苏连云港海州湾、河北北戴河东联峰、浙江普陀山等地都有海市蜃楼出现，其中以蓬莱最为知名（见图2-20）。

图 2-17　林海雪原

图 2-18　吉林雾凇

图 2-19　佛光

图 2-20　海市蜃楼

四、动、植物旅游资源

　　动、植物是自然构成要素中最活跃、最有生机的部分，是自然生态环境的主体。动、植物通过生命过程中表现出的形、态、声、色、香等审美因素，与地貌、水体等要素组合在一起，共同实现了人类的旅游审美理想。某些动植物对人类还有精神寄托和心灵抚慰作用，体现出康乐休闲和文化承载的功能，产生旅游吸引，成为特殊的旅游资源。动、植物旅游资源的吸引功能产生的生态旅游项目主要有赏花旅游、观鸟旅游、狩猎旅游、垂钓旅游、科学考察旅游、森林旅游等。

1. 动物旅游资源

　　动物是人类文明的重要组成部分。大自然遗留下来的丰富的动物资源，是人类宝贵的自然财富。

　　中国地域辽阔，地形复杂多样，气候条件多变，动物资源十分丰富。在全国范围内，现有脊椎动物 4 400 多种，约占世界所有种数的 10%，其中兽类 450 种、鸟类 1 244 种，在所有动物中国家重点保护的野生动物达 300 多种。

（1）珍稀动物和观赏动物旅游资源

我国有许多世界稀有和我国特有的珍禽异兽，其中有 97 种列为国家一级保护动物，如兽类中的大熊猫、金丝猴、白唇鹿、羚牛等，鸟类中的朱鹮、褐马鸡、黑颈鹤等均为中国特有或主要产于中国的珍稀动物。大熊猫、金丝猴、白鳍豚和白唇鹿被称为我国"四大国宝动物"。其中，栖息在四川、甘肃、陕西的海拔 1 400~3 500 米的高山的大熊猫是世界级珍贵物种，其形象已经成为世界自然基金会标志。

我国的珍禽异兽集中的主要地区有以小兴安岭和长白山为主的东北地区，有东北虎、紫貂、梅花鹿、丹顶鹤等；青藏高原东部至川西为主的山区，有大熊猫、金丝猴、大鲵、峨眉琴蛙等；云南西双版纳地区，有长臂猿、亚洲象、绿孔雀等；华南地区的中低山区，有华南虎、长臂猿、坡鹿等。

野生动物的形态、色泽、活动、声音与周围环境结合，共同构成了我国自然景观中最生动的部分。人们不仅可以在保护区内观赏到野生状态的大熊猫，还可以在世界许多国家和地区的动物园内观赏到其憨态；西双版纳的重要旅游内容离不开亚洲象的表演；冬天来临时，人们到江西鄱阳湖旅游就是冲着那些美丽的精灵——候鸟；峨眉山的旅游如果没有那些调皮的猕猴参与，就失去了许多乐趣。

（2）自然保护区

1994 年 10 月 9 日中华人民共和国国务院发布了《中华人民共和国自然保护区条例》。自然保护区，是指对有代表性的自然生态系统、珍稀濒危野生动植物物种的天然集中分布区、有特殊意义的自然遗迹等保护对象所在的陆地、陆地水体或者海域，依法划出一定面积予以特殊保护和管理的区域。国家林业和草原局负责全国自然保护区的综合管理。截至 2017 年底，中国大陆（不含香港、澳门和台湾）共建立各种类型、不同级别的自然保护区 2 750 个，其中国家级 463 个，自然保护区总面积达到 147 万平方千米，约占全国陆地面积的 14.84%。全国超过 90% 的陆地自然生态系统都建有代表性的自然保护区，89% 的国家重点保护野生动植物种类以及大多数重要自然遗迹在自然保护区内得到保护，部分珍稀濒危物种野外种群逐步恢复。

自然保护区由于能较好地保留大自然的本色，反映大自然的原貌，因而成为最能满足人们回归大自然愿望的旅游目的地。

我国著名的自然保护区有四川卧龙大熊猫自然保护区、青海省三江源自然保护区、黑龙江扎龙丹顶鹤自然保护区、江苏盐城丹顶鹤自然保护区（见图 2-21）、

图 2-21 江苏盐城丹顶鹤自然保护区

江西鄱阳湖候鸟自然保护区、海南南湾猕猴自然保护区、湖南张家界大鲵自然保护区等。

2. 植物旅游资源

我国是世界上植物资源最丰富的国家之一，现有的种子植物约2 900多个属，24 600多个种，珍稀植物、观赏植物、森林旅游资源、草原旅游资源以及湿地旅游资源产生较大的旅游吸引力。

（1）珍稀植物和观赏植物旅游资源

我国是世界公认的"世界树木宝库"。我国特有的珍稀树种水杉、银杏和鹅掌楸被列为世界三大"活化石"。此外，我国特有的裸子植物——金钱松、台湾杉、银杉等，被子植物——杜仲、珙桐、金钱槭、香果树等植物也很珍贵。这些珍稀植物主要分布于长江流域及西南地区。我国具有特殊观赏价值的名木古树也很多，如台湾的古红桧树——"阿里山神木"，黄帝陵前柏树之王——"轩辕柏"，江西庐山的"三宝树"等。

我国还是著称于世的花卉之邦，赏花、育花的历史长达几千年，拥有名贵花卉近600种，形成了众多著名的赏花旅游胜地，如洛阳、菏泽每年的"牡丹节"旅游盛会，南京的"梅花节"，上海、武汉、济南等地的"荷花节"等。梅花、牡丹、菊花、兰花、月季、杜鹃、茶花、荷花、桂花、水仙被称为我国十大名花，极具观赏价值。

中国传统文化中往往对一些特殊的植物赋予文化的意义，如把松、竹、梅视为"高洁"的象征，称为"岁寒三友"。松象征坚贞不屈，竹象征节高谦恭，梅象征独傲霜雪，荷象征洁身自好，兰象征隐逸君子，桂象征才华冠群，菊象征谦谦君子，牡丹象征荣华富贵，红豆相思，杨柳送别，松柏长寿等。旅游者可以在这些具有象征意义的植物身上获得文化和精神的寄托，产生旅游独特的旅游审美效果。

我国许多旅游地由于某些植物的观赏价值而成为景点的主角，或直接用某些植物造园，成为以它为主题的生态公园。比较著名的有黄山、庐山等南方山地景区的迎客松，四川长宁的蜀南竹海，济南大明湖的荷花，江西井冈山的杜鹃花，北京香山的红枫等。

（2）森林旅游资源

我国的森林覆盖率较低，仅12%，在世界上处于较低的水平，因此我国建立了较多的自然保护区和森林公园，以促进环境的改善。

森林公园是以大面积人工林或天然林为主体而建设的公园。森林公园由于以森林植被为主体，其生态环境往往优于其他保护区，不仅山清水秀、风景秀丽、气候宜人，还有大量的负离子，它能消除人们的精神疲劳，促进新陈代谢，具有"天然氧吧"的美誉。国家森林公园是指森林景观特别优美，人文景观比较集中，观赏、科学、文化价值高，地理位置特殊，具有一定的区域代表性，旅游服务设施齐全，有较高的知名度，可供人们游览、休息或进行科学、文化、教育活动的场所。国家森林公园是由国家林业局批准设立的。1982年9月建立了我国第一个国家森林公园——湖南张家界国家森林公园，到目前已经建立了460处，如北京西山国家森林公园、吉林长白山国家森林公园、安徽黄山国家森林公园、湖北神农架国家森林公园等。

目前林区开展的旅游活动主要有观光、康乐度假、科学考察、探险猎奇、采集狩猎等。

（3）草原旅游资源

"天苍苍，野茫茫，风吹草低见牛羊"，草原给人们以广袤无边的印象，加上草原地区独特的民族风情和民俗活动，包括骑马、摔跤、狩猎、歌舞等活动，以及独具特色的民居蒙古包，富有少数民族特色的节日——那达慕大会、草原上的美食等，成为现代旅游重要的资源。

我国世界级的天然大草原的面积仅次于澳大利亚、俄罗斯和美国，居世界第四位，主要分布在半干旱及高寒地区，包括内蒙古呼伦贝尔大草原、内蒙古锡林郭勒大草原、新疆伊犁草原和西藏那曲高寒草原四大草原。内蒙古呼伦贝尔大草原如图2-22所示。

（4）湿地旅游资源

湿地泛指暂时或长期覆盖水深不超过2米的低地、土壤充水较多的草甸以及低潮时水深不过6米的沿海地区，包括各种咸水淡水沼泽地、湿草甸、湖泊、河流以及洪泛平原、河口三角洲、泥炭地、湖海滩涂、河边洼地或漫滩、湿草原等。湿地是位于陆生生态系统和水生生态系统之间的过渡性地带，在土壤浸泡在水中的特定环境下，生长着很多湿地的特征植物，以芦苇、菖蒲、荷花等挺水性、浮水性和沉水性的植物为代表。很多珍稀水禽的繁殖和迁徙离不开湿地，因此湿地被称为"鸟类的乐园"。湿地广泛分布于世界各地，拥有众多野生动植物资源，与海洋、森林并称为地球三大生态系统。

图2-22 呼伦贝尔大草原

中国湿地面积占世界湿地的10%，有6 600多万公顷，位居亚洲第一位，世界第四位。其中，已经列入《湿地公约》国际重要湿地名录的湿地共44处，著名湿地有黑龙江扎龙自然保护区、吉林向海国家级自然保护区、海南东寨港国家级自然保护区、青海湖鸟岛自然保护区、江西鄱阳湖自然保护区、浙江杭州西溪国家湿地公园等（见图2-23）。

图2-23 海南东寨港国家级自然保护区

第四节　中国人文旅游资源

一、古人类遗址旅游资源

　　一般认为，古人类是指从人类产生到有文字记载以前时期的人类。古人类遗址内容主要包括古人类的生活、生产、历史发展及其文化的综合。

　　旧石器时代是指距今一万年以前古人类时期，属于原始社会的初级阶段。旧石器时代的人们主要是制造简单工具以作打猎和采集的用途，他们使用石器和木棍来猎取野兽，并懂得采集果子来充饥。他们主要居住于山洞中，已学会用火。据考古发现，在我国遗留下来的旧石器时代的古人类遗址主要有距今约170万年前的云南"元谋人"遗址，115万~80万年前的陕西"蓝田猿人"遗址，70万~23万年前的北京周口店"北京人"遗址等。其中，北京周口店龙骨山岩洞是我国发现的最早的猿人住所，也是当今世界上发现的古人类遗址化石数量最多、材料最丰富、最齐全的一处，成为中外古人类遗址旅游资源中旅游价值最大的游览胜地，已经被列入世界文化遗产名录。

　　新石器时代是指距今一万年左右至四五千年以前的这一时期，以使用磨制石器为标志的人类物质文化发展阶段。农业起源是新石器时代的主要特征，使用磨制石器为其标志。人类开始从事农业和畜牧业，将植物结实加以播种，把野生动物驯服以供食用。人类食物来源变得稳定。农业与畜牧经营使人类由逐水草而居变为定居下来，已经能够制作陶器、纺织，人类生活开始关注文化事业的发展，使人类开始出现文明。我国发现的新石器时代的古人类遗址较多，有5 000多处，比较著名的有河南渑池的仰韶文化遗址、浙江余姚河姆渡遗址、陕西西安的半坡遗址、浙江余杭的良渚文化遗址等。其中西安半坡村的半坡遗址是一个典型的母系氏族公社村落遗址，它向我们生动地展现了6 000多年前处于母系氏族社会繁荣时期的先民生产与生活情况，1958年在遗址上建成半坡遗址博物馆，是中国第一座史前遗址博物馆，1958年4月1日正式对外开放，迄今已接待中外游客8 000多万人次。

　　我国发现的古人类遗址多分布在自然地理条件优越的黄河流域和长江流域，尤其以黄河流域最为集中，众多的古人类遗址已经成了这些地区重要的人文旅游资源。

二、古代陵墓及名人墓葬旅游资源

　　丧葬是人类传统的重要民俗之一，尤其是中国人在传统上非常重视后事的处理，认为先人的丧葬之事办得好与坏直接关系后代的福与祸，于是主张"事死如事生""厚葬以明孝"，将生、婚、丧看作人生三件大事，"厚葬之风"逐渐盛行起来。"厚葬"主要体现在许多民俗方面，尤其是选择葬的地方、葬的时间和葬法很重要，古人认为选择风水宝地安葬死者能给后人带来"阴福"，所以有些地方成为集中的墓地。民间流传着这样一句古话："生在苏杭，葬于北邙"，洛阳的邙山宛如一条卧龙围绕着洛阳城，是古代帝王理想中的埋葬之地，自从东周以来这里先后埋葬了24位皇帝，是中国埋葬帝王最多、最集中的地方。

在中国历史上，各地区各民族对先人死后的葬法不同，以土葬、火葬、水葬、天葬和悬棺葬等葬法最具代表性。其中水葬是依水而居的古人的葬法，而悬棺葬是我国古代南方和西南地区的一些少数民族在崖壁上或崖穴中安葬死者遗体的一种葬俗。

1. 历代帝王及贵族陵墓

（1）帝王及贵族陵墓的旅游价值

古代陵墓中以历代帝王及显贵陵墓对游客最具吸引力，其分布之广、数量之多、规模之大、规制之烦琐令人叹为观止。

历代帝王不惜人力、财力、物力大兴土木，甚至许多帝王还在世就开始花费多年修建自己的陵墓，仿造宫殿形制在地上、地下建造规模宏大、精美豪华的建筑群。

帝王陵墓中的殡葬品的丰富程度也令今天的人们难以想象，所涉范围包括生活器皿、乐器、装饰品、纺织品、食品、药品、陶瓷、青铜器、金银器、丝绸以及文献古籍等，这些出土文物不仅具有很高的科学研究价值和历史文化价值，还对生活在今天的游客产生极大的吸引力。2015年在江西南昌发掘了西汉废帝刘贺的海昏侯墓，共出土青铜器、金银器、玉器、竹简、木牍等各类珍贵文物1万余件（套），数量之大、种类之多均创中国汉墓考古之最。

受所谓"风水"之说的影响，这些帝王将相的墓址大多选在环境优美，风景秀丽之处，使得帝王陵墓往往成为兼具观赏、避暑、休憩等多种功能的"风水宝地"，与墓区建造的精美建筑、雕刻艺术品结合在一起，成为今天重要的人文旅游资源。

（2）帝王及贵族陵墓形制的变化阶段

第一阶段，前秦时期的"封土为坟"，按照官吏的等级来定坟头封土的大小。

第二阶段，秦汉时期的"方上"，即在地宫之上用黄土层层夯筑，使之成为一个上小下大的锥体，上部为方形平顶，称为"方上"，夯筑的锥体称为"封土堆"。

第三阶段，唐朝的"因山为陵"，即直接在山体上开凿墓室或陵墓依山而建。

第四阶段，宋代的较小规模的"方上"，并开始向集中陵区方向发展。

第五阶段，明清两代的"宝城宝顶"，在地宫上方用砖砌成圆形围墙，内填黄土，夯实，顶部做成穹隆状，圆形围墙称为"宝城"，穹隆顶称为"宝顶"。明清时期帝王陵墓的最大特点是将多个陵墓集中在一地，组成庞大的陵区，如明十三陵和清东陵、清西陵。

（3）著名的帝王及贵族陵墓

黄帝陵相传是中华民族的始祖轩辕黄帝的陵园，位于陕西省黄陵县北桥山上。自唐代宗大历五年建庙祀典以来，这里一直是历代王朝举行国家大祭的场所。新中国成立后，每年清明节、重阳节这里均举行祭祀典礼，特别是清明节公祭已是中华民族传统祭祀大典。

秦始皇陵位于陕西临潼的骊山北麓，陵墓修筑历时38年之久，其工程之浩大、投入人力之多、建造时间之长、用料之考究、做工之精细，不仅使该陵墓成为中国历史上最大的帝陵之一，而且远远超过任何一座埃及金字塔的规模。陵园按咸阳都城的规制，体现了皇权独尊的特点。为了防止盗墓，墓室还装有严密的防盗技术装置，所在地宫未曾被盗，保存较为完好。秦陵四周分布着大量形制不同、内涵各异的陪葬坑和墓葬，现已探明的有400多个，其中包括举世闻名的"世界第八大奇迹"——兵马俑坑。1987年12月，秦始皇陵及兵马俑坑被联合国教科文组织批准列入世界文化遗产名录（见图2-24）。

西汉11个帝陵大多位于渭河北岸的咸阳塬上，其中以汉武帝的茂陵规模最大。西汉首创了"陵邑"制度，并首开陵前设置石像生之先河。东汉陵墓大多集中于洛阳邙山，规模相对较小。

唐代18座陵墓均分布在渭河北岸的乾县、礼泉、三原、富平等县。其中最为著名的是昭陵和乾陵。昭陵是唐太宗李世民的陵墓，建设持续了107年之久，周长60千米，占地面积200平方千米，共有180余座陪葬墓，是中国历代帝王陵园中规模最大、陪葬墓最多的一座，也是唐代具有代表性的一座帝王陵墓，被誉为"天下名陵"，陵前有著名的昭陵六骏。乾陵位于距陕西省咸阳市乾县县城北部6千米的梁山上，为唐高宗李治与中国历史上唯一的女皇帝武则天的合葬墓，陵前有保存完好的石刻述圣记碑和"无字碑"。

北宋九个皇帝除徽、钦二帝被金兵掳去死于五国城外，其余七个皇帝及赵弘殷（赵匡胤之父）均葬在河南省巩义市洛河南岸的台地上，通称"七帝八陵"。

图2-24　秦始皇陵园区

南宋诸帝均葬于浙江绍兴。

明代帝陵中，明太祖朱元璋的明孝陵在南京紫金山南麓，其余十三位皇帝均葬在北京昌平天寿山下，称为"明十三陵"。

清朝帝陵共分三处，即入关前的位于辽宁省沈阳市附近的"关外三陵"，以及入关后的位于河北遵化的清东陵和位于河北易县的清西陵。东陵墓区范围大，环境优美，是我国现存规模庞大、规制奢华、体系比较完整的陵寝建筑群，地面建筑以咸丰皇帝的定陵最为考究，地下建筑以乾隆皇帝的裕陵最为壮观。西陵以雍正皇帝的泰陵规模最大。

此外，元朝的帝王驾崩后多按照蒙古人的习俗深埋草原，马踏去迹，不封不树，无法确定所在，现存只有成吉思汗陵，也为衣冠冢。西夏王陵位于宁夏银川西郊的贺兰山东麓，是西夏王朝的皇家陵寝，有9座帝陵，253座陪葬墓，是中国现存规模最大、地面遗址最完整的帝王陵园之一，也是现存规模最大的一处西夏文化遗址，因其地面建筑的独特风格，被称为"东方金字塔"。

除大量帝王陵墓外，还有大量古代显贵的墓葬也有极高的考古、科学研究、历史文化探索、旅游观赏的价值。在长沙市区东郊浏阳河旁的马王堆挖掘出土了三座汉墓，一号汉墓出土的女尸，时逾2 100多年，形体完整，全身润泽，部分关节可以活动，软结缔组织尚有弹性，几乎与新鲜尸体相似，震惊世界，吸引不少学者、游人观光。马王堆三座汉墓共出土珍贵文物3 000多件，绝大多数保存完好，大量丝织品织造技巧高超，天工巧夺。位于山东曲阜城北1.5千米处的孔林，是孔子及其后裔的家族墓地，是世界上延续时间最长的家族墓地，于1994年12月被列入世界文化遗产名录。

2. 名人墓葬

在中国历史上建立过丰功伟绩的名人、伟人很多，世人对其墓或祠世代保护，成为供后人瞻仰凭吊的重要场所，以示纪念。我国历代名人墓（祠）遍布全国各地，比如全国各地都可见的孔庙（夫子庙）、湖北秭归的屈原墓、陕西韩城的司马迁墓、四川成都的武侯祠、河南洛阳的关林、内蒙古呼和浩特的昭君墓（青冢）、浙江杭州的岳坟，以及近代的中山陵、毛主席纪念堂等。

三、古今工程及建筑旅游资源

1. 古代著名工程旅游资源

古代工程是指历史上为了生产、交通、水利、军事、科技等需要而修建的，与国计民生关系密切的重大建筑建设工程，包括军事工程、水利工程、桥梁工程等。这些伟大工程历史悠久、工程浩大，往往成为我国历史时期的科学技术、社会文化发展的标志，有些成为中国人民的民族象征和骄傲，有些成为世界性的人类遗产，有些至今还在发挥作用、造福人民,并吸引全世界人民前来参观学习,产生巨大的旅游价值。

(1)长城

印度著名诗人泰戈尔评说长城:"因残破而展示了生命的力量,因蜿蜒而影射着古老的国度。"

长城是中国古代最伟大的军事防御工程,也是世界伟大工程的奇迹之一。其修筑历史持续时间之长、工程量之大、设计之完美、建筑之宏伟、影响之深远,实属举世无双。因而长城成为中华民族的象征和骄傲,并于1987年被联合国教科文组织列入世界文化遗产名录。

长城的修筑时间从西周开始至明朝止,共持续了2 700多年,大约经历了三个修筑的高峰:秦始皇统一中国建立秦朝后,将原来秦、赵、燕等国的长城连接起来,并在此基础上增修,筑起了一条西起甘肃临洮、东至辽东绵延一万余里的"万里长城";汉代为抗击北方匈奴入侵,在秦长城以北修筑了一条平行的外长城,西起新疆罗布泊,东至鸭绿江,长达一万多千米;明代掀起了我国长城修筑史上的第三次高峰,西起甘肃嘉峪关,东至鸭绿江畔,总长6 350千米,我们今天所见到的砖石结构的长城主要是明长城,也是列入世界遗产名录的长城的主要部分。

长城主要由城墙、墙台和敌台、烽火台、城堡、关隘组成。明长城城墙一般高5~8米,宽6米左右,其布局遵循"因地形,用险制塞"原则,多沿着高山峻岭或平原险阻之处延伸,把成千上万个墙台、烽火台、关隘等连接起来,构成完整的防御工程体系;城台是筑在高出墙顶的方形台子,分城台、敌台和战台三种,台上还有遮风避雨的铺房,是守城士卒巡逻放哨和储存弓箭、兵器、粮食等地方;烽火台,也叫烽燧,是为防止敌人入侵而建的,遇有敌情发生,则白天施烟,夜间点火,台台相连,传递讯息,白天放烟叫"烽",夜间举火叫"燧";关隘是据守要冲的重地,往往扼交通咽喉,形成"一夫当关,万夫莫开"之势,长城沿线关隘数量很多,明长城有近千处关隘,其中最著名的有河北的山海关和娘子关、天津的黄崖关、北京的居庸关、山西的雁门关、甘肃的嘉峪关等。

我国现在已开放的长城旅游观景点主要是明代长城遗存,有北京的八达岭长城、居庸关长城和慕田峪长城,河北的金山岭长城、山海关长城和老龙头长城,天津的黄崖关长城,山西的雁门关长城,甘肃的嘉峪关长城等(见图2-25)。

图2-25 长城

阅读资料 2-3

长城 长城

长城就像埃及的金字塔、柬埔寨的吴哥窟、印度的泰姬陵一样，成为国家民族的象征。不过与这些古老遗迹不同的是，长城并不是在某一个朝代由某一个君主建造的，它的故事绵延万里，横亘数千年。从公元前7世纪的春秋时期，到17世纪的明朝末年，千年里中华大地经历了多少沧海桑田的变化，而修筑长城竟是不变的决心和行动。在中国人心中，长城更是一种文化和历史的概念。

追溯到春秋战国时期，各国修筑长城的目的主要是为了互相防范以及防御北方游牧民族，而从秦始皇开始，长城成为防备北方游牧民族的工事。统治者尝试以和亲来稳定北疆，不过更多时候，他们还是选择修筑或加固长城。仅凭这段长城，如何能抵御外族的侵略？

事实上长城也确实没有抵挡住最具威胁的敌人的进攻。明朝花费了大量人力、物力，把秦始皇的万里长城重新翻修了一遍，并且建立了完善的防守制度，将长城全线分为了"九边十一镇"，镇下又设"路"和"关"，各个城台和烽火台层层相属，一旦有敌情可以随时通报。但是具有讽刺意义的是，公元1499年，瓦剌首领率兵突破了长城防守，不仅如此，他们还生擒了御驾亲征的明英宗。长城也丝毫没有妨碍来自北方的蒙古族人和满族人入主中原，建立起他们的王朝。不管气势如何磅礴，长城毕竟只是一堵城墙，还不足以让一个王朝安全地躲在它背后度日。有趣的是中国历史上最兴盛的唐朝，竟是少数没有修筑长城的王朝之一（唐、宋、元、清），它以自己的繁盛和实力，辐射着周边的小国，以交流代替交战，长城也便失去了它存在的意义。顾炎武论及明末发生在居庸关的战事时感叹道："地非不险，城非不高，兵非不多，粮非不足也，国法不行而人心去也。"一旦王朝接近没落，长城也并不能真正抵挡什么。

（资料来源：《人一生要去的50个地方》，陕西师范大学出版社）

（2）古城池

早在殷商时期我国就已经出现了城市，早期的都城一般都有完整的城防体系，包括瓮城、子城、牙城、皇城等不同功能的建筑。我国有3 000多座历史城池遗址，其中保存较完整的有南京古城、西安古城、平遥古城、大理古城、兴城古城等。南京明城墙是当今世界所存留的最大规模的砖石结构古城墙，西安古城则是我国保存最完好的一座大型古城垣，山西平遥古城的筑城技术和艺术为我国历代筑城所罕见，平遥古城已经于1997年列入世界文化遗产名录。

（3）古代水利工程

中国古代水利工程的成就在世界水利发展史上具有特殊的地位。其中，都江堰、灵渠、京杭大运河和坎儿井以工程量巨大和成就卓著而成为我国古代四大水利工程。

都江堰坐落在成都平原西部的岷江上，始建于秦昭王末年（约公元前256—前251年），是全世界迄今为止年代最久、唯一留存、以无坝引水为特征的宏大水利工程。整个工程由分水鱼嘴、飞沙堰、宝瓶口等部分组成。都江堰一带风景秀丽，有伏龙观、二王庙、安澜桥等名胜古迹，是国家5A级风景区和世界文化遗产。

灵渠，古称兴安运河、湘桂运河，位于广西壮族自治区桂林市北6千米的兴安县境内，于公元前214年凿成通航，是世界上最古老的运河之一，有着"世界古代水利建筑明珠"的美誉。灵渠分南渠和北渠，全长34千米，北渠的水注入湘江，南渠的水注入漓江，它沟通了长江水系和珠江水系，打通了南北水上通道，为秦王朝统一岭南提供了重要的保证。2018年，其入选世界古代灌溉工程遗产名录，并成为桂林旅游区的重要组成部分。

京杭大运河始凿于春秋末期，后经隋、元两代大规模扩建而成。它北起北京，南达杭州，流经北京、河北、天津、山东、江苏、浙江六个省市，沟通了海河、黄河、淮河、长江、钱塘江五大水系，全长1 797千米，是世界上开凿最早、线路最长的人工运河，在中国历史上很长时间都是贯穿南北的交通大动脉，在促进南北经济、文化交流与发展方面起着重要作用。2014年6月22日，"大运河"正式列入世界文化遗产名录，大运河的旅游资源开发也进入了一个新阶段。

坎儿井是我国新疆一带干旱地区的人民适应当地气候特点而创造的一种引高山雪水用于生活和灌溉的古老的特殊水利工程，是一种无动力吸水设施，主要由地下暗渠、竖井和明渠三部分组成。充分显示了新疆各族人民的智慧，是构成这地区风光旅游的重要资源之一（见图2-26）。

图 2-26　新疆坎儿井

（4）古代桥梁工程

我国修建桥梁的历史很悠久，在西安半坡遗址中已有桥梁建筑，在几千年的生产和生活实践中中国人民曾建造了数以百万计的各式桥梁，并在艺术造型、构造设计、工艺施工和装饰美化等方面都形成了独特的风格和科学创造。这些桥梁不仅具有交通功能，而且本身也极具观赏价值，成为我国宝贵的历史文化遗产和重要的人文旅游资源。

我国古代桥梁的类型包括梁桥、拱桥、索桥、浮桥、廊桥、铁桥、竹藤桥等。其中著名的有河北赵州的安济桥、北京的卢沟桥、福建泉州的洛阳桥、四川泸定的泸定桥、广东潮州的广济桥等。

安济桥又称赵州桥，坐落在河北省石家庄市赵县的洨河上，因桥体全部用石料建成，当地称作"大石桥"，建于隋朝年间（公元595—605年），由著名匠师李春设计建造，距今已有1 400多年的历史，是当今世界上现存最古老、保存最完整的古代单孔敞肩石拱桥。赵州桥造型优美，桥身和桥柱都饰有精美的雕花，是一件高度的科学性和完美的艺术性相结合的作品，充分体现了我国古代劳动人民智慧，开创了中国桥梁建造的崭新局面（见图2-27）。

图2-27　赵州桥

2. 古代建筑旅游资源

中国古代建筑具有悠久的历史传统和光辉的成就，这些技术高超、艺术精湛、风格独特的建筑，在世界建筑史上自成系统，独树一帜，是我国古代灿烂文化的重要组成部分。它们被称为"凝固的音乐"和"石头的史书"，让我们重温祖国的历史文化，激发起我们的爱国热情和民族自信心，同时也给人以美的享受，成为重要的人文旅游资源。

（1）宫殿建筑

宫殿建筑是古建筑中最高级、最富丽的一种类型，是一代建筑之精华，体现了中国古建筑的最高成就。同时，作为历代社会政治文化活动的中心，宫殿承载了最重要的历史文化。大量稀世珍宝和文物，以及与此有关的重大历史事件，都使其对现代人充满神秘感和吸引力，往往是重要旅游资源重要因素。我国现存的最大规模的古代宫殿建筑群为明清故宫。

北京故宫是中国明清两代的皇家宫殿，旧称为紫禁城，始建于明成祖永乐四年

（1406年），至今已有600多年的历史了。它位于北京中轴线的中心，是一座长方形城池，南北长961米，东西宽753米，四面围有高10米的城墙，四个城角都有精巧玲珑的角楼，建造精巧美观，城墙外有宽52米的护城河。一条中轴贯通着整个故宫，主体建筑都布局在这条中轴线上，宫室等其他建筑则对称排列于中轴线两侧。紫禁城内的建筑分为外朝和内廷两部分。外朝的中心为太和殿、中和殿、保和殿，统称三大殿，是皇帝处理朝政和国家举行大典礼的地方。内廷的中心是乾清宫、交泰殿、坤宁宫，统称后三宫，是皇帝和皇后居住的正宫。故宫是中国古代宫廷建筑之精华，是世界上现存规模最大、保存最为完整的木质结构古建筑之一，1987年被联合国教科文组织列入世界文化遗产名录。故宫不仅是我国古代建筑艺术的精华，而且还是一座名副其实的文物宝库，宫内现收藏珍贵历代文物和艺术品约100万件，还集中保存有900多万件明清两代的档案资料，现辟为"故宫博物院"，是中国收藏文物最丰富的博物馆，也是世界著名的古代文化艺术博物馆（见图2-28）。

图2-28　故宫

（2）坛庙建筑

坛庙是祭祀性建筑，其中坛是用于祭祀天、地、日、月、社稷等的台型建筑，庙是祭祀先祖、圣贤和山川神灵的建筑。这类建筑在中国古建筑中占比很大，其建筑规模之大、造型之精美达到了非常高的水准。

在北京保存完好的中国历代皇帝祭祀天地、祖先等用的坛庙建筑就有天坛、地坛、社稷坛、先农坛、日坛、月坛、太庙、风神庙、雷神庙等。其中天坛是明清两代皇帝每年祭天和祈祷五谷丰登的地方，它以严谨的建筑布局，奇特的建筑结构，瑰丽的建筑装饰，被认为是我国现存的一组最精致、最美丽的古建筑群，在世界上享有极大的声誉，并于1998年列入世界文化遗产名录。

祭祀圣贤先哲的庙遍布全国，其中以祭祀孔子的文庙和祭祀关羽的武庙最多。孔子被尊为"万世师表"，全国各地均设有孔庙以供祭祀，在孔子的家乡山东曲阜的孔庙是全国最大的，号称"天下第一庙"，与孔府、孔林合称"三孔"，于1994年被列入《世界文化遗产名录》。祭祀山川神灵的庙以五岳中的庙最著名，其中泰山的岱庙最为雄伟高大，是历代帝王举行封禅大典和祭祀东岳大帝的场所。

（3）宗教建筑

由于人们的宗教信仰，我国不同历史时期修建的宗教建筑多为当时建筑的代表，不仅规模宏大，还能体现当时建筑艺术的最高水平，而且许多宗教建筑受到民众自觉的保护及历代修缮，故得以保留至今。受到宗教观念的影响，宗教建筑多修筑在自然环境秀美或幽静的山地，在我国历史上形成宗教名山，历代成为重要的旅游胜地，如四大佛教名山和四大道教名山。

佛教是对中国影响最大的宗教，大约自东汉初期传入我国，建立了第一个寺院——洛阳的白马寺之后，佛教寺庙就在中国大地上迅速修建，两晋南北朝时期，佛教得到很大的发展，仅洛阳一带就曾建寺庙1 200多座。不同的佛教宗派都有各自的代表性寺庙，如代表藏传佛教的布达拉宫，代表禅宗的少林寺，代表净土宗的东林寺，代表华严宗的华严寺，代表天台宗的国清寺，代表密宗的青龙寺，代表律宗的大明寺等。此外还有许多具有独特风格的著名的寺庙，如陕西西安的法门寺、山西恒山的悬空寺、青海西宁的塔尔寺、北京香山的卧佛寺、河南开封的大相国寺、江苏苏州的寒山寺、浙江杭州的灵隐寺等，它们早已在历史上成为著名的旅游胜地，名扬海内外。

除寺庙外，佛教建筑还有佛塔。佛塔传入我国时，曾被音译为"塔婆""佛图""浮图""浮屠"等，最初是用来供奉舍利、经卷或法物。中国的佛塔按建材可分为木塔、石塔、砖塔，许多佛塔会刻有建塔碑记、佛像、佛经等。古佛塔或矗立于山峦之上，或高出佛寺之表，或掩映于山林深处，或镇于江河岸边，乃至散布于广阔的原野上。中国著名建筑师梁思成先生在《中国佛教建筑》中指出："佛教建筑不仅大大丰富了城市面貌，而且在原野山林中，我们可以说，佛教建筑丰富了整个中国的风景线。……在中国佛教建筑中，佛塔是值得作为一个特殊的类型而加以阐述的。"据调查统计，我国现存古佛塔3 420余座，它们千姿百态，不存在重复的样式，这在世界建筑史上是罕见的。创建于1056年的山西应县佛宫寺释迦木塔是世界上现存最高、最古的一座木塔，八角五层高67米，也是唯一的一座楼阁式的木塔，历经千年风雨雷电、洪水侵袭，十余次大地震，乃至1926年被200余发炮弹所击，仍旧傲然屹立，直冲云霄，是中国乃至世界历史上木结构建筑辉煌成就的典范。此外，还有西安慈恩寺大雁塔、泉州开元寺镇国塔、杭州开化寺六和塔、开封祐国寺塔、大理崇圣寺三塔、河南少林寺塔林等著名的佛塔。

石窟是佛教徒为了寻觅幽静和传教及集会、诵经的地方，依山凿窟而建造的修行"精舍"。在中国佛教盛行时期，以中国佛教文化为特色的石窟艺术景观遍及全国南北方地区，是中国古代传统佛教文化艺术的历史瑰宝，最为著名的巨型石窟有四个，即人们俗称的"四大石窟"——甘肃敦煌莫高窟、山西大同云冈石窟、河南洛阳龙门石窟、甘肃天水麦积山石窟，其中敦煌石窟是世界规模最大、内容最丰富、保存最完整的画廊。享誉世界的重庆大足石刻是我国南方地区的石窟代表。乐山大佛是世界上最高的摩崖大佛和最大石刻坐佛。

道教是我国的本土宗教，正式形成于东汉时期，主要建筑为道观、道宫和道院。修道要求"清静无为""离境坐忘"，以安静自然为本，所以道教建筑主要分布于幽静的山林之中，尤其是道教名山上，与世俗繁华隔绝，极力营造出道教中的十大洞天、三十六小洞天、七十二福地的境界。我国现存著名的道观有北京的白云观，是现在中国道教协会会址，还有江西龙虎山的上清宫天师府、山西芮城永乐宫、沈阳太清宫、苏州玄妙观、南昌万寿宫、成都青羊宫、广州纯阳观等。

除佛教和道教建筑外，我国还有基督教和伊斯兰教建筑旅游资源。基督教的宗教建筑主要是教堂，我国现存的基督教教堂中，比较著名的有北京的宣武门教堂、上海的徐家汇天主堂和沐恩堂、广州石室圣心堂等。伊斯兰教的宗教建筑为清真寺，主要分布在我国信仰伊斯兰教的维吾尔族和回族人聚居的新疆、宁夏、甘肃等地区，新疆喀什艾提尕尔清真寺是我国最大、最著名的清真寺，是我国伊斯兰教建筑的典范。此外，还有陕西西安化觉巷清真寺、宁夏同心清真大寺等也比较著名。

（4）景观建筑

景观建筑是指园林区内外独立存在，并有实用和装饰等功能的游乐性建筑，包括亭、台、楼、阁、廊、榭、轩、舫等。"有园必有亭，有亭即成景"。这些景观建筑之所以闻名于世，大都因古代文人的诗、文、赋、联传名，湖北武汉的黄鹤楼、湖南岳阳的岳阳楼、江西南昌滕王阁被称为"江南三大名楼"，还有以180字长联闻名遐迩的云南昆明大观楼，以及"八仙过海"故事的发生地山东蓬莱的蓬莱阁等。安徽滁州醉翁亭、北京陶然亭、湖南长沙爱晚亭、浙江杭州西湖湖心亭并称为"中国四大名亭"。

（5）民居建筑

民居是各地居民自己设计建造的具有一定代表性、富有地方特色的民家住宅。在漫长的历史发展过程中，逐步形成了各地不同的民居建筑形式，这种传统的民居建筑深深地打上了地理环境的烙印，生动地反映了人与自然的关系。在中国的民居中，最具特点的民居有北京四合院、广东镬耳屋、西北黄土高原的窑洞、安徽西递村和宏村古民居、福建和广东等地的客家土楼、蒙古族人的蒙古包、新疆维吾尔族人的阿以旺、藏族人的碉房、傣族人的吊脚楼、白族人的三坊一照壁等。西递村、宏村古民居建村落布局严谨,工艺精湛,蕴含着极其丰富的文化内涵,已经被列为世界文化遗产。山西平遥古城和云南丽江大研古城都是我国古代民居保存较好的典型,也是世界性的文化遗产。

3. 古代园林旅游资源

中国古典园林被誉为"世界园林之母",是世界文化艺术的奇观,在世界园林建造发展史上具有卓著的成就,对世界各国园林艺术都产生过较大的影响,成为人类共享的文化文明重要遗产。受佛教思想和老庄哲学的深刻影响,中国的造园艺术迥然不同于西方的"几何图形式园林"的写真式风格,"山重水复疑无路,柳暗花明又一村",它以追求自然精神境界为最终和最高目的,从而达到"虽由人作,宛自天开"的审美旨趣。"曲径通幽处,禅房花木深",中国古典园林深浸着中国文化的内蕴,是中国五千年文化史造就的艺术珍品,是一个民族内在精神品格的生动写照,是我们今天需要继承与发展的瑰丽事业。

中国园林从先秦时期的"囿"、"苑"发展而来,到唐宋形成具有一定规模和形制的园林建筑,明清时期造园规模和水平走向全盛。总的说来,中国古典园林共由筑山、理池、植物、动物、建筑、匾额、楹联与刻石等要素构成,形成了以皇家园林为主体的北方园林和以私家园林为代表的江南园林两个主流体系,此外还有以广东园林为代表的岭南园林。

北方园林,因地域宽广,又近政治中心城市,所以建筑富丽堂皇。因自然条件所局限,河川湖泊、园石和常绿树木都较少,所以秀丽不足,风格趋于粗犷豪放,园林建筑也多厚重而少婉约。北方园林大多集中于北京、西安、洛阳、开封,其中尤其以北京为代表。我国现在的最大的皇家园林是承德避暑山庄,我国现在古代帝王苑囿建筑中最完整、最华美的是颐和园(见图2-29)。

江南园林地域范围小,又因河湖、园石、常绿树较多,所以园林景致较细腻精美、明媚秀丽、淡雅朴素、曲折幽深、有层次感,但面积较小,略感局促。南方园林的代表大多集中于南京、上海、无锡、苏州、杭州、扬州等地,其中尤以苏州为代表,如列入《世界文化遗产名录》的拙政园、留园、狮子林、网师园等(见图2-30)。此外还有扬州的何园、个园,无锡的寄畅园、蠡园,绍兴的沈园,上海的豫园等。

岭南园林的造园艺术介于北方园林和江南园林风格之间,近代受外来文化影响,融入外国园林的构景手法,有中西合璧的特色,所以是中国园林艺术的独特成果,如广州的越秀公园、顺德的清晖园、东莞的可园等。

除以上三种类型外,我国的许多少数民族地区以及一些寺庙和道观也有不同风格的园林,如西藏拉萨的罗布林卡为中国最著名的古典藏式园林之杰作,四川青城山的常道观和江苏扬州的大明寺都有各自风格的园林建筑。

图 2-29 北京颐和园

图 2-30 苏州私家园林

阅读资料 2-4

留 园

留园在苏州市留园路 338 号，是中国四大名园之一。

留园始建于明代万历二十一年（1593 年），为太仆寺少卿徐泰时的私家园林，时人称东园，其时东园"宏丽轩举，前楼后厅，皆可醉客"。瑞云峰"妍巧甲于江南"，由叠山大师周时臣所堆之石屏，玲珑峭削"如一幅山水横披画"。今中部池、池西假山下部的黄石叠石，似为当年遗物。

泰时去世后，"东园"渐废，清代乾隆五十九年（1794 年），园为吴县东山刘恕所得，在"东园"故址改建，经修建，于嘉庆三年（1798 年）始成，因多植白皮松、梧竹，竹色清寒，波光澄碧，故更名"寒碧山庄"，俗称"刘园"。刘恕喜好法书名画，他将自己撰写的文章和古人法帖勒石嵌砌在园中廊壁。后代园主多承袭此风，逐渐形成今日留园多"书条石"的特色。刘恕爱石，治园时，他搜寻了十二名峰移入园内，并撰文多篇，记寻石经过，抒仰石之情。嘉庆七年（1802 年），著名画家王学浩绘《寒碧庄十二峰图》。

咸丰十年（1860 年），苏州遭兵燹，街衢巷陌，毁圮殆尽，唯寒碧山庄幸存下来。同治十二年（1873 年），此园为常州盛康（号旭人）购得，缮修加筑，于光绪二年（1876 年）完工，其时园内"嘉树荣而佳卉苗，奇石显而清流通，凉台燠馆，风亭月榭，高高下下，迤逦相属"（俞樾《留园记》），比昔盛时更增雄丽。因前园主姓刘而俗称刘园，盛康乃仿随园之例，取其音而易其字，改名留园。盛康殁后，园归其子盛宣怀，在他的经营下，留园声名愈振，成为吴中著名园林，俞樾称其为"吴下名园之冠"。

20世纪30年代以后，留园渐见荒芜。1953年苏州市人民政府决定修复留园，并邀请了一批学识渊博的园林专家和技艺高超的古建工人。经过半年的修整，一代名园重现光彩。90年代后，又修复了盛家祠堂和部分住宅，使原来宅、园相连的风貌进一步趋向完整。

留园为我国大型古典私家园林，占地面积约23 300平方米，代表清代风格，园以建筑艺术精湛著称，厅堂宏敞华丽，庭院富有变化，太湖石以冠云峰为最，"不出城郭而获山林之趣"。

整个园林采用不规则布局形式，使园林建筑与山、水、石相融合而呈天然之趣。利用云墙和建筑群把园林划分为中、东、北、西四个不同的景区，中部以山水见长；东部以厅堂庭院建筑取胜；北部陈列数百盆朴拙苍奇的盆景，一派田园风光；西部颇有山林野趣。其间以曲廊相连，迂回连绵，达700余米，通幽度壑，秀色迭出。

中部是原来寒碧山庄的基址，中辟广池，西、北为山，东、南为建筑。假山以土为主，叠以黄石，气势浑厚。山上古木参天，显出一派山林森郁的气氛。山曲之间水洞蜿蜒，仿佛池水之源。池南涵碧山房、明瑟楼是留园的主体建筑，楼阁如前舱，敞厅如中舱，形如画舫。楼阁东侧有绿荫轩，小巧雅致，临水挂落与栏杆之间，涌出一幅山水画卷。涵碧山房西侧有爬山廊，随山势高下起伏，连接山顶闻木樨香轩。山上遍植桂花，每至秋日，香气浮动，沁人心脾。此处山高气爽，环顾四周，满园景色尽收眼底。池中小蓬莱岛浮现于碧波之上。池东濠濮亭、曲溪楼、西楼、清风池馆掩映于山水林木之间，进退起伏，错落有致。池北山石兀立，洞壑隐现，可亭立于山冈之上，有凌空欲飞之势。

东部重门叠户，庭院深深。院落之间以漏窗、门洞、长廊沟通穿插，互相对比映衬，成为苏州园林中院落空间最富变化的建筑群。主厅五峰仙馆俗称楠木厅，厅内装修精美，陈设典雅。其西，有鹤所、石林小院、揖峰轩、还我读书处等院落，竹石倚墙，芭蕉映窗，满目诗情画意。林泉耆硕之馆为鸳鸯厅，中间以雕镂剔透的圆洞落地罩分隔，厅内陈设古雅。厅北矗立着著名的留园三峰，冠云峰居中，瑞云峰、

岫云峰屏立左右。冠云峰高6.5米，玲珑剔透，相传为宋代花石纲遗物，系江南园林中最高大的一块湖石。峰石之前为浣云沼，周围建有冠云楼、冠云亭、冠云台、伫云庵等，均为赏石之所。

西部以假山为主，土石相间，浑然天成。山上枫树郁然成林，盛夏绿荫蔽日，深秋红霞似锦。至乐亭、舒啸亭隐现于林木之中。登高望远，可借西郊名胜之景。山左云墙如游龙起伏。山前曲溪宛转，流水淙淙。东麓有水阁"活泼泼地"横卧于溪涧之下，令人有水流不尽之感。

北部原有建筑早已废毁，现广植竹、李、桃、杏，"又一村"等处建有葡萄、紫藤架。其余之地辟为盆景园，花木繁盛，犹存田园之趣。

留园以宜居宜游的山水布局，疏密有致的建筑空间对比，独具风采的石峰景观，成为江南园林艺术的杰出典范。

1961年被国务院列入首批全国重点文物保护单位，1997年12月，作为苏州古典园林典型例证，经联合国教科文组织批准，留园与拙政园、网师园、环秀山庄共同列入世界文化遗产名录。2003年4月被国家旅游局列为国家4A级旅游区（点）。

（资料来源：苏州市园林和绿化管理局，2019年5月11日）

4. 古都名城及现代人造景观旅游资源

（1）古都

中国是一个历史悠久的文明古国，在辽阔的国土上，出现了一些历史久远、规模巨大、地位特殊的古都，因其特殊的历史文化价值而成为重要的旅游资源。古都指古代王朝的政治、经济和文化中心。从夏朝开始，我国从历史上被认定为已经进入国家时期的都城有217座。中国古代都城一般都筑有城墙，城外有护城河，有的城内还有皇城、宫城、内城，有的还有外城。西安、南京、北京、洛阳、开封、杭州、安阳因时间长、建都朝代多、建筑宏伟而被称为七大古都。

西安是中国建都朝代最多、帝都历史最长的古都，先后有西周、秦、西汉、新莽、东汉、西晋、前赵、前秦、后秦、西魏、北周、隋、唐13个王朝在此建都。洛阳拥有5 000多年的文明史和4 000多年的建城史及1 500多年的建都史，先后有夏朝、商朝、西周、东周、东汉、曹魏、西晋、北魏、隋朝、唐朝、武周、后梁、后唐、后晋等13个王朝在洛阳建都。南京有2 500多年建城史和近500年建都史，先后有东吴、东晋、南朝宋、齐、梁、陈、南唐、明朝、太平天国、中华民国等十个朝代及政权定都南京，有"六朝古都""十朝都会"之称。北京是首批国家历史文化名城和世界上拥有世界文化遗产数最多的城市，公元前1045年，北京成为蓟、燕等诸侯国的都城，938年以来，北京先后成为辽陪都、金中都、元大都、明国都、清国都、民国北洋政府首都等。开封拥有4100多年的建城史和建都史，先后有夏朝、魏国、后梁、后晋、后汉、后周、宋朝、金朝等在此定都，被誉为"八朝古都"，它也是全球唯一一座城市中轴线一直未变的都城，城摞城遗址在世界考古史和都城史上少有，宋都东京城是当时世界第一大城市。杭州自秦朝设县治以来已有2200多年的历史，曾经是吴越国和南宋的都城。安阳殷墟是我国目前为止最早有文献可考、并为考古学和甲骨文所证实的都城遗址。这些古都是中华民族悠久历史和灿烂文化的集中体现和象征。

（2）历史文化名城

根据《中华人民共和国文物保护法》，历史文化名城是指保存文物特别丰富，具有重大历史文化价值和革命意义的城市。这些城市，有的曾是王朝都城，如七大古都；有的曾是当时的政治、经济重镇、商埠、交通要津等，如天津、武汉、扬州、苏州、上海、九江等；有的曾是重大历史事件的发生地，如重庆、南昌、大同、抚顺、遵义、长沙等；有的因拥有珍贵的文物遗迹而享有盛名，如咸阳、乐山、都江堰、山海关、岳阳、承德、平遥、曲阜等；有的则因出产精美的工艺品而著称于世，如景德镇、泸州、自贡、歙县等。截至2018年5月2日，国务院共批复了134个城市或地区为我国历史文化名城。

这些历史文化名城保留了大量珍贵的历史文化遗产，体现了中华民族悠久的历史、光荣的革命传统和光辉灿烂的文化文明，是我国重要的旅游资源。

（3）博物馆

博物馆是征集、典藏、陈列和研究代表自然和人类文化遗产的实物的场所，并对那些有科学性、历史性或者艺术价值的物品进行分类，为公众提供知识、教育和欣赏的文化教育的机构、建筑物、地点或者社会公共机构。博物馆是非营利的永久性机构，对公众开放，为社会发展提供服务，以学习、教育、娱乐为目的。

中国的博物馆划分为历史类、艺术类、自然与科学类、综合类四种类型。历史类博物馆以历史的观点来展示藏品，如中国历史博物馆、中国革命博物馆、西安半坡遗址博物馆、秦始皇兵马俑博物馆、泉州海外交通史博物馆、景德镇陶瓷历史博物馆、中国共产党第一次全国代表大会会址纪念馆等。艺术类博物馆主要展示藏品的艺术和美学价值，如故宫博物院、南阳汉画馆、广东民间工艺馆、徐悲鸿纪念馆、天津戏剧博物馆等。自然与科学类博物馆以分类、发展或生态的方法展示自然界，以立体的方法从宏观或微观方面展示科学成果，如中国地质博物馆、北京自然博物馆、自贡恐龙博物馆、台北昆虫科学博物馆、中国科学技术馆等。综合类博物馆综合展示地方自然、历史、革命史、艺术方面的藏品，如陕西省博物馆、山东省博物馆、湖南省博物馆、甘肃省博物馆等。

阅读资料 2-5

中国国家博物馆馆长致辞

欢迎来到中国国家博物馆参观。

中国国家博物馆是中华文化的祠堂和祖庙，是集中反映中华优秀传统文化、革命文化和社会主义先进文化的国家最高历史文化艺术殿堂。这里收藏的140万余件藏品，充分展现和见证了中华5 000年文明的血脉绵延与灿烂辉煌。2012年11月29日，习近平总书记率领十八届中央政治局常委来到中国国家博物馆参观"复兴之路"基本陈列，发出实现中华民族伟大复兴中国梦的伟大号召，中国特色社会主义新时代在这里扬帆启程。

中国国家博物馆的前身可追溯至1912年成立的国立历史博物馆筹备处，至今已走过一百多年的光辉历程，积淀了深厚的历史文化底蕴，在文物收藏保护、陈列展览、社会教育、科学研究、对外历史文化交流方面发挥着重要的平台作用，2003年中国历史博物馆和中国革命博物馆合并组建成为中国国家博物馆。近20万平方米的建筑面积，使它成为世界上单体建筑面积最大的博物馆；48个展厅展出的"古代中国""复兴之路""复兴之路·新时代部分"三个基本陈列以及青铜器、佛造像、钱币、瓷器、石刻、革命文物、现当代美术作品等十多个专题展览，使它成为能够全面系统完整展现中华优秀传统文化、革命文化和社会主义先进文化的综合性博物馆；配合每年50余个高水平国际交流展和临时展览，中国国家博物馆每年吸引着近千万国内外观众前来参观，使它成为世界上最受欢迎的博物馆之一。

中国国家博物馆藏品丰富、类型多样、精彩绝伦，拥有近6 000件国家一级文物，具有高度的历史价值、时代价值、文化价值、科技价值和审美价值。从红山文化雕琢精美的中华第一龙，殷商晚期形制雄伟的司母戊鼎，铸有武王征商铭文的利簋，到诙谐传神的东汉击鼓说唱陶俑，体现盛唐气象的三彩骆驼载乐俑，再到宋元明清精彩纷呈的瓷器书画、古籍善本，中华优秀传统文化在这里绵延不断、薪火相传；从鸦片战争、太平天国、义和团运动、辛亥革命的上下求索，《新青年》发出的时代呼唤，到中国共产党诞生的大事变，井冈山的星星之火，拯救民族危亡的连天烽火，《开国大典》里中国人民站起来了的万丈豪情，再到确立社会主义基本制度，改革开放开辟中国特色社会主义道路，生动反映革命文化和社会主义先进文化的历史见证在这里逐一呈现。5 000年的血脉绵延，170多年的不懈奋斗，建国70年来特别是改革开放40年来的艰难探索，十八大以来的砥砺奋进，我们在这里感受中华民族自强不息、奋勇前进的脉动和魂魄，传承党为人民谋幸福、为民族谋复兴的初心和壮志，坚定牢固树立政治意识、大局意识、核心意识和看齐意识的根基和意志，养成坚持道路自信、理论自信、制度自信和文化自信的风范和气度。与此同时，中国国家博物馆作为国家的文化客厅，肩负着促进不同文化交流互鉴的重要职责，在开展对外文化交流、展示中华文明魅力、传播世界文明成果方面发挥着重要的窗口作用。

……

一座博物馆就是一本立体的百科全书。我相信，当您徜徉在中国国家博物馆这座知识与美的殿堂之中时，一定会更加深切地感受到中华民族最深沉的精神禀赋和不懈追求，感受到中华文明的生生不息和博大精深，感受到各国文明交流互鉴的流光溢彩和绚丽多姿，感受到身为中国人的无比豪情和拼搏冲动。

来吧，中国国家博物馆欢迎您！

（4）现代城市景观

新中国成立之后，尤其是改革开放之后，中国经济和文化的高速发展带来了城市建设的日新月异。各大都市的繁华昌盛，多姿多彩的各式建筑，形式多样的各种活动，琳琅满目的购物场所，高速快捷的生活节奏，都吸引着众多的旅游者涌向不同特色的城市，具有独特魅力的城市往往成为产生巨大吸引力的旅游资源，形成了一批现代旅游城市。

深圳是改革开放的前沿，是特区城市，这座中国非常年轻的城市没有如西安那样的厚重历史和文物古迹，但其在飞速发展过程中建设了美丽的现代化城市建筑，规划了优美的城市环境，开发建造了令游客尤其是青年旅游者非常向往的风格独特的人造景观，如军事主题公园"明斯克航母"，微缩景观"世界之窗""锦绣中华""中华民俗村"，以及深受青年人欢迎的游乐场所"欢乐谷"等。上海是一个近现代城市建设成绩斐然的典范城市，南京路商业街以"中华商业第一街"之誉吸引着来自全国乃至全世界各地的观光购物者，外滩留有大量建造于一百多年前的被称为"世界建筑博览"的建筑群，相隔一条黄浦江的浦东建设有大量风格各异的现代化高楼大厦，再加上世界著名的主题公园迪士尼的入驻，更增添了上海对游客的吸引力。香港的都市环境是其最大的旅游资源，自由贸易港的身份使其成为世界性的购物天堂，独具特色的娱乐业也使其成为名副其实的"动感之都"，世界性的主题公园迪士尼乐园和香港海洋公园，正是吸引世界千百万游客的魅力所在。北京这座近千年的古都也不断焕发崭新的面貌，不但有大量现代化建筑的出现，还举办了许多世界性的大型活动，留下了令世界瞩目的建设成就，如奥运场馆鸟巢和水立方等，使首都成为一座古老与现代完美结合的城市，令全世界游客流连忘返。

此外，我国还有许多特色城市，备受游客的青睐。如"人间天堂"杭州、"冰城"哈尔滨、"春城"昆明、"泉城"济南、"水城"苏州、"桥乡"绍兴、"山城"重庆、"日光城"拉萨、"英雄城"南昌、"汽车城"长春、"榕城"福州、"蓉城"成都、"鹏城"深圳、"鹭城"厦门、"瓷都"景德镇、"陶都"宜兴，等等。

四、风土民情旅游资源

风土民情是指由于各地各民族自然环境和社会环境的差异造成的独特的风尚和习俗，包括风俗习惯、居住习惯、饮食、服饰、礼仪、节庆活动、婚丧嫁娶、民间戏曲、音乐舞蹈、工艺美术、神话传说、文娱体育、宗教仪式等丰富多彩的内容和形式。风土民情旅游资源具有不同于其他人文旅游资源的特点。

① 丰富多样，地域差异性大。中国国土面积大，人口众多，少数民族多，各地各民族在长期发展过程中形成了丰富多彩的风土民情，不同地区以及不同民族之间的风土民情存在着很多差异。这正是它能吸引异地游客的原因。

② 社会性。风土民情是一个民族或族群集体创造的产物，体现这个民族或族群共同的价值观念、思想意识、文化特性和审美趣味。这也是值得游客学习研究的方面。

③ 传承性和发展性。在时间上，风土民情是历史积淀的产物，是民族或族群传承的结果，具有历史传承性；同时，它又深受时间的推移和历史发展的影响，产生与时俱进的效果，具有发展性的特点。

④ 表现形式多样性。风土民情可以通过物质的、活动的、思想意识的以及行为方式的多种形式来表现，其中非物质的形式占比更大，如节庆活动、礼仪、习俗等，尤其是游客可以通过参与民俗活动得到充分体验感，是其他人文旅游资源所不能给予的，极大地增强了旅游价值，堪称我国人文旅游资源中最生动、最多彩的组成部分。

我国地域广阔，民族众多，早在汉代就有"百里不同风，千里不同俗"的说法，丰富多彩的民俗风情主要有以下六个方面的表现形式。

1. 居住习惯

民间建筑是风土民情中最主要的物质表现形式。我国各地的民居因气候条件、地理特点、民族风格差异而带有各自不同的特点，大体上可以分为三类。第一类是帐篷型和蒙古包型民居，这是游牧民族的主要民住形式。第二类是干栏式民居，多见于我国南方比较潮湿的少数民族地区，又分为纯竹木结构和土木结构，其中又以云南西双版纳傣族竹楼最为典型。第三类是上栋下字式，为我国南北方各民族居民通行的样式，其中最广泛应用的是单层四合院住宅，以北京四合院最为典型。此外我国民居中还有南方客家人的围屋、黄土高原地区的窑洞、湘西土家族人的土楼、藏族人的碉房等。

2. 民族服饰

服饰习俗是人们在衣服、鞋帽、佩戴和装饰穿戴等方面所形成的风俗习惯。民族服饰文化内涵丰富，包括制作原料、纺织工艺、印染工艺、刺绣工艺、图案纹样、色彩表现、饰品工艺、文化价值等因素，它反映出一个民族传统的审美情趣、复杂的社会意识以及宗教观念，是一个民族最基本的形象符号特征之一。中国56个民族的服饰千姿百态，各具特色。如苗族女性的绣花衣和大银冠，傣族姑娘的短衫筒裙，景颇族男子的佩带长刀，满族服饰的旗装与马褂，赫哲族人鲜艳古朴的鱼皮衣，高山族人黥面文身的习俗，蒙古族人首饰、长袍、腰带、鞭子集于一身，维吾尔族妇女佩戴的小花帽等（见图2-31和图2-32）。

3. 节庆活动

传统节庆活动是民族在生产和生活中精神和物质文化的表现形式，在某种程度上它是一个民族共同遵守的精神和文化的规范。我国历史悠久，民族众多，各民族在历

图2-31　苗族民族服饰

图2-32　蒙古族民族服饰

史发展过程中逐渐形成了丰富多彩的节庆文化，各种传统时令节日有350多个，其中少数民族的节日多达280余个。汉族的传统节日有春节、元宵节、清明节、端午节、中秋节、重阳节、腊八节等。少数民族的节庆活动如藏族的浴佛节（转山会）、雪顿节（藏戏节）、苗族的芦笙节、彝族的火把节、傣族的泼水节、白族的三月街民族节、壮族的歌圩会、蒙古族的那达慕大会、维吾尔族的古尔邦节等。这些节日体现了各民族人民的生活情趣，具有强烈的趣味性，并且可以吸引游客参与，提高游客旅游活动的兴趣。

4. 戏曲艺术

戏曲是中国传统的戏剧形式，是包含文学、音乐、舞蹈、美术、武术、杂技以及各种表演艺术因素综合而成的。中国戏曲源远流长，它最早是从模仿劳动的歌舞中产生的。我国有"戏曲王国"之称，现存的各民族各地区的戏曲种类有近400种，京剧、昆曲、越剧、秦腔、评剧、黄梅戏、豫剧、川剧等地方戏曲都具有浓郁的地方色彩，是传统文化的重要构成部分，是具有独特魅力的文化景观，对全世界游客充满吸引力，直接构成旅游资源。古老的昆曲和古琴分别被联合国教科文组织列为"人类口述和非物质遗产代表作"。

5. 礼仪礼节

礼仪礼节是人们在社会生活和相互交往活动中为了相互尊重，在仪容、仪表、仪态、仪式、言谈举止等方面约定俗成、共同认可的行为规范。在数千年文明发展过程中，中国形成了一整套具有东方文明色彩的礼仪礼节，享有"文明古国、礼仪之邦"的美誉。各民族因文化传统和风俗习惯的不同，各自形成了具有本民族特色的待客形式和内容。如藏族接待客人最高贵的礼节是敬献哈达、敬青稞酒和酥油茶；蒙古族的待客礼仪是客人到时，主人全家出门躬身相迎，让出最好的铺位，献上最好的奶品肉食；维吾尔族人与客人见面时必须握手问候，互道"撒拉木"或"亚克西姆塞斯"（意为你好），送礼时都双手捧上，以示盛情；游客去佤族做客要注意，主人和客人席地促膝而坐，主人敬酒时先以中指沾酒一滴弹在地上，以敬祖先，接着先自己饮一口，然后再敬祖先，客人要伸出右手，手心向上去接酒筒，主人杀鸡相待，客人要把鸡头敬给主人以表答谢；等等。

6. 婚丧嫁娶

对于传统的中国家庭而言，婚丧嫁娶是人生大事甚至是家族的大事，历来为社会所重视，其仪式、程序和内容在各地各民族的差异性和奇特性吸引了众多游客。如在青年男女谈恋爱方面各地就有独特的形式，壮族的歌圩、仫佬族的走坡、苗族的芦笙会、白族的三月街民族节等都是青年人通过对歌寻偶的大型集会，富有民族特色。当白族青年男子向姑娘求婚时，姑娘如同意，要向男方送粑粑；婚礼时新娘要下厨房制作"鱼羹"，婚后第一个中秋节新娘要做大面糕，并以此表现新娘的烹调技艺，婚礼时讲究先上茶点，后摆四四如意（即四碟、四盘、四盆、四碗）席；苗族人举行婚礼时，新娘新郎要喝交杯酒，主婚人还要请新郎、新娘吃画有龙凤和奉娃娃图案的糯米粑；彝族人举行婚礼前新郎要与伴娘们打水战，打赢了才能把新娘"抢"走；湘西土家族姑娘在出嫁的当天晚上，有锅灰涂抹"模米"的风俗，新娘在婚礼上的哭嫁歌，是衡量女子才智和贤德的标准，谁家的姑娘不善于哭，就会被认为才低不贤，哭的时间在出嫁前的七至二十天就开始了，到新娘被送上花轿时才算结束；等等。

五、美食佳肴和土特名产旅游资源

旅游的要素有食、住、行、游、购、娱，其中美食佳肴和土特名产就是能够满足游客对食和购的要求的旅游资源，品尝美食佳肴以及购买旅游商品是旅游活动不可缺少的内容，甚至有些地方吸引游客的最重要因素就是它独特的美食或土特产。

1. 饮食习俗

我国各地区各民族因其所处自然地理环境和人文地理环境的不同，气候、动植物资源以及价值观念、宗教信仰等方面的显著差异，其长期形成的饮食习俗也迥然不同，如以畜牧业和狩猎为主的少数民族食肉较多，蒙古族以牛羊肉、奶制品为主食；回族、维吾尔族等少数民族喜食牛羊肉；西南地区的侗族、苗族、瑶族都有腌制酸鱼、酸肉的习俗；藏族人爱喝酥油奶茶；白族人爱喝三道茶；云、贵、川地区的人们喜欢制作烟熏食品，如熏香肠、熏肉等；朝鲜族人爱吃泡菜；广东人饮食偏重清淡，讲究食品的原汁原味；北方人饮食偏香咸，追求重口味；等等。

2. 风味佳肴

我国民众对烹饪技艺的追求自古至今，传承不绝，在国际上久负盛名，饮食文化源远流长。中国烹饪讲究色、香、味、形、器俱佳，选料严格、刀工精细、调配料多变、注重火候，科学性与艺术性并重，满足人们味觉、视觉和嗅觉的综合享受，形成了中国特色的烹饪技艺和文化。各地存在自然条件、经济发展、文化特色、饮食习俗上的差异，经长期积累形成了众多菜系，有四大菜系、八大菜系和许多地方菜系。

四大菜系各具特色。鲁菜是北方菜的代表，历来宫廷御膳的主体，选料精细，讲究丰满实惠，具有咸鲜纯正、淳厚不腻的特点，经典代表菜有糖醋鲤鱼、葱烧海参、一品豆腐等；淮扬菜是淮扬地域性菜系，十分讲究刀工，主要特点是口味平和、咸甜适中、原汁原味、浓而不腻，要求酥、烂、鲜、香，经典代表菜有清炖蟹粉狮子头、大煮干丝、松鼠鳜鱼等；川菜即四川菜，取材广泛，调味多变，菜式多样，口味清鲜醇浓并重，以善用麻辣调味著称，代表菜品有鱼香肉丝、宫保鸡丁、水煮鱼、麻婆豆腐、回锅肉等；粤菜即广东菜，用料丰富，选料精细，技艺精良，清而不淡，鲜而不俗，嫩而不生，油而不腻，擅长小炒，以烹制海鲜见长，汤类、素菜、甜菜最具特色，著名的菜品有白切鸡、烧鹅、烤乳猪、蜜汁叉烧等。

八大菜系是指鲁菜、川菜、粤菜、淮扬菜、闽菜、浙菜、湘菜、徽菜。

各地区的风味小吃更具有乡土气息，深受广大游客喜爱。著名的有北京烤鸭、北京冰糖葫芦、老北京豆汁、天津狗不理包子、河北的驴肉火烧、湖北精武鸭脖、河南烩面、陕西羊肉泡馍、山西刀削面、兰州牛肉面、云南过桥米线、潮州蚵仔煎、重庆酸辣粉、重庆火锅、南京盐水鸭、苏州东坡肉、浙江金华火腿、客家酿豆腐、香港烧腊、四川棒棒鸡、东北杀猪菜、湖南毛家红烧肉、新疆烤羊肉串等。

3. 特产

（1）名茶

饮茶可以清心明目、提神解乏、辅助消化、防治疾病，它不仅可供旅游者在旅途中品尝，还可作为旅游礼品馈赠亲友，同时茶道也是旅游项目之一。中国是茶叶的原产地，是世界最早发现并种植茶树的国家，茶文化历史悠久，名茶品种之多、制法之巧、质量之优、风味之佳，都为别国所不及。

绿茶中名品有杭州西湖龙井、太湖碧螺春、安徽黄山毛峰、江西庐山云雾、洞庭湖君山银针等；安徽祁红、云南滇红、福建闽红为著名红茶；乌龙茶中的名品有福建武夷岩茶、福建安溪铁观音和台湾乌龙茶等；苏州茉莉花茶是花茶中的精品；最著名的白茶主要产在福建福鼎；砖茶也称紧压茶，云南西双版纳的普洱茶是茶中的极品。

（2）名酒

中国是世界著名的酒的生产国，尤其是白酒类的名酒最多，酱香型如贵州茅台酒，清香型如山西汾酒和西凤酒，浓香型如四川五粮液和泸州老窖以及江苏洋河大曲，米香型如河南杜康酒等。

黄酒是一种糯米作原料酿造的低度酒，著名品牌有绍兴加饭酒、福建龙岩沉缸酒等，其中绍兴的女儿红是黄酒中的珍品。

葡萄酒是以葡萄汁为原料酿造而成的一种酒，烟台张裕葡萄酒、长城葡萄酒、吉林通化葡萄酒、王朝葡萄酒等品牌较为著名。

啤酒类有青岛啤酒、燕京啤酒等。

此外，我国还有一类调制酒为果露酒，最著名的配制酒是竹叶青酒，还有吉林人参酒、广东三蛇酒、云南蚂蚁酒等。

（3）工艺美术品

我国传统工艺美术品的生产已有三千多年的历史，种类繁多，工艺精湛，民族风格鲜明，旅游者在旅游过程中购买当地传统工艺品作为旅游纪念，或馈赠亲友，或增添旅游情趣，激发旅游欲望。

我国是世界著名的丝绸产地，以中国丝绸为基础，中国的织绣工艺品享誉世界。苏绣、湘绣、粤绣、蜀绣为我国"四大名绣"；南京云锦、苏州宋锦、四川蜀锦为我国"三大名锦"。

我国特有的工艺美术品种类繁多，北京景泰蓝、江西景德镇瓷器和福建脱胎漆器并称为我国传统工艺的"三绝"；此外还有江苏宜兴的陶器、北京牙雕、寿山石雕、无锡泥塑、安顺蜡染、杭州绸伞和檀香扇、天津杨柳青年画；以及我国"文房四宝"之首的宣纸、端砚、湖笔、徽墨；等等。

 思考与练习

1. 熟记各省级行政区的全称、简称及行政中心名称。
2. 判断各省级行政区的位置，并将其全称分别填入相应位置。
3. 我国有哪些重要的山脉、高原盆地、平原、丘陵？它们分别分布在什么位置？请用图例填注在图中。
4. 简述中国地形的总体特征，并谈谈这种特征对中国旅游资源及其开发所产生的影响。
5. 简述中国气候的显著特征，并标示出中国主要的气候类型及分布。
6. 分析上海、海口、乌鲁木齐三个城市不同的气候特征，并说说这三个城市的旅游淡旺季及其形成原因。
7. 我国有哪四大海域？它们分别接纳了哪些河流？沿岸分别有哪些重要城市？
8. 请将我国重要铁路线和铁路枢纽填注到图中。
9. 请写出我国港口名，并说说与它们相连通的铁路线的名称。
10. 列出你所在的省份通往邻省的铁路线。
11. 京沪铁路在什么地方跨越长江？在上海与哪些铁路相衔接？长江上还有哪些铁路跨越？
12. 某国际旅游团在广州入境，计划游玩北京、庐山、杭州、西安，预计由上海出境飞往日本。请为他们设计一条最佳铁路旅游线路。
13. 请标示出我国五岳、四大道教名山、四大佛教名山、四大石窟、江南三大名楼的位置。
14. 比较长江三峡、杭州西湖、三亚海滨等三种水体旅游资源的不同特色，并指出它们的代表性景点。

15. 以教材内容为基本线索，查找课外资料，写出一篇介绍我国古长城的介绍词。要求语言优美、准确、精练。

16. 请谈谈佛教思想和佛教艺术对我国文化旅游资源的深刻影响，并举例说明。

17. 完成以下填空题：

（1）故宫内部主要分为"＿＿＿＿＿"和"＿＿＿＿＿"两部分。

（2）在我国民间，文庙是指＿＿＿＿＿庙、武庙是指＿＿＿＿＿庙。

（3）明朝皇陵中朱元璋的明孝陵在＿＿＿＿＿，而其余十三陵在＿＿＿＿＿。

（4）明长城东起于＿＿＿＿＿，西止于＿＿＿＿＿。

（5）明长城在北京的观景点有＿＿＿＿＿、＿＿＿＿＿、慕田峪长城等。

（6）京九铁路经过的唯一省会城市是＿＿＿＿＿。

（7）按资源属性，旅游资源可分为＿＿＿＿＿和＿＿＿＿＿。

（8）丹霞地貌的景观特点可归纳为＿＿＿＿＿。

（9）我国傣族的民族传统节日是＿＿＿＿＿。

（10）灵渠是沟通＿＿＿＿＿与＿＿＿＿＿两大流域的一条古运河，位于广西与湖南之间。

（11）被称为"火山博物馆"的风景名胜区是＿＿＿＿＿。

（12）在我国七大古都中，古称汴京的是＿＿＿＿＿。

（13）我国的许多城市，因其某一方面的特色而被人们冠以别称，其中拉萨的别称是＿＿＿＿＿；哈尔滨的别称是＿＿＿＿＿；长春的别称是＿＿＿＿＿；南昌的别称是＿＿＿＿＿；苏州的别称是＿＿＿＿＿；昆明的别称是＿＿＿＿＿；广州的别称是＿＿＿＿＿；福州的别称是＿＿＿＿＿；济南的别称是＿＿＿＿＿；景德镇的别称是＿＿＿＿＿；宜兴的别称是＿＿＿＿＿；重庆的别称是＿＿＿＿＿；绍兴的别称是＿＿＿＿＿。

（14）我国"旧石器时代"古人类遗址有＿＿＿＿＿、＿＿＿＿＿、＿＿＿＿＿等。

（15）我国"新石器时代"古人类遗址有＿＿＿＿＿、＿＿＿＿＿、＿＿＿＿＿等。

（16）明太祖朱元璋将国都定在＿＿＿＿＿，后明成祖将国都迁往＿＿＿＿＿。

（17）在中国被称为"北岳"的山是＿＿＿＿＿、被称为"南岳"的山

_____、被称为"西岳"的山是_____、被称为"东岳"的山是_____。

（18）以下戏曲的所属省份为：京剧_____、昆曲_____、豫剧_____、黄梅戏_____、越剧_____、采茶戏_____。

（19）我国四大石窟中，以典型的北魏风格而著称的是_____。

（20）我国白族的民族传统节日是_____、彝族的民族传统节日是_____、壮族的民族传统节日是_____、藏族的民族传统节日是_____、伊斯兰教各民族的民族传统节日是_____、蒙古族的民族传统节日是_____。

（21）灵渠是沟通长江与珠江两大流域的一条古运河，位于_____与_____两省之间。

（22）我国最大的沙漠是_____，它被称为"死亡之谷"。

（23）中国第一座史前遗址博物馆是_____，它位于_____省。

（24）_____盆地是我国海拔最高的盆地，盐矿资源极丰富。

（25）伊斯兰教的主要建筑是_____，是伊斯兰教徒聚众礼拜的场所。

（26）佛教名山_____为观音道场，素有"海天佛国"之称。

（27）麦积山石窟位于_____，是我国四大石窟之一，其泥塑艺术堪称一绝。

（28）龙井茶产于_____，是我国最负盛名的绿茶。

（29）我国最古老的木塔是_____的木塔。

18. 完成以下单项选择题：

（1）下列属于人文旅游资源的是（　　）。
　　A. 奇石异洞　　　　　　　B. 阳光沙滩
　　C. 峡谷奇观　　　　　　　D. 民俗风情

（2）以下不是被我国古人称为"岁寒三友"的是（　　）。

A. 松　　　　　B. 竹　　　　　C. 兰　　　　　D. 梅

（3）清西陵位于（　　）。

　　A. 河北易县　　B. 河北吴桥县　　C. 河北遵化县　　D. 北京

（4）我国以雾凇景观而著称于世的城市是（　　）。

　　A. 哈尔滨　　B. 沈阳　　C. 长春　　D. 吉林市

（5）下列风味小吃中属于北京特色的是（　　），属于天津特色的是（　　）。

　　A. 煎饼卷大葱　　B. 羊肉泡馍　　C. 狗不理包子　　D. 冰糖葫芦

（6）孔子的家乡是（　　），司马迁的家乡是（　　）。

　　A. 曲阜　　B. 汉中　　C. 宜昌　　D. 陕西韩城

（7）诸葛亮的家乡是（　　），屈原的家乡是（　　）。

　　A. 湖北宜昌　　B. 陕西韩城　　C. 湖北襄樊　　D. 山东邹县

（8）下列风味小吃中属于重庆特色的是（　　），属于陕西特色的是（　　）。

　　A. 手抓饭　　　　　　B. 羊肉泡馍
　　C. 麻辣烫　　　　　　D. 狗不理包子

（9）中国文房四宝中的宣纸产于（　　），端砚产于（　　），湖笔产于（　　），徽墨产于（　　）。

　　A. 浙江湖州　　　　　B. 安徽泾县
　　C. 广东肇庆　　　　　D. 安徽黄山

（10）以下属于丹霞地貌景观的是（　　）。

　　A. 武夷山　　B. 井冈山　　C. 华山　　D. 三清山

（11）半坡文化遗址分布于（　　）。

　　A. 陕西省　　B. 浙江余姚　　C. 山东泰安　　D. 河南省

（12）以下属于长江流域古人类遗址的是（　　）。

　　A. 周口店"北京人"遗址　　　B. "元谋人"遗址
　　C. 仰韶文化遗址　　　　　　D. "蓝田猿人"遗址

（13）我国现存的规模最大的皇陵是（　　）。

　　A. 秦始皇陵　　B. 黄帝陵　　C. 明孝陵　　D. 乾陵

（14）西安乾陵是武则天与（　　）的合葬墓。

　　A. 唐太宗李世民　　　　　B. 唐高宗李治
　　C. 唐明皇李隆基　　　　　D. 汉武帝刘彻

（15）围屋是（　　）的民居，其风格独特。
　　　A. 傣族人　　　B. 客家人　　　C. 藏族人　　　D. 苗族人
（16）京广铁路与陇海铁路的交汇点是（　　）。
　　　A. 石家庄　　　B. 徐州　　　C. 郑州　　　D. 商丘
（17）京九铁路与陇海铁路的交汇点是（　　）。
　　　A. 石家庄　　　B. 徐州　　　C. 郑州　　　D. 商丘
（18）京沪铁路与陇海铁路的交汇点是（　　）。
　　　A. 石家庄　　　B. 徐州　　　C. 郑州　　　D. 商丘
（19）沪杭—浙赣—湘黔—贵昆铁路未经过的城市是（　　）。
　　　A. 鹰潭　　　B. 南京　　　C. 株洲　　　D. 贵阳
（20）被称为"天下第一关"的长城关隘是（　　）。
　　　A. 嘉峪关　　　B. 娘子关　　　C. 黄崖关　　　D. 山海关
（21）有"北极村"之称的我国小镇是（　　）。
　　　A. 曾母暗沙　　B. 佳木斯　　　C. 五大连池　　D. 漠河
（22）殷商时期的都城是（　　）。
　　　A. 长安　　　B. 北京　　　C. 安阳　　　D. 洛阳
（23）北京具有代表性的工艺品是（　　）。
　　　A. 景泰蓝　　　B. 风筝　　　C. 唐三彩　　　D. 泥人张
（24）洛阳具有代表性的工艺品是（　　）。
　　　A. 景泰蓝　　　B. 风筝　　　C. 唐三彩　　　D. 泥人张
（25）天津具有代表性的民间工艺美术品是（　　）。
　　　A. 景泰蓝　　　　　　　　B. 风筝
　　　C. 唐三彩　　　　　　　　D. 杨柳青年画
（26）以下属于道教名山的是（　　），其道教古建筑已经列入世界文化遗产。
　　　A. 峨眉山　　　B. 乐山　　　C. 武当山　　　D. 九宫山
（27）位于洞庭湖边的名楼（　　）已有1 700多年的历史了，是江南三大名楼中仅存的正宗古建筑。
　　　A. 滕王阁　　　B. 黄鹤楼　　　C. 岳阳楼
（28）以下为佛教名山的是（　　），它是地藏道场，素有"灵山仙境"之美誉。

A. 黄山　　　　B. 九华山　　　　C. 莫干山　　　　D. 龙虎山

（29）为典型的丹霞地貌风景的江西名山是（　　），它于2010年列入世界自然遗产。

A. 龙虎山　　　　B. 三清山　　　　C. 庐山　　　　D. 井冈山

19. 完成以下判断题：

（1）旅游地理学研究的最终目的是促进旅游业与社会经济的发展。（　　）

（2）旅游资源是指客观存在于自然界的有形事物。（　　）

（3）旅游资源是指能激发人们旅游欲望的自然物体。（　　）

（4）凡是能对人们产生吸引力的自然和社会因素都是旅游资源。（　　）

（5）中国典型的季风气候特征，在一定程度上造成了中国旅游业的季节性特征。（　　）

（6）独特的东方文化背景，使中国成为欧美许多国家游客的最重要的旅游目的地。（　　）

（7）中国是个多山的国家，西部高山地区成为中国最重要的旅游资源。（　　）

（8）1997年7月1日香港回归祖国后，由于内地游客数量的迅速增长，香港旅游业进入一个快速发展时期。（　　）

（9）武夷山是典型的喀斯特地貌，其景观特点是石峰林立，造型丰富。（　　）

（10）中国的岩溶山水风景较集中于赣、闽、粤地区。（　　）

（11）中国的丹霞地貌景区较集中于广西、贵州、云南东部等地。（　　）

（12）吉林省镜泊湖是牡丹江下流河道被火山熔岩堰塞而成的湖泊。（　　）

（13）新疆维吾尔自治区"魔鬼城"是典型的雅丹地貌，属风沙地貌类型。（　　）

（14）"佛光"是在特殊条件下形成的一种奇异的自然现象，但其成为旅游资源也有文化的特征。（　　）

（15）中国古代，人们把松、菊、梅视为"高洁"的象征，称为"岁寒三友"。（　　）

（16）中国江河源的奇险神秘对人们具有很强的吸引力，非常适合开发成为旅游景区。（　　）

（17）天山天池景色奇美，被称为"人间瑶池"，它是冰碛湖。（　　）

（18）长白山白头山天池是一个神秘而绝美的湖泊，它是火山口湖。（　　）
（19）我国古人类遗址集中分布于黄河流域和珠江流域。（　　）
（20）"生在苏杭，葬在北邙"，西安邙山建成了我国第一个古墓博物馆。（　　）
（21）青海湖是我国最大的咸水湖，也是世界上海拔最高的大湖。（　　）

中国地图

第三章
中国旅游地理区划

学习目标

理解认识旅游区域的概念，知晓中国旅游区划的原则，掌握本书关于中国旅游地理区划的特点和方案。

第一节　中国旅游地理区域概述

旅游企业开发旅游资源使其成为旅游景点，在一定的区域内开发多个景点规划成为一个旅游区，由便利的交通将多个旅游区连接成一条旅游线路。旅游者的旅游活动就落实到这样的空间里。

旅游点是旅游区构成的基本成分，是旅游线路设计的最基本单元，是满足旅游者旅游活动需求的最核心内容。

一、旅游景点与旅游区的概念

1. 旅游景点的概念

旅游景点就是指以一定的旅游资源为主要内容，并有与之配套的基础设施和娱乐设施，能够满足游客食、住、行、游、购、娱等旅游需求，可以供游客直接开展旅游活动的集结性场所。由于旅游资源性状的差异和旅游活动地域组织管理的需要，旅游景点的规模和范围大小不一，其既可以是一个洞、一座山、一条河、一座桥、一个园，也可以是一个塔、一座楼、一个城，其最核心的内容是旅游资源的价值，以及开发利用的程度，对旅游者而言，可以方便进入享受旅游活动的地点。

根据现代旅游业发展的观点，可以将旅游景点分为以下五种类型。

（1）观光游览型景点

包括自然景观观光景点、历史古迹观光景点、现代建设风貌观光景点。

（2）康乐度假型景点

包括度假型景点、娱乐型景点如游乐中心以及主题公园、休闲疗养型景点等。

（3）文化科教型景点

包括文化旅游景点如历史文化名城、科学考察景点如地质公园、民族风情旅游景点、宗教旅游景点等。

（4）特种旅游景点

包括生态旅游型景点如自然保护区和森林公园、探险猎奇型景点如溶洞及冰川、体育健身型景点如登山及滑雪场等。

（5）专项旅游景点

包括美食型景点、修学型景点等。

2. 旅游区的概念

旅游区是指在社会经济、文化历史和自然环境等多方面具有相对统一性的旅游地域单元，往往含有若干个共性特征的风景名胜，由旅游线路组合而成为一个地域综合体。它以旅游城市为中心，以旅游接待设施为主要标志，是以广泛的内外旅游经济联系为纽带的开放型地域旅游综合体，属于风景区之上的高层次、主系统的大尺度风景名胜地域。

旅游区有不同功能类型和不同等级层次之分，各个层次结构的旅游区有机组合构成一个完整的旅游区系统。

二、旅游区划的概念

旅游区划是根据不同的目的，依据不同的要求和指标，对一定地域的旅游资源进行地理区域的划分。一般将旅游资源相对集中、类似，与相邻区域有显著差异，在区内政治、经济、文化联系较为密切的地区划入一个旅游区。在旅游区划中所划分出的旅游区一般为综合性旅游区，同一旅游区内部自然与人文环境具有相对一致性，共同构成地域旅游综合体。

旅游区划的目的在于充分认识旅游资源的区域特色与优势，充分研究旅游开发与区域社会经济发展和地理环境的相互关系，制定区域旅游发展战略与规划，以便合理开发、利用和保护各地的旅游资源，统筹安排区域旅游设施和旅游服务系统，系统建设旅游景点和旅游区，全面合理组织安排游客的食、住、行、游、购、娱的区域旅游活动，建设独具特色的旅游区，以取得良好的旅游经济、社会与生态效益，促进各地旅游业可持续发展。

科学的旅游区划要确定各个旅游区比较合理的范围和界线，确定区内各级旅游经济中心；阐明不同区域的旅游地理环境状况，摸清不同区域旅游资源的赋存情况和主要资源特色，明确各旅游区的性质、特征、功能、地位和优势，提出区域旅游发展方向和规划建设重点；阐明不同区域的主要旅游线路，明确各区域的主要和代表性旅游点及其主要功能，以便扬长补短，提高旅游区的整体功能效益。

第二节　中国旅游地理区划方案

一、中国旅游地理区划的原则

旅游地理区划原则是旅游区划研究和实际工作的指导思想和依据，是进行旅游区划时一般都要遵循的基本原则。这里讨论的原则主要是指综合性旅游区域划分要遵循的原则。

1. 相对一致性原则

旅游环境、旅游资源等因素在地域空间上存在很大差异，但在某一范围内总可以区分出若干相似程度较高而差别较小的区域，将其合为一个旅游区，以示同其他旅游区的差别。相对一致性原则包括旅游资源成因的共同性、形态的类似性和发展方向的一致性三重含义，旅游区划就是要把旅游资源类型一致性程度最大者列在同一旅游区内。

2. 地域完整性原则

鉴于旅游业的规划与发展以及旅游资源的开发与利用涉及许多部门，离不开行政管理部门的综合平衡。因此，旅游区划应保证每一等级的旅游区在地域上和职能上的完整性，即在我国现行行政管理体制条件下，旅游区划必须考虑保持行政区域的完整性。

3. 综合性原则

旅游业的发展需要利用各方面的条件，涉及许多行业，优化整个系统的结构。因此，要求旅游区划既综合考虑纵向的历史基础、发展现状、长远目标和发展方向，又综合考虑横向的旅游资源类型、组合及开发利用的自然、经济、社会、文化等多方面的条件。

4. 主导性原则

旅游区内部由多种类型旅游资源组成，各种类型旅游资源在旅游区内所起的作用并不完全相同，而是其中某种类型的旅游资源起着主导作用，制约着旅游区的属性、特征、功能和利用方式，使其主题鲜明、重点突出。因此，主导性旅游资源是区划时主要依据。

5. 旅游中心地原则

旅游区有无旅游中心地是衡量其完整性的首要条件，每个完善的旅游区都必须有至少一个旅游中心地作为区域旅游活动的核心。作为旅游中心地，应该是旅游区内旅游资源荟萃之地，并能代表整个旅游区的旅游资源特色，同时，它也应该是区内政治、经济、文化中心，并有较完善的食宿、交通、通信、购物、娱乐等方面的综合旅游服务设施。

二、中国旅游地理区划方案

1. 中国旅游地理区划经典方案简介

中国旅游学界迄今为止并没有进行正式的旅游区划，一些专家学者或为了教学的需要，或为了科研的需要，依据不同的目的，提出了一些不同的区划方案。

（1）濮静娟等旅游季节气候分区方案

濮静娟等学者在1987年以舒适度指数和风效指数为指标对中国大陆地区气象资料进行分析，以各地最佳旅游月份和适宜旅游季节进行旅游季节气候区划，将中国大陆分成三个旅游气候大区、18个旅游气候区和22个旅游气候亚区。

（2）刘振礼等旅游景观主导因子分区方案

1987年，刘振礼等学者根据旅游条件和旅游业发展现状，采用旅游景观主导因子加区域名称复合命名法，将中国分成京畿要地——北京旅游区，白山黑水——黑吉辽旅游区，民族摇篮——黄河中上游旅游区，大浪淘沙——长江中上游旅游区，山水神秀——长江下游旅游区，南国侨乡——闽粤琼旅游区，石林洞乡——滇黔桂旅游区，塞外风光——内蒙古宁夏旅游区，"丝绸之路"——甘新旅游区，世界屋脊——青藏旅游区，台湾及香港、澳门地区，共11个旅游区。

（3）郭来喜文化景观主导因子分区方案

1988年，郭来喜提出的中国旅游区划方案将中国划分为10个旅游带、29个旅游省、149个基本旅游区。这个方案区划的根据是旅游资源的相似性、行政区划体系的完整性和运输便捷性、管理方便性等原则，采用区域名称和文化景观主导因子综合命名法。

（4）陈传康旅游文化区划方案

1991年，学者陈传康将传统文化与现代文化资源相结合，将观光旅游与科学文化旅游相结合，以传统文化资源、现代文化资源、自然风光、开发重点和客源市场五大内容，采用区域方位和区域名称单因子命名方法，将中国分成华北（相当于中国自然区划的暖温带华北区，包括长城以南、秦淮以北，东起沈阳以南的辽南和辽东半岛，西延至甘肃东部）、长江中下游区域（秦淮以南、南岭以北所包括的长江中下游范围，也包括钱塘江等独流入海流域）、华南（包括两广、闽、台、海南等）、西南（包括除川西横断山以外的四川省、陕南、云南、贵州等）、东北（包括除辽南和辽东以外的东北三省及内蒙古东部三盟一市）、内蒙古西北（包括内蒙古西部、宁夏、河西走廊、西宁河套带、青海湖、柴达木盆地、新疆等干旱和半干旱地区）、青藏高原（包括青海南部和甘肃东南部的高原、西藏全部、川西横断山地等）共7个一级旅游文化区。

（5）杨载田分区方案

1994年，杨载田等根据旅游资源成因、形态和发展方向的一致性，地域分布完整性等原则，取各家之长，采用地域方位名称、文化景观和自然风光三因子综合命名方法，将中国分成东北东北文化林海雪原火山风光旅游区、黄河中下游华夏文化名山沃原海滩风光旅游区、华东吴越文化山水园林旅游区、华中荆楚巴蜀文化峡谷湖山旅游区、东南沿海岭南文化亚热带和热带山海岛风光旅游区、西南民族风情岩溶山水风光旅游区、青藏藏乡草原文化世界屋脊风光旅游区、西北丝路文化雪峰绿洲草原风光旅游区共8个旅游区，以及若干个旅游省，省下又分若干个游览区。

此外还有一些分区方案，各有立足点，各有所长，值得分析和借鉴。

2. 本书的中国旅游地理区划方案简介

根据旅游地理区划的基本原则，广泛参考已有中国旅游地理区划方案的特点，充分考虑教学的需要，采用单一区域方位因子命名法，本书将中国分成9个一级旅游区。

（1）东北旅游区

东北旅游区包括黑龙江、吉林、辽宁三省。该区被称为"白山黑水"，山水相依，气候相似，以冰雪、森林、火山、海滨、边境旅游特色为主，三省的风土民情也相近。

（2）中原旅游区

中原旅游区包括北京、天津、河北、河南、山东、陕西、山西五省两市。该区是华夏文明的发祥地，名胜古迹众多，名山胜水云集，海滨风光迷人，以北京为中心辐射至各旅游地，交通便利，是我国以人文景观为主的旅游大区。

（3）长江下游旅游区

长江下游旅游区包括上海、江苏、浙江、安徽、江西四省一市。该区是典型的鱼米之乡，自然风光秀美，河、湖、海水域风光旖旎，名山众多，经济发达，交通便利，城市密集，古典园林独具一格。区内各省市经济和旅游活动联系密切，发展旅游业的优势明显。

（4）长江中上游旅游区

长江中上游旅游区包括湖南、湖北、重庆、四川三省一市。该区长江及其支流的旅游资源丰富，湖泊众多，巨川峡谷特色鲜明，三国文化古迹丰富多彩，自然保护区动植物资源独特珍稀，大型水利工程举世罕见，旅游业发展潜力巨大。

（5）华南旅游区

华南旅游区包括福建、广东、海南三省。该区位于我国的最南端，具有典型的热带和南亚热带山海风光，独特的岭南民风民俗。本区位居我国改革开放的前沿，经济发达，紧邻港、澳、台地区，是著名的侨乡，入境旅游者的主要口岸，旅游业发展较好。

（6）西南旅游区

西南旅游区包括广西、云南、贵州三省区。该区位于云贵高原，气候温和，四季如春，岩溶景观典型，峡谷风光独特，动植物资源丰富，各类保护区中珍稀动植物众多。少数民族集中分布，民族风情浓郁。交通条件逐渐改善，发展旅游业潜力巨大。

（7）西北旅游区

西北旅游区包括内蒙古自治区、宁夏回族自治区、新疆维吾尔自治区和甘肃省。该区位居内陆，属于大陆性气候区，面积辽阔，人口密度小，自然景观以草原、沙漠、荒漠、戈壁等为主，风沙地貌千姿百态。丝绸之路举世闻名，少数民族众多，民族风情独特。有着漫长的国境线，是一个开发前景广阔的旅游区。

（8）青藏旅游区

青藏旅游区包括青海省和西藏自治区。该区为巨大高原区，高山、极高山众多，积雪、冰川、冻土覆盖面积广大，高寒气候，生态脆弱。古朴的藏族风情、宗教文化和宗教建筑构成了本区神秘诱人的人文旅游资源。随着交通条件的改善和经济条件的改善，本区旅游开发前景广阔。

（9）港澳台旅游区

港澳台旅游区包括台湾地区、香港特别行政区和澳门特别行政区。该区地处我国南部地区，气候上温度终年较高，热带风光迷人，海洋旅游资源丰富。

表 3-1　中国旅游地理区划

序　号	旅游区名称	旅　游　区　范　围
1	东北旅游区	黑龙江省、吉林省、辽宁省
2	中原旅游区	北京市、天津市、河北省、河南省、山东省、山西省、陕西省

续表

序　号	旅游区名称	旅　游　区　范　围
3	长江下游旅游区	上海市、江苏省、浙江省、安徽省、江西省
4	长江中上游旅游区	湖南省、湖北省、四川省、重庆市
5	华南旅游区	福建省、广东省、海南省
6	西南旅游区	云南省、贵州省、广西壮族自治区
7	西北旅游区	内蒙古自治区、新疆维吾尔自治区、宁夏回族自治区、甘肃省
8	青藏旅游区	青海省、西藏自治区
9	港澳台旅游区	台湾地区、香港特别行政区、澳门特别行政区

思考与练习

1. 为什么要进行旅游地理区划？
2. 说说在进行旅游地理区划时遵循旅游中心地原则的理由。
3. 你的家乡属于本书区划方案中的哪个旅游区？你家乡的旅游景点在区内与哪些省市的旅游景点往往组合成一条旅游线路？
4. 在中国空白地图上把本书区划方案划分出的旅游区用图示分别标注出来。

中国地图

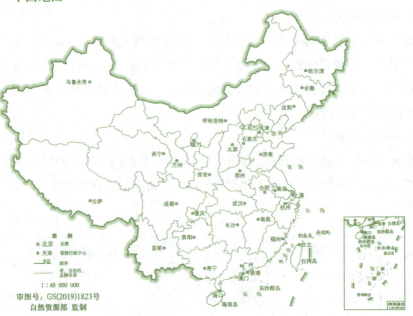

第四章
东北旅游区

学习目标

了解东北旅游区旅游地理环境特征，分析地理环境特征对该区旅游资源优势的影响，以及对该区旅游业发展的影响。掌握本区重要的旅游景点及旅游线路的分布规律和特点。

东北旅游区位于我国东北部，包括黑龙江、吉林、辽宁三省，面积80.84平方千米，境内有大兴安岭、小兴安岭、长白山等山脉环绕，森林资源丰富，辽河、黑龙江及其众多支流流经全区，东北平原为中国最大的平原，为湿润的温带季风性气候所覆盖，冬季漫长而严寒，耕地丰富而肥沃。全区人口约1.1亿，是多民族融合的聚集区，有满族、蒙古族、朝鲜族、鄂伦春族、赫哲族、锡伯族、达斡尔族、回族等少数民族，民风民俗独特。林海、雪原、火山、海滨，自然景观魅力无穷；农耕、渔猎、历史、民风，人文资源丰富多彩。

第一节 旅游地理环境及旅游资源特征

一、自然地理环境与旅游资源特征

1. 冬季漫长而寒冷，冰雪旅游资源丰富

东北旅游区为温带季风气候，受到北方冷空气的控制，冬季一般都长达半年以上，一月平均最低气温都在-20℃以下，极端低温可达-50℃以下。由于水汽充足，冬季本区的降雪量很大，降雪时间长，形成千里冰封、万里雪飘的独特景观，加上森林覆盖率大，尤其是大面积的针叶林区，容易呈现林海雪原的自然景观，成为中国独具特色的冰雪旅游区。在适中的坡度和高度的山区，又形成条件优越的滑雪运动区，黑龙江省的亚布力雪场、桃山雪场、玉泉雪场，以及吉林省的长白山冰雪基地都是滑雪的良好场所。本区的滑雪资源已成为最宝贵的气候旅游资源。

漫长的冬季自然冰封的江河也是天然的冰场，可开展滑冰、冰帆、冰橇、冰球、冰陀螺、狗拉雪橇等体育活动和娱乐活动，也为哈尔滨冰雕艺术提供了冰源，为哈尔滨冰雕节提供良好的条件。河湖沿岸的冬季，又容易形成奇特的雾凇景观，尤其是吉林省吉林市的雾凇出现最频繁，维持时间最长，景观最著名。

阅读资料 4-1

吉林市雾凇

雾凇俗名树挂，日最低气温在 0℃ 以下，大雾弥漫或细雨蒙蒙的气候条件下，雾滴附着在低温物体上迅速冻结凝成一层毛茸茸的乳白色外壳，构成玉树琼花的特殊景观。这种景观在东北地区各地都可见，但出现最频繁、维持时间最长的是吉林省吉林市。

在冬季，由于流经吉林市的松花江上游的丰满水电站昼夜不停地运转，使得水坝泄出的水百里不结冰，吉林市又是一个河谷盆地，充沛的水汽遇上合适的气温气压，随微风飘向堤岸上的垂柳松枝，便于夜深人静之际凝华成霜，形成了银装素裹的奇观，通常气温越低、空气湿度越高，越有利于雾凇形成。每年从12月下旬到翌年2月底，都是在吉林市观赏雾凇的最佳时节，最多时一年可出现 60 余次。"一江寒水清，两岸琼花凝"是仪态妖娆、独具丰韵的吉林雾凇奇观的典型概括。在冰封时节的吉林，草木都已凋零，万物也失去了生机，然而雾凇奇观却总能以"忽如一夜春风来，千树万树梨花开"的姿态降临北国江城。有如琼枝玉叶的婀娜杨柳、银菊怒放的青松翠柏，千姿百态，让人目不暇接。

吉林雾凇因为结构很疏松，密度很小，没有危害。人们在观赏玉树琼花般的吉林雾凇时，都会感到空气格外清新舒爽、滋润肺腑，这是因为雾凇有净化空气的内在功能。

> 吉林雾凇，与桂林山水、云南石林、长江三峡并称为中国四大自然奇观。吉林市从1991年开始举办中国·吉林雾凇冰雪节，于每年的春节前后举行，吸引大量游客前来观赏这奇特的美景。

另外，本区夏季气温不高，尤其是林区，七月平均气温一般不超过20℃，长白山森林旅游成为极佳避暑旅游项目。海滨城市大连、滨江城市哈尔滨、"北极村"漠河以及各山地风景名胜区均为东北地区著名的避暑胜地。

2. 白山黑水，山环水绕，生态旅游地域广阔

东北旅游区在地形上西、北、东三面分别分布了大兴安岭、小兴安岭和长白山三条山脉，构成了全国最大的林区，整齐的兴安落叶松原始森林、挺拔的红松林、次生的白桦林以及红松、冷杉为主的针阔叶混交林等生长繁茂，茂密的森林以其良好的环境质量、优美的自然景观成为开展森林旅游的极佳旅游地。

北面、东面和南面被江河湖海环绕，分别是黑龙江、乌苏里江、图们江、鸭绿江、辽河，以及渤海、黄海。这些河流冬季均有封冻现象，尤其是黑龙江及其支流，为该区冬季冰雪旅游提供了绝佳的条件。

在大兴安岭、小兴安岭及长白山之间是广阔的东北大平原，为我国最大、最开阔、最平坦的平原。平原地势低平，湿地广布，土地肥沃，耕地面积广大，不仅为全国最大的粮食生产基地之一，也是大量候鸟的栖息地和繁殖地，形成重要的湿地旅游资源。

3. 动植物资源丰富

东北地区是亚寒带针叶林的最南端和温带阔叶林的最北端。北部多为亚寒带针叶林，中南部多为温带针阔混交林，南端为暖温带阔叶林。针叶树种以红松、冷杉和兴安落叶松为主。东北地区保存了大面积的原始森林，也分布着可供观赏的风景林，由于西北部湿润度降低，形成了大片温带森林草原和草甸草原，牧草茂盛，夏季鲜花盛开。

大面积针阔混交林以及茂密如茵的草甸草原，为多种野生动物提供了生长和繁殖的条件，因此东北地区成为我国目前最重要的野生动物产地和狩猎区。东北地区的珍禽异兽较多，既有经济价值，又有旅游价值。主要的珍稀野兽有东北虎、紫貂、熊、梅花鹿、马鹿、麝、狍、猞猁、狐以及各种鸟类。

为保护这些珍贵的野生动物资源，东北地区已经建成了十多个省级、国家级的自然保护区。这些自然保护区既是自然资源的宝库，野生动植物的天堂，也是科研基地和风景优美的旅游胜地，如长白山自然保护区、扎龙自然保护区、老铁山自然保护区、鸟岛和蛇岛等。

4. 火山熔岩地貌典型，温泉旅游优势突出

东北旅游区位处环太平洋火山地震活动带，火山活动频繁，是我国火山熔岩地貌

类型最丰富、数量最多、分布最广的区域。全区有20多个火山群，230座火山锥，主要集中分布于吉林和黑龙江省，观赏价值较高的有五大连池火山群、长白山火山群、龙岗火山群、伊通火山群以及镜泊湖火山群等，其中串珠状火山堰塞湖——五大连池保存最为完整，素有"火山博物馆"之称，并于1980年建成我国第一个火山自然保护区。此外，牡丹江上的镜泊湖是我国最大的火山熔岩堰塞湖，长白山白头山天池则是我国面积最大、最深的火山口湖。

火山活动地带地热资源非常丰富，存在众多的温泉。本区五大连池地热洞、长白山温泉、鞍山汤岗子温泉、本溪温泉、兴城温泉等，都是著名的温泉，这些温泉水温较高，富含矿物质，深受温泉爱好者的喜爱，成为全国著名的疗养胜地和旅游地。

二、人文地理环境与旅游资源特征

1. 发展历史独特，历史遗存众多

在明清以前，东北地区主要受少数民族文化影响，同时也受中原文化的影响，因此各地文化遗址既富有游牧民族的风格，又可发现其与中原汉族文化的联系，如黑龙江宁安市上京龙泉府遗址及保留下来的八宝琉璃井和南大庙、阿城市金代时期的都城——上京会宁府遗址等古迹；吉林省集安市汉魏时期高句丽古建筑、古墓群和壁画；辽宁省境内多处现存的近代佛塔等。

明代展开了华北地区大量农民出关迁往东北的历史，汉文化与当地游牧文化大融合，沈阳故宫的建筑风格就真实地反映了这一段大融合的历史。

清朝中后期，外民族开始入侵东北地区，沙俄和日本分别侵占东北三省，实行殖民统治，并留下了俄式、欧式、日式或多种文化融合式的建筑，使本区城市建筑风貌呈现出独特的风格和特色。最典型的是哈尔滨，现保存下来的有代表性的早期建筑多达500多座，绝大多数为欧式建筑，如俄式建筑圣索菲亚教堂、拜占庭式建筑东正教堂、哥特式建筑基督教教堂等，这些欧式建筑与中式古典建筑、日本式建筑及现代大厦交织，构成哈尔滨城市风貌的一大特色。长春市内的伪满洲国皇宫也是中式与日式建筑的混合风格。这些既反映历史又反映城市风貌的建筑无疑是本区不可多得的人文旅游资源。

东北地区在历史上存在过古渤海国、高句丽国、辽、金等，清朝的统治者又是来自东北地区的满族人，所以留下了大量的历史遗存，尤其是清朝遗迹保存最为完整、开发利用价值最高。著名的有清代关外三陵、沈阳故宫和长春伪满皇宫等。本区还有我国现存最为完整的古城之一的明代宁远卫城。

2. 多元文化复合，民风民情淳厚

本区除汉族外，还分布有满族、蒙古族、朝鲜族、回族、锡伯族、达斡尔族、鄂伦春族、鄂温克族、赫哲族等少数民族，是一个多民族融合的多元文化旅游区。满族是东北人口最多的少数民族，约占全国满族人口的83.8%；本区是朝鲜族人最集中的分布区，主要聚居在东部的牡丹江、延边、丹东、通化等区域，是东北地区以种植水稻为主业的民族，民族风情独特；赫哲族是人口最少的少数民族，主要分布于乌苏里江两岸，保留着典型的渔猎生活方式；达斡尔族、鄂温克族、鄂伦春族以狩猎为主。各民族长期以来和睦相处，各自保存着独特的民族生活方式和审美情趣，创造了丰富多彩的风土民情，构成了具有极大吸引力的旅游资源。

除少数民族外，东北地区的汉族居民也保留着独具一格的民风民情，比如具有淳厚乡土气息的东北民间艺术"二人转"和"大秧歌"，不仅在东北地区家喻户晓，人人喜爱，现在在全国的城市和乡村也大受欢迎。二人转植根于民间文化，属走唱类曲艺，流行于辽宁、吉林、黑龙江三省和内蒙古东部，"秧歌打底，莲花落镶边"，是北方的一种民间说唱艺术，边说边唱，且歌且舞。东北美食也反映了这个地区人们粗犷豪爽的个性，比如东北的大锅炖菜——猪肉炖粉条、小鸡炖蘑菇等，以及东北人对酒类饮品的喜爱，都充分彰显了他们的个性和淳厚的民风。

3. 交通运输发达，旅游活动便利

东北地区的铁路、公路、内河航运、海运、航空等多种交通运输方式构成了四通八达的运输网，促进了该区经济、文化的发展。

东北拥有全国最发达的铁路网，全区共有铁路线70余条，铁路总长度和密度在各大区中均居首位。该铁路网以"T"字形的滨洲、滨绥、哈大、沈山为骨干，以沈阳、四平、长春、哈尔滨为枢纽，联系各干线、支线，将东北地区的城市、工矿区和农林牧区联系成系统。京沈和京通铁路是关内外联系的重要干线，滨绥线在绥芬河与俄罗斯的铁路接轨，沈丹线连接中朝两国，皆为重要的国际铁路，为开展跨境旅游提供了良好的交通条件。

由于本区地形上平原广阔，公路交通建设条件好，公路运输四通八达，是铁路运输重要的辅助，可以深入到景区，把游客直接带入景点。航空运输和水路运输也是重要的交通运输方式，哈尔滨、长春、沈阳和大连都建有大型国际机场，可以通往世界许多城市，还有佳木斯、齐齐哈尔、牡丹江、延吉、丹东、锦州等城市也建设了机场。大连港也是全国最重要的海港之一，是我国北方地区条件最好、最重要的海运港口，不仅给大连市的旅游业提供了便利，也带动了整个东北地区的旅游业发展。

4. 国境线漫长，跨境旅游开发条件好

黑、吉、辽三省都是边境省份，周边有俄罗斯、蒙古、朝鲜等国家，有开展边贸旅游的优势。黑龙江省通过黑河、抚远、绥芬河等对外开放城市可对俄罗斯开展边贸旅游。吉林省通过珲春、图们、延吉、敦化、集安等城市对俄罗斯和朝鲜开展边贸旅游。辽宁省通过丹东对朝鲜开展边贸旅游。

第二节 主要旅游地介绍

一、黑龙江省旅游区

黑龙江省位于中国的东北部,是中国位置最北、纬度最高的省份,北部和东部隔黑龙江、乌苏里江与俄罗斯相望,边境线长达2 981.26千米,是亚洲与太平洋地区陆路通往俄罗斯和欧洲大陆的重要通道,是中国沿边开放的重要窗口。全省面积约46万平方千米,人口约3 811万。

黑龙江省地貌特征可概括为"五山一水一草三分田"。西北部的大兴安岭、北部的小兴安岭和东南部的张广才岭、老爷岭、完达山脉环抱着三江平原和松嫩平原。境内有许多河湖,有黑龙江、松花江、乌苏里江、绥芬河等河流,还有兴凯湖、镜泊湖、五大连池等众多湖泊。

全省气候的主要特征是春季低温干旱,夏季温热多雨,秋季易涝早霜,冬季严寒漫长。

黑龙江省旅游资源丰富。拥有哈尔滨和齐齐哈尔两座中国历史文化名城;镜泊湖、五大连池、太阳岛为国家级风景名胜区;国家5A级旅游景区5处,它们分别是哈尔滨太阳岛、五大连池、镜泊湖、汤旺河国家公园、漠河北极村;还拥有国家级自然保护区15处,省级自然保护区35处,以及国家森林公园54处(见图4-1)。

1. 哈尔滨市游览区

哈尔滨是黑龙江省的省会城市,也是黑龙江省的旅游中心,因冬季独具特色的冰雪文化而被冠以"冰城"之称。同时,哈尔滨又是夏季著名的避暑胜地。它还因市内中西合璧的建筑而素有"东方小巴黎""东方莫斯科"的美称。不仅城区风光旖旎,个性突出,区内还拥有自然和人文景观500余处。

(1)中央大街步行街

中央大街始建于1898年,初称"中国大街"。1925年被改称为"中央大街",后发展成为全市最为繁华的商业街,沿袭至今。中央大街北起松花江防洪纪念塔,南至经纬街,全长1 450米。全街建有欧式及仿欧式建筑71栋,并汇集了文艺复兴、巴洛克、折中主义及现代多种风格保护建筑13栋。其历史的精深久远和建筑艺术的博大多姿,为世上少见。1996年8月,市政府决定将其改造成步行街,是目前亚洲最长最大的步行街。建成

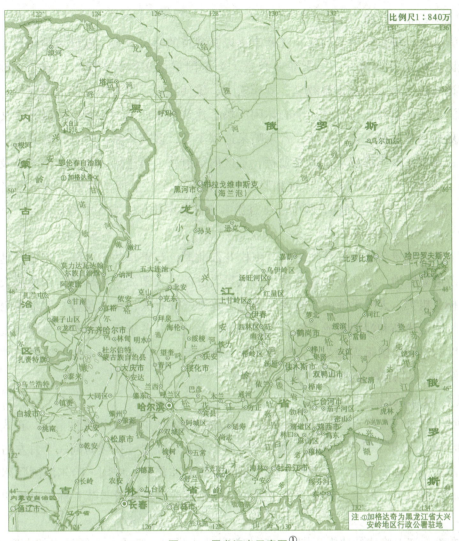

图 4-1　黑龙江省示意图[1]

的步行街环境优美，秩序井然，以其独特的欧式建筑、鳞次栉比的精品商厦、花团锦簇的休闲小区以及异彩纷呈的文化生活，成为哈尔滨市一道亮丽的风景线。中央大街是哈尔滨现代的、历史的、文明的交织点，一条街演绎了一座城市的文明史，一座城市因为一条街的繁荣而名扬中外（见图4-2）。

图 4-2　哈尔滨中央大街

---

[1] 本书省级行政区示意图均来源于《辞海（第七版）》（上海辞书出版社 2020 年版），以下不再一一注明。

（2）索菲亚广场

索菲亚广场位于美丽的松花江南岸，以其独特的建筑景观、欧域风情闻名于海内外。区内标志性建筑——圣索菲亚教堂，为全国重点文物保护单位，建于1907年，曾是远东地区最大的东正教教堂，规模宏大，雄伟壮观，具有浓郁的异域风情，成为哈尔滨市的一道特色风景线。中心休闲广场、建筑艺术广场均为景区内敞开式文化广场，夏日绿草茵茵，花团锦簇，音乐喷泉造型丰富，多姿多彩；冬日银装素裹、白雪皑皑，大型冰景气势恢宏、风光独特。景区内镭射厅、信息港、影吧、旱冰场及啤酒广场、冷饮广场等休闲娱乐项目和服务配套设施齐全，定期举办的"哈尔滨老照片展"、歌舞晚会等文化活动，吸引了中外游客来此休闲娱乐、观光旅游。

（3）太阳岛风景区

太阳岛风景名胜区坐落在哈尔滨市松花江北岸，与繁华的市区隔水相望，是著名的旅游避暑胜地，是江漫滩湿地草原型风景名胜区。太阳岛碧水环绕，景色迷人，具有质朴、粗犷、天然无饰的原野风光特色。夏季气候宜人，草木茂盛，风景秀丽，太阳岛与附近诸岛和沙洲组成了游览和避暑的疗养胜地。冬季雪漫冰封，银装素裹，一年一度的太阳岛国际雪雕艺术博览会，作为哈尔滨国际冰雪节的重要内容早已驰名中外，使游客尽情体验玩冰弄雪的无穷乐趣。

（4）哈尔滨国际冰雪节

哈尔滨国际冰雪节是我国历史上第一个以冰雪活动为内容的国际性节日，正式创立于1985年，每年1月5日开始，根据天气状况和活动安排，持续时间一个月左右，只有开幕式，没有闭幕式，是世界上活动时间最长的冰雪节。中国·哈尔滨国际冰雪节与日本札幌雪节、加拿大魁北克冬季狂欢节以及挪威奥斯陆滑雪节并称为世界四大冰雪节。

在松花江上修建的冰雪乐园——哈尔滨冰雪大世界，斯大林公园展出的大型冰雕，在太阳岛举办的雪雕游园会，在兆麟公园举办的规模盛大的冰灯游园会等皆为冰雪节内容。冰雪节期间举办冬泳比赛、冰球赛、雪地足球赛、高山滑雪邀请赛、冰雕比赛、国际冰雕比赛、冰上速滑赛、冰雪节诗会、冰雪摄影展、图书展、冰雪电影艺术节、冰上婚礼等，丰富的内容，精彩的节目，奇特的活动，都对游客产生极大的吸引力（见图4-3）。

图4-3　哈尔滨冰雕公园

阅读资料 4-2

中国·哈尔滨国际冰雪节

中国·哈尔滨国际冰雪节是伴着改革开放 40 年的历程逐渐壮大起来的国际品牌，是中国第一个以冰雪为载体的地方性节庆活动。

中国·哈尔滨国际冰雪节创办于 1985 年，经地方立法，每年 1 月 5 日冰雪节开幕式当天，哈尔滨全市放假一天。其实每届冰雪节从上一年年底，节庆活动便已开始，一直持续到翌年 3 月冰雪活动结束为止，期间包含了新年、春节、元宵节等重要节日，可谓节中有节，节中套节。

事实上，哈尔滨国际冰雪节已成为哈尔滨特有的文化符号，是支撑城市快速发展的重要引擎。连续多年冰雪节旅游接待人数超千万，旅游收入超百亿。近几年来，冰雪节无论是旅游人数还是旅游收入都达到 10% 以上的增长，去年的第 34 届冰雪节，接待游客首次超过 2 000 万人次，旅游收入突破 300 亿元大关，达到历史新高。在拉动经济增长的同时，通过举办冰雪节带动了城市环境、建设管理等多方面不断提升，广大市民和群众的幸福感、获得感也在不断增强。可以说，勤奋善良的哈尔滨人正用实际行动践行"冰天雪地也是金山银山"的重要发展理念。

每年的冰雪节都开展冰雪旅游、冰雪艺术、冰雪文化、冰雪经贸、冰雪体育等方面百余项活动，其中冰雪大世界、太阳岛雪雕博览会、兆麟公园冰灯游园会等冰雪园区堪称冰雪梦幻天堂，各项冰雕雪雕比赛、冬泳、冰雪婚礼、冰洽会、滑雪节等品牌更是享誉海内外。冰雪节期间，哈尔滨化身为冰雪王国的童话世界，吸引着国内外游客纷至沓来。

如今，中国·哈尔滨国际冰雪节与日本札幌雪节、加拿大魁北克冬季狂欢节和挪威奥斯陆滑雪节被誉为世界四大冰雪盛典之一，是我国冬季旅游走向世界的一张靓丽名片。2018 年第 34 届冰雪节期间全市累计接待游客 2 099.2 万人次，同比增长 13.51%；实现旅游收入 334.67 亿元，同比增长 16.73%。2018 年春节黄金周期间，哈尔滨市位列国内旅游目的地城市第二位，接待游客数量和实现旅游收入均创历史新高。

下一步，将按照"改造升级老字号，深度开发原字号，培育壮大新字号"的要求，坚持生态优先与绿色发展和谐统一，推动冰雪节系列产品不断创新，品牌影响力不断提升，带动冰雪旅游全域发展，打造全国冰雪旅游首选目的地，努力建设闻名中外的世界冰雪文化旅游名城，为哈尔滨全面振兴发展、实现黑龙江旅游强省战略做出新的贡献。

（资料来源：新华网，2018年12月11日）

（5）亚布力滑雪旅游度假区

亚布力滑雪度假区，位于黑龙江省东部尚志市亚布力镇境内，距哈尔滨197千米。由风车山庄、交通山庄、大青山滑雪场、通信山庄、电力山庄、云鼎山庄、雅旺斯、好汉泊雪场，以及农家院共同组成。这里的极端最低气温是-44℃，平均气温-10℃，积雪期为170天，滑雪期近150天，每年的11月中旬至次年3月下旬是这里的最佳滑雪期。

亚布力滑雪场的设施非常完善，共有11条初、中、高级滑雪道，它的高山滑雪道是亚洲最长的。滑雪场内还有长达5千米的环形越野雪道及雪地摩托、雪橇专用道，设有3条吊椅索道、3条拖牵索道及1条提把式索道。雪场还拥有多台造雪机、压雪机、雪上摩托车等现代滑雪场机械设备；雪道设有多条吊椅式和牵引索道。无论从雪道的数量、长度、落差还是其他各项滑雪设施及综合服务水平来看，亚布力滑雪场都远远胜于国内的其他滑雪场，它无疑是中国最好的滑雪场。这里是开展竞技滑雪和旅游滑雪的最佳场地，曾于1996年成功举行了第三届亚冬会的全部雪上项目，这里还是中国企业家论坛年会的永久会址，被誉为"中国的达沃斯"，吸引着世界各国的游客来此观光滑雪，度假休闲（见图4-4）。

图4-4　亚布力滑雪场

（6）哈尔滨美食

哈尔滨是个非常适合旅行的城市，这里不仅风景独特迷人，遍布大街小巷的美食也非常吸引人。属于哈尔滨的特色美食有锅包肉、杀猪菜、哈尔滨红肠、得莫利炖鱼、大饼子咸鱼、大列巴，等等。

2. 牡丹江市游览区

牡丹江市因牡丹江横跨市区而得名，是我国东北地区重要的风景旅游城市，气候宜人，素有"塞北小江南"的美称。牡丹江市旅游资源丰富，已开发的主要风景名胜有镜泊湖火山地貌景区、牡丹峰国家森林公园和国家自然保护区、雪乡滑雪场、牡丹峰滑雪场、八女投江纪念建雕、横道河子、东北虎林园以及冬季在江面上修筑的雪堡等。

（1）镜泊湖景区

镜泊湖风景区为国家 5A 级旅游景区和世界地质公园，景区由百里长湖、火山口原始森林、渤海国上京龙泉府遗址三部分组成。景区以湖光山色为主，兼有火山口地下原始森林、地下熔岩隧道等地质奇观，及以唐代渤海国遗址为代表的历史人文景观，是可供科研、避暑、游览、观光、度假和文化交流活动的综合性景区。

镜泊湖位于牡丹江市西南面 98 千米，是由熔岩阻塞河流形成的高山堰塞湖，水面面积 90 平方千米，是我国最大的熔岩堰塞湖，处于群山环抱之中，山重水复、蜿蜒连绵，时而水平如镜，时而微波荡漾，秀美无比，是我国北方著名的风景区和避暑胜地，被誉为"北方的西湖"。

在镜泊湖景区西北部方圆 40 千米范围内，分布着大小 12 个火山口，以及由黑色玄武岩组成的火山锥、熔岩河和熔岩台地，在台地上分布着国内罕见的大型熔岩隧道，隧道内部结构相似，形态奇异，最长的熔岩洞可达万米，是国内目前发现的规模最大、最完整的熔岩隧道。盛夏季节洞内仍可见冰景，寒气逼人，有的洞内则雾气缭绕，幽深而神秘，极具科考价值。在熔岩台地上还有各种奇特的火山熔岩景观，如熔岩桥等。由于火山喷发年代久远并且不同，加之镜泊湖优越的地理环境，如今火山口覆盖着茂密的原始针阔混交林及红松纯林，又被称为"地下森林"，景观之奇特，气势之壮观，均为国内罕见。

吊水楼瀑布位于百里长湖北端，是由黑色玄武岩形成的环状落水深潭，落差为 20 米，丰水期为三面溢水，瀑布长一百多米，水流量 4 000 立方米/秒。波涛翻滚，飞流直下，声震如雷，景色壮观。

（2）雪乡

雪乡原名双峰林场，它位于牡丹江西南部海林市大海林林业局内，是张广才岭与老爷岭交汇之处,距离牡丹江市 170 千米,距离哈尔滨市 280 千米,公路交通方便。这里雪期长、降雪频繁,有"天无三日晴"之说,夏季多雨冬季多雪,积雪期长达 7 个月,从每年的 10 月至次年 5 月积雪连绵,年平均积雪厚度达 2 米,雪量堪称中国之最,且雪质好,黏度高,素有"中国雪乡"的美誉。

3. 五大连池景区

五大连池风景区位于小兴安岭东侧,距五大连池市 18 千米处,是国家 5A 级景区、世界地质公园、国家级自然保护区、国家森林公园。1719—1721 年间,火山喷发,熔岩阻塞白河河道,形成五个相互连接的湖泊,组成串珠状的湖群,因而得名五大连池。周围有 14 座火山,形成五大连池火山群,与五个火山堰塞湖、矿泉和熔岩地貌共同组成五大连池风景区,因而有"火山地貌博物馆"之称。

14 座火山是不同时期爆发的火山,其中老黑山和火烧山为 200 多年前喷发的近期火山,火山地貌完整,可见火山砾、火山灰、火山弹及火山口。另 12 座火山因喷发年代久远,已经为森林所环抱,有几座火山口内已积水成湖。五大连池波光粼粼,如同一颗颗闪亮的珍珠,与 14 座端庄宁静的火山交相辉映,显得秀丽清幽。在火山群中的大面积熔岩台地上到处可见千姿百态、奇形怪状的熔岩地貌,仙女宫、水莲洞都属于熔岩暗洞。附近的"水晶宫"则是一个熔岩冰洞,洞顶悬挂着冰花丛,洞厅内两根天然大冰石柱酷似榕树,堪称奇观。

由于地下活动的原因,这里的地下水富含各种对人体有益的矿物质和微量元素,因此,五大连池的矿泉水又被当地人称为"药泉""圣泉",能治疗多种疾病。现药泉山下建有多座疗养院,是疗养休闲旅游的好去处。

4. 漠河北极村

北极村原名漠河村,是我国大陆最北端的临江小镇,与俄罗斯阿穆尔州的伊格娜思依诺村隔江相望,是中国观赏北极光和白夜奇景的最佳之处。它以夏季的"白夜"、冬季的严寒、极光、金矿、原始森林而著名。漠河夏至日白昼长达 20 个小时以上,人称"不夜城",并可观赏到神奇瑰丽的北极光美景,每年夏至,县政府都举行盛大的活动,吸引大批国内外游客;冬季最低气温可降至 -52.7℃,有中国"寒极"之称。这里有"神州北极石""最北第一家""北陲哨兵""北极沙洲"等诸多旅游景点;路两旁一座座古老的"木刻楞"民房与构思巧妙的俄式建筑相映成趣,给北极村增添了别样的风情。

5. 扎龙自然保护区

扎龙自然保护区位于黑龙江省齐齐哈尔市东南 30 千米处,总面积 21 万公顷,1992 年被列入世界重要湿地名录。景区内湖泽密布,苇草丛生,是水禽等鸟类栖息繁衍的天然乐园,是中国北方同纬度地区中保留最完整、最原始、最开阔的湿地生态系统。这里生活着260种禽鸟，其中国家重点保护鸟类就有35种，最著名的是丹顶鹤。世界上现有鹤类15种，中国有9种，扎龙有6种，全世界丹顶鹤不足2 000只，扎龙就有400多只，故扎龙自然保护区有"丹顶鹤之乡"的美称（见图4-5）。

图4-5　扎龙自然保护区

二、吉林省旅游区

吉林省位于东北旅游区的中部，北接黑龙江省，南接辽宁省，西邻内蒙古自治区，东与俄罗斯接壤，东南部以图们江、鸭绿江为界与朝鲜隔江相望。全省面积18.74平方千米，人口2 702万。

地形上东部多山地，中西部以平原为主。全省为大陆性季风气候所覆盖，春季干燥大风，夏季高温多雨，秋季天高气爽，冬季寒冷漫长。吉林省森林资源丰富，长白山素有"长白林海"之称，长白山野生动植物种类多样，特产丰富。

吉林省人文旅游资源也很丰富，有长春伪满皇宫博物院、集安高句丽都城遗址、长春电影节、吉林雾凇冰雪节、延边朝鲜民俗节等特种旅游项目（见图4-6）。

1. 长春市游览区

长春是吉林省省会，是我国重要的工业基地、国家历史文化名城，是新中国最早的汽车工业基地和电影制作基地，诞生了著名的中国一汽和长春电影制片厂，有"东方底特律"之称。曾作为"伪满洲国""首都"的长春，是近代东北亚政治军事冲突完整历程的集中见证地，具有众多历史古迹。同时，长春又被誉为"北国春城"，城市绿化率达到78%，居于亚洲大城市之冠，位列中国四大园林城市，连续九次蝉联"中国最具幸福感城市"称号。这些优势使得长春散发着浓浓的旅游魅力。

（1）伪满皇宫博物院

伪满皇宫博物院是在伪满洲国宫廷旧址上建立起来的一座宫廷遗址型博物馆，占地面积25.05万平方米，开放景点达30多处。整个宫廷可分内外两部分，内廷主要建筑有缉熙楼、同德楼；外廷主要建筑有勤民楼、怀远楼、嘉乐楼。另外还有花园、假山、养鱼池、防空洞、网球场、高尔夫球场、跑马场以及书画库等。博物院现已成为全国优秀的爱国主义教育基地，国家首批5A级旅游景区。

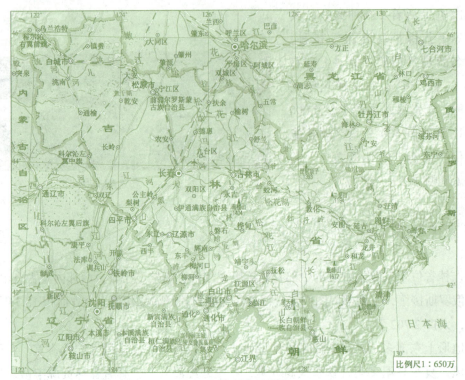

图 4-6　吉林省示意图

（2）净月潭国家森林公园

净月潭国家森林公园位于长春主城区内东南 12 千米处，民间流传"南有日月潭，北有净月潭"，与台湾日月潭并称姊妹潭。80 年代末被林业部批准为国家级森林公园，是国家 5A 级旅游区，包含净月潭、森林浴池、东北虎园等诸多景点。景区内的森林为人工建造，含有 30 个树种的完整森林生态体系，得天独厚的区位优势，使之成为"喧嚣都市中的一块净土"，有"亚洲第一大人工林海""绿海明珠""都市氧吧"之美誉，是长春市的生态绿核和城市名片。净月潭冬雪夏爽，集湖、林、山、田的独特风貌为一身。潭水面积 4.3 平方千米，水面宽阔且清澈似镜，整个景区可分为月潭水光、潭北山色、潭南林海、潭东田舍四个部分。

净月潭不仅是生态休闲中心，更是体育健身的中心，作为长春市消夏节和长春冰雪节的主场地，相继开展了净月潭瓦萨国际滑雪节、净月潭森林马拉松、净月潭森林定向赛、净月潭自行车马拉松、青少年阳光体育大会、龙舟赛、旅游大集等赛事和活动，致力于倡导健康、时尚、休闲的生活方式，打造国际知名旅游文化活动的聚集地。

（3）长影世纪城

长影世纪城位于净月新区内，是中国第一家电影娱乐业与影视旅游业相结合的世界级电影主题公园，堪称"东方好莱坞"，总占地面积 100 万平方米。长影世纪城吸收美国好莱坞环球影城和迪士尼游乐园的精华，由长春电影集团投资开发，一期、二期工程已建成。

（4）伊通火山群

伊通火山群自然保护区位于长春市南65千米处的伊通县境内，由大小不一的16座火山锥组成。火山群中的大孤山、小孤山、东西尖山等七座火山穹丘呈北斗星状排列，使"七星落地"的神话传说享

图4-7　伊通型火山

誉民间。伊通火山群以其独特的石柱著称，每座火山锥由成千上万的石柱组成，其复杂多变的岩石柱状节理，构成了宏伟、奇特、罕见的火山风光和地质景观。该火山群典型、独特的"侵出式"火山成因机制属国内唯一，在国际上也属罕见，被国际地质学界命名为"伊通型火山"，具有重要的科学研究价值和旅游观赏价值（见图4-7）。

2. 吉林市游览区

1954年以前吉林市是吉林省的省会，由于其濒临第二松花江西岸，素有"北国江城"之称。吉林市依山傍水，山清水秀，风景如画，以雾凇、松花湖、乌拉古城、北山古庙群，以及满族、朝鲜族风情为特色，是吉林省重要的旅游城市。

（1）雾凇

吉林雾凇与桂林山水、云南石林和长江三峡并称为中国四大自然奇观。每当雾凇来临，吉林松花江岸十里长堤银装素裹，柳树结银花，松树绽银菊，把人们带进如诗如画的仙境。

（2）松花湖

松花湖风景名胜区是吉林省著名旅游景区，距吉林市主城区15千米。松花湖是日本人1937年筑坝拦截松花江水，建设丰满水电站后所形成的一个山间水库，水域辽阔，湖汊繁多，状如蛟龙。松花湖风景区的主体是水、林、山，水静、山奇、林秀、石异，以其绮丽的自然山水风光吸引着都市里的人们。松花湖沿岸有森林面积21万公顷，山林中盛产人参、五味子等药材，还有山葡萄、榛子、蘑菇等特产。松花湖的鱼产也很丰富，有白鱼、鳊花、鲤子、白鲢等，其中白鱼鱼体扁长，肉质鲜美，被誉为松花湖的无上佳品。丰满大坝两岸还建设了各种疗养院，供人们到此休闲疗养。

3. 长白山景区

长白山景区位于吉林省东南部，坐落于长白山北坡，东南与朝鲜毗邻，是国家5A

级旅游景区，因主峰白头山多白色浮石与积雪而得名，素有"千年积雪万年松，直上人间第一峰"的美誉。长白山是一座休眠的火山，是世界闻名的巨型复合式盾状火山体，独特的地理构造造就了其绮丽迷人的景观。长白山的湖、谷、池、山、泉、林、峰，无一不是世所罕见，秀丽诱人，是著名的湖泊、瀑布、温泉、林海风景区。

（1）长白山自然保护区

长白山国家级自然保护区位于吉林省安图、抚松、长白三县交界处，总面积190 781公顷，1980年加入联合国教科文组织"人与生物圈计划"保护区，主要保护对象为温带森林生态系、自然历史遗迹和珍稀动植物。保护区内植物类型复杂多样，种类十分丰富，目前已知有野生植物2 277种，有国家重点保护植物25种，其中人参为国家一级保护植物。在这些植物中，不仅有生存衍化几千万年的第三纪孑遗种，如红松、云杉、冷杉、紫杉、水曲柳、黄菠萝、胡桃楸、椴、榆等，还有许多为长白山特有的植物种，如挺拔秀丽、婀娜多姿的长白松等。长白山自然保护区野生动物种类繁多、资源丰富，目前已知有1 225种，属国家重点保护动物59种，其中东北虎、金钱豹、梅花鹿、紫貂、黑鹳、白鹳、金雕、白肩雕、丹顶鹤、中华秋沙鸭为国家一级保护动物；豺、麝、黑熊、棕熊、水獭、猞猁、马鹿、斑头秋沙鸭等为国家二级保护动物。

长白山自然保护区作为一个生物物种资源极为丰富、生态系统比较完整、具有典型特色的自然综合体，蕴含着巨大经济价值、生态价值和文化教育价值。长白山优美的风景和富有特色的传统文化吸引了大量的国内外游客到长白山旅游，每年6—9月，尤其是7—8月，是长白山旅游旺季。

（2）长白山天池

长白山天池位于长白山主峰火山锥体的顶部，是一座休眠火山，火山口积水成湖。天池海拔2 189.1米，水面面积9.82平方千米，平均水深204米，最深处达373米，水温为0.7℃～11℃，年平均气温7.3℃。天池像一块瑰丽的碧玉镶嵌在雄伟的长白山群峰之中，是中国最大的火山口湖，也是世界上最深的高山湖泊。现为中朝两国的界湖。

天池湖水清澈碧透，一平如镜；周围16座奇异峻峭的山峰临池耸立，倒映湖中，波光峦影，蔚为壮观。天池上空流云急雾变幻莫测，时而云雾飘逸，细雨蒙蒙；时而云收雾敛，天朗气清。天池孤悬天际，没有入水口，只有出水口，湖水终年外流不息，使人倍感神秘。盛夏是观天池的最佳时节，因云雾相对较少，一睹天池真容的机会较大（见图4-8）。

图4-8 冬日的天池

(3) 长白山瀑布

长白山瀑布位于天池北侧，乘槎河尽头。乘槎河流到1 250米后飞流直泻形成了高达68米的瀑布。因系长白山名胜佳景，故名长白山瀑布。瀑布口有一巨石"牛郎渡"将瀑布分成两股，两条玉龙似的水柱从天而降，雷霆万钧，勇猛地扑向突起的石滩，冲向深深的谷地，溅起几丈高的飞浪，势如万马奔腾，景象十分壮观，游客经过无不驻足仰望，感慨万千。急流跌水，经千百年之后，瀑布下形成深约20米的水潭。

(4) 长白山温泉

长白山温泉在长白山瀑布下900多米处，黑风口巨大的黑石下有几十处地热泉眼，面积约1 000平方米。长白山温泉属于高热温泉，泉水温度大多数在60℃以上，最热泉眼水温可达82℃，常年热气腾腾，泉水中含有硫化氢等矿物质，可舒筋活血，故被称为"神水"。比较著名的温泉有长白温泉、梯云温泉、湖滨温泉、抚松温泉、十八道沟温泉等，还建立了温泉疗养院。

4. 集安市游览区

集安市位于鸭绿江右岸，与朝鲜隔江相望，是中国三大对朝口岸之一，为历史文化名城。集安原是我国古代少数民族高句丽的都城（公元3—427年），现在这里保留着世界上最多的高句丽文物古迹，包括山城、陵墓、碑石，以及上万座的古墓和众多的出土文物，构成令人瞩目的洞沟文化。其中城东北的好太王墓碑建于414年，碑文记载了高句丽神话般的起源，称颂了好太王的文治武功，是现存最早、文字最多的高句丽考古史料，被誉为"东方第一碑"。城东的将军坟是一座雄伟的高句丽王陵，坟由七层巨石修砌而成，呈截尖方锥体，号称"东方金字塔"。城西北还有丸都山城，是高句丽的都城。集安高句丽遗址已被列入世界文化遗产名录。

5. 延吉市游览区

延吉市位于吉林省东部，是延边朝鲜族自治州的首府，是一座以工业、商贸、旅游为主的具有朝鲜族民族特色的宜居旅游开放中心城市，游延吉可以充分体验朝鲜族民族风情。朝鲜族人民能歌善舞，人人皆可起舞，处处可听佳音，还能欣赏到长鼓舞、扇子舞、刀舞等特色舞蹈。摔跤、跳板和荡秋千等大众化体育活动独具风情，备受喜爱。民族风味小吃有打糕、冷面、泡菜等。

6. 珲春市游览区

珲春市位于吉林省东部的图们江下游，是吉林省最东端的城市，是中国唯一地处中俄朝三国交界的边境窗口城市，与俄罗斯、朝鲜山水相连，又是中国唯一濒临日本海的沿海城市，隔日本海与日本相望。珲春山环水绕，景色宜人，有防川风景名胜区、土

图 4-9　防川村三国边境

字碑、八连城遗址等著名景点，尤其是"鸡鸣闻三国，犬吠惊三疆"的边陲小村——防川村最吸引人，东面是俄罗斯的边境铁路小站包得哥尔那亚，西南面隔图们江与朝鲜豆满江市相望，俄朝的这两个城市由图们江上的一座铁路大桥相连接，是联结俄朝陆路贸易的唯一纽带（见图4-9）。

三、辽宁省旅游区

辽宁省位于中国东北地区南部，南临黄海、渤海，东与朝鲜一江之隔，与日本、韩国隔海相望。全省面积14.8万平方千米，人口4 359万，少数民族人口较多，为满族、蒙古族、回族、朝鲜族、锡伯族等少数民族的集中分布区。

地形概貌大体是"六山一水三分田"。地势大致为自北向南，自东西两侧向中部倾斜，山地丘陵分列东西两厢，向中部平原下降，呈马蹄形向渤海倾斜。海域广阔，辽东半岛的西侧为渤海，东侧临黄海。陆地海岸线东起鸭绿江口西至绥中县老龙头，全长2 292.4千米，占全国海岸线长度的12%，居全国第5位。地处欧亚大陆东岸、中纬度地区，属于温带大陆性季风气候区，日照丰富，积温较高，冬长夏暖，春秋季短，四季分明，年降水量600～1 100毫米，雨量不均，东湿西干。

辽宁省旅游资源丰富，拥有国家级风景名胜区9处，国家地质公园7处，国家历史文化名城1座，人文历史和自然景观资源皆具有很大的旅游价值（见图4-10）。

1. 沈阳市游览区

沈阳市是辽宁省省会城市，国家历史文化名城，有2 300年的建城史，素有"一朝发祥地，两代帝王城"之称，是清王朝入关前的都城和入关后的陪都，留下了众多历史古迹。

（1）沈阳故宫

沈阳故宫位于沈阳市沈河区，是中国仅存的两大宫殿建筑群之一，又称盛京皇宫，为清朝初期的皇宫，距今近400年历史，现存古建筑114座，具有浓郁多姿的满族风格和东北地方特色。沈阳故宫博物院不仅是古代宫殿建筑群，还以丰富的珍贵收藏而著称于海内外，故宫内陈列了大量旧皇宫遗留下来的宫廷文物，如努尔哈赤的剑、皇太极的腰刀和鹿角椅等。已于2004年7月正式列入世界文化遗产名录。

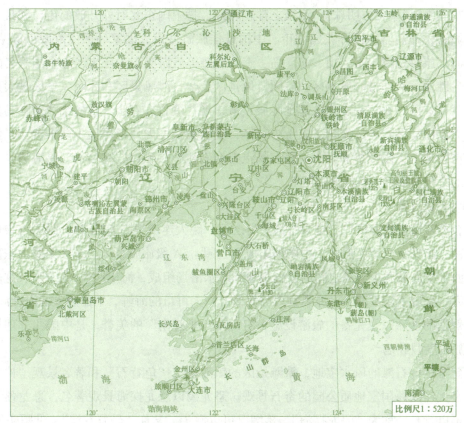

图 4-10 辽宁省示意图

（2）盛京三陵

盛京三陵，指早期的三个清朝皇家陵寝，即福陵、昭陵和永陵，作为明清皇家陵寝扩展项目于 2007 年 7 月 1 日列入世界文化遗产。福陵是清太祖努尔哈赤与皇后叶赫那拉·孟古的陵墓，是清朝有命名的第一座皇陵。昭陵是清太宗皇太极及孝端文皇后的陵墓，在盛京三陵中规模最大，结构最完整，位于市区北部，1927 年奉天省政府将清昭陵辟为公园，即北陵公园，为沈阳市最大的公园。永陵在盛京三陵中规模最小，是满清皇族的祖陵。

（3）张学良旧居

张学良旧居在故宫附近，俗称大帅府、少帅府，是奉系军阀张作霖及其子张学良的官邸和私宅，现为全国重点文物保护单位。这里曾是东北地区政治活动中心，"东北易帜"等历史事件发生于此。东院建于 1914 年，为三进四合套院，以假山、亭榭、水池、花园、甬路连接大小青砖楼，西院楼房为 1924 年后建造。

2. 大连市游览区

大连市位于辽东半岛南端，濒黄海、渤海之滨，依山傍海，气候宜人，环境绝佳，有"东北之窗""北方明珠""浪漫之都"之称,是中国东北对外开放的窗口和最大的港口城市,先后获得国际花园城市、中国最佳旅游城市、国家环保模范城市等荣誉。大连海滨旅游资源丰富,山、海、岛、礁、沙滩等旅游吸引力巨大,是全国著名的旅游避暑胜地。南部沿海风景区、旅顺口风景区、金石滩风景区和冰峪风景区是大连四大名胜风景区。每年一度的大连国际服装节、烟花爆竹迎春会、赏槐会、国际马拉松赛等大型活动融经济、文化、旅游为一体,吸引大量国内外各界人士前来参会,给城市发展带来了无限商机和活力。著名景点有金石滩、旅顺口、冰峪沟、星海湾、老虎滩极地海洋动物馆、自然博物馆等。

(1)金石滩

金石滩旅游度假区位于辽东半岛黄海之滨,距大连市中心 50 千米,是国家级风景名胜区、国家级旅游度假区、中国国家地质公园、5A 级旅游景区。全区主要由东部半岛、西部半岛和两个半岛之间的开阔腹地和海水浴场组成,海岸线长 30 千米。这里三面环海,海域不淤不冻,有凉爽宜人的气候、诱人可口的海鲜、绮丽迷人的海蚀海岸、清洁舒适的沙滩以及完备的旅游设施,有"东北小江南"的美誉,是中国北方理想的海滨旅游度假胜地。

鳌滩是金石滩的风水宝地,鳌滩景区的镇滩之宝"龟背石"和著名景观"神龟寻子"是大连滨海国家地质公园的奇石景观。恐龙园以恐龙探海景观著名,恐龙颈下涨潮时可以行舟,称为"恐龙探海",落潮时可以漫步,又称"恐龙吞海"(见图 4-11)。金石园因岩石风化后呈金黄色而得名,是一处典型的喀斯特地貌,也是滨海天然园林景观,仿佛是一座在地下沉睡九亿年的地质遗迹,是地球演变的生动见证,岩石形成的天然迷宫,集科学性、科普性及美学观赏性于一身,实为难得一见的科普教材。玫瑰园由几十块距今 7 亿年的藻类植物化石组成,因岩面呈粉红,纹理内旋,如同一簇簇盛开的玫瑰,千万年绽放如一,漫步园中,因势象形的礁石,或像憨态可掬的"石猴",或如刚刚上岸的"海龟",或像威风凛凛的"雄狮",又似张牙舞爪的"猛虎",惟妙惟肖的动物仿佛被神秘之手瞬间凝固,永远留在海天之间,倾听潮起潮落,见证沧海桑田。

大连国际沙滩文化节、登山比赛、冬泳节、铁人三项赛等缤纷多彩的节庆给金石滩增添了新鲜活力与无穷魅力,吸引了国内

图 4-11 金石滩"恐龙探海"景观

外的大量游客。

(2) 滨海路风景区

大连滨海路旅游风景区原是一条战备公路，两端由军队镇守，80年代初开放变成了一条旅游观光路，1988年8月，国务院把该风景区与旅顺口风景区一并划为国家重点名胜区。滨海路全长40千米，贯穿北大桥、燕窝岭、秀月峰、傅家庄公园、银沙滩、金沙滩、白云山景区、星海湾广场、海之韵广场、十八盘、棒槌岛、老虎滩、黑石礁等众多景点，每当春暖花开的季节，驱车行驶在这条公路上，一边是长满针阔叶混交林的山峦和盛开着火红杜鹃的山麓，一边是烟波浩渺的大海和千姿百态的礁石岛屿，沿途奇景迭出，美不胜收。

黄金海岸俗称"金沙滩"和"银沙滩"海水浴场，是中国国家海洋局评定的全国16大健康型浴场之一，绵延4.5千米。这里避风朝阳，滩上细砂匀布，平缓洁净，海水清澈，波高适宜，弓形滩面被两侧突入海面的岬角抱住，地理环境得天独厚，是游泳、垂钓和赶海的好地方。

(3) 老虎滩海洋公园

大连老虎滩海洋公园坐落在大连南部海滨的中部，占地面积118万平方米，有着4 000余米的曲折海岸线，为国家5A级景区。园内蓝天碧海、青山奇石、山水融融，构成了绮丽的海滨风光（见图4-12）。

图4-12　老虎滩海洋公园极地馆

海洋公园内有亚洲最大的以展示珊瑚礁生物群为主的大型海洋生物馆——珊瑚馆；世界最大、中国唯一的展示极地海洋动物及极地体验的场馆——极地馆；全国最大的半自然状态的人工鸟笼——鸟语林；全国最大的花岗岩动物石雕——群虎雕塑；马驷骥根雕艺术馆等闻名全国的旅游景点。园内还有全国最长的大型跨海空中索道，大连南部海域最大的旅游观光船，四维影院，以及惊险刺激的侏罗纪激流探险、海盗船、蹦极、速降等游乐设施。老虎滩海洋公园是展示海洋文化，突出滨城特色，集观光、娱乐、科普、购物、文化于一体的现代化海洋主题公园。

(4) 旅顺口

旅顺口距大连市区45千米，有海滨公路与大连市相连，是国家级风景名胜区、国家级自然保护区、国家级森林公园。境内有举世闻名的天然不冻港旅顺港，为京津海上门户和东北的天然屏障。新开辟的旅顺新港是沟通辽东半岛和山东半岛的"黄金水道"。

由世界奇观蛇岛、鸟岛、黄渤海分界线构成的自然景观和以甲午战争遗迹为主的人文景观构成8大景区、72个景点、54个文物保护单位、15个海滨度假区连网成片。大连世界和平公园、旅顺蛇博物馆、军港之夜主题公园等旅游项目给这座小城增加了新的旅游去处。

3. 千山风景区

千山风景名胜区位于辽宁省鞍山市东南，为5A级旅游景区，自古为辽东胜景。由于有999座山峰，座座似莲花开放，故又称被为"千朵莲花山"。

千山以峰秀、石峭、谷幽、庙古、佛高、松奇、花盛而著称，奇峰、怪石、苍松和梨花为千山四大自然景观。千山的群峰突兀争奇，深幽秀丽，每座山峰独具造型，如天成弥勒大佛完全自然形成，没有一丝人工雕刻的痕迹，据地质专家鉴定，大佛形成于距今400万年前的古冰川时期，五官、四肢、体态是经岩石风化而成。千山的怪石又称俏石，天工巧成，妙趣横生，如位于无量观西阁观音殿后岩石上的木鱼石是以音响命名的奇石，以石敲之，其声如木鱼，电视连续剧《木鱼石的传说》原型即由此而来。千山百年以上的古松数万株，它们或昂头挺立，或虬枝勃发，或小巧纤细，放眼所及，漫山遍谷郁郁葱葱，生机勃勃，洋溢着无限的诗情画意。千山拥有梨树两万余株，分布于大小谷壑之中，自汉唐以来，梨花一直被视为千山一大景观，每逢梨花盛开的5月，千山万壑一片雪白，香气袭人。

宗教文化是千山人文景观的主体，千山因佛道两教共居一山而形成了"古刹隐山林，道观筑谷间"的奇妙场景。鼎盛时期，千山建有九宫、八观、五大禅林、十二茅庵等四十余座庙宇宫观，碑、塔、亭、阁、寺、观、庙、堂散落于整个千山，僧人、道士近千人，众多寺庙终日香烟缭绕，钟鼓幽鸣，一派仙山福地的景象。目前保存完好的有大佛寺、龙泉寺、中会寺等20余处佛教寺庙，古洞、宝塔、摩崖、壁刻以及以天、台、观命名的古迹数百处。

厚重的历史宗教文化和神奇瑰丽的自然风光，古往今来，千山一直是吸引游人的最美佛教圣山，有"释道同源、皇家仙山"之美誉。

4. 本溪水洞

本溪水洞位于辽宁省本溪市东北35千米处，由水洞、温泉寺、汤沟、关门山、铁刹、庙后山6个景区组成，以水洞为主体，融山、水、洞、泉、湖、古人类文化遗址于一体。

本溪水洞是数百万年前形成的大型石灰岩充水溶洞，洞内深邃宽阔，总长5千米，现已开发的旅游洞道长为2 438.4米，水流终年不竭，清澈见底，洞顶和岩壁钟乳石发育较好，千姿百态，行船览胜，如入仙境。温泉寺泉水水温44℃，日流量400吨，有较高的保健价值，为东北地区较为著名的疗养胜地。庙后山景区有古文化遗址12处，是我国东北地区旧石器时代早期洞穴遗址，对研究辽东古人类分布、古代地理具有重要价值。

5. 医巫闾山

医巫闾山为东北三大名山之一，位于辽宁省北镇市城西十余里处，为国家级自然保护区。它以悠久、博深的历史文化和秀丽、奇特的自然风光而著称，成为中国北方著名的旅游胜地。著名风景区在观音阁一带。

6. 兴城海滨风景区

兴城海滨风景区是国家级风景名胜区，位于辽宁省兴城市城东南8千米处，依山面海，面积42平方千米，分为5个景区，有50多个景点，集山、海、岛、温泉、古城于一体。

兴城是著名古战场"宁远卫城"故址。宁远古城与西安古城、荆州古城、平遥古城同被列为我国迄今保留完整的四座古代城池，为全国重点文物保护单位。宁远城呈正方形，城墙高8.8米，周长3 200米，四城设门，城内有钟鼓楼、魁星楼、文庙等古建筑。

海滨浴场绵延14千米，沙细滩缓，潮稳波清，建有4个海滨浴场，是我国北方最大的天然浴场。此外，兴城温泉储量也十分丰富。

7. 丹东游览区

丹东位于辽宁省东南部鸭绿江畔，是我国最大的边境城市，全国最大的满族聚居区。丹东临江近海，自然风光优美，人文景观奇特。主要风景点有鸭绿江大桥、青山沟、天桥沟国家森林公园、白石砬子国家自然保护区、凤凰山、大孤山、中日甲午战争古战场大陆岛，以及抗美援朝纪念馆等。

第三节　主要旅游线路介绍

一、黑龙江省主要旅游线路

1. 哈尔滨—五大连池—伊春火山森林养生旅游线路

线路特色：游览哈尔滨各类欧式建筑，感受欧陆文化；冬季欣赏冰雪艺术，参与冰雪活动。取北国养生胜地五大连池新鲜矿泉水，泡冷泉，做矿泥浴，做保健按摩，品尝矿泉鱼、矿泉蛋、矿泉豆腐等美食,游览黑龙山、龙门石寨、火烧山等景区,欣赏石海、冰洞、火山锥等火山地貌奇观。参观林都伊春小兴安岭资源馆,游览五营国家森林公园、汤旺河国家公园、上甘岭溪水公园和美溪回龙湾度假区,欣赏原始森林风光,安排森林浴场徒步体验,呼吸新鲜空气,养心清肺。

2. 哈尔滨—大庆—齐齐哈尔—漠河神州北极旅游线路

线路特色:游览哈尔滨各类欧式建筑,感受欧陆文化;冬季欣赏冰雪艺术,参与冰雪活动。参观大庆油田历史博物馆、石油技术博物馆、铁人王进喜纪念馆、二号丛式井采油平台等景点,体验石油工业文化;体验大庆林甸雪地温泉。参观齐齐哈尔卜奎寺、明月岛等风景名胜;在扎龙自然保护区观赏丹顶鹤,冬季还可进行雪地观鹤,欣赏鹤舞雪原的美景。到达加格达奇参观大兴安岭资源馆和鄂伦春民族博物馆,随鄂伦春族人一同进山狩猎,充分体验鄂伦春族的民族风情。游览漠河北极村北极水洲,参观中国最北人家、最北哨所、最北邮局,体验"找北"感觉,夏季体验"极昼"现象,冬季欣赏雪村奇景,观赏漠河冰雪汽车拉力赛。

3. 哈尔滨—亚布力—牡丹江—绥芬河冰火交融旅游线

线路特色:哈尔滨城市风貌;太阳岛夏季休闲度假,冬季冰雪活动;冬季参加哈尔滨国际冰雪节各项活动;冬季松花江民间冰雪活动。亚布力冬季滑雪及旅游度假。参观海林威虎山影视城、杨子荣烈士纪念馆;冬季雪乡赏雪及民俗活动。游览牡丹江的镜泊湖及周边火山地貌奇观;参观古渤海国遗址;冬季观赏美丽的雾凇。游览绥芬河边境风光,也可出境前往俄罗斯海参崴游览,感受俄罗斯风情。

二、吉林省主要旅游线路

1. 长春—吉林城市生态旅游线路

线路特色:此路线位于吉林省中部,以城市风景、古迹和秀水寒冰为主要特色。长春市参观伪满皇宫,感受净月潭国家森林公园的城市森林的空气和美景,体验长影世纪城的独特魅力。冬季欣赏吉林市松花湖雾凇的梦幻美景,享用松花湖的特产美食。

2. 通化—集安—长白山—延吉—珲春边境民族风情和长白山水旅游线路

线路特色:通化是"东北三宝"——人参、貂皮、乌拉草的主要集散地之一,游览通化可以参加神秘的"人参之路"旅游。到达集安参观古代少数民族高句丽的都城遗址。长白山风景区以其独特的火山地貌、秀丽的天池风光、壮丽的长白瀑布、茂密的原始森林、丰富的珍稀物产吸引着越来越多的海内外游人。去延吉体验朝鲜族独具特色的民族风情,享用朝鲜族的美食。边陲城市珲春三国交界的景观吸引游人不远千里前往,一睹为快。

三、辽宁省主要旅游线路

1. 沈阳—本溪水洞—千山—医巫闾山故都遗存与名山圣水旅游线路

线路特色：此线路以沈阳为中心，以故都遗存和名山圣水为特色。沈阳游览故宫和清代关外三陵。本溪水洞欣赏独特的石灰岩水洞地貌。千山和医巫闾山除了一览秀丽风光和呼吸清新空气外，还可感受宗教文化。

2. 兴城—大连—旅顺—丹东海滨风景名胜旅游线路

线路特色：此线路以兴城、大连、丹东为中心，众多国家级重点旅游景区沿海排开，形成一条重要的海滨旅游线。兴城除海滨旅游外，还可参观著名的宁远卫城，体验温泉带来的乐趣。大连市的市容市貌和众多的国际性节庆活动也具有很大的吸引力。丹东的边境风光可以给游人带来独特的感受。

思考与练习

1. 简要概括东北旅游区的旅游资源优势和旅游特色。
2. 利用该区特有的冰雪旅游资源能发展哪些独具特色的旅游项目？
3. 简略介绍哈尔滨的风景名胜。
4. 填空题
   （1）东北旅游区独具特色的民间艺术有_____和_____等。
   （2）在我国被称为"火山博物馆"的风景区是_____。
   （3）我国的许多城市因其某一方面的特色而被人们冠以别称，其中哈尔滨的别称是_____；长春的别称是_____。
   （4）我国还保留着典型的渔猎传统风俗的少数民族是_____。
   （5）东北地区甲午战争遗迹，也是重要的爱国教育基地是指_____。
5. 单项选择题
   （1）东北地区的（　　）具有"鸡鸣闻三国，犬吠惊三疆"特色。
      A. 漠河　　　　B. 绥芬河　　　　C. 丹东　　　　D. 珲春
   （2）我国以雾凇景观而著称于世的城市是（　　）。
      A. 哈尔滨　　　B. 沈阳　　　　　C. 长春　　　　D. 吉林市
6. 判断题
   （1）镜泊湖是牡丹江下流河道被火山熔岩堰塞而成的湖泊。　　　　（　　）

(2) 黑龙江的旅游资源的最大特色即冰与火的交融。（   ）

(3) 长白山白头山天池是一个神秘而绝美的湖泊，它是冰碛湖。（   ）

(4) 辽宁延吉是朝鲜族人的聚集区，朝鲜族人对体育有着特别的喜爱。
（   ）

(5) 大连是东北地区的一个重要出海港，也是我国著名的国际性旅游城市，每年举办的啤酒节是我国最负盛名的啤酒节。（   ）

7. 实训题

(1) 冬季东北热门旅游线路：漠河＋哈尔滨＋雪乡＋雾凇岛＋长白山天池9日旅游线路

这是一条把漠河、哈尔滨、雪乡、雾凇岛、长白山这些备受欢迎的旅游点串联在一起，最大程度地展示东北的冰雪文化的旅游线路。

第一天：哈尔滨接机，午餐，哈尔滨中央大街、圣索菲亚广场；乘坐K7039/K7041次列车前往漠河。

第二天：漠河—北极村接站，早餐后出发；乘坐马拉爬犁去看冬捕，神龙湾（可徒步穿越森林）、鄂温克驯鹿园；北极沙洲广场、北极哨所、最北邮局（"一路找北"）；晚上入住北极村。

第三天：北极圣诞滑雪场，滑雪；北极圣诞村（圣诞老人之家、圣诞邮局、冰雪大观园、冰雪游乐园等）；晚入住北极村。

第四天：早餐后出发，乘火车返回哈尔滨；逛冰雕公园、太阳岛观冰灯；晚上果戈里大街酒吧，住哈尔滨。

第五天：早餐后乘车出发前往雪乡；午餐后雪韵大街、民俗博物馆（自由活动）；晚上篝火晚会、东北秧歌、冰雪栈道、奶油雪屋、梦幻家园（含东北二人转），入住雪乡。

第六天：早餐后出发，路上一派林海雪原景象；午饭为镜泊湖特色鱼宴；下午镜泊湖冬捕；晚上雪地温泉，入住雪乡。

第七天：早餐后前往二道白河（长白山北坡）；全天游览长白山北坡景区，长白山天池—聚龙温泉群—长白瀑布—地下森林；晚上雪地温泉，入住二道白河。

第八天：早餐后乘车前往吉林市；午餐后到雾凇岛，观看满族特色文艺表演、雾凇奇观、雪地日出。

第九天：早餐后游览吉林市松花湖景区；送机。

思考：
A. 请以一位游客的身份评价这一条东北冬季旅游线路的设计。
B. 请你设计一条东北夏季八日游旅游线路。
（2）在以下空白地图上标示出本教材所列的本区各省主要旅游线。

中国地图

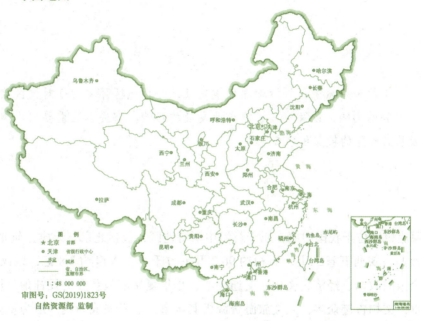

第五章
中原旅游区

学习目标

了解中原旅游区旅游地理环境特征，分析地理环境特征对该区旅游资源优势的影响，以及对该区旅游业发展的影响。掌握本区重要的旅游景点及旅游线路的特点和分布规律。

中原旅游区位于我国中部，属于黄河中下游地区，包括北京、天津、河北、河南、山东、山西、陕西五省二市，面积约90.2万平方千米，人口约3.8亿，以汉族为主。本区是全国的政治、经济、文化、交通中心，是华夏文明最重要的发祥地，历史文化积淀厚重，文物古迹众多，人文旅游资源极其丰富，已发展成为我国最为重要的旅游区之一。

第一节　旅游地理环境及旅游资源特征

一、自然地理环境与旅游资源特征

1. 地貌类型多样，名山众多

本区在地理上地跨我国地势的二、三级阶梯，拥有山地、高原、平原、丘陵、盆地等多种地形类型，包括燕山山脉、太行山脉、冀北山地、黄土高原、华北平原、关中平原、秦岭山脉、山东丘陵等地形单元。

这些丰富的地貌类型使其自然旅游资源不仅种类齐备而且各具特色,具有较高的游览和观赏价值,构成了众多以山岳为主体的风景名胜区。我们传统上所称的五岳中的东岳泰山、西岳华山、中岳嵩山、北岳恒山都位于本旅游区;还有佛教名山五台山,道教名山崂山、鸡公山、盘山;王屋山、云台山、苍岩山、嶂石岩等山岳风景区也是景色各异的名胜。这些山地海拔大多不超过2 000米,多为花岗岩地貌,容易形成峭壁悬崖,显得十分雄伟、险峻。

2. 水体类型多样,江河湖海旅游资源丰富

中原旅游区内分布有黄河、海河、淮河三大水系,以黄河和海河水系为主。黄河穿行于黄土高原,河流切割山地形成了急流、峡谷、瀑布等自然景观,其中有我国第二大瀑布壶口瀑布,宽20~50米,落差20米,到了夏季汛期时激流澎湃,气势磅礴。还有龙门峡和三门峡,地势险要,峡谷深切。海河水系的众多河流上游由于城市居民用水的需要而修建了许多水库,不仅对于调节水量、改变小气候起到了很好的作用,同时也形成了重要的旅游资源,成为京津地区著名的旅游景区,如密云水库、官厅水库等。

山东半岛突出于黄海和渤海之间,海岸线上有众多优良港湾,自古形成许多港口城市,是我国著名的滨海旅游胜地,是消夏避暑和海洋旅游的良好场所。其中山海关、秦皇岛、北戴河、南戴河、烟台、威海、蓬莱、青岛、庙岛列岛等都是著名的海滨旅游胜地。

3. 典型的大陆性季风气候,秋季为旅游旺季

本区地处中纬度亚欧大陆东部,除汉中盆地外,大多为典型的暖温带大陆性季风气候,冬夏两季长,春秋两季短。春季干旱风沙大,夏季炎热多雨,秋季风和日丽,冬季寒冷少雪。秋季天高气爽,阳光明媚,红叶似火,景色宜人,是一年的黄金旅游季节。

二、人文地理环境与旅游资源特征

1. 华夏文明发祥地,文物古迹极其丰富

黄河流域是中华民族的摇篮,孕育了古老而灿烂的华夏文明,见证了中华悠久且延续的发展历史。本区发现了数百个旧石器时代和新石器时代的古人类文化遗址,如周口店猿人、丁村猿人、蓝田猿人等古人类化石,半坡、仰韶、大汶口、龙山文化等古人类文化遗址。这些遗址证明距今几十万年前这里就已经有人类居住,并开启了远古文明的发展历史。

在我国五千年的文明史中,大多数时期的政治、文化、经济的中心都处在中原地

区。七大古都中的北京、西安、洛阳、开封、安阳都在本区。国务院公布的中国历史文化名城中本区也占很大比重,第一批公布的24个历史文化名城中本区有北京、承德、西安、洛阳、开封、大同、曲阜、延安等8个;第二批公布的38个历史文化名城中本区有天津、保定、平遥、济南、安阳、南阳、商丘、榆林、韩城等9个;第三批公布的37个历史文化名城中本区有正定、邯郸、天水、新绛、祁县、青岛、聊城、邹城、临淄、郑州、浚县、咸阳、汉中、代县等14个;之后不定时增补的还有山海关、濮阳、泰安、太原、蓬莱、烟台等城市。这些古都名城大都已开发成为本区重要的旅游目的地。

由于本区古都多,所以重要陵墓及其地下文物数量非常丰富。从黄帝、尧、舜、禹至唐、宋、明、清的历朝皇陵,数目众多,规模庞大,已发掘的大量艺术珍品与出土文物极大地吸引着海内外游客,其中秦始皇兵马俑最为著名,被称为"世界第八大奇迹"。本区古都的皇家宫殿和坛庙建筑,以及皇家园林保存完整,充分展现了古都风貌,具有其他地区无法相比的巨大优势。

从东汉初年佛教传入我国,佛教在中原地区留下了许多宗教遗存,我国佛教祖庭白马寺、中国佛教协会所在地北京广济寺和中国佛学院所在地法源寺、中国道教协会所在地北京白云观、四大石窟中的云冈石窟和龙门石窟、佛教名山五台山、道教名山崂山、山西应县木塔等宗教旅游资源,其中不少被列入世界文化遗产名录,成为本区重要的旅游吸引物。

本区在中国历史上大部分时期是文化和科学技术的中心,文化古迹众多,如古长城遗址、天象观测台、儒家文化纪念地、桥梁建筑,以及大量的历史博物馆等,数不胜数,成为本区旅游资源不可或缺的组成部分。

阅读资料 5-1

国务院公布的中国历史文化名城(按地区)

直辖市:北京、天津、上海、重庆

河　北:保定市、承德市、正定县、邯郸市、山海关

山　西:平遥县、大同市、新绛县、代县、祁县、太原市

内蒙古:呼和浩特市

黑龙江:哈尔滨市

吉　林:吉林市、集安市

辽　宁：沈阳市
江　苏：南京市、徐州市、淮安市、镇江市、常熟市、苏州市、扬州市、无锡市、南通市
浙　江：杭州市、绍兴市、宁波市、衢州市、临海市、金华市
福　建：福州市、泉州市、漳州市、长汀县
江　西：南昌市、赣州市、景德镇市
安　徽：亳州市、歙县、寿县、安庆市、绩溪县
山　东：济南市、曲阜市、青岛市、聊城市、邹城市、淄博市、泰安市、蓬莱市、烟台市
河　南：郑州市、洛阳市、开封市、安阳市、南阳市、商丘市、浚县、濮阳市
湖　北：江陵县、武汉市、荆州市、襄樊市、随州市、钟祥市
湖　南：长沙市、岳阳市、凤凰县
广　东：广州市、潮州市、肇庆市、佛山市、梅州市、雷州市、中山市
广　西：桂林市、柳州市、北海市
海　南：琼山市、海口市
四　川：成都市、自贡市、宜宾市、阆中市、乐山市、都江堰市、泸州市、会理县
云　南：昆明市、大理市、丽江县、建水县、巍山县、会泽县
贵　州：遵义市、镇远县
西　藏：拉萨市、日喀则市、江孜县
陕　西：西安市、延安市、韩城市、榆林市、咸阳市、汉中市
甘　肃：张掖市、武威市、敦煌市、天水市
青　海：同仁县
宁　夏：银川市
新　疆：喀什市、吐鲁番市、特克斯县、库车县

2. 文化艺术繁荣昌盛，民风民俗古朴淳厚

中原旅游区作为我国几千年文明发展的主要地区，文化积淀深厚，艺术种类浩如繁星，成就卓著，文化内涵博大精深，深刻影响着有中华文化艺术特色风格的许多区域性文化，如齐鲁文化、燕赵文化、三晋文化和秦川文化等。其中，以齐鲁文化为起

点发展成为中华文化支柱的儒家文化，曾经影响了中国几千年的政治、哲学、文化、艺术，并传播到全世界范围内，成为世界文明的重要一支。

中原地区艺术品类众多，形式多样，并且地域特色鲜明，多姿多彩。除国粹京剧外，仅地方戏就有30多种，最有影响力的有天津等地流行的评剧、河北的河北梆子、山东的吕剧和快板书、山西的晋剧、陕西的秦腔和河南的豫剧等。

阅读资料 5-2

陕北民歌——信天游

"信天游"是陕北民歌中最富有特色的民歌，她构筑了陕北民歌的主体。曲调悠长高亢，粗犷奔放，韵律和美。多以爱情、婚姻、日常生活、反抗压迫、争取自由为题材。

陕北，地处黄土高原，山连着山，沟接着沟。生活在这里的人们在山上劳作耕耘，他们行走在险峻的山路和深深的沟壑之间。在繁重而单调的生活中，一则为了排遣心头的忧愁和寂寞，宣泄孤独，自慰消遣；二则回想起家人、亲朋、恋人，便见景生情，以景寄情，即兴编唱歌曲，用高亢而悠长的歌声抒发自己的感情、感触，诉说自己的爱情和对美好生活的追求向往，以释放积压在心头的郁闷和愁苦。信天游，是陕北民歌中一种特别的体裁，最能代表陕北民歌的风韵和特色，其节奏自由明快，纯朴大方，句式结构随情随意，非常特别。规定每节两句，两句一韵，下一节可换韵，亦可不换。短歌可能只有一节，长的可接连数十节乃至成百上千节。

陕北信天游艺术手法上多用兴起、比喻后直抒衷肠，借景抒情，自由奔放，热情浪漫，曲调优美，朗朗上口。民歌手们随心所欲，托物言志，含蓄幽默，自由洒脱地唱出来。在山野里唱，给大自然听，在崖畔上飘荡，给树木花草听，让歌声随风游走，于是又叫顺天游。

信天游是陕北人对生命的祭歌，对爱情的赞歌，对生活的颂歌。它恒久的生命力来自广袤的黄土高原上生生不息的情与爱、仇与恨，它汇聚了万万千千劳苦大众对生活点滴的素描，它凝结了世代与自然和命运抗衡的陕北民众对自我的倾诉。蓝天、白云、东山糜子、西山谷、羊羔羔、牛妈妈、亲妹妹、情哥哥、黄土地、信天游，这是陕北最亮丽的风光。热爱信天游不需要理由，哼唱信天游不需要舞台，放歌信天游不需要听众。信天游会游荡在天空，流走于沟溪，回音于山峁，不被岁月尘封。然而信天游成为陕北又一道淡妆彩素、浓墨风景，这已被世人所公认。

兰 花 花

青线线（那个）蓝线线，蓝格英英（的）彩，生下一个兰花花，实实的爱死人。

五谷里（那个）田苗子，数上高粱高，一十三省的女儿（呦），就数（那个）兰花花好。

……

民风淳朴沉勇，豪迈率直，是本区一大特点，山西的锣鼓、陕西的安塞腰鼓、天津的杨柳青年画，以及武术、杂技、马戏、皮影、木偶、剪纸、泥人等都可略窥这一特点。山西锣鼓和陕西安塞腰鼓表现出黄河儿女的激情和豪放；陕西民歌曲调悠长，自由奔放，显示出黄土高原人民淳朴而厚重的情感；山东、河北、河南等地的武术一招一式都显示出武者的刚毅、果敢、正义与豪迈，表现出当地人的重情重义之本性；天津杨柳青年画和泥人张泥塑，都给人以特别古朴的美感。

3. 土特名产丰富多彩，旅游商品琳琅满目

本区工农业发达，传统民间工艺品丰富多彩，这些特色产品做工精细，风格独特，成为很有特色的旅游商品和纪念品。传统手工艺品有玉雕、牙雕、景泰蓝、唐三彩、汴绣、金漆镶嵌、料器、雕漆、内画壶、地毯、抽纱、绒绢制品、宫灯、剧装、首饰、贝雕画、羽毛画、风筝、年画、泥塑等。土特产有莱阳鸭梨、烟台苹果、新郑大枣、黄河鲤鱼、青岛啤酒、山西汾酒、信阳毛尖等。

来到本区旅游的客人对本区的名菜和风味小吃也会念念不忘。比较著名的有北京烤鸭、仿膳宫廷菜、谭家菜、北京涮羊肉、北京蜜饯果脯、冰糖葫芦、天津狗不理包子、天津大麻花、山西刀削面、山东煎饼、陕西羊肉泡馍、陕西凉皮等。

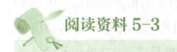

阅读资料 5-3

杂技之乡——河北吴桥

河北省吴桥县一向有"杂技之乡"的称誉。当地人们把杂技叫作"耍玩意儿"，民间流传有俗语："上至九十九，下至才会走，吴桥耍玩意儿，人人有一手。"可见，杂技在吴桥县是十分广泛和普及的。在吴桥县境内，无论是村庄农舍，还是田间地头，或是街头院落，到处可以看到演练杂技的动人场面。劳动工具或生活用具，都可以当作演练杂技的道具。有些杂技世家，从一两岁起就训练小孩子的杂技功底。

多年来，这个驰名中外的杂技马戏之乡，培养出了一大批技艺精湛的专业演员，北京、沈阳、天津、哈尔滨、重庆、昆明、太原、广州、西安、武汉等全国50多个杂技马戏艺术团体中，有许多演员来自吴桥。其中，有不少人已成为在国内外享有盛名的杂技表演艺术家。截至目前，吴桥杂技文化团体已达113家，其中杂技校团89家，杂技魔术道具生产企业9家，杂技专业村15个，从业人员超过3万人，杂技文化迎来了新的发展春天。

2019年10月26日，在第十一届国际马戏论坛上，吴桥县县委书记张长瑞在发言中表示，吴桥作为杂技之乡美名远播，但是吴桥的终极目标是将杂技之乡打造成为世界杂技之都，一"乡"一"都"，虽只有一字变化，但是内涵却很丰富。

第二节 主要旅游地介绍

一、北京市旅游区

北京位于华北平原北部，面积1.64万平方千米，"幽州之地，左环沧海，右拥太行，北枕居庸，南襟河济，诚天府之国"。气候上属于北温带半湿润的大陆性季风气候，夏季高温多雨，冬季寒冷干燥，春、秋短促。

作为中华人民共和国首都，北京是全国政治、文化、科技创新的中心，也是重要的国际交往中心。自秦汉以来，北京地区一直是中国北方的军事和商业重镇，历史上曾出现过许多不同名称，如燕京、大都、京师、顺天府、北平等，是世界著名的历史文化名城，具有丰富而独特的人文旅游资源，全市拥有6处世界遗产，2处国家级风景名胜区，7处国家5A旅游景区，5处国家地质公园，99处全国重点文物保护单位。同时，作为全国政治文化的中心，北京还拥有馆藏极其丰富的高水平的国家博物馆、图书馆、美术馆、科技馆等，以及众多著名的建筑，如人民大会堂、国家大剧院、奥运会场馆等。北京是一座融千古帝都与现代化大都市于一身的旅游名城（见图5-1）。

图 5-1　北京市示意图

1. 天安门广场

天安门位于北京市的中心位置。天安门城楼高 33.7 米，由城台和城楼组成，开五阙城门，重楼九楹，城楼前有华表、石狮、金水河和汉白玉石拱桥，整座建筑营造出一种威严之感。城前宽大的天安门广场面积 44 万平方米，东西宽 500 米，南北长 880 米，可同时容纳 100 万人在此举行盛大集会，是世界最大的城市中心广场。广场中央矗立着人民英雄纪念碑和庄严肃穆的毛主席纪念堂，广场西侧是人民大会堂，东侧是中国国家博物馆，南侧是正阳门和前门箭楼，是两座建于 14 世纪的古代城楼。天安门两边是劳动人民文化宫和中山公园，这些雄伟的建筑与天安门共同构成了天安门广场，成为北京的一大胜景。每天日出时分天安门广场国旗班战士升旗的仪式也成了吸引游客的一大景观（见图 5-2）。

2. 故宫博物院

故宫位于北京市中心，也称"紫禁城"。这里曾居住过 24 个皇帝，是明清两代（1368—1911 年）的皇宫，1925 年辟为"故宫博物院"。故宫的宫殿建筑是中国现存最大、最完整的古建筑群，总面积达 72 万多平方米，有殿宇宫室 9 000 余间，被称为"殿宇之海"，气魄宏伟，极为壮观。这些宫殿可分为外朝和内廷两大部分。外朝以太和、中和、保和三大殿为中心，文华、武英殿为两翼。内廷以乾清宫、交泰殿、坤

图5-2 天安门广场

宁宫为中心,东西六宫为两翼,布局严谨有序。走进故宫博物院,沿中轴线前行,从起伏跌宕的建筑乐章中可以感受盛世皇朝的博大胸怀;可以透过东西六宫精巧的陈设和内廷园囿雅致的格局,捕捉宫廷生活的气息;可以从养心殿东暖阁卷起的黄纱帘中,追溯百年前中华民族内忧外患的历史沧桑。

现在,故宫的一些宫殿中设立了综合性的历史艺术馆、绘画馆、陶瓷馆、青铜器馆、明清工艺美术馆、铭刻馆、玩具馆、文房四宝馆、玩物馆、珍宝馆、钟表馆和清代宫廷典章文物展览等,收藏有大量古代艺术珍品,据统计共达1 052 653件,占中国文物总数的六分之一,是中国收藏文物最丰富的博物馆,也是世界著名的古代文化艺术博物馆,其中很多文物是绝无仅有的无价国宝。

3. 北海公园

北海公园位于故宫的西北面,是中国现存最古老、最完整的皇家园林。这里原是辽、金、元离宫,明、清辟为帝王御苑,水面开阔,湖光塔影,草木芳华,翠柏苍松,楼台殿亭,画阁曲廊,建筑别致,绚丽多姿。

北海景点众多,一般分为北岸景区、东岸景区、琼岛景区、团城景区四大区块。琼华岛是全园的中心,岛上建筑、造景繁复多变,堪称北海胜景,其中有标志性景观白塔。团城是一座圆形城台,高5米,面积约4 500平方米,台上建有殿宇、廊庑,承光殿位于城台中央,是团城的主体建筑物,内供用整块白玉雕琢而成的白玉佛,玉瓮亭内置元代玉雕精品"渎山大玉海",它是我国现存时代最早、形体最大的传世玉器与珍贵文物。此外，位于北岸的九龙壁是中国现存三大九龙壁之一。

4. 天坛

天坛位于北京市南部，东城区永定门内大街东侧，始建于明永乐十八年（1420年），是明、清两代皇帝"祭天""祈谷"的场所，是世界上最大的祭天建筑群。坛域北呈圆形，南为方形，寓意"天圆地方"。坛内主要建筑有祈年殿、皇乾殿、圜丘、皇穹宇、斋宫、无梁殿、长廊、双环万寿亭等，还有巧妙运用声学原理建造的回音壁、三音石、对话石等，充分显示出古代中国建筑工艺的高超水平。

天坛有坛墙两重，形成内外坛。主要建筑在内坛，圜丘坛在南、祈谷坛在北，二坛同在一条南北轴线上。"祈谷坛"用于春季祈祷丰年，中心建筑是祈年殿。"圜丘坛"专门用于"冬至"日祭天，中心建筑是一巨大的圆形石台，名"圜丘"。两坛之间以丹陛桥相连。外坛古柏苍郁，环绕着内坛，使主要建筑群显得更加庄严宏伟。

5. 颐和园

颐和园坐落在北京西郊，距城区十五千米，前身为清漪园，始建于清朝乾隆十五年（1750年），是中国现存最完整的皇家园林，1998年11月被列入世界文化遗产名录。

颐和园集传统造园艺术之大成，借景周围的山水环境，既有皇家园林恢宏富丽的气势，又充满了自然之趣，高度体现了中国园林"虽由人作，宛自天开"的造园准则。主景区由万寿山、昆明湖组成，全园占地3.08平方千米，水面约占四分之三。园内现存各式宫殿、园林古建7万平方米，景点建筑物百余座，大小院落20余处，其中佛香阁、长廊、石舫、苏州街、十七孔桥、谐趣园、大戏台等是代表性建筑，并以珍贵的文物藏品闻名于世。仁寿殿在乾隆与光绪两个历史时期均为皇帝临朝理政之所；以乐寿堂、玉澜堂、宜芸馆等为代表的庭院是慈禧和光绪皇帝及嫔妃们生活居住之所；以长廊沿线、后山、西区组成的广大区域是供帝后们休闲娱乐、避暑游玩的地方，其中万寿山前山的建筑群是全园的精华之处，41米高的佛香阁是颐和园的象征。万寿山下昆明湖畔全长728米的长廊以"世界第一长廊"列入吉尼斯世界之最。

6. 雍和宫

雍和宫位于北京市东城区，原为清雍正皇帝的府邸，乾隆九年（1744年）改为喇嘛庙，现在是北京最大的一座藏传佛教寺院。雍和宫由天王殿、雍和宫大殿、永佑殿、法轮殿、万福阁等五进宏伟大殿组成，另外还有东西配殿、"四学殿"。整个建筑布局院落从南向北渐次缩小，而殿宇则依次升高。各殿内供有众多佛像、唐卡及大量珍贵文物，其中有紫檀木雕刻的五百罗汉山、金丝楠木雕刻的佛龛和18米高的檀香木大佛。雍和宫融汉族、满族、蒙古族等各民族建筑艺术于一体，建筑风格非常独特。

7. 香山公园

香山位于北京西郊，因最高峰顶有一块巨大的乳峰石，形状像香炉，故名香炉山，简称香山。香山公园地势险峻、峰峦叠翠、泉沛林茂，春日繁花似锦、夏时凉爽宜人、冬来银妆素裹，特别是香山红叶最是闻名，每逢秋霜遍山，黄栌瑰丽无比。除了赏枫之外，香山还是一座历史悠久、文化底蕴丰富的皇家园林，原名静宜园，早在元、明、清时，皇家就在香山营建离宫别院，每逢夏秋时节皇帝都要到此狩猎纳凉。香山寺曾为京西寺庙之冠。现在比较著名的景点还有香炉峰（俗称"鬼见愁"）、碧云寺、西山晴雪碑、玉华山庄、双清别墅、见心斋等。

8. 八达岭长城

八达岭长城位于北京市延庆区军都山关沟古道北口，史称天下九塞之一，是长城重要关口居庸关的前哨，在明长城中保存最好，也最具代表性，因此是万里长城向游人开放最早的地段。古称"居庸之险不在关城，而在八达岭"，该段长城地势险峻，居高临下，是明代重要的军事关隘和首都北京的重要屏障，八达岭长城、关城、城墙、要塞及关沟中部的居庸关构成明代北京完整的军事防御体系。八达岭地理环境优越，集巍峨险峻、秀丽苍翠于一体，为国家5A级旅游景区。景区除了长城外，还有长城碑林、五郎像、石佛寺石像、金鱼池、岔道梁、戚继光景园、袁崇焕景园、长城碑林景园、岔道古城等景点。

9. 明十三陵

明十三陵坐落于北京市昌平区天寿山麓，陵区周围群山环抱，山明水秀，景色宜人。这里共葬有明朝13位皇帝、23位皇后、2位太子、30余名妃嫔，十三座皇陵均依山而筑，分别建在东、西、北三面的山麓上，形成了体系完整、规模宏大、气势磅礴的陵寝建筑群，是中国乃至世界现存规模最大、帝后陵寝最多的一处皇陵建筑群。

景区已开放景点有长陵、定陵、昭陵、神路。神路是明十三陵的第一个景点，由石牌坊、大红门、碑楼、石像生、龙凤门等组成。长陵位于天寿山主峰南麓，是明朝第三位皇帝成祖文皇帝朱棣（年号永乐）和皇后徐氏的合葬陵寝，在十三陵中建筑规模最大，营建时间最早，地面建筑也保存得最为完好，它是十三陵中的祖陵，也是陵区内最主要的旅游景点之一。定陵是明代第十三位皇帝神宗显皇帝朱翊钧（年号万历）和他的两个皇后的陵墓，主要建筑有祾恩门、祾恩殿、宝城、明楼和地下宫殿等，它是十三陵中唯一一座被发掘了的陵墓，地宫可供游人参观（见图5-3）。

10. 周口店北京猿人遗址

周口店北京猿人遗址位于北京市房山区周口店龙骨山，是一座古人类遗址博物馆。1929年，中国古人类学家裴文中先生在龙骨山发掘出第一颗完整的"北京猿人"头盖骨化石，震撼了全世界，迄今为止，考古学家们已经发掘出土代表40多个"北京猿

图 5-3 明十三陵神路

人"的化石遗骸,以及丰富的石器、骨器、角器与用火遗迹。北京人洞穴堆积层厚 40 多米,根据对北京人骨骼化石、石器、用火遗迹等方面的研究,考古学家们认为北京人大约生活在距今 70 万年到 20 万年。该遗址不仅是有关远古时期亚洲大陆人类社会的一个罕见的历史证据,也阐明了人类进化的进程,在全世界古人类学研究中有不可替代的地位。该遗址是世界上迄今为止人类化石材料最丰富、最生动,植物化石门类最齐全而研究最深入的古人类遗址。联合国教科文组织世界遗产委员会 1987 年 12 月批准周口店北京猿人遗址为世界文化遗产。

11. 卢沟桥

卢沟桥,亦称芦沟桥,位于北京市西南丰台区永定河上,始建于 1189 年(金大定二十九年),是北京市现存最古老的石造联拱桥。桥身结构坚固,造型美观,具有极高的桥梁工程技术和艺术水平,充分体现了我国古代桥梁建造的辉煌成就。

卢沟桥为十一孔联拱桥,桥面两侧设置石栏,北侧有望柱 140 根,南侧有 141 根,每个柱子上都雕着狮子,它们大小不一,形态各异,但都雕刻精美,栩栩如生。桥两头有华表各 1 对,两畔还各有石碑一座:一座碑上记载清康熙二十七年(1698 年)重修卢沟桥的经过;另一座是乾隆所写金章宗所撰"卢沟晓月"四字,成为"燕京八景"之一。1937 年 7 月 7 日,卢沟桥畔响起了第一声抗日炮声,民族解放战争在此揭开序幕。1987 年中国人民抗日战争纪念馆正式落成,纪念馆台阶上有一座高 4 米的艺术雕塑——《狮醒》,象征着中华民族英勇不屈的民族精神。

12. 十渡

十渡风景名胜区位于北京市房山区西南十渡镇,是拒马河切割太行山脉北端而形成的一条河谷,由于历史上这条河谷中一共有 10 个渡过拒马河的摆渡渡口,故而得名"十渡"。它以独特的喀斯特地貌著称,是华北地区最大的岩溶峰林大峡谷。这里山奇水秀,谷壁峭立,峰林叠翠,石美洞幽,集南国之秀美与北国之雄伟于一身,被人们誉为"北方奇景""人间仙境""世外桃源",可谓"山山石奇峰险,渡渡水清景美",峰、石、峡、水、洞、溪、潭等景景相映,构成十渡百里自然画廊,有很高的观赏价值,也是北京市最大的自然风景区。

13. 北京动物园

北京动物园位于北京市西城区西直门外大街,始建于清光绪三十二年(1906年),始称"万牲园",是中国开放最早、饲养展出动物种类最多的动物园,展出珍稀野生动物约500种,共5 000余只。公园分为东区、西区和北区,按专项动物馆舍建设和展出,由最初的狮虎山、猩猩馆、两栖爬行馆等场馆,不断扩建,后建了朱鹮馆、金丝猴馆、大熊猫馆等众多馆舍,成为国家重点公园、国家重点文物保护单位、全国科普教育基地、全国4A级景区。石古建筑、廊桥亭榭、河泉陂池、花草藤树、爬虫游鱼、走兽飞禽应有尽有,相得益彰。科学研究、保护教育、文化交流、知识传播、文物荟萃,功能齐全。

14. 奥林匹克公园

奥林匹克公园地处北京城中轴线北端,介于四环和五环之间,总占地面积1 135公顷,分三个区域:北端是680公顷的森林公园;中心区是主要场馆和配套设施建设区;南端114公顷是已建成场馆区和预留地;中华民族园也纳入奥林匹克公园范围内。它是北京举办2008年奥运会场所的心脏,容纳了44%的奥运会比赛场馆和为奥运会服务的绝大多数设施,这些场馆和设施包括比赛场馆14个,可进行15个项目的比赛,其中包括著名的"鸟巢"和"水立方"。

"鸟巢"即国家体育馆,是2008年北京奥运会的主会场。这是一座由我国自主创新研制的Q460钢材撑起的钢筋铁骨定型似"鸟巢"的运动场馆,建筑面积为25.80万平方米,座席达91 000个,是科技奥运的完美体现。"水立方"即国家游泳中心,是2008年北京奥运会游泳、水球、跳水、花样游泳的比赛场馆。其外形为晶莹剔透的立方体,宛若水晶宫。内有固定座位席6 000个,临时座位11 000个,奥运会后这里已经成为具有国际先进水平的健身运动中心。

15. 老北京民居

胡同,是北京特有的一种古老的城市小巷,大多形成于13世纪的元朝,到现在已经经过了几百年的演变发展。胡同里的建筑几乎都是四合院。四合院是一种由东西南北四座房屋按方形对称形式围在一起的建筑物,象征和谐团圆。大大小小的四合院一个紧挨一个排列起来,它们之间的通道就是胡同。北京胡同的数量很多,俗话说:"有名的胡同三千六,没名的胡同赛牛毛。"

胡同不仅是北京城市的脉搏，更是北京普通老百姓生活的场所，它已成为北京文化的载体，老北京的生活气息就在这胡同的角落里，在这四合院的一砖一瓦里，在居民之间的邻里之情里，只有身处其中才有最深体会。胡同是了解北京传统文化和风土人情的好形式，如南锣鼓巷、什刹海胡同等，游客可以骑上自行车或租三轮车体验老北京人的生活，品味老北京的传统文化（见图5-4）。

图 5-4　北京南锣鼓巷

16. 京剧

京剧，曾称平剧，腔调以西皮、二黄为主，用胡琴和锣鼓等伴奏，分布地以北京为中心，遍及中国，被视为中国国粹，于2010年11月16日被列入《人类非物质文化遗产代表作名录》。

京剧舞台艺术在文学、表演、音乐、唱腔、锣鼓、化妆、脸谱等各个方面，构成了一套互相影响、相得益彰的格律化和规范化的程式（见图5-5）。它作为创造舞台形象的艺术手段十分丰富，而用法又十分严格。京剧表演的四种艺术手法，即唱、念、做、打，也是京剧表演四项基本功，表演上要求精致细腻，处处入戏；唱腔上要求悠扬委婉，声情并茂；武戏则不以火爆勇猛取胜，而以"武戏文唱"见佳（见图5-6）。有唱，有舞，有对白，有武打，有各种象征性的动作，是一种高度综合性的艺术。优秀的剧目代表有《玉堂春》《长坂坡》《群英会》《打渔杀家》《打金枝》《空城计》《霸王别姬》等。以梅兰芳为代表的京剧名家的海外演出促进了中国京剧在海外的传播，增进了东西方文化交流，使京剧成为国家的文化使者。

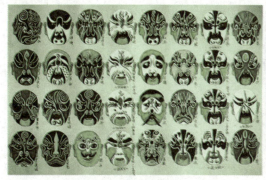

图 5-5　京剧脸谱

图 5-6　京剧表演

17. 北京特色美食

北京得首都之利，汇集了全国佳肴，改革开放后涌入北京的西洋菜系也遍布京城，法国大菜、俄式西餐、意大利风味菜、美式快餐等，都已在北京安家落户。不过来到北京，就不得不以品尝地道的北京菜为先。

宫廷菜是北京菜系中的一大支柱，体现了北京800年为都的历史特点，贵气十足。北京烤鸭有"天下第一美味"之称，也是北京风味的代表作。吃烤鸭的最佳去处是创建于130年前的北京前门外、和平门、王府井的全聚德烤鸭店，此外还有老北京炸酱面、东来顺涮羊肉、京酱肉丝、葱爆羊肉、糟熘鱼片等特色佳肴。风味小吃是北京一大特色，历史悠久、品种繁多、用料讲究、制作精细，由于兼收各民族小吃特点，品种十分丰富。目前，在北京能品尝到小吃有油饼、豆汁儿、焦圈、糖火烧、豆面酥糖、炸糕、豆腐脑、茶汤、酸梅汤、小窝头、茯苓夹饼、果脯蜜饯、冰糖葫芦、艾窝窝、豌豆黄、驴打滚、灌肠、爆肚、炒肝等。这些小吃都在庙会或沿街集市上叫卖，人们无意中就会碰到，老北京形象地称之为"碰头食"。

阅读资料 5-4

北京胡同之最

最窄的胡同——大栅栏钱市胡同。位于珠宝市街西侧，邻近大栅栏，胡同全长55米，平均宽仅0.7米，最窄处仅0.4米，两个人通过此胡同需要面对面侧身通过。

最宽的胡同——灵境胡同。位于北京市西单地区，是一条东西向的胡同，东起府右街，西至著名的商业街西单北大街，中与枣林大院、西黄城根南街、东斜街、新建胡同、背阴胡同相交，因先后扩充现最宽处已达到32.18米。

最长的胡同——东交民巷。西起天安门广场东路，东至崇文门内大街，全长近3千米，是老北京最长的一条胡同。

最短的胡同——一尺大街。坐落于琉璃厂东街东口东南，桐梓胡同东口至樱桃胡同北口。一条胡同、十来米长，只有6家门脸、店铺，是北京胡同的缩影。

拐弯最多的胡同——九湾胡同。位于宣武区东部，东口与铺陈市胡同相连，西口从校尉营胡同通出，全长约390米，弯曲之处不下13处，堪称北京城弯道最多的胡同。

最古老的胡同——砖塔胡同。位于西四牌楼附近，被誉为"北京胡同之根"。胡同之称始于元大都，当时出现过 29 条胡同，但只有一条胡同有文字记载，这条胡同，就是砖塔胡同。

二、天津市旅游区

天津市地处华北平原东北部，北依燕山，东临渤海，位于海河流域下游入海口，素有"河海要冲"之称，西靠北京，自古为"京师门户"。明永乐二年（1404 年）作为军事要地，开始筑城设卫，称"天津卫"。天津市人口 996 万，面积为 1.2 万平方千米。

虽然与北京、河北相比，天津的旅游知名度相对较低，但作为历史文化名城，其旅游资源还是较为丰富的，拥有山、河、海、湖、泉、湿地等多样的自然旅游资源和浓缩近代历史、汇聚现代文明的人文旅游资源，构成了古今兼容、中西合璧的城市风貌，形成了以海河为轴线、市区为主体、塘沽和蓟县为两翼的旅游格局。

1. 水上公园

水上公园是天津市最大的综合性公园，位于南开区。园内有三湖五岛，岛与岛之间有造型优美的拱桥、曲桥和柳堤相连，沿湖有眺望亭、芙蓉榭、湖滨轩、登瀛楼等点缀其间。公园以水取胜，兼有江南风貌和北国情趣。

2. 津门故里古文化街

天津古文化街位于南开区东北角东门外，海河西岸，系商业步行街，国家 5A 级景区。作为津门十景之一，天津古文化街一直坚持"中国味、天津味、文化味、古味"经营特色，以经营文化用品为主。古文化街内有近百家店，是天津老字号店和民间手工艺品店的集中地，有地道美食狗不理包子、耳朵眼炸糕、煎饼果子、老翟药糖、天津麻花等，杨柳青年画、泥人张彩塑、魏风筝等特色店铺也有开设。这里在古代是祭祀海神和船工聚会娱乐的场所，现已修复的古文化街包括天后宫及宫南、宫北大街，是古文化街上的主要参观旅游项目。现今天后宫已成为天津民俗博物馆，展示天津的历史变革，陈列着各种民俗风情实物。

3. 文庙

位于南开区东门大街的文庙是天津市保存完整、规模最大的古建筑群，由牌坊、礼门、泮池、棂星门、大成门、大成殿、崇圣祠和配殿等建筑组成。大成殿始建于明正统元年，府庙建筑体量最大，覆盖黄色琉璃瓦，是规格等级最高的古建筑群。庙外东门内大街上东、西两侧耸立的"德配天地""道冠古今"牌楼各一座，为明万历年间修建，是天津地区仅存的木结构过街牌楼，也是我国现存牌楼中的珍品。

4. 广东会馆

广东会馆建于1907年，曾为广东旅津人士的聚会馆堂。会馆采用北方四合院式布局，房屋殿堂又具有广东潮州风格，馆中戏楼和舞台装修精美。孙中山先生曾于此演讲。广东会馆现辟为我国最大、内容最丰富的戏剧博物馆，是我国戏剧研究的中心之一。

5. 大沽口炮台

大沽口炮台位于天津东南海河入海口，素有津门海防要隘之誉。明代大沽口开始设防，清代修炮台，置大炮，设施不断加强，逐渐形成以"威、镇、海、门、高"为主体的完整防御体系。近代，随着外国列强入侵，大沽地区更成为北方的军事要地。"南有虎门，北有大沽"，它们是我国近代史上的两座海防屏障。

6. 盘山风景区

盘山风景区位于蓟州区西北15千米处，因她雄踞北京之东，故有"京东第一山"之誉。早在唐朝时期盘山便已经小有名气，明清两代，这里得到皇室青睐，得到大力开发，逐渐为人们熟知，乾隆第一次巡游盘山时赞叹说："早知有盘山，何必下江南。"命人在山东部兴建行宫"静寄山庄"，此后又27次到此巡游。

盘山集山、石、松、泉、洞为一体，尤以"三盘""五峰""八石"为胜，还有天成寺、万松寺、云罩寺、舍利塔等古代建筑。由西路登山，山势呈上、中、下三盘之状，三盘景致各具特色，上盘松、中盘石、下盘水，人称"三盘之胜"。"三盘暮雨"为津门十景之一，非常著名。

7. 独乐寺

独乐寺，又称大佛寺，位于天津市蓟州区，是中国仅存的三大辽代寺院之一。全寺建筑分为东、中、西三部分：东部、西部分别为僧房和行宫，中部是寺庙的主要建筑物，由山门、观音阁、东西配殿等组成，山门与大殿之间，用回廊相联结。山门为典型唐代风格，是中国现存最早的庑殿顶山门。山门内两尊高大哼哈二将天王塑像是辽代彩塑珍品。山门正脊两端的鸱吻，造型生动古朴，为辽代原物，是中国现存古建筑中年代最早的鸱吻实物。梁思成曾称独乐寺为"上承唐代遗风，下启宋式营造，实研究中国建筑蜕变之重要资料，罕有之宝物也"。

8. 天津美食

天津水产极为丰富，品种多样，故天津人对海鲜、河鲜有特殊的爱好，天津菜以烹制海鲜、河鲜为长，注重调味，讲究时令，口味以咸鲜、清淡为主，讲汁芡，重火候，质地多样，代表菜有扒通天鱼翅、扒海羊、盐爆肚仁、宫烧目鱼等。另外天津的风味小吃也很丰富，以狗不理包子、十八街大麻花和耳朵眼炸糕这"天津三绝"最为著名。

三、河北省旅游区

河北地处华北平原北部，北依燕山，南望黄河，西靠太行，环抱京津，东临渤海，周边与内蒙古、辽宁、山西、河南、山东等毗邻，面积18.77平方千米，人口7 520万。河北春秋战国时期为燕国和赵国所在地，自古有"燕赵多有慷慨悲歌之士"之称，是英雄辈出之地。

河北省地势西北高、东南低，地貌复杂多样，类型齐全，是全国唯一兼有高原、平原、山地、丘陵、湖泊与海滨的省份。属于温带大陆性季风气候，寒暑悬殊，雨量集中，干湿期分明。

河北省历史悠久，文化发达，自然景观多姿多彩，旅游资源十分丰富。全省现有世界文化遗产3处、国家级历史文化名城5座、国家5A级旅游景区8个、国家级风景名胜区10处、国家地质公园11个、中国优秀旅游城市10座、国家级森林公园26个和国家级自然保护区13处。璀璨的历史文化与秀美的湖光山色交相辉映，构成了独具特色的河北旅游资源。这里不仅有最大的皇家园林承德避暑山庄及外八庙，有清代两大帝王陵寝清东陵和清西陵，也有风景秀丽、条件优越的海滨度假胜地北戴河，以及野趣天成的野三坡、险峻秀美的嶂石岩等自然景观。在近代革命史上，河北人民书写了浓重的一笔，本区成为红色旅游胜地（见图5-7）。

1. 石家庄市游览区

河北省会石家庄位于河北省西南部，旧称石门，是河北省政治、经济和文化中心。石家庄旅游资源丰富，名胜古迹众多，著名景点有苍岩山、嶂石岩、赵州桥、西柏坡等。

（1）赵州桥

赵州桥又称安济桥，坐落在石家庄市赵县的洨河上，横跨在37米多宽的河面上，因桥体全部用石料建成，当地称作"大石桥"。赵州桥建于隋朝（公元595—605年），由著名匠师李春设计建造，距今已有1 400多年的历史，是当今世界上现存最早、保存最完整的古代单孔敞肩石拱桥。全桥结构匀称，和四周景色配合得十分和谐，桥上的石栏石板也雕刻得古朴美观。赵州桥的设计构思和工艺的精巧，不仅在我国古桥是首屈一指，据世界桥梁史的考证，像这样的敞肩拱桥，欧洲到19世纪中期才出现，比我国晚了1 200多年。赵州桥高度的技术水平和不朽的艺术价值，充分显示出了我国劳动

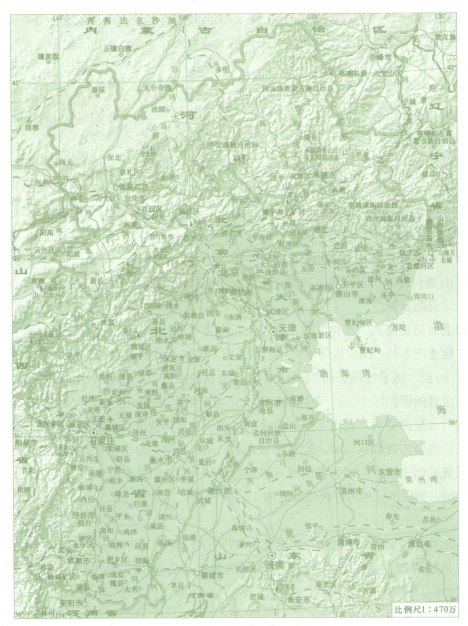

图 5-7 河北省示意图

人民的智慧和力量,河北民间将赵州桥与沧州铁狮子、定州开元寺塔、正定隆兴寺菩萨像并称为"华北四宝"。

(2)嶂石岩风景区

国家级风景名胜区嶂石岩位于石家庄西南的赞皇县境内,距石家庄市区约110千米,是太行山森林公园精华所在。旅游区的地貌经由国家旅游、地质部门鉴定为"嶂石岩地貌"。以嶂石岩命名的嶂石岩地貌，和丹霞地貌、张家界地貌并称为中国三大旅游砂岩地貌。嶂石岩景观主要为"丹崖、碧岭、奇峰、幽谷"，山势层峦叠嶂，悬崖峭壁，素有"百里赤壁""万丈红峻"之称。列入吉尼斯世界纪录的世界最大天然回音壁坐落在景区中部。

（3）西柏坡

西柏坡位于石家庄市平山县中部，曾是中国共产党中央委员会所在地，党中央和毛主席在此指挥了辽沈、淮海、平津三大战役，召开了具有伟大历史意义的七届二中全会和全国土地会议。1949年3月23日，中共中央、中央军委和中国人民解放军总部从西柏坡迁入北平，故有"新中国从这里走来""中国命运定于此村"的美誉。石家庄西柏坡是全国著名的五大革命圣地之一，2017年1月，国家发改委发布了《全国红色旅游经典景区名录》，西柏坡景区入选该名录。主要景点有西柏坡中共中央旧址、西柏坡陈列馆、西柏坡石刻园、西柏坡纪念碑等。

2. 承德市游览区

承德旧称"热河"，位于河北省东北部，是首批国家级历史文化名城。有避暑山庄、外八庙、木兰围场、金山岭长城等著名景点。

（1）承德避暑山庄及外八庙

承德避暑山庄又名"承德离宫"或"热河行宫"，位于河北省承德市中心北部，武烈河西岸一带狭长的谷地上，始建于1703年，历经清康熙、雍正、乾隆三朝，耗时89年建成，是清朝皇帝夏天避暑和处理政务的场所。承德避暑山庄是中国现存规模最大的皇家园林，1994年12月被列入世界文化遗产名录。

避暑山庄最大的特点是山中有园，园中有山，主要分为宫殿区和苑景区两部分。宫殿区建于南端，是皇帝居住、读书和娱乐的场所，至今珍藏着两万余件皇帝的陈设品和生活用品。山庄以多种传统手法，营造了120多组建筑，融汇了江南水乡和北方草原的特色，成为中国皇家园林艺术荟萃的典范。苑景区位于北部，借助自然和野趣的风景，形成了东南湖区、西北山区和东北草原的布局，共同构成了中国版图的缩影。避暑山庄不同于其他皇家园林，按照地形地貌特征进行选址和总体设计，完全借助于自然地势，因山就水，顺其自然，同时融南北造园艺术的精华于一身，它是中国园林史上一个辉煌的里程碑（见图5-8）。

图5-8　承德避暑山庄

山庄周围寺庙由博仁寺、博善寺、普乐寺、安远庙、普宁寺、普佑寺、广缘寺、须弥福寿之庙、普陀宗乘之庙、广安寺、罗汉堂、殊像寺等12座金碧辉煌、雄伟壮观的喇嘛寺庙群组成，环列在山庄外的东部和北部的山麓。这些寺庙的建筑风格将汉、藏文化艺术融于一体，寺庙殿堂中，完好地保存和供奉着精美的佛像、法器等近万件，共同构成了18世纪中国古代建筑富于融合性和创造性的杰作。避暑山庄及周围寺庙是一个紧密关联的有机整体，同时又具有不同风格的强烈对比，避暑山庄朴素淡雅，其周围寺庙金碧辉煌。每处寺庙都像一座座丰碑，记载着历史的故事。

阅读资料 5-5

承德避暑山庄七十二景

承德避暑山庄大小建筑有120多组，其中康熙以四字命名36景，乾隆以三字命名36景，这就是山庄著名的72景。

康熙定名的36景：烟波致爽、芝径云堤、无暑清凉、延薰山馆、水芳岩秀、万壑松风、松鹤清樾、云山胜地、四面云山、北枕双峰、西岭晨霞、锤峰落照、南山积雪、梨花伴月、曲水荷香、风泉清听、濠濮间想、天宇咸畅、暖流暄波、泉源石壁、青枫绿屿、莺啭乔木、香远益清、金莲映日、远近泉声、云帆月舫、芳渚临流、云容水态、澄泉绕石、澄波叠翠、石矶观鱼、镜水云岑、双湖夹镜、长虹饮练、甫田丛樾、水流云在。

乾隆定名的36景：丽正门、勤政殿、松鹤斋、如意湖、青雀舫、绮望楼、驯鹿坡、水心榭、颐志堂、畅远台、静好堂、冷香亭、采菱渡、观莲所、清晖亭、般若相、沧浪屿、一片云、萍香泮、万树园、试马埭、嘉树轩、乐成阁、宿云檐、澄观斋、翠云岩、罨画窗、凌太虚、千尺雪、宁静斋、玉琴轩、临芳墅、知鱼矶、涌翠岩、素尚斋、永恬居。

（2）木兰围场

木兰围场，即清代皇家猎苑，位于承德市围场满族蒙古族自治县境内，与内蒙古草原接壤，是清代皇帝举行"木兰秋狝"之所。这里自古以来就是一处水草丰美的草原，公元1681年清帝康熙为锻炼军队，在这里开辟了一万多平方千米的狩猎场，这座皇家猎苑就此而建立。清朝前半叶，皇帝每年都要率王公大臣、八旗精兵来这里举行射猎和旅游活动，史称"木兰秋狝"。在清朝康熙到嘉庆的140多年里，在这里举行了105次木兰秋狝。

现在木兰围场主要由塞罕坝国家森林公园、御道口草原森林风景区和红松洼国家自然保护区等三大景区组成。

3. 秦皇岛游览区

秦皇岛市位于冀东北部,是一座有着两千余年历史的文化名城,相传因秦始皇东巡至此而得名,留下了夷齐让国、秦皇求仙、魏武挥鞭等历史故事。北依燕山,面临渤海,拥有山海关、北戴河、南戴河、昌黎海岸等旅游度假名胜区。

(1)山海关

山海关,又称榆关、渝关,位于河北省秦皇岛市东北15千米处,明洪武十四年(1381年)筑城建关设卫,因其依山襟海,故名山海关,素有"天下第一关""边郡之咽喉,京师之保障"之称。山海关城周长约4千米,与长城相连,城高14米,厚7米,全城有四座主要城门,并有多种古代的防御建筑,是一座防御体系比较完整的城关。以威武雄壮的"天下第一关"箭楼为主体,辅以靖边楼、临闾楼、牧营楼、威远堂、瓮城、东罗城、长城博物馆等长城建筑,向游客展示了中国古代城防建筑风格。

天下第一关城楼,耸立长城之上,雄视四野。登上城楼二楼,可俯视山海关城全貌及关外的原野。北望,遥见角山长城的雄姿;南边的大海也朦胧可见。山海关城楼"天下第一关"匾额真品在日本侵华时被抢运到日本,现在的匾额是后来仿制的。

(2)北戴河

北戴河位于秦皇岛市西南15千米处,清顺治二年(1645年)划兴隆方圆800平方千米为马兰东陵后龙风水禁地,封禁270余年,清光绪二十四年(1898年)被清政府辟为避暑区,早在20世纪20年代,就被称为"东亚避暑地之冠",被称为中国旅游业发展的"摇篮",成为中国著名的四大避暑区之一。

北戴河海滨避暑区,西起戴河口,东至鹰角亭,东西长约10千米。北戴河海滨环境优美,风光秀丽。风景区西面是婀娜俊美的联峰山,山色青翠,植被繁茂。南面是悠缓漫长的海岸线,质细坡缓,沙软潮平,水质良好,盐度适中,沿海开辟了30多个专用和公共海水浴场。东面有鸽子窝公园,是观日出、看海潮的最佳地点。沿海岸线向内,更有秦皇宫、北戴河影视城、怪楼奇园、金山嘴、海洋公园等各种风格、不同特色的旅游景点分布,加上众多街心公园和花园的点缀,山、海、花、木与掩映其中的各式建筑交相辉映,构成了一幅优美、和谐的风景画。

(3)昌黎黄金海岸

昌黎黄金海岸位于秦皇岛市昌黎县东南面的渤海岸边,东距北戴河海滨17千米,西南到滦河入海口,长达52.1千米的海岸沙质松软,色黄如金,故称"黄金海岸"。这里沙细、滩软、水清、潮平,是海水浴、阳光浴、沙浴、森林浴、空气浴的乐园。黄金海岸的西侧有5千多公顷连绵40多千米的沙丘,蜿蜒起伏,1985年昌黎人在这里建立了滑沙场，一处由沙山滑向谷底，一处滑向大海，对游客产生了更大的吸引力，具有巨大的发展海滨度假旅游的潜力（见图5-9）。

图 5-9　昌黎海岸滑沙场

4. 保定市游览区

保定市位于河北省中部，地处京津石三角腹地，交通十分便利，旅游资源也很丰富，有清西陵、清直隶总督府、白洋淀、野三坡、白石山等著名景点。

（1）清西陵

清西陵位于保定市易县城西15千米处的永宁山下，离北京约98千米。清西陵包括雍正的泰陵、嘉庆的昌陵、道光的慕陵和光绪的崇陵，还有3座后陵，以及怀王陵、公主陵、阿哥陵、王爷陵等14座陵墓，面积达800余平方千米。陵区内分布了千余间宫殿建筑和百余座古建筑、古雕刻。整个陵区以雍正帝的泰陵为中心，西面分布着昌陵和慕陵，东面分布着崇陵、溥仪墓以及阿哥、公主园寝和永福寺等。泰陵是清西陵的首陵，也是清西陵中建筑最早、规模最大的一座。

（2）白洋淀景区

白洋淀景区位于保定市安县境内，是国家5A级旅游景区。白洋淀是华北平原上最大的淡水湖，汇集了上游自太行山麓发源的9条河流之水，形成一片由3 700多条沟渠、河道连接的146个大小湖泊群，水域辽阔，烟波浩渺。湖区水产资源丰富，淡水鱼有50多种，并以大面积的芦苇荡和千亩连片的荷花淀而闻名，素有"华北明珠"之称。

白洋淀的旅游特色，一是乘汽艇或木船，穿行于纵横交错的芦苇丛中；二是品尝水鲜，白洋淀盛产鱼虾，是宴席上的佳肴；三是观看渔民拉网捕鱼，体验渔家的生活。

（3）野三坡风景区

野三坡景区位于保定市涞水县境内，距北京市中心100千米，被北京市民称为"北京后花园"。景区内旅游资源丰富独特，以雄、险、奇、幽而闻名，享有"世外桃源"之称。主要景点有酷似桂林山水的拒马河风光，原始纯粹的百里峡谷奇观，幽深奇异的溶洞鱼谷洞，神秘离奇的怪泉，谜底难解的金华山，森林蔽日的白草畔，又有巍峨的长城、苍劲的摩崖石刻，古老的栈道、庙宇，保存完好的古智人化石和平西抗日烈士陵园，是中国北方极为罕见的融雄山碧水、奇峡怪泉、文物古迹、名树古禅于一身的风景名胜区。

5. 遵化市清东陵

清东陵位于遵化市西北30千米处，占地80平方千米。清东陵于顺治十八年（1661年）开始修建，历时247年，陆续建成217座宫殿牌楼，组成大小15座陵园。陵区葬有5位皇帝、15位皇后、136位妃嫔、3位阿哥、2位公主共161人，是中国现存规模最宏大、体系最完整、布局最得体的帝王陵墓建筑群。诸陵园以顺治的孝陵为中心，排列于昌瑞山南麓，均由宫墙、隆恩门、隆恩殿、配殿、方城明楼及宝顶等建筑构成。东陵在木构和石构两方面都有精湛的技巧，可谓集清代宫殿建筑之大成，其中顺治的孝陵石像生最多，共达18对，造型多朴实浑厚；乾隆的裕陵规模最大、最为堂皇；慈禧的普陀峪定东陵则是首屈一指的精巧建筑。清东陵于2000年11月被列入世界文化遗产名录。

6. 邯郸响堂山石窟

响堂山石窟又称响堂寺石窟，坐落在邯郸市峰峰矿区的鼓山上。石窟最初开凿于北齐（500—577年），以后隋、唐、宋、元、明各代均有增凿。石窟分南北两处，现存有石窟16座，摩崖造像450余龛，大小造像5 000余尊，还有大量刻经、题记等。石窟幽深，人们在山洞里击掌甩袖，都能发出洪亮的回声，故名"响堂"。响堂山石窟主要代表了北齐的佛教造像艺术，是短暂的北齐王朝留下的最大的艺术宝库。学术界将响堂山的雕塑艺术誉称为"北齐造像模式"。

四、山东省旅游区

山东省位于中国东部沿海，处于黄河下游，山东半岛突出于渤海、黄海之中，与辽东半岛隔渤海海峡相望，北、西、南三面分别与河北、河南、安徽、江苏相邻，面积为15.8万平方千米，人口9 580万。

山东省中部地势较高，鲁中南山地丘陵区，在历史上形成了许多名山；东部山东半岛大多为起伏和缓的丘陵；西部和北部是黄河冲积平原，为华北平原的一部分。沿黄海和渤海有漫长的海岸线，是山东海滨风光旅游的绝佳去处。山东大部分地区的气候属于暖温带季风气候，秋季阳光灿烂、天高气爽，非常适宜出门旅游，为一年中旅游旺季。

被称为"齐鲁大地"的山东省旅游区历史文化积淀深厚，人文旅游资源极其丰富，有儒家文化的发祥地曲阜，有齐文化的发源地淄博，有世界自然和文化双重遗产泰山，有风筝城潍坊，有道教名山崂山，甲午海战之战场威海，等等。总括而言，山东拥有国家级风景名胜区5处，历史文化名城10座，国家5A级旅游景区11处，国家级自然保护区7处，国家森林公园42处，国家地质公园13处，国家级旅游度假区2处，国家级非物质文化遗产173项。山东无愧于"旅游资源大省"美誉，为本旅游区发展旅游业提供了极为优越的条件（见图5-10）。

山东省的经济发展也居全国之前列，工农业生产发达，物产丰富，交通便利，为山东旅游业的发展提供了极大的支持。

1. 济南市游览区

山东省省会济南因泉水众多而被誉为"泉城"，有七十二名泉，尤以趵突泉、黑虎

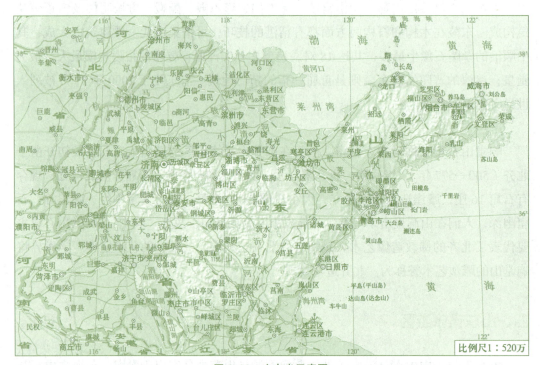

图5-10　山东省示意图

泉、五龙潭、珍珠泉四大名泉最负盛名,自古有"家家泉水,户户垂杨"之说。济南市风景秀丽,山水相依,素有"四面荷花三面柳,一城山色半城湖"的美誉。

同时,济南是山东省政治、经济、文化、科技、教育和旅游中心,拥有龙山文化发祥地、国家历史文化名城、中国软件名城、国家创新型城市等美誉,为山东省的旅游业发展奠定了坚实的基础。

(1)趵突泉

趵突泉位于济南趵突泉公园,位居济南"七十二名泉"之首。趵突泉水清澈透明,味道甘美,是十分理想的饮用水,相传乾隆皇帝下江南,出京时带的是北京玉泉水,到济南品尝了趵突泉水后,便立即改带趵突泉水,并封趵突泉为"天下第一泉"。泉池东西长30米,南北宽20米,泉的四周有大块砌石,环以扶栏,可凭栏俯视池内三泉喷涌的奇景。趵突泉水分三股,昼夜喷涌,水盛时高达数尺,所谓"趵突",即跳跃奔突之意,反映了趵突泉三窟迸发、喷涌不息的特点。泉边立有石碑一块,上题"第一泉",为清同治年间历城王钟霖所题(见图5-11)。

图5-11 趵突泉

趵突泉周边的名胜古迹数不胜数,尤以泺源堂、娥英祠、望鹤亭、观澜亭、尚志堂、李清照纪念堂、沧园、白雪楼、万竹园、李苦禅纪念馆、王雪涛纪念馆等最为人称道。

(2)大明湖

大明湖位于济南市旧城区北部,由济南众多泉水汇流而成,湖面58公顷,是繁华都市中一处难得的天然湖泊,与趵突泉、千佛山并称为济南三大名胜,也是泉城济南重要的风景名胜,素有"泉城明珠"的美誉。

大明湖景色优美秀丽,湖上鸢飞鱼跃,荷花满塘,画舫穿行,岸边杨柳荫浓,繁花似锦,游人如织,其间又点缀着各色亭、台、楼、阁,远山近水与晴空融为一色,犹如一幅巨大的彩色画卷。大明湖历史悠久,景色秀美,名胜古迹周匝其间,湖畔有历下亭、铁公祠、南丰祠、汇波楼、北极庙和遐园等多处名胜古迹,其中历下亭、铁公祠为国家级文物保护单位。

(3)千佛山风景名胜区

千佛山是济南三大名胜之一,周朝以前称历山,相传虞舜曾于山下开荒种田,故又称舜耕山。隋开皇年间,依山势镌佛像多尊,并建"千佛寺",始称千佛山。唐代将

"千佛寺"改名"兴国禅寺",自元朝始,"三月三""九月九重阳节"均举办庙会,明代寺院扩建,遂成佛教圣地。千佛山东西嶂列如屏,风景秀丽、名胜众多。兴国禅寺居千佛山山腰;南侧千佛崖,存隋开皇年间佛像130余尊;历山院曾是儒、道、佛三教合一的院落;万佛洞内塑大小佛像28 888尊;云径禅关古坊、大舜石图园、梨园等景点散落景区内。千佛山成为一处融历史、文化、风景、宗教于一体,服务功能齐全的旅游胜地。

2. 泰山风景名胜区

泰山又名岱山、岱宗、岱岳、东岳、泰岳,为中国著名的五岳之一,位于山东省中部泰安市境内。主峰玉皇顶海拔1 545米,气势雄伟磅礴,有"五岳之首""五岳之长""五岳之尊"之称。泰山是世界自然与文化双重遗产,世界地质公园,国家5A级旅游景区(见图5-12)。

图5-12 泰山之巅

泰山风景旅游区包括幽区、旷区、奥区、妙区、秀区、丽区六大风景区。游泰山看四个奇观,即泰山日出、云海玉盘、晚霞夕照、黄河金带。自古以来,中国人就崇拜泰山,有"泰山安,四海皆安"的说法。古代历朝历代不断在泰山封禅和祭祀,并在泰山上下建庙塑神,刻石题字。古代的文人雅士对泰山仰慕备至。泰山宏大的山体上留下了20余处古建筑群,2 200余处碑碣石刻。自秦汉至明清,历代皇帝到泰山封禅27次。皇帝的封禅活动和雄伟多姿的壮丽景色,吸引历代文化名人纷至泰山进行诗文著述,留下了数以千计的诗文刻石。如孔子的《邱陵歌》、司马相如的《封禅书》、曹植的《飞龙篇》、李白的《泰山吟》、杜甫的《望岳》等诗文,成为中国的传世名篇;天贶殿的宋代壁画、灵岩寺的宋代彩塑罗汉像是稀世珍品;泰山的石刻、碑碣,集中国书法艺术之大成,真草隶篆各体俱全,颜柳欧赵各派毕至,是中国历代书法及石刻艺术的博览馆。泰山文化遗产极为丰富,现存古遗址97处,古建筑群22处,对研究中国古代建筑史提供了重要实物资料。

3. 曲阜游览区

曲阜位于山东省西南部,古为鲁国国都,孔子故里,被誉为"东方圣城",国家历史文化名城。曲阜市有各类文物古迹600余处,其中6处列入全国重点文物保护单位,其中孔庙、孔府、孔林还被列入世界文化遗产。

孔庙是祭祀孔子、表彰儒学的庙宇,是世界上两千余座孔庙中最大的一座。孔庙现占地14万平方米，三路布局，九进庭院，贯穿在一条中轴线上，左右作对称排列。整个建筑群包括五殿、一阁、一坛、两堂、17座碑亭，共466间，分别建于金、元、明、清和民国时期。主体建筑大成殿，重檐九脊，黄瓦飞甍，周绕回廊，为东方三大殿之一。汉以来的历代碑刻1 040多块，连同大量书、画、牌、匾等珍贵文化遗存。

孔府是孔子嫡系长支世代居住的府第，是中国现存历史最久，规模最大，保存最完整的衙宅合一的古建筑群，有"天下第一家"之称。孔府最著名的珍藏是明清文书档案，它是孔府400多年各种活动的实录，共有30多万件，是中国数量最多、时代最久的私家档案。

孔林作为家族墓地，自孔子"葬鲁城北泗上"，其子孙接冢而葬，两千多年从未间断。林内占地200余万平方米，墓冢累累，多达10万余座，成为世界上延时最久、规模最大的家族墓地。孔子去世后，"弟子各以四方奇木来植，故多异树，鲁人世世代代无能名者"，林内现有树木10万余株，其中200年以上古树名木9 000多株。孔林还有奇花异草130余种，可以说是一座天然植物园。孔林还是一座集墓葬、建筑、石雕、碑刻为一体的露天博物馆。林内现有金、元、明、清至民国历代墓碑4 000余块，是中国数量最多的碑林。

颜庙，又称复圣庙，是祭祀孔子弟子复圣颜回的庙宇，现为全国重点文物保护单位。颜庙现占地35亩，殿、堂、亭、库、门、坊等159间，前后五进院落，分中、东、西三路。主要景观有复圣庙坊、陋巷井、复圣殿等。

每年9月26日—9月28日中国曲阜国际孔子文化节在曲阜市举行。该活动主要是以纪念孔子，弘扬民族优秀文化为主题，达到纪念先哲、交流文化、发展旅游、促进开放、繁荣经济、增进友谊的目的，融文化、教育、旅游、学术、经贸、科技活动于一体，文化特色显著，活动精彩纷呈。这一活动也成为山东走向世界、世界了解山东的重要平台。

4.青岛市游览区

青岛地处山东半岛东南，黄海之滨，隔黄海与朝鲜半岛相望，是滨海度假旅游城市。海岸线（含所属海岛岸线）总长为816.98千米，海岸线曲折，岬湾相间。自古就是中国重要的贸易口岸和海防要塞。

青岛是国家历史文化名城、重点历史风貌保护城市，是世界啤酒之城、世界帆船之都，被誉为"东方瑞士"。国家级风景名胜有崂山风景名胜区、青岛海滨风景区。历史风貌保护区内有重点名人故居85处，131处优秀历史建筑，国家级自然保护区1处。青岛还有一年一度的青岛国际啤酒节、青岛海洋节、青岛国际时装周、青岛金沙滩文化旅游节、海之情旅游节等。丰富的旅游资源，类型多样的旅游景观，使青岛成为世界著名的旅游胜地。

（1）青岛滨海步行道

滨海步行道是青岛市的开放式景点，西起团岛环路，东至石老人，全长约36.9千米。总体功能以休闲、健身、观光和疗养为主。以滨海步行道为主线，根据沿途各段岸线的景观特点不同，可分为七大景观区。由西向东依次为：团岛湾景观区、青岛湾景观区、汇泉湾景观区、太平湾景观区、浮山湾景观区、老龙湾景观区、石老人旅游度假景观区。

滨海步行道将该市栈桥公园、海军博物馆、小青岛公园、鲁迅公园、第一海水浴场、太平角、八大关风景区、五四广场、石老人海水浴场等主要旅游景点串联在一起，形成一条独具特色的海滨风景画廊。

（2）栈桥与小青岛

栈桥位于游人如织的青岛中山路南端，桥身从海岸探入如弯月般的青岛湾深处。桥身供游人参观并在此停靠旅游船，由此乘船可看海上青岛。青岛栈桥始建于清光绪十八年（1892年），是青岛最早的军事专用人工码头建筑，是青岛的重要标志性建筑物和著名风景游览点。青岛栈桥全长440米，宽8米，钢混结构。桥南端筑半圆形防波堤，堤内建有两层八角楼，名"回澜阁"，游人伫立阁旁，欣赏层层巨浪涌来，"飞阁回澜"被誉为"青岛十景"之一。桥北沿岸，辟为栈桥公园，园内花木扶疏，青松碧草，并设有石椅供游人憩坐，观赏海天景色。

栈桥回澜阁对面那座小岛是小青岛，又名琴岛。小青岛位于胶州湾入海口北侧的青岛湾内，美景天成。岛上的"琴女"雕塑也是青岛的象征之一。小青岛最高处有一座白色灯塔，于1900年由德国人建造，是青岛市重点保护文物，高15.5米，呈八角形，曾是海上过往船只进出胶州湾的重要航标。它与栈桥一起，被视为青岛市的主要标志（见图5-13）。

图5-13　栈桥和小青岛

（3）第一海滨浴场

第一海滨浴场位于汇泉湾，是青岛众多海滨浴场中的佼佼者，以坡缓沙细、水清浪静而著称。东西长约580米、宽达40多米的细沙滩，并向海内延伸到极远处。由于汇泉角的阻隔使进入湾内的涌浪渐次衰减，因而形成了浪高仅为1米左右的平静海面，十分适合开展海上娱乐活动。

（4）八大关

八大关景区位于汇泉东部，是我国著名的风景疗养区。十条幽静清凉的大路纵横其间，其主要大路因以我国八大著名关隘命名，即韶关路、嘉峪关路、函谷关路、正阳关路、临淮关路、宁武关路、紫荆关路、居庸关路（现已增为十条路），故统称为八大关。

八大关的特点，是把公园与庭院融合在一起，到处是郁郁葱葱的树木，四季盛开的鲜花，十条马路的行道树品种各异，从春初到秋末花开不断，被誉为"花街"。

八大关的建筑造型独特，汇聚了俄、英、法、德、美、丹麦、希腊、西班牙、瑞士、日本等20多个国家的各式建筑风格。西部是线条明快的美国式建筑"东海饭店"，靠近第二海水浴场，一九四九年后新建的汇泉小礼堂，采用青岛特产的花岗岩建造，色彩雅致，造型庄重美观，再加上一幢幢别具匠心的小别墅，使八大关有了"万国建筑博览会"的美誉。

（5）中山公园

中山公园与汇泉广场一路之隔，是青岛最大的综合性公园。公园三面环山，南向大海，天然造就了这处风景佳地。园内林木繁茂，枝叶葳蕤，是青岛市区植被景观最有特色的风景区。公园东傍太平山，北接青岛动物园，山南麓的青岛植物园内，近百种林木与公园的四时花木连为一体，树海茫茫，郁郁葱葱，游览其中，给人以清新悦目、欣欣向荣的感觉。公园一年一度的夏季灯会和深秋菊展，是最受游人欢迎的活动。

（6）鲁迅公园

鲁迅公园位于汇泉湾西侧，与汇泉角隔海相望，为汇泉景区第一景点，红礁、碧浪、青松、幽径，逶迤多姿，山光水色，淡雅清新，景色十分迷人，是青岛最富特色的临海公园。公园沿狭长基岩海岸东西伸展，长约1千米。赭红色礁石突兀嶙峋，形成天然丘壑，悬崖断岸，海浪搏击，景色蔚为壮观。园内道路依势而成，起伏自然，筑有泻水小桥，曲径通幽。伴以茂密的黑松林和凉亭、水族馆等建筑的点缀，形成一幅瑰丽的海滨风景图画，成为游人观潮、听涛、赏景、垂钓的理想地。

（7）海军博物馆

青岛海军博物馆坐落于青岛市莱阳路8号，东邻鲁迅公园，西接小青岛公园与栈桥隔水相望，南濒一望无际的大海，北面是著名景点青岛信号山公园，占地四万多平方米。海军博物馆由中国人民解放军海军创建，是中国唯一的一座全面反映中国海军发展历史的大型专业军事博物馆。全馆由室内展厅、武器装备展区、海上展舰区三大部分组成。室内展厅分中国人民海军史展室、海军服装展室、礼品展室；武器装备展区内有小型舰艇、飞机、导弹、火炮、水中兵器、观通设备、水中坦克等七个陈列群，陈列各种装备150余件；海上展舰区停泊着4艘退役的中型作战舰艇，其中有为保卫祖国海疆和人民海军建设做出重要贡献的我国第一艘驱逐舰鞍山号。

（8）崂山

崂山位于青岛市东部的崂山区，山海相连、山光海色是崂山风景的特色。绕崂山的海岸线长达87千米，沿海大小岛屿18个，构成了崂山的海上奇观。崂山是我国著名的道教名山，最盛时有"九宫八观七十二庵"，山上有上千名道士。著名的道教人物丘处机、张三丰等都曾在此修道。保存下来的道观以太清宫的规模为最大。

（9）石老人

石老人位于青岛市石老人国家旅游度假区，在石老人村西侧海域的黄金地带，距岸百米处有一座17米高的石柱，形如老人坐在碧波之中，人称"石老人"。石老人是中国基岩海岸典型的海蚀柱景观。千百万年的风浪侵蚀和冲击，使崂山脚下的基岩海岸不断崩塌后退，并研磨成细沙沉积在平缓的大江口海湾，唯独石老人这块坚固的石柱残留下来，乃成今日之形状。从西北方向望去，这块海中奇石极像一位老人，惟妙惟肖，有关这块奇石的一个个美丽动人的传说也吸引了许多游人来此观赏。

（10）青岛国际啤酒节

青岛国际啤酒节始创于1991年，每年在青岛的黄金旅游季节8月的第二个周末开幕，为期16天。啤酒节由开幕式、啤酒品饮、文艺晚会、艺术巡游、文体娱乐、饮酒大赛、旅游休闲、经贸展览、闭幕式晚会等活动组成，是融旅游、文化、体育、经贸于一体的国家级大型节庆活动。

青岛啤酒厂最初于1903年由英德商人合资兴建，用优质的崂山矿泉酿造的青岛啤酒泡沫细腻、口香醇厚、爽口，具有麦芽香和酒花香，受到国内外消费者的欢迎。啤酒节期间，青岛的大街小巷装点一新，举城狂欢，国际啤酒城内更是酒香四溢、激情荡漾。节日每年都吸引超过20个世界知名啤酒厂商参节，也引来近300万海内外游客举杯相聚。

5. 蓬莱游览区

蓬莱地处胶东半岛最北端，北临黄海、渤海，蓬莱是国家历史文化名城，有历代名胜古迹100余处。建于宋嘉佑六年（1061年）的蓬莱阁和建于宋庆历二年（1042年）的蓬莱水城，均为国家重点文物保护单位。还有戚继光故里、三仙山、海洋极地世界、八仙渡海口、艾山国家级森林公园、西苑动物园等旅游景点。

蓬莱阁是中国四大名楼之一，素以"人间仙境"之称闻名于世，其八仙过海传说和海市蜃楼奇观享誉海内外。

蓬莱水城古称登州港，位于山东半岛的最北端。由于特殊的地理位置，蓬莱水城自古以来就是对外经济文化交流的窗口，也是防御外患的战略要地，早在隋唐时期，古登州港就与明州、泉州、扬州并称为四大通商口岸，是东渡日本的主要出海口。许多日本、朝鲜的遣唐使多是由此登陆，前往唐都长安。

6. 烟台游览区

烟台市地处山东半岛东北部黄海之滨，与大连隔海相望。烟台古称芝罘，秦始皇统一天下后，曾三次东巡，均在烟台留下足迹。数千米长的芝罘半岛伸入海中，有烟台山、毓璜顶、芝罘岛、养马岛、黄海明珠等旅游景点。烟台苹果久负盛名，张裕的葡萄酒、金奖白兰地等特产使烟台获得"国际葡萄酒城"的美誉。

7. 威海游览区

威海位于山东半岛东端，北、东、南三面濒临黄海。威海别名威海卫，意为威震海疆。威海是中国近代第一支海军北洋海军的发源地、甲午海战的发生地。威海旅游资源丰富，有海岛海岸、城市园林、历史遗迹、民俗风情等多种类型。

威海海岸线长近1 000千米，沿线海水清澈，松林成片，海鸟翔集，有30多处港湾、168个大小岛屿。威海国际海水浴场、乳山银滩、文登小观金滩都属于中国北方有名的海滩。中国近代第一支海军的诞生地刘公岛是天然植物王国，被誉为"海上森林公园"。胶东半岛有14处温泉，威海就有9处。境内的成山头有"东方好望角"之称。还有亚洲最大的天鹅栖息地天鹅湖等名胜景观。

8. 潍坊游览区

潍坊，古称"潍县"，又名"鸢都"，位于山东半岛的中部。潍坊自秦朝便成为京东古道的重要枢纽，明清以"二百只红炉，三千铜铁匠，九千绣花机，十万织布机"闻名遐迩，是历史上著名的手工业城市，清乾隆年间便有"南苏州、北潍县"之称。潍坊同时也是中国风筝文化的发祥地，国际风筝联合会组织总部所在地，也是"国际风筝会"的固定举办地点，还是我国历史上最大的风筝、木版年画的产地和集散地，又被称为"世界风筝都"。每年4月下旬是潍坊国际风筝节的举办时间，也是一年中潍坊最佳的旅游季节。潍坊风筝博物馆以潍坊的风筝历史文化为依托，是世界著名的风筝专业博物馆，展馆收藏、陈列了古今中外的风筝珍品及有关风筝的文物资料，充分体现了风筝文化所独具的艺术魅力，成为传播和弘扬风筝文化的艺术交流中心。

9. 沂蒙山风景区

沂蒙山旅游区位于山东省中南部，包含蒙山云蒙景区（蒙山国家森林公园）、蒙山龟蒙景区、沂山景区三个景区，现为国家5A级旅游景区、世界地质公园。沂蒙又是一块古老神奇的文化沃土，是一块神圣的红色土地，沂蒙山革命根据地是著名革命根据地之一。

10. 台儿庄游览区

台儿庄位于山东省最南部的枣庄市辖区内,素有"山东南大门"之称,战略位置重要,历来为兵家必争之地,又是台儿庄战役发生地。主要景点有国家5A级景区台儿庄古城、运河湿地公园、台儿庄大战纪念馆等。

11. 山东美食

山东菜由济南、胶东和孔府菜三部分组成,是中国八大菜系之一。鲁菜讲究原料质地优良,以盐提鲜,以汤壮鲜,调味讲求咸鲜纯正,突出本味。突出烹调方法为爆、扒、拔丝,尤其是爆、扒素为世人所称道,对海珍品和小海味的烹制堪称一绝。鲁菜以汤为百鲜之源,讲究"清汤""奶汤"的调制,清浊分明,取其清鲜。经典菜品有一品豆腐、葱烧海参、糖醋黄河鲤鱼、九转大肠、油焖大虾、清汤银耳等。

山东各地还有各种风味小吃,风味独特,历史悠久,如山东煎饼、清油盘丝饼、德州扒鸡、乌鱼蛋,等等。

五、河南省旅游区

河南位于中国中东部、黄河中下游,承东启西,古称天地之中,成为中华民族与中华文明的主要发祥地之一,历史上先后有20多个朝代建都或迁都河南,诞生了洛阳、开封、安阳、郑州、商丘、南阳、濮阳、许昌、新郑、淮阳等古都,为中国古都数量最多、最密集的省区。以河南省为中心的中原文化异常厚重,河南有老子、庄子、墨子、韩非子、商鞅、张良、张衡、杜甫、吴道子、岳飞等历史名人,是道家、墨家、法家、名家、纵横家等思想的发祥地。河南是华夏姓氏的重要发源地,中国300个大姓中起源于河南的有171个,前100个大姓中起源于河南的有78个,有"陈林半天下,黄郑排满街"之称的海内外四大姓氏均起源于河南。河南以"万姓同根,万宗同源"为主题举办姓氏文化节,得到了海内外的广泛认可与响应,在全球华人中掀起了寻根、朝觐、拜祖的热潮。姓氏文化是河南独有的文化现象。

河南文物古迹众多,旅游资源丰富,有世界文化遗产6项25处,世界地质公园4处,国家级自然保护区13处,国家5A级旅游景区13处,全国重点文物保护单位358处,位居中国前列(见图5-14)。

河南省面积16.7万平方千米,人口9 436万人。

1. 郑州市游览区

郑州,古称商都,是河南省省会,中国中部地区重要的中心城市、商贸物流中心和交通枢纽。郑州是华夏文明的重要发祥地,国家历史文化名城,国家重点支持的六

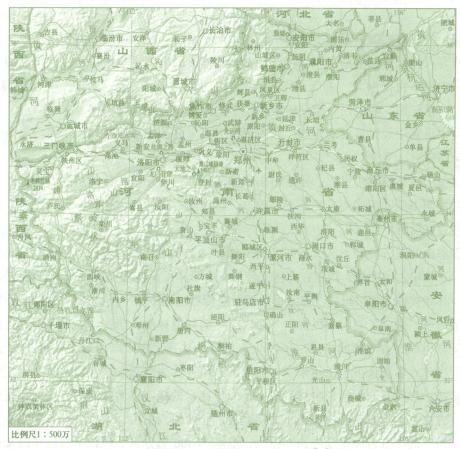

图 5-14　河南省示意图

个大遗址片区之一，历史上曾五次为都，为中华人文始祖轩辕黄帝的故里。

郑州拥有历史人文景观众多，拥有不可移动文物近万处，其中世界文化遗产 2 处 15 项（天地之中历史建筑群、大运河），全国重点文物保护单位 74 处。还有"天下第一名刹"禅宗祖庭少林寺、首批世界地质公园中岳嵩山、海内外华人的精神家园轩辕黄帝故里、我国现存最早的天文观星台、最古老的道教庙宇中岳庙、中国四大书院之一的嵩阳书院等众多旅游名胜。

（1）嵩山风景区

中岳嵩山地处登封市西北部，西邻古都洛阳，东临古都郑州，属伏牛山系，由太室山与少室山组成，是中国佛教禅宗的发源地和道教圣地，功夫之源。嵩山曾有 30 多位皇帝、150 多位著名文人亲临。《诗经》有"崧高维岳，骏极于天"的名句。2004 年 2 月，被联合国教科文组织列为世界地质公园。2007 年 3 月，嵩山被国家旅游局批准为国家 5A 级旅游景区。2010 年 8 月，坐落在嵩山腹地及周围的天地之中历史建筑群（少林寺、东汉三阙、中岳庙、嵩岳寺塔、会善寺、嵩阳书院、观星台）被列为世界文化遗产。

位于太室山东麓黄盖峰下的中岳庙，始建于秦朝，是嵩山道家的象征。中岳庙具有明清官式建筑规模格局和风格特点，青石板铺成的大甬道是中岳庙古建筑群的中轴线，沿中轴线由南向北，由低而高，依次为中华门、遥参亭、天中阁、配天作镇坊、崇圣门、化三门、峻极门、崇高峻极坊、中岳大殿、寝殿、御书楼，共十一进。中岳大殿是中岳庙中规模最大的建筑，殿内正座为五米高的中岳大帝塑像，大殿为清顺治十年（1653年）重建。

太室山南麓的嵩阳书院，是嵩山儒家的象征，它与湖南长沙的岳麓书院、江西庐山的白鹿洞书院、河南商丘的睢阳书院，并称中国古代的四大书院，是历代名人讲授经典的教育场所。

少室山北麓五乳峰下有天下闻名的少林寺，是嵩山释家的象征。少林寺为北魏孝文帝元宏敕建，印度僧人跋陀在此落迹传教。由于印度高僧菩提达摩在这里首传禅宗，故而少林寺被称为禅宗祖庭。禅宗祖师达摩在传教过程中留下了"一苇渡江""面壁九年"的故事，确立了"明心见性，一切皆空"的修道禅法。唐初，少林寺十三棍僧救过秦王李世民，贞观年间（627—649年）重修少林寺，唐代以后僧徒在此讲经习武，禅宗和少林寺名扬天下，千年来少林僧人潜心研究佛法与武学，使得佛教文化在中国广为传播，影响日渐深远，少林武术更是中华武术的瑰宝，名震海内外。现存建筑有山门、方丈室、达摩亭、白衣殿、千佛殿等，已毁的天王殿、大雄宝殿等已修复。千佛殿中有明代"五百罗汉朝毗卢"壁画，壁画约300平方米。塔林是自唐朝以来历代少林寺住持的墓地，已经建成250多座，是中国最大的塔林。塔的大小不等，形态各异，大多有雕刻和题记，反映了各个不同时期的建筑风格，是研究中国古代砖石建筑和雕刻艺术的宝库。作为少林寺的组成部分，还有达摩当年面壁处的初祖庵、慧可的二祖庵。

元代著名科学家郭守敬设计的嵩山观星台距今已有700余年历史，是中国现存最古老的天文台，也是世界上最著名的天文科学建筑物之一，它反映了中国古代科学家在天文学上的卓越成就，在世界天文史、建筑史上都有很高的价值。

（2）黄帝故里景区

黄帝故里景区位于河南省郑州市新郑市轩辕路，为国家非物质文化遗产"黄帝故里拜祖大典"的遗产地。五千年前，轩辕黄帝出生于新郑北关的轩辕丘，汉代时为纪念黄帝功德，人们在轩辕丘上建造了轩辕庙，此后历代都有修复。景区面积达7万多平方米，整体布局突出了"中华民族之根"的主题，从北至南依次分中华姓氏广场、轩辕庙前区、轩辕庙、拜祖广场、轩辕丘与黄帝纪念馆区等五个区域，构成了"天、地、人"三大板块，气势恢宏（见图5-15）。

图 5-15　黄帝故里拜祖大典仪式

2. 洛阳市游览区

洛阳位于河南省西部，古称洛邑、洛京，地处九州腹心，得八方辐辏之利，且群山环抱，四水汇流，是一块浑然天成的"风水宝地"。近 4 000 年来，洛阳做过夏、商、西周、东周、东汉、曹魏、西晋、北魏、隋、唐、后梁、后唐、后晋共 13 个朝代的国都，北宋史学家司马光评价洛阳："若问古今兴废事，请君只看洛阳城。"《易经·系辞》中讲"河出图，洛出书，圣人则之"，河图洛书一向被奉为中华文明的源头，河洛文化博大精深，成为五千年华夏文明的主脉。洛阳拥有众多的文化古迹，如白马寺、龙门石窟、关林、邙山古墓博物馆等，还有白云山、龙潭大峡谷、老君山等自然景观。

阅读资料 5-6

"河图""洛书"

相传，上古伏羲氏时，洛阳东北孟津县境内的黄河中浮出龙马，背负"河图"，献给伏羲。伏羲依此而演成八卦，后为《周易》来源。又相传，大禹时，洛阳西洛宁县洛河中浮出神龟，背驮"洛书"，献给大禹。大禹依此治水成功，遂划天下为九州。又依此定九章大法，治理社会，流传下来收入《尚书》中，名《洪范》。《易·系辞上》说："河出图，洛出书，圣人则之"，在后世一些学者的解读中，就是指这两件事。《周易》和《洪范》，在中华文化发展史上有着重要的地位，在哲学、政治学、军事学、伦理学、美学、文学诸领域产生了深远影响。作为中国历史的文化渊源，河图洛书功不可没。

> 河图洛书是远古时代流传下来的两幅神秘图案，源自天上星宿，蕴含着深奥的宇宙星象密码，被誉为"宇宙魔方"，历来被认为是中华文明的源头。"河图"的这个"河"，其实指的是星河、银河。二十八星宿也是银河系的一部分，"河出图"不是黄河出图，而是星宿从星河里出来。河图最初的原型是一条白色旋转的龙，将银河画成白龙，围绕着中点运转，而这个中点是北极星。这幅图在后来演变成了一黑一白两条龙，逐渐成了今人熟悉的太极阴阳图。"洛书"之意，其实就是"脉络图"，是表述天地空间变化脉络的图案，包括整个水平空间、二维空间，以及东西南北四个方向。

（1）白马寺

中国历史上的第一座佛教寺院洛阳白马寺，是佛教传入中国后由官府兴建的第一座寺院。它建于东汉明帝年间，距今已有1 900多年的历史。因当年天竺高僧摄摩腾与竺法兰是以白马驮佛经、佛像来洛传教的，故得名白马寺。寺院的东南角和西南角各有一座丘冢，安息着摄摩腾、竺法兰两位高僧。整个寺庙布局规整，风格古朴。寺院内现存有天王殿、大佛殿、大雄殿、接引殿、清凉台等古建筑，现存的遗址古迹为元、明、清时所留。寺大门外左右相对有两匹宋代的石雕马，大小和真马相当，形象温和驯良，作低头负重状。寺内保存了大量珍贵的元代夹纻干漆造像，如三世佛、二天将、十八罗汉等。

（2）龙门石窟

龙门石窟位于洛阳市南十三千米处伊河两岸的龙门山与香山上，它同甘肃的敦煌莫高窟、山西大同的云冈石窟并称中国古代佛教石窟艺术的三大宝库（见图5-16）。龙门石窟凿于北魏孝文帝迁都洛阳（494年）至北宋时期，营造时间达400余年之久，现存有窟龛2 345个，造像10万余尊，碑刻题记2 800余品。奉先寺是龙门石窟规模最大、

图5-16　龙门石窟

艺术最为精湛的一组摩崖型群雕，主佛莲座北侧的题记称之为"大卢舍那像龛"，这里共有九躯大像，中间主佛为卢舍那大佛，为释迦牟尼的报身佛，佛像通高17.14米，头高4米，耳朵长达1.9米，佛像面部丰满圆润，两耳下垂，形态圆满、安详亲切，极为动人，成为中国石刻艺术的典范之作，也成为唐朝这一伟大时代的象征。另外，"龙门二十品"是书法魏碑精华，褚遂良所书的"伊阙佛龛之碑"则是初唐楷书艺术的典范。

（3）关林

关林位于洛阳市洛龙区关林镇，为埋葬三国时蜀将关羽首级之地，前为祠庙，后为墓冢。关林的主要建筑建于明万历二十年（1592年），其布局按帝王宫殿建筑而建，呈"回"字形结构。舞楼、大门、仪门、平安殿、财神殿、春秋殿、关林（冢）为其南北向中轴线，其他建筑的布设皆沿此线左右对称，错落有致，体现我国古建文化的传统特点。大门东西两边为八字墙，分别是"忠义""仁勇"四个大字，概括了关羽忠君、义友、仁爱、勇武的一生，也体现了中华民族的精神，并由此形成"关公信仰"这一特殊文化现象。每年9月29日在这里举办关林国际朝圣大典，关林成为海内外华人拜谒的圣域，也是驰名中外的旅游胜地。

（4）邙山

邙山又名北邙，横卧于洛阳北侧，是洛阳北面的天然屏障，也是军事上的战略要地。白居易诗："北邙冢墓高嵯峨"。俗谚说："生在苏杭，死葬北邙。"邙山又是古代帝王理想中的埋骨处所。其最高峰为翠云峰，在今市区正北，上有唐玄元皇帝庙。古时树木森列，苍翠如云。

洛阳北邙山及周边地区，历代古墓葬星罗棋布，在此基础上应运而生的专题性博物馆——洛阳古墓博物馆，即洛阳古代艺术博物馆，是我国第一座以陈列历代典型墓葬为主要内容的专题性博物馆，分历代墓葬、北魏帝王陵墓和壁画馆三大展区。历代典型墓葬展区搬迁复原代表性墓葬25座，陈列文物总计约600件。通过墓葬形制的整体展出，让现代人得以从更多的视角去了解墓室建筑和出土文物所在的空间环境。

（5）洛阳牡丹文化节

白居易曾描绘洛阳牡丹："花开花落二十日，一城之人皆若狂。"牡丹花为洛阳的市花，1983年洛阳创办了"牡丹花会"，后申请为国际性的节日，即中国洛阳牡丹文化节，是一个融赏花观灯、旅游观光、经贸合作与交流为一体的大型综合性经济文化活动，每年根据牡丹开放情况于4月至5月举办。"洛阳牡丹甲天下，花开时节动京城。"每年四月花开时节，数十万株牡丹争奇斗艳，婀娜多姿，吸引国内外大量游客前来观赏牡丹花风采。

3. 开封市游览区

开封地处河南省中东部，古称东京、汴京，为八朝古都，已有2 700多年的历史，是首批中国历史文化名城，中国七大古都之一，历史上的开封有着"汴京富丽天下无"的美誉，北宋时期的东京更是当时世界第一大城市。开封是一座"城摞城"的城市，地下叠压着六座古代城池，城摞城遗址在世界考古史和都城史上是绝无仅有的。

开封的民俗文化极为丰富多彩，有国家级非物质文化遗产朱仙镇木版年画、汴京灯笼张、开封盘鼓、大相国寺梵乐、麒麟舞、二夹弦、汴绣、摞石锁等。开封美食也名扬天下，著名小吃有灌汤包子、桶子鸡、烩面、锅贴豆腐等。

开封有众多的名胜古迹，闻名遐迩的有铁塔、相国寺、包公祠、延庆观、禹王台、繁塔、清明上河园等。

（1）铁塔

开封铁塔位于开封市北门大街铁塔公园，始建于北宋皇祐元年（1049年），素有"天下第一塔"之称。铁塔高55.88米，八角十三层，楼阁式，此地曾为开宝寺，又称"开宝寺塔"，又因遍体通彻褐色琉璃砖，浑似铁铸，从元代起民间称其为"铁塔"，在900多年中，历经了37次地震、18次大风、15次水患，却依然巍然屹立。

（2）大相国寺

开封大相国寺始建于北齐天保六年（555年），位于开封市中心。该寺历史悠久，原名建国寺，北宋时期为全国最大的佛教寺院，在中国佛教史上有着重要的地位和广泛的影响。现在大相国寺的主要建筑都是清代遗物，布局严谨，殿宇崇丽，高大宽敞，巍峨壮观，不愧为久负盛名的古寺宝刹。八角琉璃殿内置木雕密宗四面千手千眼观世音巨像，高约七米，全身贴金，相传为一整株银杏树雕成，异常精美。钟楼内存清朝高约四米的巨钟一口，重万余斤，有"相国霜钟"之称，为开封八景之一。

（3）包公祠

包公祠是为纪念中国古代著名清官、政治改革家包拯而恢复重建的，坐落在开封市包公湖西畔。主要建筑有大殿、二殿、东西配殿、半壁廊、碑亭和气势雄壮的大门楼等，布局规整，庄严肃穆，油漆彩绘，色调淡雅，均系宋代风格。大殿中央有一尊包公坐像，高3米多，蟒袍玉带，端坐靠背椅上，劲正如松，威严端庄。包公坐像两旁陈列着历史文物，有包公墓出土的碗、盏、木桶和普通砚台等。

（4）延庆观

延庆观，原名重阳观，位于开封市包公湖东北部，始建于元太宗五年（1233年），明洪武六年（1373年）改名延庆观，是为纪念道教中全真教创始人王喆在此传教并逝世于此而修建的道观，与北京的白云观、四川的常道观并称为中国的三大名观。寺院在建筑上保留了宋元时期汉文化同蒙古文化融合的显著特征。

（5）清明上河园

清明上河园坐落在开封市龙亭湖西岸，它是以画家张择端的写实画作《清明上河图》为蓝本，按照1：1的比例，以宋朝市井文化、民俗风情、皇家园林和古代娱乐为题材，以游客参与体验为特点的大型宋代文化实景主题公园。园区设驿站、民俗风情、特色食街、宋文化展示、花鸟鱼虫、繁华京城、休闲购物和综合服务等八个功能区，主要建筑有城门楼、虹桥、街景、店铺、河道、码头、船坊等，按《清明上河图》的原始

图5-17 清明上河园

布局，集中展现宋代诸如汴绣、官瓷、年画等现场制作场景；汇集民间游艺、杂耍、盘鼓表演；神课算命、博彩、斗鸡、斗狗等千年京都繁华街市风情（见图5-17）。

为了把历史活化，每天上午九点，清明上河园都要举行开园仪式。每天定时表演包公迎宾、杨志卖刀、王员外招婿、宋式民俗婚礼等20多个节目。晚间的《大宋·东京梦华》大型专场水上实景大宋风情歌舞晚会，把穿越千年历史的游园活动推向高潮。每年10月18日至11月18日菊花花会以及每年的元宵灯会等活动也在园区举行，为园区旅游增色。

4. 安阳市游览区

安阳，简称殷、邺，位于河南省最北部，是中国七大古都之一，国家历史文化名城，华夏文明的中心之一。安阳是甲骨文最早发现地，被考证为华夏文明最早使用的文字甲骨文、世界上最大的青铜器司母戊大方鼎在安阳出土。安阳殷墟是世界公认的、当今中国所能确定的商代最早都城遗址，已被列入世界文化遗产名录。主要旅游景点有殷墟、红旗渠、太行大峡谷、羑里城、岳飞庙等。

（1）殷墟

殷墟，古称"北蒙"，是中国商朝晚期都城遗址。在20世纪初，殷墟因发掘甲骨文而闻名于世，被评为20世纪中国"100项重大考古发现"之首。殷墟是中国历史上第一个有文献可考、并为考古学和甲骨文所证实的都城遗址，由殷墟王陵遗址、殷墟宫殿宗庙遗址、洹北商城遗址等构成。宫殿宗庙遗址是商王处理政务之处，也是殷墟最重要的遗址和组成部分，宫殿建设格局、建筑艺术、建筑方法、建筑技术代表了中国古代早期宫殿建筑的先进水平。殷墟出土文物非常丰富，以陶器数量最多，还有大量的青铜器、玉器等，其中举世闻名的司母戊鼎是殷墟出土的最大青铜器（见图5-18）。殷墟甲骨文是殷王朝占卜的记录，为研究中国文化史提供了重要的材料（见图5-19）。

图 5-18 司母戊鼎

图 5-19 殷墟甲骨文

（2）红旗渠

红旗渠位于安阳林州市，是 20 世纪 60 年代林县（今林州市）人民在极其困难的条件下，从太行山腰修建的引漳入林的工程，被人称之为"人工天河"（见图 5-20）。该工程历时近十年，共削平了 1 250 座山头，架设 151 座渡槽，开凿 211 个隧洞，修建各种建筑物 12 408 座，挖砌土石达 2 225 万立方米，总干渠全长 70.6 千米，干渠支渠分布全市乡镇。红旗渠获批国家 5A 级旅游景区，被列入《全国红色旅游经典景区名录》，入选教育部第一批全国中小学生研学实践教育基地、营地名单。

图 5-20 红旗渠

六、山西省旅游区

山西因居太行山之西而得名，简称"晋"，又称"三晋"，省会太原市。山西省位于黄河中游东岸、华北平原西面的黄土高原上，东依太行山，西、南依吕梁山、黄河，北依古长城，与河北、河南、陕西、内蒙古等省区为邻。山西境内是典型的为黄土广泛覆盖的山地高原，水土流失较为严重，是全国水资源贫乏省份之一，高原内部地势起伏不平，沟壑纵横，中部分布了一些断陷盆地，为山西最主要的农业生产地区，也是自古以来山西最富裕的区域，为著名的晋商集中地。

山西全省面积为15.6万平方千米，人口3 501万。山西是中华民族发祥地之一，山西有文字记载的历史达3 000年，被誉为"华夏文明摇篮"，素有"中国古代文化博物馆"之称，境内保存完好的宋、金以前的地面古建筑物占全国的70%以上，形成了"北佛、中商、南根"三大旅游特色。"北佛"以北部云冈石窟、五台山、应县木塔为代表；"中商"主要以晋中平遥古城、乔家大院、王家大院为代表；"南根"主要以洪洞大槐树、运城关帝庙、芮城大禹渡为代表（见图5-21）。

1. 大同市游览区

大同位于山西省北部、晋冀蒙三省区交界处，为北方之门户，且扼晋、冀、内蒙之咽喉要道，是历代兵家必争之地，有"北方锁钥"之称。大同古称平城，曾是北魏首都，历经六帝七世，成为北方政治、经济、文化中心，盛极一时。辽、金时大同为陪都，元设大同路，明清时为九边重镇。几千年来，各族人民在大同生息、繁衍交融，创造了灿烂的古代文明，留下了极为丰富的历史人文景观，古迹众多，著名的名胜古迹包括云冈石窟、华严寺、善化寺、九龙壁、恒山风景区、五台山风景区等。

（1）云冈石窟

云冈石窟位于大同市城西约16千米的武州山南麓，石窟依山开凿，东西绵延约1千米，存有主要洞窟45个，大小窟龛252个，石雕造像51 000余躯，为中国规模最大的古代石窟群之一，与敦煌莫高窟、洛阳龙门石窟和天水麦积山石窟并称为中国四大石窟艺术宝库，2001年12月14日被联合国教科文组织列入世界文化遗产名录。

云冈石窟的开凿从北魏文成帝和平初（460年）起，一直延续至孝明帝正光五年（524年）止，前后60多年。石窟的造像气势宏伟，内容丰富多彩，堪称公元5世纪中国石刻艺术之冠，被誉为中国古代雕刻艺术的宝库。按照开凿的时间可分为早、中、晚三期，不同时期的石窟造像风格也各有特色。早期的"昙曜五窟"气势磅礴，具有浑厚、纯朴的西域情调。中期石窟则以精雕细琢、装饰华丽著称于世，显示出复杂多变、富丽堂皇的北魏时期艺术风格。晚期窟室规模虽小，但人物形象清瘦俊美，比例适中，是中国北方石窟艺术的榜样和"瘦骨清像"的源起。此外，石窟中留下的乐舞和百戏杂技雕刻，也是当时佛教思想流行的体现和北魏社会生活的反映。云冈石窟是石窟艺术"中国化"的开始，形象地记录了印度及中亚佛教艺术向中国佛教艺术发展的历史轨迹，反映出佛教造像在中国逐渐世俗化、民族化的过程。

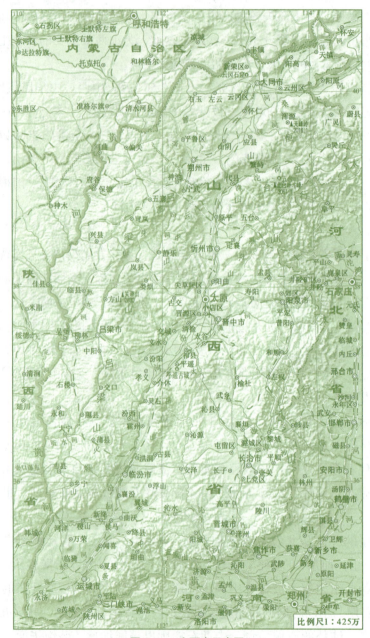

图 5-21　山西省示意图

（2）华严寺

华严寺位于大同古城内，始建于辽重熙七年（1038 年），依据佛教经典《华严经》而命名，兼具辽国皇室宗庙性质，地位显赫。后毁于战争，金天眷三年（1140 年）重建。寺院坐西向东，山门、普光明殿、大雄宝殿、薄伽教藏殿、华严宝塔等 30 余座单体建筑分别排列在南北两条主轴线上，布局严谨，是中国现存年代较早、保存较完整的一座辽金寺庙建筑群。

(3) 九龙壁

大同九龙壁是中国现存规模最大，建筑年代最早的一座龙壁，它建于明代洪武二十五年(1392年)，是明太祖朱元璋第十三子朱桂代王府邸前照壁，距今已有600多年的历史，它的建造年代比北京北海九龙壁早250年。壁高8米，厚2.02米，长45.5米，体积是北海九龙壁的三倍。壁上均匀协调地分布着9条飞龙，气势磅礴，飞腾之势跃然壁上，两侧为日月图案。庑殿式壁顶，正脊饰凸雕莲花及游龙，四角戗脊置走兽，壁面由426块特制五彩琉璃构件拼砌而成。壁底为须弥座，高2.09米，敦实富丽，上雕41组二龙戏珠图案。腰部由75块琉璃砖组成浮雕，有牛、马、羊、狗、鹿、兔等多种动物形象，生动活泼，多彩多姿。整个九龙壁构图协调，比例适当，风格古朴、稳重、端庄。九龙壁前修筑一处倒影池，龙在水中倒影，把静态的龙变成动态的龙，可谓匠心独运。

(4) 五台山风景区

五台山位于山西省东北部忻州市五台县境内，《名山志》载："五台山五峰耸立，高出云表，山顶无林木，有如垒土之台，故曰五台。"这里气候寒冷，全年平均气温2~3℃，又被称作"清凉山"。五台山位居中国四大佛教名山之首，为文殊菩萨的道场，它与尼泊尔蓝毗尼花园、印度鹿野苑、印度菩提伽耶、印度拘尸那迦并称为世界五大佛教圣地，2009年被联合国教科文组织以文化景观列入世界文化遗产名录。它也是中国唯一一个青庙(汉传佛教)与黄庙(藏传佛教)并存的佛教道场，现存宗教活动场所共86处，其中多敕建寺院，多朝皇帝前来参拜。著名的有显通寺、塔院寺、菩萨顶、南山寺、黛螺顶、金阁寺、万佛阁、碧山寺等。

(5) 恒山风景区

北岳恒山位于大同市浑源县城南10千米处，主峰天峰岭海拔2 016.8米，号称"人天北柱"。恒山横亘于山西北部高原与冀中平原之间，因其险峻的自然山势和地理位置的特点，成为兵家必争之地。山间河谷处的倒马关、紫荆关、平型关、雁门关、宁武关虎踞为险，是塞外高原通向太原盆地、冀中平原之咽喉要冲。许多帝王、名将都在此打过仗，古代关隘、城堡、烽火台等众多古代战场遗迹保存了下来。

悬空寺位于恒山金龙峡西侧翠屏峰峭壁间，建成于491年，是佛、道、儒三教合一的独特寺庙，其建筑极具特色，素有"悬空寺，半天高，三根马尾空中吊"的俚语，以如临深渊的险峻而著称(见图5-22)。悬空寺呈"一院两楼"布局，总长约32米，楼阁殿宇40间，南北两座雄伟的三檐歇山顶高楼好似凌空相望，悬挂在刀劈般的悬崖峭壁上，三面环廊合抱，六座殿阁相互交叉，栈道飞架，各个相连，高低错落。全寺初看去只有十几根大约碗口粗的木柱支撑，最高处距地面50多米，巧夺天工，颇为壮

图 5-22 悬空寺

观。寺下岩石上"壮观"二字,据传为唐代诗仙李白的墨宝。悬空寺的选址之险,建筑之奇,结构之巧,内涵之丰,堪称世界一绝。

（6）应县木塔

佛宫寺释迦塔位于山西省朔州市应县城西北佛宫寺内,俗称应县木塔,始建于辽清宁二年（1056年）,是中国现存最高最古老的唯一一座木构塔式建筑,也为世界最高的木塔。释迦塔塔高67.31米,底层直径30.27米,呈平面八角形,纯木结构,无钉无铆。塔内供奉着两颗释迦牟尼佛牙舍利。

2. 太原市游览区

太原古称晋阳,位于山西省中北部的太原盆地,是一座具有4 700多年历史、2 500多年建城史的历史文化名城,"控带山河,踞天下之肩背","襟四塞之要冲,控五原之都邑",是中国北方军事、文化重镇,中国能源和重工业基地之一。太原市三面环山,中、南部为河谷平原,黄河第二大支流汾河自北向南流经,自古就有"锦绣太原城"的美誉。

太原曾是晋商故里,作为中国最早的商人,历史最早可以追溯到春秋战国时期,明清两代成为晋商最鼎盛时期,并成为中国四大商帮之首,称雄中国商界500年之久,成为世界晋商都会。太原文物古迹有晋祠园林、建于明代的永祚寺、凌霄双塔、龙山石窟、蒙山大佛、祭孔文庙、晋阳古城遗址,还有中国十大石窟之一的天龙山石窟等名胜古迹。

（1）晋祠

晋祠始建于北魏,是为纪念晋国开国诸侯唐叔虞及母后邑姜后而建,是中国现存最早的皇家园林,为晋国宗祠。祠内有几十座古建筑,其中难老泉、侍女像、圣母像被誉为"晋祠三绝"。圣母传为叔虞之母邑姜,圣母殿存有宋明时期精美彩塑像43尊,这些彩塑中,邑姜居中而坐,神态庄严,雍容华贵,凤冠霞帔,侍女塑像形象逼真,造型生动,情态各异,是研究宋代雕塑艺术和服饰的珍贵资料。此外,宋代建筑鱼沼飞梁,造型奇特,是中国现存唯一的古代木结构十字型桥梁建筑。金代建筑献殿也是国宝级建筑实体。晋祠现存碑碣中,以唐太宗李世民亲自书写的《晋祠之铭并序》和武则天亲自作序的《华严经石刻》最为珍贵,是一部研究、探讨盛唐时期的政治、文化、文学、书法艺术等方面的珍贵的"石史"。

（2）平遥古城

平遥古城位于山西省中部平遥县内，始建于西周宣王时期，明朝初年为防御外族南扰始建城墙，后经历代扩建、补修，形成现在的砖石城墙，成为我国保存下来汉民族文化最完整的县级古城，也是我国保存最为完好的四大古城之一，整座古城已经列入世界文化遗产名录。平遥古城还是晋商文化的发源地，曾经的日升昌票号，做到了汇通天下，一度成为中国的金融中心。清代晚期，总部设在平遥的票号就有二十多家，占全国的一半以上，被称为"古代中国华尔街"。

平遥城墙建于明洪武三年，城墙总周长6 163米，墙高约12米，现存有6座城门瓮城、4座角楼和72座敌楼，是世界文化遗产平遥古城的核心组成部分。城墙以内街道、铺面、市楼保留明清形制，有"龟城"之称。街道格局为"土"字形，建筑布局则遵从八卦的方位，体现了明清时的城市规划理念和形制分布。城内外有各类遗址、古建筑300多处，有保存完整的明清民宅近4 000座，街道商铺都体现历史原貌，被称作研究中国古代城市的活样本。

平遥古城主要景点有城墙、平遥古县衙、日升昌中国票号博物馆、文庙学宫、镖局、古民居、平遥古城街巷等（见图5-23）。

图5-23　平遥古城

（3）乔家大院

乔家大院位于祁县乔家堡村，始建于1756年，是一座具有北方汉族传统民居建筑风格的古宅，屋主曾是清朝末年著名晋商乔致庸。乔家大院为全封闭式的城堡式建筑群，建筑面积4 175平方米，分6个大院，20个小院，313间房屋，布局严谨，设计精巧，俯视成"囍"字形，建筑考究，砖瓦磨合，精工细作，斗拱飞檐，彩饰金装，砖石木雕，工艺精湛，被专家学者誉之为"北方民居建筑史上一颗璀璨的明珠"，誉满海内外。

3. 运城游览区

运城地处山西西南部，是中华文明的重要发祥地之一，女娲补天、黄帝战蚩尤、舜耕历山、禹凿龙门、嫘祖养蚕、后稷稼穑等传说均发生在运城，这里也是蜀汉名将关羽的故乡。武庙之祖解州关帝庙、祠庙之冠后土祠、道教祖庭永乐宫、山西最大湖泊运城盐湖、河洛文化传播圣地五老峰等名胜古迹成为运城的重要旅游资源。

（1）关帝庙

解州关帝庙为武庙之祖，创建于隋开皇九年（589年），宋、明时曾扩建和重修。

分为正庙和结义园两部分,是现存规模最大的宫殿式道教建筑群和武庙,被誉为"关庙之祖""武庙之冠"。庙内悬挂有康熙御笔"义炳乾坤"、乾隆钦定"神勇"、咸丰御书"万世人极"、慈禧太后亲书"威灵震叠"等匾额。代表建筑是"春秋楼",世传春秋楼有三绝:上层回廊的廊柱矗立在下层垂莲柱上,垂柱悬空,内设搭牵挑承,给人以悬空之感,谓之一绝;进入二层楼,有神龛暖阁,正中有关羽侧身夜观《春秋》像,阁子板壁上,正楷刻写着全部《春秋》,谓之二绝;据说楼当顶正对北斗七星,谓之三绝。

(2)永乐宫

永乐宫位于芮城县城北3千米的龙泉村东侧,始建于元代,施工期前后共110多年。宫殿内部的墙壁上布满壁画。永乐宫壁画是我国古代绘画艺术的瑰宝,整个壁画共有1 000平方米,分别画在无极殿、三清殿、纯阳殿和重阳殿里,为道教宣传画,目的在于揭示教义和感召人心。这些绘制精美的壁画题材丰富,画技高超,它继承了唐、宋以来优秀的绘画技法,又融汇了元代的绘画特点,形成了永乐宫壁画的可贵风格,成为元代寺观壁画中最为引人的一章。现存的永乐宫主要建筑为一门三殿,一门为龙虎殿,也就是无极门;三殿为三清殿、纯阳殿、重阳殿。

4. 山西美食

山西人爱吃醋,面食离不开醋,炒菜、做汤处处离不了醋。

太原的面食有拉面、削面、拨面、擀面、揪片、剔尖、焖面、栲栳佬、拨鱼、猫耳朵、擦搁斗、沾片子、饸饹等。制法有擀、拉、拨、削、压、擦、揪、抿等几十种。料理工艺上,又可分为蒸制、煮制、烹制。浇头卤料精细考究,"醋调和"与"浇两样"最具特色。

七、陕西省旅游区

陕西省位于中国内陆腹地,黄河中游,东邻山西、河南,西连宁夏、甘肃,南抵四川、重庆、湖北,北接内蒙古,总面积20.56万平方千米,常住人口3 864.40万人。陕西省地势南北高、中间低,北部是黄土高原区,中部是关中平原区,南部是秦巴山区,境内有许多著名峰岭,如华山、太白山、终南山、骊山,作为中国南北气候分界线的秦岭山脉横贯全省东西。

陕西是中华民族及华夏文化的重要发祥地之一,有西周、秦、汉、唐等14个朝代在陕西建都。陕西有各类文物点3.58万处、博物馆151座、馆藏各类文物90万件(组),文物点密度之大、数量之多、等级之高,均居中国首位,著名的有长城、秦始皇兵马俑、乾陵、茂陵、阳陵、黄帝陵、法门寺等,以及西安城内的城墙、碑林、钟鼓楼、大小雁塔等。在陕西,仅有名有姓的古代帝王陵墓就有72座,被誉为"东方帝王谷"。

陕西各地的博物馆内陈列了西周青铜器、秦代铜车马、汉代石雕、唐代金银器、宋代瓷器及历代碑刻等稀世珍宝，昔日的周秦风采、汉唐雄风从中可窥一斑。

近现代的陕西，是中国革命的摇篮，延安成为中国革命圣地，中国共产党在这里领导了全国的抗日战争和解放战争。

有国家5A级旅游景区秦始皇兵马俑博物馆、华清池景区、黄帝陵景区、大雁塔—小雁塔景区、华山景区、法门寺佛文化景区、金丝峡景区、宝鸡太白山景区，还有西安周边的临潼骊山华清池、终南山、翠华山，秦晋交界处的黄河壶口瀑布等（见图5-24）。

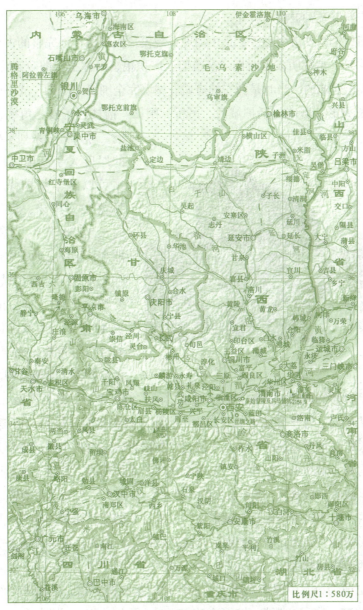

图5-24 陕西省示意图

1. 西安游览区

西安，古称长安、镐京，地处关中平原中部，北濒渭河，南依秦岭。西安是我国七大古都之一，历史上先后有十多个王朝在此建都，是古丝绸之路的起点，是"一带一路"核心区、中国西部地区重要的中心城市。西安是首批中国优秀旅游城市，文化遗存具有资源密度大、保存好、级别高的特点。西安周围帝王陵墓有72座，其中有"千古一帝"秦始皇的陵墓，周、秦、汉、唐四大都城遗址，大小雁塔、钟鼓楼、古城墙等古建筑700多处。

（1）西安城墙及钟鼓楼

西安城墙位于西安市中心区，是中国现存规模最大、保存最完整的古代城垣，现存城墙为明代建筑，是在明太祖时期"高筑墙、广积粮、缓称王"的政策背景下，在隋、唐皇城的基础上建成的，当时是西安的府城。城墙完全围绕"防御"战略体系修建，轮廓呈封闭的长方形，城墙包括护城河、吊桥、闸楼、箭楼、正楼、角楼、敌楼、女儿墙、垛口等一系列军事设施，城墙的厚度大于高度，稳固如山，墙顶可以跑车和操练。墙高12米，顶宽12～14米，底宽15～18米，周长13.74千米。原有四座城门，即东长乐门、西安定门、南永宁门和北安远门。每门城楼都有闸楼、箭楼、正楼三重，正楼高32米，长40余米，为歇山顶式，四角翘起，三层重檐，底层有回廊环绕，古色古香，巍峨壮观。

图 5-25　钟鼓楼

钟鼓楼是钟楼和鼓楼的合称，位于城墙内的古城区中心，是西安的标志性建筑物，皆建于明洪武年间。昔日钟楼上悬一口大钟，用于报警报时，故名"钟楼"。钟楼是一座重檐三滴水式四角攒尖顶的阁楼式建筑，建在用青砖、白灰砌成的方形基座上，基座下有高与宽均为6米的十字形券洞与东南西北四条大街相通。鼓楼上原有巨鼓一面，每日击鼓报时，故称"鼓楼"，建于高大的长方形台基之上，台基下辟有高和宽均为6米的南北向券洞。钟楼与鼓楼是具有浓郁中国民族特色的宏伟建筑，给人以形式古朴、艺术典雅、色彩华丽、层次分明之美感，它们遥相呼应，蔚为壮观（见图5-25）。

（2）陕西历史博物馆

陕西历史博物馆，中国第一座大型现代化国家级博物馆，为国家一级博物馆，被誉为"古都明珠，华夏宝库"。馆藏文物171.795万件（组），其中，一级文物762件

（组），国宝级文物18件（组），其中2件为首批禁止出国（境）展览文物，居中国博物馆前列。陕西历史博物馆是一座综合性历史类博物馆，以历史进程为线索，选取各时代的典型文物进行组合陈列，来揭示陕西地区古代社会文明发展状况，精选的2 000余件珍贵文物，包括反映古代先民生活情景和艺术追求的丰富多姿的彩陶器皿，反映周人兴起与鼎盛的青铜器，反映秦横扫六合统一天下气势的青铜剑、弩机、兵马等，以及显示秦汉奋发崛起精神的钢建筑构件、大型瓦当，还有反映封建盛世繁荣景象的精美的唐代金银器和唐三彩等，并配以遗址模型、图表、照片等辅助展品，系统地展现了自115万年前至1840年陕西地区的古代历史。

（3）碑林

西安碑林始建于宋哲宗元祐二年（1087年），经金、元、明、清、民国历代的维修及增建，规模不断扩大，藏石日益增多，现收藏自汉代至今的碑石、墓志4 000余件，数量为全国之最，藏品时代系列完整，时间跨度达2 000多年。碑林内容丰富，它既是我国古代书法艺术的宝库，又汇集了古代的文献典籍和石刻图案；记述了我国文化发展的部分成就，反映了中外文化交流的史实，因而驰名中外。

（4）大雁塔

大雁塔位于西安市南的大慈恩寺内，是世界文化遗产"丝绸之路：长安—天山廊道的路网"中的一处遗址点。唐永徽三年（652年），玄奘为保存由天竺经丝绸之路带回长安的经卷佛像，主持修建了大雁塔，为砖仿木结构的四方楼阁式塔，全塔通高64.7米。塔基座皆有石门，门楣门框上均有精美的线刻佛像及砖雕对联。底层南门洞两侧嵌置碑石，西龛是由右向左书写，唐太宗李世民亲自撰文、时任中书令的大书法家褚遂良手书的《大唐三藏圣教序》碑，东龛是由左向右书写，唐高宗李治撰文、褚遂良手书的《大唐三藏圣教记》碑，人称"二圣三绝碑"。塔内保存有大量从天竺取回的贝多罗树叶梵文经及舍利子万余颗。

（5）小雁塔

小雁塔位于西安市南郊荐福寺内，又称"荐福寺塔"，建于唐景龙年间，是为了存放唐代高僧义净从天竺带回来的佛教经卷、佛图等而建，与大雁塔同为唐长安城保留至今的重要标志。小雁塔是中国早期方形密檐式砖塔的典型作品，原有15层，现存13层，高43.4米，塔形秀丽，是唐代佛教建筑艺术遗产，佛教传入中原地区并融入汉族文化的标志性建筑。2014年小雁塔作为中国、哈萨克斯坦和吉尔吉斯斯坦三国联合申遗的"丝绸之路：长安—天山廊道的路网"中的一处遗址点成功列入世界文化遗产名录。

（6）法门寺

法门寺，又名"真身宝塔"，位于宝鸡市东郊扶风县，据传始建于东汉明帝十一年

（68年），约有1 900多年历史，素有"关中塔庙始祖"之称。因其安置释迦牟尼佛指骨舍利而成为举国仰望的佛教圣地，被誉为皇家寺庙，法门寺佛塔被誉为"护国真身宝塔"。如今我们看到的法门寺，是1987年以后仿唐式建筑风格所重建的。

法门寺地宫是迄今为止最大的塔下地宫，出土了释迦牟尼佛指骨舍利、铜浮屠、八重宝函、银花双轮十二环锡杖等佛教至高宝物，法门寺珍宝馆拥有出土于法门寺地宫的两千多件大唐国宝重器，为世界寺庙之最。

（7）半坡博物馆

西安半坡博物馆位于西安市东郊半坡村北，是国家一级博物馆、中国第一座史前遗址博物馆。主要展出半坡遗址和姜寨遗址出土的原始先民使用过的生产工具、生活用具和艺术品等，包括石斧、石铲、石刀、刮削器、敲砸器、箭头、磨盘、纺纶、骨锥、骨刀、骨针、鱼钩、鱼叉、陶钵、陶盆、陶碗、陶罐、陶甑以及尖底瓶等，此外还有陶哨、人头、鸟头、兽头等艺术品和一些装饰品。西安半坡博物馆揭示了距今6 000多年前的一处典型的新石器时代仰韶文化母系氏族聚落的社会组织、生产生活、经济形态、婚姻状况、风俗习惯、文化艺术等丰富的文化内涵。

（8）大唐芙蓉园

大唐芙蓉园位于西安市城南的曲江开发区，大雁塔东南侧，是在原唐代芙蓉园遗址以北，于2002年仿照唐代皇家园林式样重新建造的，是中国第一个全方位展示盛唐风貌的大型皇家园林式文化主题公园，占地面积1 000亩，其中水域面积300亩。园内建有紫云楼、仕女馆、御宴宫、杏园、芳林苑、凤鸣九天剧院、唐市等许多仿古建筑，是中国最大的仿唐皇家建筑群。

（9）秦始皇陵

秦始皇陵是中国历史上第一位皇帝嬴政（前259—前210年）的陵寝，位于西安市临潼区城东5千米处的骊山北麓。陵寝有内外两重夯土城垣，象征着帝都咸阳的皇城和宫城。陵冢位于内城南部，呈覆斗形，现高51米，底边周长1 700余米。四周分布着大量形制不同的陪葬坑和墓葬，现已探明的有400多个，其中包括举世闻名的"世界第八大奇迹"兵马俑坑。1987年12月，联合国教科文组织已将秦始皇陵（包括兵马俑坑）列入世界文化遗产名录（见图5-26）。

图5-26　秦始皇陵

秦始皇兵马俑博物馆以秦始皇兵马俑为基础，在兵马俑坑原址上建立遗址类博物馆，也是中国最大的古代军事博物馆，共有一、二、三号3个兵马俑坑。一号坑是一个以战车和步兵相间的主力军阵，约有6 000个真人大小的陶俑；二号坑是秦俑坑中的精华，由战车、骑兵、弩兵混合编组，严整有序，无懈可击；三号坑是军阵的指挥系统。

（10）华清池

华清池是位于唐华清宫遗址之上的一座皇家宫苑，位于西安市临潼区，西距西安30千米，南依骊山，北面渭水，因其亘古不变的温泉资源、唐明皇与杨贵妃的爱情故事、西安事变发生地以及丰厚的人文历史资源而成为中国著名的文化旅游景区。景区仿唐建筑大气恢宏，园林风光别具一格。主要有唐华清宫御汤遗址博物馆、西安事变旧址、九龙湖与芙蓉湖、唐梨园遗址博物馆等景点，以及飞霜殿、昭阳殿、长生殿、环园和禹王殿等标志性建筑群。

2. 华山游览区

西岳华山位于华阴市，在西安以东120千米处。华山险峻奇绝，冠绝五岳，自古以来就有"奇险天下第一山"的说法（见图5-27）。华山山脉是深成侵入岩体的花岗岩浑然巨石，经地层断裂抬升、流水切割以及自然风化剥蚀而形成一座峻秀的山峰和许许多多奇形怪状的岩石，东、西、南

图5-27 华山

三峰呈鼎形相依，为华山主峰，中峰、北峰相辅，周围各小峰环卫而立，从高空俯看，整个山体呈现莲花形状，故名"华山"。华山的著名景点多达210余处，有凌空架设的长空栈道，三面临空的鹞子翻身，以及在峭壁绝崖上凿出的千尺幢、百尺峡、苍龙岭、老君犁沟、金锁关等。

华山是道教主流全真派圣地，为"第四洞天"，道教宫观很多，历史也很悠久，早在汉武帝时就建有集灵宫，唐朝更陆续出现了一些由道士们自己所营建的宫观，相传大上方的白云宫就是唐金仙公主的修道处，至今遗迹犹存。最主要的宫观是西岳庙，此外还有云台观和玉泉院等20余座。

3. 延安游览区

延安位于陕西省北部，是中国革命圣地，毛主席等老一辈革命家在这里生活战斗了十三个春秋，领导了抗日战争和解放战争，培育了延安精神，是全国爱国主义、革命传统和延安精神三大教育基地。延安是中国红色旅游景点最多、内涵最丰富、知名度最高

的红色旅游资源富集区，有枣园革命旧址、杨家岭革命旧址、王家坪革命旧址、凤凰山革命旧址、南泥湾、清凉山、延安革命纪念馆、延安新闻纪念馆、中国抗日军政大学纪念馆等，是中国保存最完整、面积最大的革命遗址群，被授予"中国红色旅游景点景区"称号。此外，延安还有号称"天下第一陵"的黄帝陵以及中国第二大瀑布壶口瀑布。

（1）革命遗迹

枣园革命旧址是中共中央书记处所在地，革命先辈在此筹备了中国共产党"七大"，领导中国军民取得了抗日战争的最后胜利，并领导中国人民为争取民主团结，和平建国，同国民党顽固派进行了针锋相对的斗争，为粉碎国民党反动派的全面内战做了充分准备。延安革命纪念馆是中华人民共和国成立后最早建立的革命纪念馆之一，主要宣传党中央在延安和陕甘宁边区领导中国革命的光辉历史，是中国爱国主义教育基地"一号工程"。杨家岭革命旧址是1938年11月至1947年3月毛泽东等中央领导和中共中央机关居住地。凤凰山革命旧址是1937年1月至1938年11月毛泽东等中央领导居住地，是中共中央到延安后的第一个驻地。王家坪革命旧址是1937年1月至1947年3月中共中央革命军事委员会（简称中央军委）和八路军总司令部（后改为中国人民解放军总司令部）的所在地，也是毛泽东、朱德、彭德怀、叶剑英、王稼祥等领导同志和中央军委及八路军总部所属机关负责同志住过的地方。鲁迅艺术文学院旧址保存有天主教堂一座和石窑洞数十孔，是当时延安唯一的地道的西式建筑，"鲁艺"是中国共产党创办的第一所综合性艺术学校。南泥湾革命旧址是为了纪念1941年春八路军一二〇师三五九旅的将士们在王震旅长的率领下开进南泥湾，实行屯垦，生产自救的历史。

（2）黄帝陵

黄帝陵是中华民族始祖轩辕黄帝的陵寝，位于陕西省延安市黄陵县城北桥山。自汉武帝元封元年（公元前110年）亲率十八万大军祭祀黄帝陵以来，桥山一直是历代王朝举行国家大祭之地，保存着汉代至今的各类文物。桥山山体浑厚，气势雄伟，沮水三面环流，山上林木茂密，有古柏81 600多株，其中千年以上古柏3万多株，是中国最古老、覆盖面积最大、保存最完整的古柏群。黄帝陵景区主要由轩辕庙和黄帝陵两大部分组成。轩辕庙在桥山山麓，而黄帝陵则在桥山之巅。轩辕庙人文初祖大殿是祭祀轩辕黄帝的正殿，也是整个庙院的主体建筑，坐落在庙院中心，正殿门楣上悬挂有原国民党爱国将领程潜于1938年夏祭陵时所题"人文初祖"大匾，字体铁画银勾，刚中藏秀。轩辕庙山门内西侧有一棵高大的古柏，距今已有5 000余年，相传此树为轩辕黄帝所植，故称"黄帝手植柏"，又称"轩辕柏"，是中国现存最古老的柏树，被称赞为"世界柏树之父"，柏树枝干苍劲挺拔，树叶青翠，树高19米，胸径11米，其冠如盖，其势巍峨。陵园四周顺依山势，修有绵亘不绝的青砖围墙，高1.6米，涂以红色，象征至尊至伟，墙头为红椽绿瓦，古色古香。黄帝陵冢前为祭亭，亭中置一高大石碑，上刻"黄帝陵"三个大字，为郭沫若手书。黄帝陵冢位于桥山山顶正中，陵冢为土冢，有砖墙围护。土冢下部筑方形墓台，以烘托陵墓的神圣感。方台与圆冢相结合，上圆下方，具有"天圆地方""天地相合"的象征意义。

（3）黄河壶口瀑布

壶口瀑布西邻延安市宜川县壶口乡，东濒山西省临汾市吉县壶口镇，是中国第二大瀑布（见图5-28）。黄河奔流至此，两岸石壁峭立，河口收束狭如壶口，故名壶口瀑布。瀑布上游黄河水面宽300米，在不到500米长距离内，被压缩到20～30米的宽度。河水以1 000立方米/秒的流量，从20多米高的陡崖上倾注而泻，形成"千里黄河一壶收"的气概。伴随瀑布出现一系列奇特的景致，即水底冒烟、旱地行船、霓虹戏水、山飞海立、晴空洒雨、旱天惊雷、冰峰倒挂、十里龙槽。

图5-28　壶口瀑布

4. 咸阳游览区

咸阳是中华大地原点所在，地处关中盆地中部，是中国首个封建王朝秦帝国的都城，为国家级历史文化名城。境内文物景点达4 951处，五陵塬上汉高祖长陵、汉景帝阳陵、汉武帝茂陵、唐太宗昭陵、唐高宗和武则天合葬的乾陵等28位汉唐帝王陵寝连绵百里。馆藏青铜器、瓷器、陶俑、玉器、金银器、砖雕、字画等文物6万多件，珍贵文物上万件。古遗址数量众多，最具代表性的有秦咸阳城遗址、郑国渠首遗址、西汉甘泉宫遗址和沙河桥遗址等。古建筑主要有长武昭仁寺、永寿武陵寺塔、彬县开元寺塔、礼泉香积寺塔、武功报本寺塔、泾阳崇文宝塔、旬邑泰塔、唐家庄园、三原文峰寺木塔、城隍庙、龙桥和渭城凤凰台等。

（1）茂陵

茂陵是汉武帝的陵墓，为西汉帝王陵中规模最大的一座，陵体高大宏伟，形为方锥，周围有卫青、霍去病、霍光、金日磾、李夫人等墓葬20余座。茂陵博物馆建在霍去病墓前，已形成融文物、古建、园林于一体的著名旅游观光胜地。

（2）乾陵

乾陵位于乾县城北6千米的梁山上，是唐高宗李治和女皇帝武则天的合葬陵（见图5-29）。现存有华表、翼马、无字碑、六十一蕃臣石像等精美绝伦的大型石刻100

图 5-29 乾陵

多件，出土以唐三彩为代表的珍贵文物 4 000 余件，壁画 1 200 多平方米，石雕线刻画 150 平方米。

（3）昭陵

昭陵是唐太宗李世民与文德皇后长孙氏的合葬陵墓，位于陕西省咸阳市礼泉县烟霞镇九嵕山上，是陕西关中"唐十八陵"中规模最大的一座。唐太宗以九嵕山建昭陵，并诏令子孙"永以为法"，开创了唐代帝王陵寝制度"因山为陵"的先例。除主陵墓道地宫以外，还在陵山周围建起了规模宏大的建筑群。昭陵祭坛东西两庑房内置有六匹石刻骏马浮雕像，即著名的"昭陵六骏"，名为"特勒骠""青骓""什伐赤""飒露紫""拳毛䯄""白蹄乌"。其中"飒露紫""拳毛䯄"二骏，于1914年被盗运至美国宾夕法尼亚大学博物馆，其余四骏现存西安市碑林博物馆。这六匹骏马姿态神情各异，线条简洁有力，威武雄壮，造型栩栩如生，显示了唐代雕刻艺术的成就。

（4）咸阳博物馆

咸阳博物馆馆址为明洪武四年（1371年）所建文庙，馆藏文物1.4万余件，陈列内容以秦汉历史文物为主，还有部分宗教文物和碑石墓志等，藏品级别高，数量大，品类丰富，有汉代一级文物玉仙人奔马、玉俑头、玉狮和唐代一级文物刻花赤金壶等。

5. 太白山国家森林公园

太白山国家森林公园位于陕西省宝鸡市眉县境内，秦岭山脉主峰太白山海拔3 767米，是中国海拔最高的国家森林公园。公园以森林景观为主体，苍山奇峰为骨架，清溪碧潭为脉络，文物古迹点缀其间，自然景观与人文景观浑然一体，是中国西部不可多得的自然风光旅游区，被誉为中国西部的一颗绿色明珠。公园分八个景区140多个景物景点，其中九九峡景区景点密集，景色优美，为公园山水风光之精华；铜墙铁壁壁立千仞，气势恢宏；莲花峰瀑布直泻千尺，惊心动魄；悬崖栈道蜿蜒于悬崖陡壁；泼墨山墨汁淋漓，形象生动；世外桃源小桥流水，一派田园风光；碓窝坪孙思邈活动遗迹尚存，并有秀女玉立、剑劈峰、升仙石、仙姬出浴、药王栈道等多处景点。龙山、凤山、风泉三大景区可观赏眉县八景凤泉神泽、鱼洞仙音；登览唐子城遗址、凤山绝顶、风泉宫、神功石等；谒拜道观青牛洞、太白药王庙、龙凤山庙、观音洞等。洞天福地景区据载是鬼谷子隐身、修道、带徒传艺之地，可观览玄德洞天门楼、独山、点将台等。

6. 汉中游览区

汉中市位于陕西省西南部，北依秦岭，南屏巴山，中部是汉中盆地，历来都是兵家必争之地。这里是汉水的源头,是中国南北气候分界线、江河分水岭、四季分明,气候温润,冬无严寒,夏无酷暑,造就了物种的多样性,是大熊猫、金丝猴、羚牛、朱鹮等珍稀动物的重要栖息地和保护区。汉中是国家历史文化名城,两汉三国文化底蕴厚重,文物古迹众多,有楚汉相争时期筑建的古汉台,定军山下葬有诸葛亮的武侯墓,纪念诸葛亮的武侯祠,古老的石门栈道,以及历史上著名的古道驿站(傥骆古道)、古军事要冲、古经济政治重镇华阳古镇等。

7. 陕西美食

陕西是一片神奇的土地,三秦大地的美食和这块古老的土地一样,散发着迷人的气息。陕西美食以面食为最大特色,品种丰富多样,以酸辣口味为主。最著名的美食有牛羊肉泡馍、臊子面、荞面饸饹、千层油酥饼、凉皮、乾州锅盔、腊汁肉夹馍等。

第三节 主要旅游线路介绍

一、北京市主要旅游线路

1. 天安门广场—故宫—景山—北海—天坛—鼓楼—胡同与四合院帝都风韵游览线路

线路特色:本线路集中分布在北京市的中心区域,可充分体验北京作为故都古城的风貌,除可游览皇家建筑外,还可通过胡同游近距离接触老北京居民,了解老北京人的生活和传统文化,品尝老北京的美食。此线路不仅深受中国游客的欢迎,也对国外游客产生极大的吸引力。

2. 颐和园—圆明园—动物园—香山公园—碧云寺—十渡皇家园林游览线路

线路特色:此线路分布于北京的西部和西北郊,以游览皇家园林为主,还可以尽情享受北京大都市难得的优越自然环境,青山绿水,亭台楼阁,古寺遍布,清雅幽静,在游山玩水之际怡情养性,是一条非常受欢迎的旅游线路。

3. 八达岭长城—居庸关长城—明十三陵长城及帝陵游览线路

线路特色:北京城的东北郊有这样一条最完美的游览明代伟大军事防御工程八达岭长城、居庸关长城的线路,登上八达岭长城可以体验"不到长城非好汉"的豪迈气概。沿线还可到明十三陵。

4. 国家博物馆—东单(西单)—王府井—国家大剧院—奥林匹克公园首都现代都市人文景观游览线路

线路特色:这是一条可以充分体验北京世界性现代化大都市风貌的游览线路,除了参观国家博物馆、国家大剧院和奥林匹克公园独具特色的现代建筑外,还可以通过逛北京最有代表性的商业区东单(西单)及王府井,体验首都现代化的生活气息,放松心情,享受生活。

二、天津市主要旅游线路

1. 水上乐园—文庙—古文化街—广东会馆—大沽口市区传统文化和民俗旅游线路

线路特色:这是一条反映天津近现代文化特色和民俗文化的旅游线,除可以参观游览古建筑和近代历史文化遗迹外,还可以逛民俗街,购买当地特色手工艺品,品尝当地美食,并且于农历3月23日古文化街的"皇会"可以欣赏龙灯、高跷、旱船、秧歌、舞狮和武术表演等。

2. 盘山—独乐寺—黄崖关长城市郊旅游线路

线路特色:盘山景色优美,独乐寺古建筑奇特珍贵,黄崖关长城世界文化遗产,这是一条融自然风光与名胜古迹于一体的旅游线路,虽处市郊蓟州区,但仍具有非常大的吸引力。

三、河北省主要旅游线路

1. 承德避暑山庄—外八庙—木兰围场皇家园林旅游线路

线路特色:到达冀东北承德市游览清王朝留下的中国最大的皇家园林承德避暑山庄及外八庙,感受皇家园林的气派,还可游览规模宏大的园林及独具特色且富丽辉煌的外八庙。参观木兰围场,体验狩猎活动的快乐。

2. 山海关—北戴河—昌黎黄金海岸海滨度假旅游线路

线路特色:此旅游线沿河北渤海之滨展开,充分感受北方海滨的沙滩、海水、阳光之美,体验海滨休闲度假之乐。还可以登临山海关、老龙头长城,抒发怀古之情。

四、山东省主要旅游线路

1. 济南—泰安—曲阜名山圣地旅游线路

线路特色:本旅游线到达济南品魅力"泉城"的趵突泉、大明湖、千佛山等特色景点;登泰山观东岳雄伟壮丽的景色;抵东方圣城曲阜游览世界文化遗产"三孔",感受儒家文化的博大精深。

2. 潍坊—青岛—威海—烟台胶东海滨休闲度假旅游线路

线路特色:4月的潍坊国际风筝节吸引大量国内外游客聚集潍坊;沿山东半岛海

滨、青岛、威海、烟台都是黄金海岸，是海滨休闲度假的绝佳去处。

3. 沂蒙山—枣庄红色旅游线路

线路特色：此旅游线路进入沂蒙山风景区不仅可以观赏山清水秀的风光，还可以纪念抗战和解放战争时期的革命者的事迹，学习沂蒙精神；枣庄下辖的台儿庄既是古运河的重要遗址，还是著名的台儿庄战役的发生地。这是一条山东经典的红色旅游线。

五、河南省主要旅游线路

1. 三门峡—济源—郑州—开封—商丘黄河风光览胜旅游线路

线路特色：此旅游线通过参观三门峡大坝、济源黄河小浪底、郑州黄河风景区、开封地上河奇观、商丘黄河故道，探寻中华民族母亲河的风采，了解黄河文明的发展进程。

2. 洛阳—登封—郑州—开封—焦作—安阳古都名胜旅游线路

线路特色：本线路以河南省主要的古都名城览胜为目的，包括了河南省的主要精品景区，寻洛阳、开封、郑州、安阳的古都胜迹，觅登封中岳嵩山及少林寺、焦作云台山儒释道文化踪迹，感受河南厚重的历史文化的同时，还可以饱览壮美的中原山水，是河南省最经典的旅游线路。

3. 郑州—周口—商丘寻根问祖旅游线路

线路特色：此线路以拜谒中华民族的文明始祖黄帝、炎帝、伏羲氏，以及哲学巨匠老子、庄子等的诞生地纪念地为主，同时可以供游客进行姓氏的寻踪活动。

六、山西省主要旅游线路

1. 太原—浑源—应县—大同佛教古建筑旅游线路

线路特色：山西省古建筑遗存非常丰富，从北魏到明清各个朝代各种类型的建筑保存完好，尤其是具有典型的北魏风格的佛教建筑值得游客仔细欣赏。线路主要景点包括太原晋祠、浑源五台山、恒山悬空寺、应县木塔、大同云冈石窟、大同华严寺等。

2. 太原—榆次—祁县—平遥晋商民俗旅游线路

线路特色：此线路以太原市和晋中市为主线，集中展示了晋商的建筑文化、民俗文化、商业文化及百年辉煌历史。主要景点包括太原晋祠、平遥古城、乔家大院和王家大院等。

3. 洪洞—临汾—吉县—运城寻根觅祖旅游线路

线路特色：洪洞古大槐树在明朝发生过中国历史上规模最大的人口大迁移，因此600多年来全国甚至世界各地的中国人不断到大槐树寻觅祖根，加上临汾尧庙、芮城大禹渡、历山舜王坪是中华史前"三圣"建都立业的遗迹,更有关帝的影响力,使山西成为中国人寻根觅祖之地。主要景点包括临汾尧庙、芮城大禹渡、历山舜王坪、解州关帝庙、洪洞古大槐树、壶口瀑布等。

七、陕西省主要旅游线路

1. 西安市内旅游线路

线路特色:此旅游线以西安古城为中心,以遍布全市的众多名胜古迹为主要特色,包括古城墙和钟鼓楼、陕西历史博物馆和碑林、大雁塔和小雁塔、清真寺和兴庆宫、大唐芙蓉园等一系列景点,游客可以充分感受西安的古都风貌和深厚的汉唐文化古韵。

2. 西安—临潼—华山东线旅游线路

线路特色:这是一条由西安往东的游览线路,主要景点包括临潼骊山风景区的半坡博物馆、骊山、秦始皇陵及兵马俑、华清池、华山等,既能穿越历史满足怀古情趣,又可以充分感受大自然无穷的魅力。

3. 西安—咸阳—宝鸡西进旅游线路

线路特色:此线路主要呈现汉唐帝陵的宏大气势和周秦时期的古风古韵,以及秦岭山脉的雄伟壮观和自然生态的多样性。主要景点有法门寺、咸阳博物馆、茂陵、昭陵、乾陵、太白山国家森林公园等。

4. 西安—铜川—延安—韩城北上旅游线路

线路特色:这条线路一路向北,游客通过参观游览延安各革命旧址,感受革命历程的艰辛和伟大;祭拜黄帝陵,寻宗觅祖,追根思源;到达黄河岸边感受壶口瀑布的壮观和震撼;来到韩城司马迁墓和祠,凭吊历史圣人。

5. 西安—汉中—安康南下旅游线路

线路特色:从西安往南,自古是秦川进入蜀中的要道,能感受到李太白笔下的"蜀道难,难于上青天"的情境,也是三国时期的古战场所在,还是我国生态环境保护状态极佳的区域。主要景点有石门栈道、定军山武侯墓和武侯祠、洋县朱鹮自然保护区、佛坪大熊猫自然保护区等。

 思考与练习

1. 列入联合国教科文组织世界文化遗产名录的北京景观有哪些?
2. 为什么说紫禁城是宝贵的历史文化遗产?简述其建筑布局。

3. 何为丝绸之路？分析古长安成为丝绸之路起点的原因。
4. 北京、西安、洛阳、开封皆为我国古都，请分析它们的异同点，并以导游的身份向不同的游客推介不同的古都开展旅游活动。
5. 请分析北魏时期的文化对中原旅游区旅游资源的影响。
6. 中原旅游区在地形上并没有很多高大山脉，但却拥有许多著名的山地旅游资源。请分析其原因。
7. 列举出中原旅游区举世闻名的宗教旅游景观。
8. 填空题
    （1）被誉为"杂技之乡"的是_____省的_____县。
    （2）以下戏曲的所属省份为：秦腔_____、吕剧_____、秦腔_____、豫剧_____、评剧_____、晋剧_____。
    （3）山西旅游以"一窟两山"为重点。"两山"指_____、_____。
    （4）在我国民间，文庙是指_____庙、武庙是指_____庙。
    （5）青岛是一个海滨花园城市，其标志性景观是_____。
    （6）中国现存的三大九龙壁分别存于_____和北京。
    （7）黄河壶口瀑布位于_____省的_____县和_____省的_____县之间。
9. 单项选择题
    （1）清西陵位于（ ）。
        A. 河北易县   B. 河北吴桥县
        C. 河北遵化县   D. 北京
    （2）白塔是（ ）的标志，它是一座风格迥异的藏式喇嘛塔。
        A. 颐和园   B. 景山   C 北海   D. 香山
    （3）下列风味小吃中属于天津的是（ ），属于陕西的是（ ）。
        A. 手抓饭   B. 羊肉泡馍   C. 麻辣烫   D. 狗不理包子
    （4）下列名胜属于泰山的是（ ），属于恒山的是（ ）。
        A. 岱庙   B. 嵩阳书院   C. 悬空寺   D. 报国寺
    （5）孔子的家乡是（ ），司马迁的家乡是（ ）。
        A. 长安   B. 汉中   C. 韩城   D. 曲阜
    （6）天坛的建造特色主要反映了我国古代人民的（ ）的宇宙观。
        A. 大地是球体   B. 地球绕太阳转

C. 天圆地方　　　　　　　　D. 天方地圆

（7）以下民间节日属于洛阳的是（　　），属于青岛的是（　　），属于潍坊的是（　　）。

A. 国际啤酒节　　　　　　　B. 国际孔子文化节

C. 牡丹花会　　　　　　　　D. 国际风筝节

（8）西安乾陵是武则天与（　　）的合葬墓。

A. 唐太宗李世民　　　　　　B. 唐高宗李治

C. 唐明皇李隆基　　　　　　D. 汉武帝刘彻

（9）北京具有代表性的工艺品是（　　），洛阳具有代表性的工艺品是（　　），天津具有代表性的民间工艺美术品是（　　）。

A. 景泰蓝　　　　　　　　　B. 风筝

C. 唐三彩　　　　　　　　　D. 杨柳青年画

10. 判断题

（1）"生在苏杭，死在北邙"，西安邙山建成了我国第一个古墓博物馆。（　　）

（2）少林寺有"天下第一名刹"之誉，是华严宗的祖庭。（　　）

（3）西岳华山以险峻而闻名于世，它是一座典型的喀斯特地貌景区。（　　）

（4）卢沟桥始建于明永乐年间，是我国古代北方最大的石拱桥。（　　）

（5）大雁塔是开封的标志性景观。（　　）

（6）安阳殷墟是世界公认的、当今中国所能确定的商代最早都城遗址。（　　）

（7）西安半坡村遗址是一处典型的旧石器时代仰韶文化母系氏族聚落遗址。（　　）

（8）大同是1500年前北魏王朝的都城，现存的历史文物艺术风格独特。（　　）

11. 实训题

（1）请设计一条山东省七日游的旅游线路，充分体现山东的旅游特色，并介绍线路上的主要风景名胜。

（2）比较陕西和山西人文旅游资源的共性与差异，并利用互联网收集资料，采用图表方式进行表述。

（3）讨论：中原旅游区旅游业发展的优势和劣势。

（4）陇海—兰新铁路线沿线有哪些著名的旅游城市？游客可以游览哪些著

名的景观?

(5)在空白地图上标出本教材所列的本旅游区各省的主要旅游线路

中国地图

第六章
长江下游旅游区

学习目标

了解长江下游旅游区的旅游地理环境特征，分析地理环境特征对该区旅游资源特征及分布的影响，以及对该区旅游业发展的影响。掌握本区重要的旅游景点及旅游线路的特点和分布规律。

长江下游旅游区包括上海市、江苏省、浙江省、安徽省和江西省，总面积约52万平方千米，常住人口约2.7亿。本区地处长江下游，东濒东海和黄海，是我国自然条件最优越、经济最发达、人口最稠密的地区之一。本区历史文化发达，人文荟萃，物产丰富，山水秀丽，园林众多，旅游业发展基础良好，在全国旅游业中占有重要的地位。

第一节 旅游地理环境及旅游资源特征

一、自然地理环境与旅游资源特征

1. 以平原和丘陵为主的地形，名山众多

本区地处我国地形的第三级阶梯，地势低缓，相间分布着黄淮平原、皖中丘陵、江淮平原、赣北平原、江南丘陵、长江三角洲平原。散布在平原上的低山、丘陵，由于又处在温暖湿润的气候区，降水丰富，往往成为秀丽的山地旅游资源，一些山地吸引了大量宗教人士和文人雅士，甚至吸引了许多帝王将相，成为历史上的名山，如宗教名山九华山、齐云山、天柱山、普陀山、三清山、龙虎山，文化名山庐山、黄山、石钟山、紫金山等。由于夏季本区的平原地区炎热，而山地却清凉宜人，往往成为令人向往的避暑胜地，受到人们的青睐，如著名的避暑胜地庐山、云台山、井冈山等。历代文人墨客的游历和他们诗词书画的渲染，使这些山地更加名扬天下，家喻户晓（见表6-1）。

表 6-1 长江下游旅游区名山举例

所属省份	山地名称	景 区 级 别
上海市	佘山	国家森林公园、国家级旅游度假区
江苏省	南京钟山	国家森林公园、国家5A级景区
	连云港云台山	国家森林公园、国家级风景名胜区
	镇江三山	国家5A级景区
	无锡灵山	国家5A级景区、佛教圣地
浙江省	湖州莫干山	国家森林公园、避暑胜地
	温州雁荡山	国家5A级景区、世界地质公园
	舟山普陀山	国家5A级景区、佛教名山
	临安天目山	全国青少年科技教育基地、全国科普教育基地
	台州天台山	国家5A级景区、佛教名山
安徽省	安庆天柱山	国家5A级景区、国家森林公园、世界地质公园
	黄山市黄山	世界自然和文化遗产、世界地质公园，国家5A级景区
	池州九华山	世界地质公园、国家5A级景区、国家地质公园
	滁州琅琊山	国家森林公园、国家4A级景区
	黄山市齐云山	国家地质公园、道教名山
	淮南八公山	国家地质公园、国家森林公园
江西省	九江庐山	世界文化景观、世界地质公园、国家5A级景区、避暑胜地
	吉安井冈山	国家5A级景区、中国革命的摇篮
	上饶三清山	世界自然遗产、世界地质公园、国家地质公园、道教名山
	鹰潭龙虎山	世界自然遗产、世界地质公园、国家5A级景区、道教名山
	宜春明月山	国家5A级景区、中国温泉之乡
	抚州大觉山	国家5A级景区、中国森林体验基地
	上饶龟峰	世界自然遗产、世界地质公园

2. 地表水丰富，水景秀丽

本区河网密布，湖泊众多。主要河流有长江及其支流、淮河、钱塘江、京杭大运河等。这些河流在流经地区及沿江河岸塑造出丰富多彩的自然景观，并孕育了各具特色的人文旅游资源。

本区湖泊属于我国东部地区淡水湖，集中分布在长江两岸，有我国五大淡水湖中的鄱阳湖、太湖、洪泽湖、巢湖。还有许多人工湖泊，如浙江的千岛湖、江西的仙女湖等。城市湖泊也给本区众多的城市带来了无限的生机和活力，往往成为城市的重要旅游资源，如杭州西湖、无锡太湖、南京玄武湖、扬州瘦西湖、嘉兴南湖、宁波东钱湖、九江甘棠湖等。

本区的瀑布资源也非常丰富，且往往与名山相结合，成为点睛之笔，比较著名的瀑布有庐山三叠泉瀑布和香炉峰瀑布、黄山人字瀑和九龙瀑、雁荡山的大小龙湫瀑布、井冈山的龙潭瀑布等。

本区泉水资源也很丰富，在历史上得到许多名士的赞颂和推崇，如无锡惠山的"天下第二泉"、杭州虎跑泉和玉泉、苏州虎丘的剑池、南京汤山温泉、庐山的西海温泉、黄山的汤泉、江西宜春的温汤等，具有极大的旅游开发价值。

3. 山水相依，景色辉映

长江下游旅游区的青山和秀水紧密结合，共同形成绝妙景致，如庐山含鄱口与鄱阳湖，锡山、惠山与太湖，西湖与南高峰、北高峰，普陀山与东海，钟山与玄武湖，以及分布于各大名山中的溪流、瀑布、泉水等，都是山水相依、不可分割的绝妙图景。

4. 气候温暖湿润，适游期长

本区大部分都属于亚热带湿润季风气候，具有四季分明、冬温夏热、雨量丰沛的气候特征，全年平均气温在16～20℃。每年三月气温开始回升，自南而北相继进入春季，草木复苏，春花烂漫，同时春雨绵绵，和风细雨，春和日丽，"日出江花红胜火，春来江水绿如蓝"，正是江南好风光，游人踏青赏景之时；六月梅雨过后便是盛夏，平原地区普遍高温，南京、九江等地还被称为"火炉"，但这里山地却清凉宜人，正是避暑度夏的好去处，名山胜景游格外兴盛；江南的秋季气温适宜，干爽少雨，也很适合出游，尤其适合城市游，本区旅游城市密集，商业繁荣，许多节庆往往安排在秋季举行，可以满足游客的愿望；冬季虽然温度全年最低，但山地景点在并不严寒的情况下可以观赏美丽的雪景，成为旅游淡季中的"旺季"。

二、人文地理环境与旅游资源特征

1. 历史悠久，吴越文化突出，文物古迹众多

长江流域在区域位置、地形、气候、生物资源等方面具有明显的优势，成为中华

文明的发祥地之一，距今7 000年前，人类就开始在太湖流域劳作生息，生活在河姆渡一带的原始先民已经开始种植水稻了。浙江余杭县发现的良渚文化，经考证大约是距今5 300年前发展起来的，是当时中国最发达的文化之一。大运河最早开凿的河段——淮扬"邗沟"段至今也有2 400多年的历史。本区长期以来是黄河流域以南地区的政治、经济、文化、科学技术的中心，中国七大古都中有南京和杭州两大古都，给本区孕育发达的吴越文化提供了良好的条件。

苏、浙、皖、赣一带古为吴越争霸之地，后经历代发展，尤其是自宋至明清的八九百年间，江南地区经济发达、文化繁荣、技术进步、人才辈出，逐渐形成了独特的吴越文化。这种兼容了海派文化内涵的吴越文化的深刻内涵与精神特质，主要体现在四个方面。

一是海纳百川、兼容并蓄。一方水土涵养一方人文，溯江、环湖、濒海的"山水形胜"，造就了吴越文化缔造者的文化习性与人文精神，注定了这一方文化与生俱来的开放胸怀，在历史发展过程中，他们不断吸纳北方各民族和海外各国先进的文化技术，创新创造，成为中华大地上先进科学文化技术的重要代表。

二是聪慧机敏、灵动睿智。吴越文化的创生和传承，既是优越地理环境的造化，更是经济社会发展的结晶。吴越人民世代相袭的聪明才智，不但赋予锦绣江南特有的柔和、秀美，而且熔铸出由这些精雅文化形式所体现的审美取向和价值认同。重视教化、尊重人才，蔚然成风。历史上吴越地区出现了大批出色的人才，如科学家祖冲之、沈括、徐光启，书画家顾恺之、王羲之、郑板桥、徐渭，文学巨匠施耐庵、吴承恩、冯梦龙、鲁迅，诗人陆游，地理学家徐霞客，现代教育学界泰斗蔡元培，等等。

三是经世致用、务实求真。吴越之地商品经济率先起步，市民阶层形成较早，实业传统、工商精神、务实个性和平民风格等，都是吴越文化包括海派文化中不可或缺的内容。这种求真务实的精神创造了精巧细腻、柔和优雅的文化艺术，冠绝海内外。本区的戏曲、戏剧婉转悠扬，如我国首批列入世界非物质文化遗产的昆曲唱腔婉转、圆润，表演细腻，成为"百戏之祖"；注重内心真挚情感表演，精巧、细腻、亲切的越剧；还有语言丰富、通俗易懂的评弹；以活泼动人的表演而深入民间的黄梅戏；等等。本旅游区的工艺美术犹如百花齐放，争奇斗艳，尤以南京云锦、苏州宋锦和苏州的刺绣最为著名，名贯古今。"白如玉，明如镜，薄如纸，声如磬"是对景德镇瓷器的赞誉，其工艺之精湛冠绝古今中外。在饮食上，吴越地区也以精致细腻而著称，尤其是淮扬菜，极致追求用料、刀工、本味、清鲜，出品风格雅丽清新。

四是商业发达，游娱之风较盛。本区自古以来商业兴盛，城镇繁密，城镇内店铺、酒楼、茶肆林立，游娱之风深厚。宋时的杭州和历史上的南京城都曾是著名的游娱之地，现代的长江三角洲仍然是全国旅游城市最为密集的地区。

悠久的发展历史和繁荣昌盛而又独具特色的吴越文化的结合，注定长江下游旅游区人文旅游资源极为丰富，名胜古迹众多。在全国历史文化名城中有四分之一分布在本区，还有大量的世界遗产、宗教遗迹、古典园林建筑、贵族墓葬等，为本区的旅游业发展提供极为重要的支持。

2. 古典园林多如繁星，誉满全球

江南一带由于气候条件好，河湖密布，植物生长条件好，又有玲珑剔透的太湖石做造园的材料，具有得天独厚的建造园林自然条件，加上经济文化发达，都市繁荣，官宦人家聚集，又具有建造园林的经济实力，更重要的是江南不乏饱读诗书的文人学士和经历了宦海沉浮对人生哲理感悟至深的退隐者，他们能诗会画，寄情于山水，在园林设计建造中追求清高风雅与超凡脱俗，给园林建造寓以极高的立意和精神寄托，往往可以做到自然美、建筑美、绘画美和文学美的有机统一，使园林艺术达到极高的水平。江南古典园林大多是私家园林，可赏、可游、可居，建于城市之中最多，所以也称为城市园林。

历史上苏州、扬州、南京、无锡、杭州、绍兴等地园林众多，如南宋都城临安的西湖及近郊一带皇家亲眷、官僚富豪建造的园林数以百计；明清时期的苏州，园林最盛时有200多处，现在保存完好的仍有数十处，其中有拙政园等9处列入世界文化遗产名录。

3. 经贸繁荣，民居建筑独树风格

长江下游地区，尤其是长江三角洲一带自古以来就是农业发达地区，鱼米之乡，物产极其丰富，不仅是粮、棉、麻、桑、蚕、茶等农产品的主产区，也是这些农产品的集散地，自古以来商业贸易就非常繁盛，成就了历史上的浙商、徽商、赣商的事业，为本区民众积累了大量的财富。

这些在政治地位上没有太多表现机会的浙商、徽商、赣商在积累了大量财富以后，只有通过建造豪华而又精致的民宅大院来表达自己的荣耀之情，于是在他们的祖籍地出现了大批设计建造精美而又独具特色的民居建筑，给了他们光宗耀祖的机会。如安徽黄山和江西婺源一带的徽派民居建筑，苏南周庄、同里以及浙江西塘和乌镇一带的明清古民居建筑，以及赣北地区一些明清时期的豪宅大院，都是典型的代表。其中黄山山麓的西递村和宏村古民居已列入世界文化遗产名录。

这些江南的民居建筑各具特色，独具魅力，但它们也有一个共同特点，即以水为中心的水乡风情。长期以来，以水为中心的特有的生活环境和发展方式，造就了水乡古镇建筑鳞次栉比，街巷透迤绵延，家家临水而居，户户往来泛舟的独特生活方式，形成了一幅幅独特的"小桥流水人家"的画卷。

江 南 民 居

　　江南民居是中国传统民居建筑的重要组成部分，它的历史可以追溯到距今约七千年的河姆渡文化。先民们在这块土地上生息繁衍，传承着一切居住、生活方式。到了明清，江南已成为全国经济、文化最发达的地区，达官显贵、地主富商、文人雅士纷纷选择此地建宅，山庄别墅，亭台楼阁，处处皆是，各具特色。

　　由于人口众多，土地珍贵，江南的建筑极节省空间，在建筑构造上下足了功夫。居室墙壁高，开间大；前后门贯通，便于通风换气；为便于防潮，多建二层楼房，底层是砖结构，上层是木结构。南方地形复杂，住宅院落很小，四周房屋连成一体，适合于南方的气候条件，房屋组合比较灵活，适于起伏不平的地形。

　　南方水资源较为丰富，小河从门前屋后轻轻流过，取水非常方便，直接用来饮用、洗涤。水是中国南方民居特有的景致，水围绕着民居，民居因水有了灵气，江浙水乡注重前街后河。

　　房屋的山墙多是形似马头的墙，在古代人口密集的一些南方城市，这种高出屋顶的山墙，确实能起到防火的作用，同时也起到了一种很好的装饰效果。住宅的大门多开在中轴线上，迎面正房为大厅，后面院内常建二层楼房。由四合房围成的小院子通称天井，仅作采光和排水用。因为屋顶内侧坡的雨水从四面流入天井，所以这种住宅布局俗称"四水归堂"。江南民居的结构多为穿斗式木构架，不用梁，而以柱直接承檩，外围砌较薄的空斗墙或编竹抹灰墙，墙面多粉刷白色。屋顶结构也比北方住宅薄。墙底部常砌片石，室内地面也铺石板，以起到防潮的作用。厅堂内部根据使用目的的不同，用传统的罩、槅扇、屏门等自由分隔。梁架仅加少量精致的雕刻，涂栗、褐、灰等色，不施彩绘。房屋外部的木构部分用褐、黑、墨绿等颜色，与白墙、灰瓦相映，色调雅素明净，与周围自然环境结合起来，形成景色如画的水乡风貌。

　　以苏州、杭州、嘉兴、湖州、无锡、常州、镇江、绍兴、宁波、上海等地为代表，这些地方古镇遍布，随处可见江南古韵。小桥流水，白墙黛瓦，是旅游的好去处。

（资料来源：中国古建网）

4. 物产丰富，旅游商品特色鲜明

长江下游旅游区是我国物产最为丰富的地区之一，从农业产品、渔业产品、工业产品、文化产品到手工艺品，种类齐全，质量优胜，风格独特，为游客选择旅游商品提供了极大的市场。太湖流域的丝绸享誉海内外，苏杭地区称为"丝绸之府"，杭州的都锦及丝绸被面、苏州的宋锦、南京的云锦、上海的真丝印花绸等都是深受旅游者欢迎的旅游商品。本区名茶众多，如杭州的龙井、苏州的碧螺春、苏州的茉莉花茶、安徽六安的瓜片、安徽祁门的红茶、黄山毛峰茶、庐山的云雾茶等都是驰名中外的名茶。本区工艺美术品生产历史悠久，技艺精湛，著名的有景德镇的瓷器、宜兴的紫砂陶、常熟的花边、无锡惠山的泥塑、苏杭的刺绣、扬州的漆器、嘉定的草编、黄山的徽墨、泾县的宣纸、芜湖的铁画、湖州的毛笔、婺源的龙尾砚、东阳的木雕等。美食也丰富了本区的旅游商品，著名的美食有太湖和鄱阳湖的银鱼、南京盐水鸭、阳澄湖大闸蟹、无锡酱排骨、金华火腿、杭州的藕粉、上海的高桥松饼、九江的茶饼等。这些丰富的商品为本区旅游业的发展增加了活力。

5. 交通便利，旅游通达条件优越

华东地区是我国交通最发达的地区之一，水、陆、空交通十分便利，远海、近海、内河航运，公路、铁路、航空运输繁忙，各种旅游交通相互配合，构成了四通八达的旅游交通网络。铁路以上海为中心向外辐射，以京九、京沪、沪杭、浙赣、陇海等线为骨干，连接有皖赣、鹰厦、武九、沪甬、淮南等干支线。高速公路密度大，各城市之间都有高速公路相通。本区是我国水路运输最便利的大区，海运与河运相辅相成，构成发达的水上运输网，长江是我国"黄金水道"，又有大运河相佐，加上区域性的水道运输，极大增强了江南水乡的通达性。航空运输以上海为中心，与区内及国内主要大中城市均有方便的航班相通，还有通往美国、日本、东南亚及欧洲许多国家的国际航线。长江下游旅游区主要旅游城市如表6-2所示。

表6-2 长江下游旅游区旅游城市

所属省份	城市名称	特色
上海市	上海	东方巴黎、购物天堂
江苏省	南京	龙蟠虎踞帝王州、六朝胜地、十朝都会、石头城
	苏州	水乡、东方威尼斯、丝绸之府、鱼米之乡、人间天堂
	扬州	世界遗产城市、美食之都
	无锡	太湖明珠、米市、小上海
	镇江	天下第一江山、山林城市
	宜兴	陶都

续表

所属省份	城市名称	特色
浙江省	杭州	世界遗产城市、人间天堂、丝绸之府、电商之都
	绍兴	桥乡、酒乡、书法之乡、名士之乡
	宁波	海港城市、院士之乡
	东阳市横店	中国好莱坞
江西省	南昌	英雄城
	景德镇	世界瓷都
	抚州临川	才子之乡
	赣州	宋城
安徽省	合肥	中原之喉、包拯家乡
	芜湖	米市
	黄山屯溪	宋城、程朱阙里

第二节　主要旅游地介绍

一、上海市旅游区

上海市，简称"沪"，别称"申"，地处长江入海口，东濒东海，南临杭州湾，西接江苏和浙江两省，是中国经济、金融、贸易、航运、科技创新中心，也是世界一线城市。上海是我国最大商品集散中心城市，商业繁荣，是我国最大的购物中心。上海最大的旅游优势是都市旅游资源，其都市风光、都市文化和都市商业十分典型，体现在包括外滩、石库门在内的各种老式海派建筑与以浦东新区为代表的现代化建筑，以及南京路、淮海路、四川北路、徐家汇商城、豫园商城等众多商业购物区，加上汇集全国各地甚至世界各地的中西各式美食，都给予人们一个国际大都市的印象，提供给游客充分的都市旅游体验和享受。

上海市总面积 6 340.5 平方千米，常住人口为 2 423.78 万人。上海市的旅游名胜众多，有豫园、外滩、东方明珠塔、南京路步行街、城隍庙、静安寺、龙华寺、世博会场馆、迪士尼乐园、朱家角古镇等（见图 6-1）。

1. 外滩

外滩位于外白渡桥至南浦大桥的黄浦江西岸，全长 1.5 千米，是著名的中国历史

图 6-1　上海市示意图

图 6-2　外滩

文化街区（见图 6-2）。1844 年起，外滩一带被划为英国租界，外国的银行、商行、总会、报社开始在此云集，外滩成为全国乃至远东的金融中心。外滩矗立着 52 幢风格迥异的古典复兴大楼，素有万国建筑博览群之称，是中国近现代重要史迹及代表性建筑，百余年来成为上海的地标。与外滩隔江相对的浦东陆家嘴，有新上海标志性建筑东方明珠、金茂大厦、上海中心大厦、上海环球金融中心等，成为中国改革开放的象征和上海现代化建设的缩影。

2. 豫园

豫园位于上海市老城厢的东北部，北靠福佑路，东临安仁街，西南与上海老城隍庙毗邻，为江南古典园林。原是明代的一座私人园林，始建于明代嘉靖、万历年间，占地 30 余亩。豫园园内有穗堂、铁狮子、快楼、得月楼、玉玲珑、积玉水廊、听涛阁、涵碧楼、内园静观大厅、古戏台等亭台楼阁以及假山、池塘等 40 余处古代建筑，设计精巧，布局合理，以清幽秀丽、玲珑别透见长，充分体现明代江南园林建筑的艺术特色，是江南园林中的一颗明珠，古人称赞豫园"奇秀甲于东南""东南名园冠"。

3. 南京路步行街

南京路是上海开埠后最早建立的一条商业街，它东起外滩，西迄延安西路，横跨静安、黄浦两区，全长 5.5 千米。南京路步行街不仅集"购物、旅游、休闲、商务、展示"等五大功能于一体，还具有"万国商品博览会、繁荣繁华不夜城、购物天堂欢乐游、两个文明大窗口"四大特点，并集聚了数十个中华老字号旗舰店，享有"中华商业第一街"的美誉。

4. 迪士尼乐园

上海迪士尼乐园，是中国内地首座迪士尼主题乐园，位于上海市浦东新区川沙新镇，于 2016 年 6 月 16 日正式开园（见图 6-3）。上海迪士尼乐园拥有七大各具魅力而令人难忘的神奇主题园区，即米奇大街、奇想花园、探险岛、宝藏湾、明日世界、梦幻世界、玩具总动员。上海迪士尼乐园的神奇之旅不仅包含了激动人心的游乐项目和景点，更充满了精彩纷呈的娱乐演出。从中国的杂技演员，到舞者和音乐主持人，充满活力、多才多艺的表演者们用迪士尼经典的现场娱乐演出使游客在度假区流连忘返。

图 6-3　上海迪士尼乐园

5. 朱家角古镇

朱家角镇位于上海市西部、青浦区中南部，是上海保存最完整的水乡古镇，典型的江南老街。她尽显"小桥流水多""人家尽枕河"的水乡风情。朱家角历史源远流长，据史料记载，在宋、元时已形成集市，至明代万历年间正式建镇，名珠街阁，又称珠溪。古镇内河港纵横，九条长街沿河而伸，千栋明清建筑依水而立，三十六座石桥古风犹存，名胜古迹比比皆是，古镇区已开发开放了课植园、大清邮局等 20 多个景点。朱家角古镇被评为"中国历史文化名镇（村）"。

6. 上海美食和民俗

上海本地人所习惯称的"本邦菜"，指的是上海本地风味的菜肴，具有浓油赤酱（油多味浓、糖重色艳）的特色。常用的烹调方法以红烧、煨、糖为主，品味咸中带甜，油而不腻。本邦菜中，荤菜中特色菜有响油鳝糊、油爆河虾、油酱毛蟹、锅烧河鳗、红烧圈子、佛手肚膛、红烧回鱼、黄焖栗子鸡等。上海风味小吃也很有特色，著名的有生煎馒头、葱油拌面、腌笃鲜、鲜肉蟹壳黄、蟹黄汤包、三鲜小馄饨、排骨年糕等。

海派特色的滑稽戏是由上海的曲艺"独脚戏"接受了中外喜剧、闹剧和江南各地方戏曲的影响而逐步形成的新兴戏曲剧种。沪剧（旧时也称申曲）是用上海话演唱的上海本地戏曲。

二、江苏省旅游区

江苏省位于中国大陆东部沿海，北接山东，东濒黄海，东南与浙江和上海毗邻，西接安徽。江苏跨江滨海，湖泊众多，地势平坦，地貌由平原、水域、低山丘陵构成；地跨长江、淮河两大水系。属东亚季风气候区，处在亚热带和暖温带的气候过渡地带，气候同时具有南方和北方的特征。

江苏是中国经济、科技、文化最发达最活跃的省份之一。江苏文化主要由"吴文化""金陵文化""淮扬文化""海洋文化"等组成。江苏共拥有国家历史文化名城13座和中国历史文化街区5处，居中国各省首位。拥有联合国教科文组织"人类非物质文化遗产代表作"10项、国家级非遗代表性项目125个、国家级代表性传承人132名、国家级非遗生产性保护示范基地5个。

江苏旅游资源丰富，自然景观与人文景观相互交融，有古镇水乡，有千年名刹，有古典园林，有湖光山色，有帝王陵寝，有都城遗址，可谓是"吴韵汉风，各擅所长"。截至2019年12月，江苏有4处世界遗产、22家5A级景区、2处国家级旅游度假区、2处国家级地质公园、3处国家级自然保护区、16个国家级森林公园、5处国家重点风景名胜区、28座全国优秀旅游城市、120处全国重点文物保护单位（见图6-4）。

1. 南京市游览区

南京，简称"宁"，古称金陵、建康，地处长江下游、濒江近海，诸葛亮评价它为"钟山龙盘，石头虎踞，此乃帝王之宅也"。南京长期成为中国南方的政治、经济、文化中心，有着7 000多年文明史、近2 600年建城史和近500年的建都史，有"六朝古都""十朝都会"之称，在中国历史上具有特殊地位。"六朝金粉地，金陵帝王州"，南京留下了丰富的历史遗存，人文旅游资源丰富，名胜古迹众多。

（1）中山陵

中山陵位于紫金山南麓，是孙中山先生的陵寝及其附属纪念建筑群（见图6-5）。中山陵前临平川，背拥青嶂，东毗灵谷寺，西邻明孝陵，整个建筑群依山势而建，由南往北沿中轴线逐渐升高，主要建筑有博爱坊、墓道、陵门、石阶、碑亭、祭堂和墓

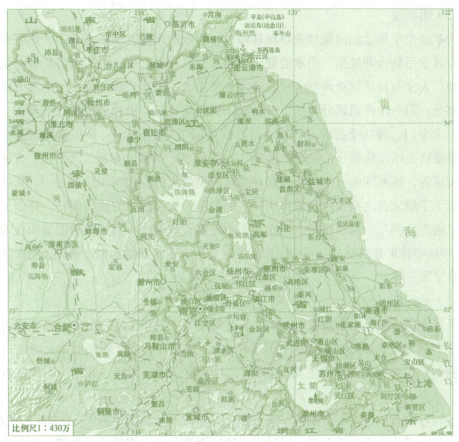

图 6-4　江苏省示意图

室等，排列在一条中轴线上，体现了中国传统建筑的风格，从空中往下看，像一座平卧在绿绒毯上的"自由钟"，融汇中国古代与西方建筑之精华，庄严简朴，别创新格。音乐台、光华亭、流徽榭、仰止亭、藏经楼、行健亭、永丰社、永慕庐、中山书院等建筑众星捧月般环绕在陵墓周围，构成中山陵景区的主要景观，色调和谐统一，更增强了庄严的气

图 6-5　中山陵

氛，既有深刻的含义，又有宏伟的气势，且均为建筑名家之杰作，有着极高的艺术价值，2016年入选"首批中国20世纪建筑遗产"名录。

（2）明孝陵

明孝陵位于紫金山南麓独龙阜玩珠峰下，东毗中山陵，南临梅花山，是明太祖朱元璋与其皇后的合葬陵墓。明孝陵处于山清水秀的环境之中，周围山势跌宕起伏，山环水绕，人文与自然景观浑然天成。陵园规模宏大，格局严谨。墓区的建筑大体分为两大部分：第一组神道部分，从下马坊起，到孝陵正门，沿神道依次有下马坊、神烈山碑、大金门、神功圣德碑及碑亭（俗称四方城）、神道石刻、棂星门和御河桥；第二组是陵寝主体建筑部分，包括文武方门（即正门）、碑殿、享殿、大石桥、方城、明楼、宝顶等，筑有围墙。明孝陵是现存建筑规模最大的古代帝王陵墓之一，其陵寝制度既继承了唐宋及之前帝陵"依山为陵"的制度，又通过改方坟为圜丘，开创了陵寝建筑"前方后圆"的基本格局。明孝陵的帝陵建设规制，一直规范着明清两代500余年20多座帝陵的建筑格局，在中国帝陵发展史上有着特殊的地位。所以，明孝陵堪称明清皇家第一陵。

（3）灵谷寺

灵谷寺位于紫金山东南坡下，始建于南梁天监十三年（514年），是南朝梁武帝为纪念著名僧人宝志禅师而兴建的"开善精舍"，初名开善寺。明朝时朱元璋亲自赐名"灵谷禅寺"，并封其为"天下第一禅林"，与大报恩寺、天界寺并列为明代佛教三大寺院。

灵谷寺内有放生池、金刚殿、天王殿、无量殿（又称无梁殿）、五方殿、毗卢殿、观音阁等殿堂，寺后有宝公塔。灵谷寺玄奘纪念堂中供奉玄奘法师坐像，像前的玄奘法师顶骨纪念塔中有玄奘顶骨舍利。无梁殿是明代灵谷寺仅存的一座建筑，因殿内供奉无量寿佛而得名。由于这座殿是砖石拱券结构，不用梁木，所以俗称"无梁殿"。

（4）玄武湖

玄武湖东枕紫金山，西靠明城墙，是江南地区最大的城内公园，也是中国最大的皇家园林湖泊、仅存的江南皇家园林，被誉为"金陵明珠"。玄武湖方圆近五里，分作环洲、樱洲、菱洲、梁洲、翠洲等五洲，洲洲堤桥相通，浑然一体，处处有山有水。玄武十景是玄武湖景区最具代表性的景点，也是玄武湖景区游览中最重要的节点。它们分别为：五洲春晓、侣园馨风、莲湖晚唱、台城烟柳、古塔斜阳、九华朝晖、鸡鸣晚钟、西堤秋月、月湖笙歌、古墙明镜。

（5）夫子庙秦淮风光带

夫子庙秦淮风光带是指以夫子庙为中心的秦淮河一带，包括两岸的街巷、民居及附近的古迹、风景点等（见图6-6）。秦淮河是南京城的母亲河，秦淮河也是南京文化渊源之地，从六朝起便是望族聚居之地。主要景点有夫子庙、乌衣巷、南京现存历史最悠久的明代古典园林瞻园、中国古代的科举考场江南贡院、明末清初"桃花扇"传奇人物李香君故居、明代开国功臣徐达的私家花园白鹭洲公园、瓮城中华门、《儒林外史》作者吴敬梓故居等。

夫子庙秦淮风光带遍地都是茶楼饭店、街边小吃，其中"秦淮八绝"最值得推荐。"秦淮八绝"是指南京八家小吃馆的十六道名点，分别为：魁光阁的五香茶叶蛋、五香豆，永和园的蟹壳黄烧饼、开洋干丝，奇芳阁的鸭油酥烧饼、麻油干丝，六凤居的葱油饼、豆腐脑儿，奇芳阁的什锦菜包、鸡丝面，蒋有记的牛肉锅贴、牛肉汤，瞻园面馆的薄皮包饺、红汤爆鱼面，莲湖糕团店的五色小糕、桂花夹心小元宵。

图 6-6　夫子庙秦淮风光带

阅读资料 6-2

江 南 贡 院

江南贡院，又称南京贡院、建康贡院，位于南京市秦淮区夫子庙学宫东侧，是中国古代规模最大的科举考场，中国南方地区开科取士之地，也是夫子庙地区三大古建筑群之一，夫子庙秦淮风光带重要组成部分。

江南贡院始建于宋乾道四年（1168 年），经历代修缮扩建，明清时期达到鼎盛，清同治年间，仅考试号舍就有 20 644 间，可接纳 2 万多名考生同时考试，加上附属建筑数百间，占地超过 30 余万平方米。其规模之大、占地之广居中国各省贡院之冠，创中国古代科举考场之最。

清光绪卅一年（1905 年），袁世凯、张之洞奏请清廷立停科举，以便推广学堂，咸趋实学，从此江南贡院便结束历史使命。从江南贡院落成直至晚清废除科举，为国家输送 800 余名状元、10 万余名进士、上百万名举人，仅明清时期全国就有半数以上官员出自江南贡院，金陵文化之昌盛可以想见。

明远楼是江南贡院内楼宇之一，楼宇层出不穷，作四方形，飞檐出甍，四面皆窗。"明远"是"慎终追远，明德归原"的意思。楼下南面曾悬楹联，系清康熙年间名士李渔所撰并题:"矩令若霜严,看多士俯伏低徊,群嚚尽息;襟期同月朗,喜此地江山人物,一览无余。"从联中也可看出明远楼设置的目的和作用。大门上悬有横额"明远楼"三个金字,外墙嵌《金陵贡院遗迹碑》,记述了贡院的兴衰历史,碑文最后叹道:"今则娄百年文战之场,一时尽归商战,君子于此,可以观世变矣!"

2012年,在江南贡院的基础上扩建为中国科举博物馆,是中国唯一反映中国科举考试制度的专业性博物馆,也是中国科举制度中心、中国科举文化中心和中国科举文物收藏中心。2014年8月11日已开放的部分场馆包括博物馆地下一层,地面上明远楼、至公堂、号舍、碑刻及南苑的魁光阁等,含11个展厅。

(资料来源:青程旅游网)

(6)侵华日军南京大屠杀遇难同胞纪念馆

侵华日军南京大屠杀遇难同胞纪念馆位于原日军大屠杀遗址之一的万人坑,是一处以史料文物、建筑、雕塑、影视等综合手法,全面展示"南京大屠杀"惨案的专史陈列馆。广场陈列展馆分为广场陈列、史料陈列、遗骨陈列三个部分。广场陈列有记录大屠杀时间的十字架形标志碑、刻着遇难者名字的"哭墙"、记载大屠杀史实的浮雕、大型石雕母亲像、"万人坑"遗址等。史料陈列厅展出的史料包括当年日军屠杀现场照片、如《拉贝日记》等记录大屠杀的文献及报道、幸存者名册及证词、大屠杀时日军使用的军用品、犯下罪行的日军官兵日记及供词等。展厅中设有数个影视厅,用于播放有关南京大屠杀和抗战题材的纪录片、影视片。遗骨陈列室中可以看到从"万人坑"中挖出的部分遇难者遗骨,这是侵华日军南京大屠杀暴行的铁证。尾厅还有"12秒",每隔12秒一滴水就从高空落下,侧面墙上贴有遇难者遗像的灯就一闪而灭,象征着一个生命的消亡。

(7)雨花台

相传南朝梁天监六年(507年),金陵城南门外高座寺的云光法师常在石子岗上设坛说法,说得生动绝妙,感动了佛祖,天上竟落花如雨。唐朝时根据这一传说将石子岗改名为雨花台。位于中华门外的雨花台风景区是南京的红色旅游景点,雨花台是新民主主义革命烈士殉难处,在这里遇难的共产党人和革命群众达10万之多,因而在此建造了烈士陵园。

如今的雨花台,已是一座以自然山林为依托,以红色旅游为主体,融自然风光和人文景观为一体的全国独具特色的纪念性风景名胜区。

（8）总统府

南京总统府位于南京市玄武区长江路292号，是中国近代建筑遗存中规模最大、保存最完整的建筑群，也是南京民国建筑的主要代表之一，中国近代历史的重要遗址，现已辟为中国近代史遗址博物馆。明朝初年，今总统府为当时德侯府和汉王府。清军入关后，明汉王府旧址被辟为江宁织造署、江南总督署、两江总督署，清康熙、乾隆下江南时均以此为"行宫"。太平天国定都天京（今南京）后，在此基础上扩建为天王府。1912年1月1日，孙中山在此宣誓就职中华民国临时大总统，辟为大总统府，后来又为南京国民政府总统府。

（9）梅花山与梅花节

梅花山位于紫金山南麓明孝陵景区内，拥有"天下第一梅山"之誉，与上海淀山湖梅园、无锡梅园和武汉东湖梅园并称中国四大梅园。南京植梅始于六朝时期，至今已有1 500多年的历史。梅花山梅园以品种奇特著称，植梅面积1 533余亩，有近400个品种的4万余株梅树。南京梅花山以其得天独厚的自然和人文优势吸引越来越多的海内外游人，逐渐成为中国梅文化中心，已多年作为"南京国际梅花节"主会场。

梅花节是南京市人民政府举办的开春第一个国家级大型旅游节庆祝活动，从1996年首届开始，它已由单纯的踏青赏梅活动发展成为融探花赏景、休闲娱乐、歌舞演出、文化展览、商贸交流等于一体的全市性的狂欢盛会。

（10）南京美食

南京悠久的历史和典型的吴越文化造就了南京的美食品种丰富，而且风格独特的特点。从总体上说，南京的食品以香甜酥糯为其特色，比较著名的风味食品有盐水鸭、松鼠鳜鱼、鸭血粉丝、干丝、鸡汁汤包、什锦豆腐涝、桂花糖芋苗、桂花蜜汁藕、梅花糕、赤豆酒酿小圆子等。

2. 苏州市游览区

苏州地处江苏省东南部、长江三角洲中部，东临上海、南接嘉兴、西抱太湖、北依长江，境内河港交错，湖荡密布，长江及京杭运河贯穿市区之北，被称为水城、水乡，13世纪的《马可·波罗游记》将苏州赞誉为"东方威尼斯"。苏州是全国著名的水稻高产区，农业发达，有"水乡泽国""天下粮仓""鱼米之乡"之称，自古以来有"苏湖熟，天下足"的美誉。

苏州有近2 500年历史，是吴文化的发祥地之一。苏州还是历史悠久的园林风景城市，苏州园林是中国私家园林的代表。中国大运河苏州段入选世界文化遗产名录。苏州被世界遗产城市组织授予了全球首个"世界遗产典范城市"称号。苏州名胜古迹众多，旅游资源极为丰富，除名园外，还有寒山寺、虎丘、周庄和同里等旅游景区。

（1）苏州古典园林

苏州古典园林的历史可上溯至公元前6世纪春秋时期吴王的园囿，明清时期苏州成为中国最繁华的地区，私家园林遍布古城内外，全盛时期有园林200余处，现保存完整的有60多处，其中拙政园、留园、狮子林、环秀山庄、沧浪亭、艺圃、耦园、退思园等9座古典园林已列入世界文化遗产名录。苏州园林属私家园林，巧妙地运用了种种造园艺术技巧和手法，将亭台楼阁、泉石花木组合在一起，模拟自然风光，以小巧典雅取胜，具有淡雅幽静、园中有园、景中有景、以小见大等风格，创造了"城市山林""居闹市而近自然"的理想空间（见图6-7）。

图6-7　苏州园林

拙政园是明代苏州园林的代表，也是苏州古典园林中面积最大的古典山水园林，总体布局以水池为中心，亭台楼榭皆临水而建，池广树茂，景色自然，具有江南水乡的特色，保持明代园林浑厚、质朴、疏朗的艺术风格。从拙政园中的建筑物名来看，大都与荷花有关，园主人爱荷极甚，池水清澈广阔，遍植荷花。

留园是苏州园林中以小见大、一步一景、精巧秀丽的典范。园内建筑的数量在苏州诸园中居冠，厅堂、走廊、粉墙、洞门等建筑与假山、水池、花木等组合成数十个大小不等的庭园小品。全园分为四个部分，在一个园林中能领略到山水、田园、山林、庭园四种不同景色——中部以水景见长，是全园的精华所在；东部以曲院回廊的建筑取胜；北部具农村风光，并有新辟盆景园；西区则是全园最高处，有自然野趣。留园在空间上的突出处理，充分体现了古代造园家的高超技艺、卓越智慧和江南园林建筑的艺术风格和特色。

（2）寒山寺

寒山寺位于苏州市姑苏区，始建于南朝萧梁天监年间（502—519年），由当时的名僧寒山、希迁两位高僧创建，初名"妙利普明塔院"。寒山寺因唐朝诗人张继的一首《枫桥夜泊》诗而闻名天下："月落乌啼霜满天，江枫渔火对愁眠。姑苏城外寒山寺，夜半钟声到客船。"寒山寺殿宇大多为清代建筑，主要有大雄宝殿、藏经楼、钟楼、碑廊、枫江楼、霜钟阁等。寺内古迹甚多，在碑廊里有一块石碑上面镌着张继的《枫桥夜泊》诗，这块由清末著名学者俞樾书写的诗碑，已成为寒山寺中的一绝。还有寒山、拾得的石刻像，文徵明、唐寅所书碑文残片等。

（3）虎丘山

虎丘山风景名胜区位于苏州古城西北角，有2 500多年的悠久历史，有"吴中第一名胜""吴中第一山"的美誉。虎丘原名海涌山，据《史记》记载，吴王阖闾葬于此，传说葬后三日有"白虎蹲其上"，故名虎丘。虎丘山有三绝九宜十八景之胜，其中最为著名的是云岩寺塔、剑池和千人石。云岩寺塔，俗称"虎丘塔"，已有1 000多年历史，是世界第二斜塔，成为苏州古城的标志性建筑；剑池埋有吴王阖闾墓葬的千古之谜；千人石留下了"生公讲座，下有千人列坐"的佳话。此外还有试剑石、憨憨泉、断梁殿、二仙亭、西溪环翠、万景山庄等著名景点。

（4）周庄与同里

周庄位于苏州昆山，是江南六大古镇之一，典型的江南水乡风貌，依河成街，桥街相连，有独特的人文景观，是中国水乡文化和吴地方文化的瑰宝。周庄镇60%以上的民居仍为明清建筑，古镇有近百座古典宅院和60多个砖雕门楼，周庄民居古风犹存，还保存了14座各具特色的古桥。主要景点有沈万三故居、富安桥、双桥、沈厅、怪楼、周庄八景等（见图6-8）。

图6-8　周庄古镇

同里古镇位于苏州市吴江区，镇区内始建于明清两代的花园、寺观、宅第和名人故居众多。"川"字形的15条小河把古镇区分隔成七个小岛，而49座古桥又将其连成一体，以"小桥、流水、人家"著称。主要景点有明清街、耕乐堂、同里湿地公园、罗星洲、南园茶社、三桥、退思园等。

3. 扬州市游览区

扬州，古称广陵、江都、维扬，地处江苏省中部，位于长江北岸、长江与京杭大运河交汇处，与镇江市隔江相望。扬州有2 500年有文字可考的历史，公元前486年，吴灭邗，筑邗城，开邗沟，连接长江、淮河。隋开凿大运河后扬州成为南北交通要冲，工商业发达，文化繁荣。历代文人雅士如李白、骆宾王、孟浩然、王昌龄、杜牧等来到扬州居住或游玩，留下大量诗篇使扬州名扬天下。"扬州八怪"开创了清代著名画派。古运河扬州段是整个运河中最古老的一段，扬州境内的运河与2 000多年前的古邗沟路线大部分吻合，与隋炀帝开凿的运河则完全契合，从瓜洲至宝应全长125千米。中国大运河扬州段入选世界文化遗产名录。

扬州历史悠久，人杰地灵，旅游资源丰富，名胜古迹众多，著名的景点有瘦西湖、大明寺、个园、何园等。

（1）瘦西湖

瘦西湖位于扬州市城西北郊，其水面由一段自然河道疏浚而成，因为其水道弯曲狭长，并地处扬州城的西北，故名。瘦西湖核心景区由曲折的湖道和沿湖众多小巧别致的园林及其建筑物组成，主要分为14大景点，包括五亭桥、二十四桥、大虹桥、凫庄、小金山、吹台、荷花池、钓鱼台等。五亭桥建于清乾隆二十二年（1757年），仿北京北海的五龙亭和十七孔桥而建，建筑风格既有南方之秀，也有北方之雄。中秋之夜，可感受"面面清波涵月影，头头空洞过云桡，夜听玉人箫"的绝妙佳境。二十四桥由落帆栈道、单孔拱桥、九曲桥及吹箫亭组合而成。桥名出自唐代著名诗人杜牧的诗句"青山隐隐水迢迢，秋尽江南草未凋。二十四桥明月夜，玉人何处教吹箫"。

（2）大明寺

大明寺位于扬州市区西北郊蜀岗，初建于南朝宋孝武帝大明年间（457—464年），北宋庆历年间，欧阳修任扬州太守时建平山堂。主要建筑有牌楼、天王殿、平山堂、西园、鉴真纪念堂等。大明寺最有特色的建筑是鉴真纪念堂，为纪念鉴真法师圆寂一千二百周年，于1963年奠基，1973年建成。鉴真东渡日本前，曾为大明寺住持。从唐天宝元年（742年）起，先后10余年，历尽艰险，至第六次东渡成功，将我国佛学、医学、语言文学、建筑、雕塑、书法、印刷等介绍到日本，为中日两国的文化交流做出了重要的贡献。

（3）个园

个园位于扬州市广陵区东北隅，由清嘉庆二十三年（1818年）两淮盐业总商黄至筠在明代寿芝园旧址上创建，因"园内池馆清幽，水木明瑟，并种竹万竿"，取名为个园。个园中最大的特色便是"四季假山"的构思与建筑，在面积不足50亩的园子里，开辟了四个形态逼真的假山区，分别命以春、夏、秋、冬之称。春景在桂花厅南的近入口处，竹石点破"春山"主题；夏景叠石以青灰色太湖石为主；秋景是黄石假山，在园中东北角，用粗犷的黄石叠成；冬季假山在东南小庭院中，倚墙叠置色洁白、体圆浑的宣石（雪石）。如此表达出"春景艳冶而如笑，夏山苍翠而如滴，秋山明净而如妆，冬景惨淡而如睡"的诗情画意。个园旨趣新颖，结构严密，是中国园林的孤例。

（4）扬州美食

扬州美食以淮扬菜为基础，又因为扬州地处南北方交汇点，长期以来为南北交通的要冲，其腹地又是鱼米之乡，物产丰盛。这些优越的条件，逐渐形成独具特色的风味菜——扬州菜。主要特点是：选料严格、刀工精细、主料突出、注意本味、讲究火工、擅长炖焖、汤清味醇、浓而不腻、清淡鲜嫩、造型别致、咸中微甜、南北皆宜。

其菜品细致精美，格调高雅。著名菜肴有扬州炒饭、清炖蟹粉狮子头、大煮干丝、三套鸭、水晶肴肉、松鼠鳜鱼、梁溪脆鳝等。

4. 无锡市游览区

无锡位于江苏省南部，北倚长江，南濒太湖，被誉为"太湖明珠"，京杭大运河穿城而过。无锡是江南文明的发源地之一，有文字记载的历史可追溯到商朝末年，早在春秋战国时期，无锡已是当时的经济、文化中心，自古就是鱼米之乡，素有布码头、钱码头、窑码头、丝都、米市之称。无锡又是一座景色秀丽的城市，自然风光与近代园林交相辉映，自然景观大多与太湖相关联，如鼋头渚、蠡园、锡惠公园、梅园等，旅游景点众多。此外，还有影视城、灵山大佛等人造景观。

（1）鼋头渚

鼋头渚是横卧无锡太湖西北岸的一个半岛，因巨石突入湖中形状酷似神龟昂首而得名（见图6-9）。鼋头渚风景区是一个著名的近代园林，始建于1918年，由清末举人无锡商会会长杨翰西建造，巧妙利用真山真水把这私家园林建成三分人意七分自然，山清水秀，浑然天成，为太湖风景的精华所在，故有"太湖第一名胜"之称，是欣赏太湖水的绝佳处。主要景点有鼋头渚牌楼、牌坊、长春花漪、七桅帆船、海峡友好石碑、徐霞客铜像、藕花深处、无锡旅情、鼋渚灯塔、鼋渚春涛、摩崖石刻、震泽神鼋、澄澜堂等。

图6-9 鼋头渚

（2）锡惠公园

锡惠公园位于无锡市西郊，由惠山和锡山组成。惠山上有惠山寺、香花桥、大同殿等古迹，东麓有明代所建的江南名园寄畅园，还有被称为"天下第二泉"的惠山泉。锡山山顶有龙光塔和龙光寺，山麓有龙光洞等名胜。锡惠公园是一座集众多的文物古迹和休闲游乐于一体的综合性大型园林。

（3）灵山景区

无锡市灵山景区位于无锡市太湖之滨马山秦履峰南侧的小灵山地区，该处原为唐宋名刹祥符寺之旧址。它集湖光山色、园林广场、佛教文化、历史知识于一体，是中国最为完整、也是唯一集中展示释迦牟尼成就的佛教文化主题园区。景区由小灵山、祥符禅寺、灵山大佛、天下第一掌、百子戏弥勒、佛教文化博览馆、万佛殿等景点组成。灵山大佛通高88米，为目前世界上最高大的露天青铜释迦牟尼立像。

5. 镇江游览区

镇江古称"京口"，地处江苏省西南部，长江下游南岸，与扬州隔江相望。市区多佳景，城北有金山、焦山、北固山，或屹立江中，或雄峙江岸，由长江组合成天然三山图，为国家5A级旅游景区；城南有起伏的南山，掩映着鹤林、竹林、招隐诸寺，并由西向东嵌入城中，构成"城市山林"景观。古运河从镇江进入江南，由北往南折东，逶迤城中，汇入江南运河。西津渡古街全长1 000米，存有六朝至清代的历史遗迹。主城区有宝塔山公园、伯先公园、河滨公园、梦溪园、赛珍珠旧居等景点，还有保存完好的三国东吴铁瓮城遗址。

6. 连云港云台山景区

云台山是位于连云港市区东北部的山岭，古称苍梧山，原来只是黄海中的一列岛屿，18世纪方与大陆相连。云台山主要由前云台山（南云台山）、中云台山、后云台山（北云台山）及鹰游山、锦屏山等互不连续的断块山脉组成，其中花果山中的玉女峰海拔624米，为江苏省最高峰。景区以海、山、洞等自然景观与神话、岩画、石刻等文化遗迹相交融，共同构成众多名胜。主要景观有山门、阿育王塔、水帘洞、猴苑、三元宫、七十二洞、南天门等。

三、浙江省旅游区

浙江省位于中国东南沿海、长江三角洲南翼，东临东海，南接福建，西与江西、安徽相连，北与上海、江苏为邻。面积10.55万平方千米，是中国面积较小的省份之一。地形复杂，由平原、丘陵、盆地、山地、岛屿构成，以山地和丘陵为主，"七山一水二分田"。浙北是水网密集的冲积平原，浙东为沿海丘陵，浙南山区多，沿海有2 000多个岛屿，居全国之首，其中有我国最大的群岛——舟山群岛。降水丰沛，河湖众多，典型的水乡风光，山川秀美。

浙江历史悠久，文化灿烂，是中国古代文明的发祥地之一。浙江境内已发现新石器时代遗址100多处，有距今7 000年的河姆渡文化、距今6 000年的马家浜文化和距今5 000年的良渚文化。以吴越文化为主体的浙江文化繁荣昌盛，非物质文化遗产丰厚，列入首批国家级非物质文化遗产名录的项目数量位居中国第一。浙江自古为繁华富饶之地，物产丰富，素有"鱼米之乡，丝绸之府"之誉，并吸引大量人才，人文荟萃。浙江还是宗教文化发达的省份，遗存有大量古代宗教遗迹，名山名寺名塔众多。

浙江省神山秀水，风景秀丽，有众多风景名胜和人文古迹，自然与人文旅游条件得天独厚，旅游业比较发达，发展潜力巨大（见图6-10）。

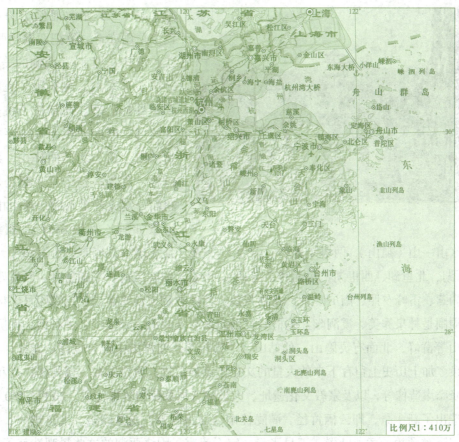

图 6-10 浙江省示意图

1. 杭州市游览区

杭州古称临安、钱塘，是浙江省省会，位于浙江省北部、钱塘江下游、京杭大运河南端。杭州自秦朝设县治以来已有 2 200 多年的历史，曾是吴越国和南宋的都城，是我国七大古都之一。得益于京杭运河和通商口岸的便利，以及自身发达的丝绸和粮食产业，杭州历史上曾是重要的商业集散中心。杭州人文古迹众多，西湖及其周边有大量的自然及人文景观。杭州拥有 2 个国家级风景名胜区——西湖风景名胜区、"两江两湖"（富春江—新安江—千岛湖—湘湖）风景名胜区；2 个国家级自然保护区——天目山、清凉峰自然保护区；7 个国家森林公园——千岛湖、大奇山、午潮山、富春江、青山湖、半山和桐庐瑶琳森林公园；1 个国家级旅游度假区——之江国家旅游度假区；全国首个国家级湿地——西溪国家湿地公园。杭州还有全国重点文物保护单位 25 个、国家级博物馆 9 个。2011 年 6 月 24 日，"杭州西湖文化景观"正式被列入世界文化遗产名录。

（1）西湖风景名胜区

北宋大文豪苏轼曾两度在杭州为官，对西湖的赞誉家喻户晓，其《饮湖上初晴后

图6-11 西湖美景

雨》诗:"水光潋滟晴方好,山色空蒙雨亦奇。欲把西湖比西子,淡妆浓抹总相宜。"西湖的美不仅征服了苏东坡,也征服了无数古今中外的游客。西湖位于杭州市区西部,湖面面积为6.38平方千米,南、西、北三面环山,湖中白堤、苏堤、杨公堤、赵公堤将湖面分割成若干水面,湖山相映,风景如画(见图6-11)。西湖核心景区由一山(孤山)、两堤(苏堤、白堤)、三岛(阮公墩、湖心亭、小瀛洲)、五湖(外西湖、北里湖、西里湖、岳湖和小南湖)、十景(曲院风荷、平湖秋月、断桥残雪、柳浪闻莺、雷峰夕照、南屏晚钟、花港观鱼、苏堤春晓、双峰插云、三潭印月)构成。西湖周围是林泉秀美、溪涧幽深的群峰,西南面有龙井山、烟霞岭、灵石山、南屏山、凤凰山等群峰,北面有灵隐山、仙姑山、栖霞岭等,在群山中藏有虎跑、龙井、玉泉等名泉。加上历史上留存下来的大量的文化遗迹如岳坟、西泠印社、楼外楼、六和塔、飞来峰摩崖造像等,以及宗教文化遗址、大量的诗词歌赋和故事传说,20世纪80年代又评选出了新十景,即云栖竹径、满陇桂雨、虎跑梦泉、龙井问茶、九溪烟树、吴山天风、阮墩环碧、黄龙吐翠、玉皇飞云、宝石流霞。围绕西湖的这些景观造就了西湖"人间天堂"的美誉,使杭州成为我国重要的风景旅游城市。

(2)西溪国家湿地公园

西溪国家湿地公园位于杭州市区西部,约70%的面积为河港、池塘、湖漾、沼泽等水域。湿地公园内生态资源丰富、自然景观幽雅、文化积淀深厚,与西湖、西泠并称杭州"三西",是中国第一个集城市湿地、农耕湿地、文化湿地于一体的国家级湿地公园。西溪国家湿地公园主要的景点有"三堤十景",三堤即福堤、绿堤、寿堤;十景即秋芦飞雪、火柿映波、龙舟胜会、莲滩鹭影、洪园余韵、蒹葭泛月、渔村烟雨、曲水寻梅、高庄晨迹、河渚听曲。

(3)千岛湖风景区

千岛湖,即新安江水库,位于杭州市淳安县境内,是为建新安江水电站拦蓄新安江上游而成的人工湖,湖区面积573平方千米,湖形呈树枝型,湖中大小岛屿1 078个,岛屿形态各异。千岛湖碧波万顷,千岛竞秀,群山叠翠,峡谷幽深,溪涧清秀,洞石奇异,森林覆盖率达93%,空气质量极佳,并汇集了很多山泉,水质达到国家地表水一级标准,水域能见度最高达12米。景区内还有种类众多的生物资源、文物古迹和丰富的土特产品，构成了享誉中外的岛湖风景特点。湖区分为东北、东南、西北、西南、中心五大区。其主要景点有梅峰岛、猴岛、龙山岛、锁岛、三潭岛等。

2. 绍兴市游览区

绍兴位于浙江省中北部、杭州湾南岸，是一座具有2 500多年建城史的古城，是首批国家历史文化名城，也是具有江南水乡特色的文化和生态旅游城市，是著名的水乡、桥乡、酒乡、书法之乡、名士之乡，素称"文物之邦、鱼米之乡"。绍兴自古名士多，是个人才辈出之地，传说禹王葬于此，越王勾践于此复国，还出了西晋名士嵇康、书圣王羲之、山水诗人谢灵运、唐代诗人贺知章、宋代爱国诗人陆游、明代思想家王阳明、明代文学家徐渭、近代教育家蔡元培、鉴湖女侠秋瑾、文学巨匠鲁迅、教育家陶行知等。绍兴与这些文化元素相关联的建筑、遗址、故居，甚至是故事传说则成了绍兴重要的旅游资源。主要景点有大禹陵和禹庙、兰亭、沈园、柯桥遗址、鲁迅故居、越王台、东湖、秋瑾碑、乌篷船、仓桥直街、八字桥等。

3. 宁波游览区

宁波，简称"甬"，地处东南沿海，是中国东南沿海重要的港口城市。早在7 000年前，宁波先民们就在这里繁衍生息，创造了灿烂的河姆渡文化，唐朝长庆元年（821年）筑城，至今已有1 200年城市发展历史，长期以来都是我国重要的对外贸易口岸。宁波不仅经济发达，而且人文荟萃，文风鼎盛，佛教文化发达，是一座文物古迹繁多的国家历史文化名城，现保存的文物中有亚洲最古老的私人古藏书楼天一阁，有天下禅宗五刹之一的天童寺，有珍藏着释迦牟尼真身舍利的阿育王寺，有长江以南最古老的木结构建筑保国寺等。此外，奉化溪口是蒋介石先生的故乡；余姚有河姆渡遗址；宁波城东有东钱湖；杭州湾跨海大桥附近有杭州湾国家湿地公园，是中国八大咸水湿地之一；等等。宁波靠近我国最大的近海渔场舟山，盛产海产，对游客产生很大吸引力。

4. 普陀山风景区

普陀山位于舟山市普陀区，舟山群岛东部海域中的一个小岛，相传是观世音菩萨教化众生的道场，是我国四大佛教名山之一，素有"海天佛国""南海圣境"之称。五代后梁贞明二年（916年），日僧慧锷自五台山请观音像归国，途经普陀山被大风所阻，于紫竹林结茅留居。历朝相继在此兴建寺院，以供奉观音菩萨为主，最盛时有82座寺庵，128处茅，僧尼达4 000余人（见图6-12）。其中普

图6-12 普陀山南海观音

济、法雨、慧济三大寺规模宏大，建筑考究，是中国清初寺庙建筑群的典型。

普陀山是一座集浓郁的宗教氛围与美丽的自然风光于一体的风景名胜区，奇岩怪石很多，著名的有磐陀石、二龟听法石、海天佛国石等20余处。在山海相接之处有许多石洞胜景，其中潮音洞和梵音洞最为著名。岛的四周有许多沙滩，百步沙、千步沙和金沙条件最好，千步沙是一个弧形沙滩，长约3里，沙细坡缓，沙面宽坦柔软，是一个优良的海水浴场。

5. 莫干山风景区

莫干山风景名胜区位于浙江省湖州市德清县，属天目山余脉，主峰塔山海拔758米。以竹、泉、云和清、绿、凉、静的环境著称，素有"清凉世界"之美誉，与北戴河、庐山、鸡公山并称为我国四大避暑胜地。莫干山的中心景区，包括塔山、中华山、金家山、屋脊山、莫干岭、炮台山等，植被覆盖率高达92%，修篁丛生，万竿夹道，遍山竹海，流泉飞瀑无处不见，更有挺拔参天的日本冷杉及宋代银杏。登中华山、塔山均可看日出、云海。剑池最宜观赏飞瀑流泉。旭光、云逸、清凉、观瀑等20多处亭台景点，散建在莫干湖、碧坞龙潭、天泉山和石门卡等景点中，给人以"清风迎面来，溽暑随步失"的感觉。

6. 雁荡山风景区

雁荡山位于温州乐清市境内，因主峰雁湖岗上有着结满芦苇的湖荡，年年南飞的秋雁栖宿于此，因而得名"雁荡山"。雁荡山素以独特的奇峰怪石、飞瀑流泉、古洞畸穴、雄嶂胜门和凝翠碧潭扬名海内外，史称"东南第一山"，2005年被评为"世界地质公园"。其奇峰怪石造型独特，且移步换景，晨昏不一，以"造型地貌博物馆"著称。雁荡山有500多处景点，主要分为灵峰、灵岩、大龙湫、三折瀑、雁湖、显胜门、羊角洞、仙桥八大景区，其中灵峰、灵岩、大龙湫为"雁荡三绝"。灵峰为雁荡山的东大门景区，景区内层峦叠嶂，奇峰环绕，千形万状，美不胜收，其夜景移步换形，变幻多姿，妙不可言。大龙湫以落差190余米为中国瀑布之最，有"天下第一瀑"之誉，其更为奇绝之处在于因季节、晴雨等变化呈现出多姿多彩的迷人景象。

7. 乌镇

乌镇位于嘉兴市桐乡，河流纵横交织，京杭大运河流过古镇，是典型的中国江南水乡古镇、中国十大魅力名镇、国家5A级旅游景区，素有"中国最后的枕水人家"之誉。乌镇是一个有1300年建镇史的江南古镇，十字形的内河水系将全镇划分为东南西北四个区块，当地人分别称之为"东栅、南栅、西栅、北栅"。东栅水乡风貌完整，生活气息浓郁，手工作坊和传统商铺各具特色，特色展馆琳琅满目。游客们在欣赏原汁原味的水乡风景的同时也可以尽享旅游购物和美食饕餮之乐。西栅由12个碧水环绕的岛屿组成，真正呈现了中国江南水乡古镇的风貌，街区存留了大量明清古建和老街长弄，古建筑外观上保留了古色古香的韵味，而在内部则有选择地充实进了现代化的配套设施，在极大地改善了原住民生活居住条件的同时，也给游客提供舒适的居住环境和全方位的休闲娱乐。在这里，你可以深入体验淳朴清新的水乡生活，又可安享现代生活的舒适与便利。可以说，西栅是一个远离都市喧嚣的安谧绿洲，是一个完美融合了观光与度假功能的旅游目的地。

从2013年起，乌镇每年都要举办乌镇戏剧节。2014年11月19日乌镇成为世界互联网大会永久会址。这两个重大的活动，给古老的乌镇注入了无限活力。

8. 横店影视城

横店影视城位于金华市东阳市横店镇，是集影视、旅游、度假、休闲、观光为一体的大型综合性旅游区。1996年，为配合著名导演谢晋拍摄历史巨片《鸦片战争》，于横店建造了这个影视城，并对社会正式开放。现已兴建了广州街·香港街、明清宫苑、秦王宫、清明上河图、华夏文化园、明清民居博览城、梦幻谷、屏岩洞府、大智禅寺、红军长征博览城、春秋·唐园、圆明新园等13个跨越几千年历史时空、汇聚南北地域特色的影视拍摄基地和2座超大型的现代化摄影棚。横店影视城已成为全球规模最大的影视拍摄基地，中国唯一的"国家级影视产业实验区"，被美国《好莱坞》杂志称为"中国好莱坞"。

9. 钱塘观潮

钱塘江涌潮，又称海宁潮，为世界一大自然奇观，它是天体引力和地球自转的离心作用，加上杭州湾钱塘江喇叭口的特殊地形所造成的特大涌潮（见图6-13）。每年农历八月十五，钱江涌潮最大，潮头可达数米。海潮来时，声如雷鸣，排山倒海，犹如万马奔腾，蔚为壮观。观赏钱塘秋潮，有三个最佳位置。海宁市盐官镇东南的一段海塘为第一佳点，这里的潮势最盛，且以齐列一线为特色，故有"海宁宝塔一线潮"之誉。第二个观潮佳点是盐官镇东8千米的八堡，可以观赏到潮头相撞的奇景。盐官镇西12千米的老盐仓是第三个观潮佳点，可以欣赏到"返头潮"。

图6-13 钱塘江涌潮

四、江西省旅游区

江西位于中国东南部，长江中下游南岸。自古为"干越之地""吴头楚尾、粤户闽庭"，素有"文章节义之邦，白鹤鱼米之国"之美称。江西省的地形以丘陵、山地为主，盆地、谷地广布，境内东、西、南三面环山，中部丘陵和河谷平原交错分布，北部则为鄱阳湖平原。全省面积16.69万平方千米，常住人口4 622.1万。江西为中国多雨省区之一，年降水量1 341～1 943毫米。赣江、抚河、信江、饶河、修河五大河系注入鄱阳湖，经湖口县汇入长江，构成以鄱阳湖为中心的向心水系，鄱阳湖是中国第一大淡水湖。境内青山滴翠，绿水环绕，森林覆盖率高达59.7%，居全国第三位。江西地下矿藏丰富，尤其是有色金属和稀有金属的储量和产量居中国各省前列。

江西万年县14 000年前的仙人洞、吊桶环古文化遗址，经中美联合农业考古发掘，认定为当今所知世界最早的栽培稻遗址，这里的人们创造了灿烂的远古文明，给后人留下了宝贵的文化遗产。江西自古以来就是一个人文荟萃的地方，唐代诗人王勃在《滕王阁序》中就称江西"物华天宝，人杰地灵"，不仅有灿烂的古代文明，还在中国革命历程中写下过重重的一笔，留下了大量革命纪念地，成为全国著名的红色旅游胜地。

江西旅游资源丰富，名山胜水众多，红色旅游资源突出，瓷器名扬天下，物产富集，名人辈出，交通便利，旅游业发展潜力巨大（见图6-14）。

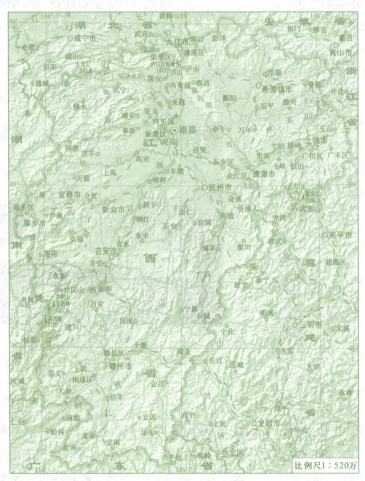

图6-14　江西省示意图

1. 南昌市游览区

南昌古称豫章、洪都，地处江西省中部偏北，赣江、抚河下游，鄱阳湖西南岸，是中国唯一一个毗邻长江三角洲、珠江三角洲和海峡西岸经济区的省会中心城市。南昌是国家历史文化名城，有2 200多年的建城史，因"昌大南疆、南方昌盛"而得名。1927年八一南昌起义，在此诞生了中国共产党第一支独立领导的人民军队，是著名的英雄城，被誉为军旗升起的地方。南昌旅游资源丰富，拥有独特的"红色、绿色和古色"景观，东城区有京东、瑶湖水上娱乐区，南城区有青云谱"八大山人"纪念馆文化游览区，西城区有梅岭、梦山度假、宗教旅游区、南昌万达国际旅游文化度假中心，北城区有鄱阳湖、南矶山、象山候鸟观赏区。

（1）滕王阁

滕王阁始建于唐永徽四年（653年），因唐高祖李渊第二十二子滕王李元婴始建而得名。（见图6-15）又因初唐诗人王勃诗句"落霞与孤鹜齐飞，秋水共长天一色"而流芳后世。其与湖北武汉黄鹤楼、湖南岳阳楼并称为"江南三大名楼"。

滕王阁坐落于赣江之滨，现在的建筑是历史上第29次重建的，于1989年重阳节时落成，整体建筑仿

图6-15　滕王阁

宋风格，突出"下临无地""瑰玮绝特"的气势。主体建筑净高57.5米，其下部为象征古城墙的12米高台座，分为两级。台座以上的主阁取"明三暗七"格式，重檐歇山式碧色琉璃瓦顶，鎏金重檐，雕花屏阁，朱漆廊柱，古朴高雅，蔚为壮观。主阁南北两侧配以"压江""挹翠"二亭，与主阁相接。主阁之外，还有庭园、假山、亭台、荷池等建筑，构成了一组大型的园林建筑。

（2）南昌八一起义纪念馆

南昌八一起义纪念馆位于南昌市西湖区中山路，是为纪念南昌起义而设立的专题纪念馆，其前身为"江西大旅社"。1927年7月下旬，参加起义的部队包租下这幢旅社，在"喜庆厅"召开会议，成立了以周恩来为书记的中共前敌委员会，后又多次在此举行会议，成为领导起义的指挥中心。南昌八一起义纪念馆基本陈列陈展面积达4 492平方米，展览空间分为两层，一层为主要展览区域，二层主要为专题展区和多媒体互动展区。展览共分"危难中奋起""伟大的决策""打响第一枪""南征下广东""转战上井冈""群英耀中华"6个部分、21个展示单元。展览以"伟大的开端"为主题，以"强

军之路"为主线，展示了自八一南昌起义开始，我们的中国人民解放军从小到大，由弱到强的光辉历程。纪念馆基本陈列陈展各类图片、图表509幅，文物展品407件（套），艺术品51件，大型景观及多媒体展示8组。南昌八一起义纪念馆于1997年入选全国首批"爱国主义教育示范基地"，于2008年被国家文物局评为国家一级博物馆，于2016年入选《全国红色旅游景点景区名录》。

（3）八大山人—梅湖风景区

八大山人—梅湖风景区位于历史悠久的南昌市青云谱区，是以一代画圣八大山人纪念馆为核心，以传统文化为主轴，以梅湖生态美景为纽带的江南都市历史文化生态景区。景区曲水环绕、绿树成荫、如诗如画，有"三馆三居二园二街二场二院、一水一道一廊一阁一楼一堂一台一岛一塔和十林"等景点70余处。八大山人纪念馆于1959年成立，是我国第一座古代画家纪念馆，坐落于青云浦道院，它是一座以收藏、陈列、研究、宣传明末清初的杰出画家八大山人作品为主的纪念馆，藏品丰富，陈列八大山人生平史料及其珍品80余件。青云浦道院是一个小巧精致的江南园林，环境古色古香、曲径通幽、别具逸趣。

（4）梅岭风景区

梅岭风景区位于南昌市西郊15千米处，因西汉梅福于此修道而得名。梅岭是著名的避暑胜地，也是中国古典音律和道教净明宗的发源地，其山势嵯峨，层峦叠翠，四时秀色，气候宜人。它以峰峦之旖旎，溪漳之蜿蜒，谷壑之幽深，岩石之突兀，云雾之缠绕，风光之掩映，组成了梅岭"翠、幽、俊、奇"的特色，素有"小庐山"之称。梅岭有自然和人文景点120多处，自古以来，"洪崖丹井""西山秋翠""铜源三群"（瀑布群、梯田群、水碓群）就是文人骚客争相题咏的著名景观。

（5）鄱阳湖湿地公园

鄱阳湖位于江西省北部、长江南岸，是中国第一大淡水湖。鄱阳湖上承赣、抚、信、饶、修五河之水，下接长江。鄱阳湖是世界上最大的候鸟保护区，每年冬季，大批候鸟从俄罗斯西伯利亚、蒙古、日本、韩国及我国的东北、西北等地迁徙到这里来越冬。白鹤是我国一级保护动物，野外总数大约为3 000只，其中90%在鄱阳湖越冬。白枕鹤为我国二级保护动物，野外大约有5 000只，其中60%在鄱阳湖越冬。珍贵、濒危鸟类还有白鹳、黑鹳、大鸨等国家一级保护动物，以及小天鹅、鸢、凤头鹰、苍鹰、雀鹰、白头鹞等国家二级保护动物。

1992年鄱阳湖被列入世界重要湿地名录，鄱阳湖湿地生态系统成为全球亚热带湿地生态系统重要的一部分（见图6-16）。鄱阳湖在丰水季节浩渺万顷，河湖一体，水天一色，一望无际；枯水季节则水落滩出，形成了广袤的湿地草洲，构成了美丽的江南大草原，尤其是深秋季节的蓼子花海，使滩涂草洲变成了一个美丽的无边无界的粉色

图6-16 鄱阳湖湿地公园

世界;区内的沙山高低起伏,延绵十余里,构成了壮观的水乡大沙漠。

湖区历史悠久,文化发达。保护区所在的吴城镇,曾与景德镇、樟树、河口并列为江西四大名镇。在湖岸位于南昌市新建区大塘坪乡观西村近年发掘的汉废帝刘贺的墓葬,即海昏侯墓,出土了各类文物1万余件,包括数量惊人的黄金、金器、玉器、铜车马等,是我国迄今发现的保存最好、结构最完整、功能布局最清晰、拥有最完备祭祀体系的西汉列侯墓园,2015年入选中国十大考古新发现。

2. 九江游览区

九江古称柴桑、江州、浔阳,是一座有着2 200多年历史的江南名城,地处江西省最北部,鄱阳湖与长江的交汇处,襟江傍湖,地理位置优越,号称"三江之口,七省通衢"与"天下眉目之地"。九江自古为江南著名的游览胜地,境内山水风光迷人,名胜古迹荟萃,众多的自然景观与人文景观相映成趣,230多个景点景观星罗棋布,构成以庐山、鄱阳湖为主体,融古今高僧、名士妙文、书院翰香、建筑艺术和政治风云于一体的独具特色的风景名胜区。

(1)庐山风景区

庐山是一座典型的地垒式断块山,伴随着鄱阳湖的断裂下沉,庐山则断崖抬升,同时庐山还受到第四纪冰川的雕塑和流水侵蚀切割,形成以雄、奇、险、秀为特征的山地景观,素有"匡庐奇秀甲天下"之美誉,被评选为世界地质公园。庐山自古命名的山峰便有171座,群峰间散布冈岭26座,壑谷20条,岩洞16个,怪石22处,瀑布22处,溪涧18条,湖潭14处。庐山自然景观以奇峰、云雾、植物、泉瀑为其"四绝",著名的景点有五老峰、三叠泉、花径、锦秀谷、石门涧、三宝树、大小天池、龙首崖、秀峰等。

图6-17 庐山瀑布云

由于庐山高耸于鄱阳湖与长江之间，雨量丰沛，山中温差大，云雾特别多，全年平均有雾日达192天，尤其是春夏季节，庐山的云雾此出彼没，变幻莫测，缥缈不定，给庐山增添了许多妙景，给游人增添了无穷的乐趣。庐山云雾中最胜者为瀑布云，即庐山上形成的厚厚的层积云在风力的吹动下，促涌成强劲的云流，漫过山顶俯冲谷底，形成飞流直下的瀑布云奇景（见图6-17）。庐山各处山峰海拔均在1 000米以上，最高峰汉阳峰海拔达1 474米，且山上树林密布，山下江湖环绕，常年雨水多，空气湿度大，使夏季山上山下的气温差异较大。每年盛夏，鄱阳湖盆地赤日炎炎，最高气温可达39℃以上，而山上夏季平均气温只有22.6℃左右，早晚温度常在15～20℃之间，自古以来就是我国著名的避暑胜地。

庐山最突出的身份是世界文化景观，历史文化的特征对于庐山这座名山来说才是最大的优势。"苍润高逸，秀出东南"的庐山，自古以来深受众多文学家、艺术家的青睐，并成为隐逸之士、高僧名道的依托，政客、名流的活动舞台，从而为庐山带来了浓浓的文化色彩，并使庐山深藏文化的底蕴。一是诗文名山——自司马迁将庐山载入《史记》后，历代诗人墨客相继慕名而来，陶渊明、谢灵运、李白、白居易、苏轼、王安石、陆游、徐志摩、郭沫若等1 500余位诗人相继登山，留下了许多珍贵的名篇佳作，尤其是陶渊明、谢灵运、宗炳等曾在此开创了中国田园诗风。二是宗教名山——公元4世纪，高僧慧远在庐山建东林寺，首创"弥陀净土法门"，3—13世纪，庐山寺庙多达500余座；禅师竺道生在庐山精舍开创"顿悟成佛说"；道教祖师之一的陆静修在庐山建简寂观，收藏道经1 200卷，并创立了道教灵宝派；天师张道陵也一度在庐山修炼；20世纪初，有20多国的基督教传教士来到庐山，修建基督教堂，传播基督教。三是文化名山——南宋淳熙七年（1180年），大哲学家朱熹振兴了白鹿洞书院，他在此开创了中国讲学式教育的先河，并以儒家传统的政治伦理思想为支柱，继往开来，建立了庞大的"理学"体系，使"理学"成为中国封建社会的主体思想，影响了中国七百年的历史进程；到20世纪初世界25个国家风格的庐山别墅群建成；胡先骕在庐山创建中国第一个亚热带山地植物园；李四光在庐山创立"第四纪冰川"学说，引起国际学术界瞩目。这些成就使庐山成为自然科学研究的重要场所。四是政治名山——1895年起，庐山出现了大量的外国教堂、银行、商店、学校、医院，以及市政议会等，庐山成为西方文化影响中国腹地的独特代表；1937年夏周恩来两度上庐山，与蒋介石谈判，促成了国共合作抗日，蒋介石在庐山发表有关抗日战争的重要谈话；1959年7月至8月，1961年8月至9月，1970年8月至9月，中共中央在庐山举行了对中国现代史进程有着重大影响的三次会议。这一切赋予庐山深厚的文化积淀，使庐山成为以丰富的文化景观和秀美的自然环境并存而闻名于世的名胜。1996年，联合国教科文组织世界遗产委员会批准庐山以"世界文化景观"列入世界文化遗产名录。

（2）白鹿洞书院

白鹿洞书院位于庐山五老峰南麓，是中国四大书院之一（见图6-18）。始建于南唐升元年间（公元940年），是中国第一座完备的书院。南唐时建成"庐山国学"，为中国历史上唯一的由中央政府于京城之外设立的国学；宋代理学家朱熹出任知南康军（今江西省九江市庐山市）时，重建书院，亲自讲学，确定了书院的办学规条和宗旨，并奏请赐额及御书，名声大振，成为中国一个重要的文化摇篮，是中国教育文化的重要发祥地之一。白鹿洞书院最盛时有360余间建筑，屡经兴废，今尚存礼圣殿、御书阁、朱子祠等。

图6-18　白鹿洞书院

（3）东林寺

东林寺位于庐山西麓，于东晋大元九年（384年）为名僧慧远大师所建，已有1 600多年历史，沧桑历尽，屡废屡兴，为庐山上历史悠久的寺院之一。东林寺是佛教净土宗的发源地，唐代高僧鉴真曾至此，将东林教义携入日本，故东林寺也被日本佛教净土宗和净土真宗视为祖庭。东林寺苑区建筑采用中国古代山林建筑群经典的空间层次布局方式，使整个东林净土苑依山就势，沿中轴线规划为山门殿（暨天王殿）、三圣殿、大雄宝殿、拜佛台、接引桥、大佛台等数个区域，精心规划为三圣殿、拜佛台、大佛台等七个苑区。苑区空间开合有致，相得益彰。

（4）石钟山

石钟山位于湖口县城区，长江与鄱阳湖交汇处。因石钟山由石灰岩构成，下部均有洞穴，形如覆钟，面临深潭，微风鼓浪，水石相击，响声如洪钟而得名，素有"中国千古奇音第一山"之称。苏轼曾夜泊山下，撰写了《石钟山记》，更使石钟山闻名天下。登上山顶，看长江滔滔，观鄱湖浩渺，江湖汇合处，水线分明，江水浑浊，湖水碧清，以截然不同的水色"划"出了一条奇妙的界线，堪称鄱阳湖上一大自然奇景。石钟山屹立于长江之岸，鄱阳湖之滨，犹如一把铁锁挂在湖口县门前，号称"江湖锁钥"，自古即为军事要塞。山上古建筑与碑、石刻相得益彰，互相辉映，集楼、台、亭、阁等于一体，是一座典型的江南园林。

3. 赣东北游览区

赣东北是指江西省东北部的上饶、景德镇、鹰潭三个地级市，在地理位置上它们紧邻浙江省和安徽省，在历史上深受吴越文化和徽州文化的影响，糅合赣文化后形成了独特的多元文化格局，历史悠久，文化积淀深厚。境内的江西万年仙人洞遗址是中国稻作文明的发源地，景德镇则是闻名于世的瓷都，婺源被称为"中国最美的乡村"，鹰潭龙虎山、弋阳圭峰和上饶三清山则以其道教文化与自然之美的珠联璧合享誉中外。

（1）三清山风景区

三清山位于上饶市玉山县与德兴市交界处。因玉京、玉虚、玉华三峰宛如道教玉清、上清、太清三位尊神列坐山巅而得名。玉京峰位于三清山的中心，与玉虚、玉华两峰鼎立，海拔1 816.9米，为三清山第一高峰。三清山花岗岩峰林微地貌景观类型主要有峰峦、峰墙、峰丛、石林、峰柱、石锥、岩壁、峡谷和造型石景等9种，在核心景区内有奇峰48座，造型石89处，景物、景观384余处，堪称天下花岗岩微地貌的天然博物馆。造型石景丰富奇绝，其中"东方女神""巨蟒出山"两处标志性造型景观，为世界"绝景"。世界遗产大会认为，三清山在一个相对较小的区域内展示了独特的花岗岩石柱与山峰，丰富的花岗岩造型石与多种植被、远近变化的景观及震撼人心的气候奇观相结合，创造了世界上独一无二的景观美学效果，呈现了引人入胜的自然美。2008年世界遗产大会将三清山以世界自然遗产的身份列入世界自然遗产名录，2012年被联合国教科文组织正式列入世界地质公园名录。

三清山同时还是座道教名山。据史书记载，东晋炼丹术士、著名医学家葛洪与李尚书上三清山结庐炼丹，著书立说，宣扬道教教义，至今山上还留有葛洪所掘的丹井和炼丹炉的遗迹。其后的一千多年间，三清山的道教活动延绵不断，留下了大量道教遗迹，丹井历时一千余载，依然终年不涸，还有三清福地（老子宫观）、风雷塔、三清宫等宫观建筑，以及石雕石刻神像130尊，摩崖题刻45处。

三清山自然景观以山岳、古松、云雾、飞泉称奇，人文景观为道教古迹，以风格粗犷古朴著称，旅游资源十分丰富，最为著名的十大景观为东方女神、巨蟒出山、猴王献宝、玉女开怀、老道拜月、观音赏曲、葛洪献丹、神龙戏松、三龙出海、蒲牢鸣天。

（2）龙虎山风景区

龙虎山位于鹰潭市西南20千米处，东汉中叶，正一道创始人张道陵曾在此炼丹，传说"丹成而龙虎现"，山故得此名（见图6-19）。碧水丹山秀其外，道教文化美其中，丹山碧水的丹霞地貌、源远流长的道教文化和神秘的崖墓群构成了龙虎山风景区的"三绝"。

图6-19 龙虎山

龙虎山是中国丹霞地貌发育程度最好的地区之一，在厚层紫红色河湖相碎屑岩的基础上发育了大量的石寨、石墙、石梁、石崖、石柱、石峰、峰丛、峰林、一线天、单面山、猪背山、蜂窝状洞穴、竖状洞穴、天生桥、石门等，并有各种拟人似物优美绝伦的造型地貌，如象鼻山、金枪峰、仙女岩等。景区中的泸溪河明净秀美，从赤壁丹崖中穿流而过，如一条玉带般由南向北把龙虎山最重要的景点如上清宫、仙水岩等串联起来，游客可从上清古镇漂流顺泸溪河而下，观赏其间20里山水，景色宛若仙境，美不胜收。2007年龙虎山成为世界地质公园，2010年世界遗产大会把"中国丹霞"（龙虎山）列入世界自然遗产名录。

龙虎山为道教正一道天师派"祖庭"，据道教典籍记载，张道陵第四代孙张盛在三国或西晋时已赴龙虎山定居，此后张天师后裔世居龙虎山，至今承袭63代，历经1 900多年。在道教兴盛时，龙虎山先后建有10大道宫，81座道观，50座道院，10个道庵，其繁荣景象可见一斑。上清宫和嗣汉天师府得到历代王朝无数次的赏赐，进行了无数次的扩建和维修，宫府的建筑面积、规模、布局、数量、规格创道教建筑史之最，并保存至今。龙虎山被列为我国四大道教名山之一，享誉海内外。

据不完全统计，龙虎山崖壁上有200余处崖墓群（俗称悬棺），国家文物局文物保护科学技术研究所对棺木进行放射性碳素测定后得知，棺木距今已有2 500年左右的历史，证实这批崖墓属于春秋战国时期，为古越人所葬，崖墓中出土大量陶器、原始青瓷器、竹木器、纺织器材、纺织品等陪葬品，为研究古越人提供了珍贵的资料。这一千古之谜不仅吸引考古工作者前往探寻真相，也令游客兴趣盎然。

（3）龟峰风景区

龟峰，又称圭峰，位于江西省弋阳县城南信江南岸，因其"无山不龟，无石不龟"，且整座山体就像一只硕大无朋的昂首巨龟而得名。龟峰是雨水侵蚀型老年期丹霞峰林地貌的典型代表，地貌形态以峰林、陡崖、方山、石墙、石柱、石峰、天生桥等为特征，共有36峰，峰峰似龟，造型奇绝，如三叠龟峰，峰顶有三石，一石叠于一石之上，形如龟，有头有脚，三只脚蹲伏，三只龟昂首望天。龟峰集"奇、险、灵、巧"于一身，素有"江上龟峰天下稀"和"天然盆景"誉称。丹霞洞穴群发育完善，共有大小28个岩洞，奇洞成群。龟峰以其典型的丹霞地貌和秀美的风景成为世界地质公园龙虎山—龟峰地质公园和世界自然遗产"中国丹霞"的组成部分。

在历史上龟峰是佛、道、儒三教会集之地，佛、道、儒三教在这里交融。龟峰有以南岩寺为代表的佛教文化游览区，有名刹瑞相寺和招隐庵，唐宋时期的佛雕40余座，是佛教禅宗的发祥地之一。龟峰同时又有着深厚的道教文化，龟峰还遗存著名的道教遗址葛仙观。儒教在龟峰同样受到尊崇，著名的儒教建筑遗址有儒学叠山书院。

（4）瓷都景德镇

景德镇位于赣东北鄱江支流昌江河畔，古称昌南，是世界著名瓷都，制瓷历史悠久，据史籍记载，早在汉代已开始生产陶瓷。北宋景德年间（1004—1007年）在此制御瓷，瓷器底部一律书写"景德年制"，于是改地名为景德镇。自元代开始至明清历代皇帝都派遣官员到景德镇监制宫廷用瓷，设瓷局、置御窑，陶瓷工业非常繁荣。景德镇素瓷器造型优美、品种繁多、装饰丰富、风格独特，以"白如玉，明如镜，薄如纸，声如磬"著称，其青花瓷、玲珑瓷、粉彩瓷、色釉瓷，合称景德镇四大传统名瓷，蜚声海内外。

图6-20 景德镇古窑

景德镇古窑民俗博览区是国家5A级旅游景点（见图6-20）。景区内湖田古窑遗址是中国五代、宋、元三代制瓷规模最大，延续烧造时间最长，生产的瓷器最精美的古代窑场。御窑遗址博物馆位于原御窑厂遗址内，御窑厂是元、明、清时期专为宫廷生产御用瓷器的所在地，是中国历史上烧造时间最长、规模最大、工艺最为精湛的官办瓷厂。祥集弄民宅，位于景德镇市区中心，是一条保存较完整的明代巷道，内有明代住宅多处，品陶斋现为景德镇陶瓷考古研究所所在地，是全国重点文物保护单位。

景德镇境内群山连绵，到处是奇峰异洞，明清古建筑，除跟瓷器有关的景点外，还有瑶里风景区、浮梁古县衙和红塔、洪岩仙境风景区、得雨生态园和锦绣昌南中国瓷园等特色鲜明的景点。

（5）婺源风景区

婺源县位于江西东北部，皖、浙两省交界处，是古徽州一府六县之一，以保护完好的古徽派民居建筑及清新自然的原生态环境而被誉为"中国最美的乡村"（见图 6-21）。婺源境内林木葱郁、峰峦叠嶂、峡谷深秀、溪流潺潺，奇峰、怪石、驿道、古树、茶亭、廊桥及多个生态保护小区构成了婺源美丽的自然景观。这里民风

图 6-21　婺源风景区

淳朴，文风鼎盛，名胜古迹遍布全县。全县有保存完好的明清时期古祠堂 113 座、古府第 28 栋、古民宅 36 幢和古桥 187 座。婺源篁岭拥有全球最美梯田之一，保留着世界独一无二的"晒秋"农俗，与白墙黛瓦的徽派建筑群交相辉映，秀气而瑰丽。李坑的古民居建筑风格独特，群山、村落、街巷、小桥、流水、人家，构成一种安静、祥和的气氛。

婺源的特产丰富多彩，有著名的婺源绿茶和皇菊，有美食荷包红鲤鱼和江湾雪梨，以及独具特色的手工艺品。

4. 赣西、赣中南游览区

赣西、赣中南游览区主要包括宜春市、新余市、萍乡市、吉安市和赣州市的旅游景点，以红色旅游、绿色旅游并存为其主要特色，奇山、秀水、温泉、湖泊、红色故地、民俗风情等丰富多彩的旅游资源，构成新余仙女湖、宜春明月山、萍乡武功山和安源路矿工人运动纪念馆、吉安井冈山、赣州通天岩和三百山、瑞金革命根据地等众多风景名胜区。

（1）明月山风景区

明月山位于宜春市袁州区城西南 15 千米处，由 12 座海拔千米以上的大小山峰组成，主峰太平山海拔 1 736 米。明月山是以奇峰险壑、温泉飞瀑、珍稀动植物和禅宗文化为主要特色，融山、石、林、泉、瀑、湖、竹海为一体，集雄、奇、幽、险、秀于一身的国家 5A 级旅游景区、国家森林公园和国家地质公园。自然景观有狮子峰、云谷飞瀑、青云栈道、云中草原、十八排壁立、千年梯田等。明月山脚下温汤镇的温汤温泉是有 2 000 多年历史的富硒温泉，2010 年 12 月，明月山温汤镇被列为首批中国温泉之乡。明月山将月亮文化景观和自然景观融合，形成了"山上有个月亮湖，山下一个

月亮湾，沿途都是月亮景，处处体现月亮情"的情景交融格局，充分体现以爱情为主要内容的月亮文化特色。

（2）井冈山风景区

井冈山地处江西省西南部，湘、赣交界的罗霄山脉中段。井冈山是一块红色的土地，也是一个绿色的宝库。1927年10月，毛泽东、朱德等老一辈无产阶级革命家率领中国工农红军来到井冈山，创建了中国第一个农村革命根据地，开辟了"以农村包围城市、武装夺取政权"的具有中国特色的革命道路，从此井冈山被誉为"中国革命的摇篮"和"中华人民共和国的奠基石"。井冈山迄今保存完好的革命旧址遗迹100多处，先后被列为"首批全国青少年革命传统教育十佳基地""全国爱国主义教育示范基地""全国重点红色旅游区"和"红色旅游经典景区"。井冈山属山岳型风景名胜区，汇雄、奇、险、峻、秀、幽的自然风光特点，群峰矗立，万壑争流，苍茫林海，飞瀑流泉，有气势磅礴的云海，瑰丽灿烂的日出，十里绵延的杜鹃长廊和蜚声中外的井冈山主峰。夏无酷暑，冬无严寒，年平均温度为14.2℃，气候宜人，为避暑疗养胜地。景区内旅游景观非常丰富，有11大景区、76处景点、460多个景物景观，主要景点有黄洋界、茨坪革命旧址群、井冈山革命烈士陵园、大井毛泽东同志旧居、井冈山革命博物馆、茅坪八角楼、会师纪念馆、龙潭、五指峰、水口、杜鹃山（笔架山）等。

（3）红色热土赣州

赣州地处江西省南部，是江西省的南大门，是千里赣江的源头，已有2 200多年的历史，是我国历史文化名城。赣州是全国著名的革命老区，红色旅游资源极其丰富，赣州的瑞金以及周边几个县是第二次国内革命战争时期的中央革命根据地和中华苏维埃共和国临时政府所在地，因此，赣州被称为中华人民共和国的摇篮。瑞金作为中华苏维埃政权的发源地，中华苏维埃临时中央政府所在地，有着"红色故都"的美誉；举世闻名的二万五千里长征，就是从赣州的瑞金、于都开始的，于都有"中央红军长征第一渡"之美称；兴国是著名的"将军"县，毛主席亲自为兴国书写了"模范兴国"四个大字；以瑞金为中心，周边的于都、宁都、会昌、石城、寻乌等地都是当年苏维埃政权的红色区域。赣州著名的红色景区主要有中共赣南省委旧址、赣南省苏维埃政府旧址、土地革命干部训练班旧址、中共江西省委旧址、中央兵工厂旧址、江西省第一次工农兵代表大会旧址、红军检阅台、大柏地战斗旧址等。

赣州还是客家人的聚居地，客家民俗文化丰富多彩、独特，客家民居围屋众多，仅龙南一县就保存有围屋近400座，成为赣州重要的民居建筑旅游资源。此外，赣州还有江南石窟艺术宝库通天岩，全国仅存且保护完好的宋城墙，宋代建造且至今仍在发挥作用的地下水排水系统福寿沟，闻名遐迩的古文化遗址郁孤台、八镜台，江南保存最完整的文庙等文物古迹。

赣州市辖区域大部分坐落在南岭山区，气候温暖湿润，森林覆盖率高，山清水秀，景色秀丽，拥有一大批山水风光和自然保护区。石城通天寨是典型的丹霞地貌景观，上犹县陡水湖是如诗如画般的湖光山色风景区，安远县三百山国家森林公园为粤港居民饮用水东江的源头，宁都县翠微峰自然保护区是集风景、宗教、文化名山于一身的千古名山，崇义阳岭国家森林公园被誉为"天然大氧吧"。赣州是一个以红色旅游为主体，兼有历史古迹游、生态游与客家风情体验的综合游览区。

五、安徽省旅游区

安徽地处长江、淮河中下游，是个沿江通海的内陆省份，东连江苏、浙江，西接湖北、河南，南邻江西，北靠山东。全省面积 14.01 万平方千米，常住人口 7 082.9 万。淮河和长江自西向东横贯安徽全境，将全省分为淮北、淮南和皖南三部分，淮北地势平坦辽阔，为华北平原的一部分；淮河与长江之间地形上分布有台地、丘陵及小平原；南部地区以山地、丘陵为主，是安徽著名的山地风景名胜的分布区。气候上属暖温带与亚热带的过渡地区，淮河以北属暖温带半湿润季风气候，淮河以南属亚热带湿润季风气候，淮河成为南北方的分界线。

安徽在地理位置上处于南北方过渡地带，战略地位非常重要，南北方文化融合充分，形成其独特的文化风格和特质，概括来说有淮河文化、新安文化、皖江文化、庐州文化四种，造就了安徽丰富的人文旅游资源，名胜古迹众多。现有 1 处世界文化与自然双重遗产，2 处世界文化遗产，2 处世界地质公园，5 座国家历史文化名城（歙县、寿县、亳州、安庆、绩溪），6 个国家级自然保护区，9 家国家湿地公园，10 处国家级重点风景名胜区（黄山、九华山、天柱山、琅琊山、齐云山、采石矶、巢湖、花山谜窟、太极洞、花亭湖），11 处国家地质公园，11 家 5A 级景区，30 个国家级森林公园，130 处全国重点文物保护单位（见图 6-22）。

安徽民俗文化丰富多彩，别具特色。徽派古民居建筑闻名于世，文化用品宣纸、徽墨享誉天下，徽剧成为国粹京剧的重要源头，黄梅戏千百年演绎不衰，徽菜美食独树一帜，等等。对现代旅游者，这些都具有极大的魅力和吸引力。

1. 皖南游览区

皖南游览区指安徽省长江沿线及以南区域，风景名胜数量多、质量高，集中了安徽最具代表性的旅游资源、最著名的旅游景观。包括黄山风景名胜区、太平湖风景名胜区、马鞍山采石矶、芜湖天门山及丫山风景区、宣城敬亭山、池州九华山、安庆天柱山等。

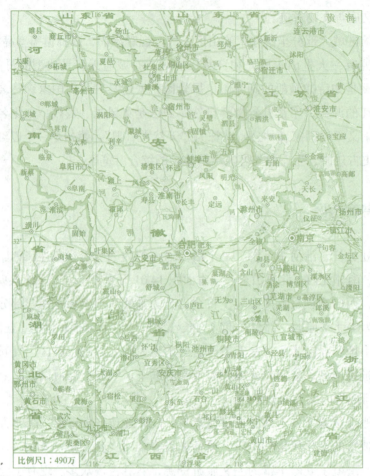

图 6-22　安徽省示意图

（1）黄山风景区

黄山风景区位于安徽省南部黄山市境内，黄山原名"黟山"，因峰岩青黑，遥望苍黛而名，后因传说轩辕黄帝曾在此炼丹，故改名为"黄山"。黄山山峰由峰林状花岗岩构成，山体巍峨，奇石玲珑，千姿百态，且林木繁茂，云遮雾绕，自然景色变幻无穷。代表景观有"五绝三瀑"，五绝是指奇松、怪石、云海、温泉、冬雪；三瀑是指人字瀑、百丈泉、九龙瀑。黄山全景分为玉屏景区、北海景区、温泉景区、白云景区、松谷景区、云谷景区、云海佛光七大景区。玉屏景区以玉屏楼为中心，玉屏楼地处天都峰和莲花峰之间，这里集黄山奇景之大成，为黄山绝佳处，迎客松挺立在玉屏楼左侧，右侧有送客松，楼前有陪客松、文殊台，楼后是玉屏峰，"玉屏卧佛"在峰顶，峰石上刻有毛泽东草书"江山如此多娇"，天都峰是黄山三大主峰中最为险峻之处，莲花峰，是黄山第一高峰，海拔 1 864.8 米，还有蓬莱三岛、百步云梯、一线、鳌鱼洞等景观散布其间（见图 6-23）。北海景区是黄山景区的腹地，在光明顶与始信峰、狮子峰、白鹅峰之间，狮子峰上的清凉台是观赏云海和日出的最佳之处。白云景区、松谷景区和北海景区联为一体，后又开发了西海大峡谷景区，成为黄山又一绝胜处。云谷景区位于黄山东部，主要景点有云谷山庄、古树、怪石、九龙瀑和百丈泉。黄山的自然美景得到历代名人的称赞，明朝旅行家徐霞客登临黄山时赞叹："薄海内外之名山，无如徽之黄山。登黄山，天下无山，观止矣！"被后人引申为"五岳归来不看山，黄山归来不看岳"。

图 6-23　黄山玉屏景区

黄山不仅是一座美丽的自然之山，还是一座丰富的艺术宝库，现有楼台、亭阁、桥梁等古代建筑 100 多处，多数呈徽派风格，翘角飞檐、古朴典雅；现存历代摩崖石刻近 300 处，篆、隶、行、楷、草诸体俱全，颜、柳、欧、赵各派尽有；历代文人雅士在观赏美景的同时，留下了浩如烟海的文学作品，流传至今的就有 2 万多篇（首）；黄山还孕育了"黄山画派"，创立了以黄山为主要表现对象的山水画派，在中国画坛独树一帜，影响深远。黄山以其独特的自然美与深厚的文化内涵赢得了联合国教科文组织的认可，于 1990 年 12 月被列入世界文化与自然遗产名录。

（2）皖南古村落

皖南古村落位于黄山市黟县，以西递村、宏村为代表（见图 6-24）。西递村、宏村

图 6-24　皖南古村落

古民居村落，至今完好地保存着典型的明清古村落风格，有"活的古民居博物馆"之称。西递村现有14世纪到19世纪的祠堂3幢、牌楼1座、古民居224幢，宏村现存明、清古建筑137幢。这些都是徽州文化的载体，集中体现了工艺精湛的徽派民居特色，建筑以黛瓦、粉墙、马头墙为表型特征，以砖雕、木雕、石雕为装饰特色，以高宅、深井、大厅为居家特点，表现了和谐流畅、统一规则的整体美，依山傍水、翠微缭绕的自然美，清雅简淡、就地取材的朴素美，是古徽州独特的人文环境与优美的自然风光完美融合的艺术结晶。2000年联合国教科文组织将中国皖南古村落西递村、宏村列入世界文化遗产名录，世界文化遗产委员评价：西递村、宏村这两个传统的古村落在很大程度上仍然保持着那些在20世纪已经消失或改变了的乡村的面貌。其街道的风格、古建筑和装饰物，以及供水系统完备的民居都是非常独特的文化遗存。

阅读资料 6-3

安徽宏村

宏村，古称弘村，是古徽州历史遗存的一个神奇村落，位于黄山西南麓，距黟县县城11千米，距黄山风景区30千米，是古黟桃花源里一座奇特的牛形水系古村落。整个村落占地30余公顷。

宏村被誉为"中国画里的乡村"，南宋绍兴年间，宏村人独运匠心开仿生学之先河，建造出堪称"中国一绝"的人工水系村落，围绕牛形做活了一篇水文章，以雷岗山为"牛头"，村口的两株古树为"牛角"，傍泉眼挖掘月沼为"牛胃"，南湖为"牛肚"，九曲十弯的水圳为"牛肠"，民居建筑为"牛身"，四座古桥为"牛脚"，称作"山为牛头树为角，桥为四蹄屋为身"，形状惟妙惟肖，同时经过村内历朝商儒贤达的精心修建，整个村落就像一头悠闲的水牛静卧在青山绿水之中。

宏村现完好保存明清民居140余幢，承志堂"三雕"精湛，富丽堂皇，被誉为"民间故宫"。著名景点还有：南湖春晓，书院诵读，月沼风荷，牛肠水圳，双溪映碧，亭前古树，雷岗夕照等。树人堂、桃源居、敬修堂、德义堂、碧园等一大批独具匠心、精雕细作的明清古民居至今保存完美。宏村山水秀美，人文荟萃，古风依旧，民风淳朴。

湖光山色与层楼叠院和谐共处，自然景观与人文内涵交相辉映，四周山色与粉墙黛瓦倒映湖中，山、水、民居与人自然融为一体，好似一幅徐徐展开的山水画卷，也是宏村区别于其他民居建筑布局的极大特色，成为当今世界历史文化遗产一大奇迹。宏村是穿越历史时空、解密几百年徽商兴衰的必去之地。

（资料来源：桂林康辉国际旅行社）

（3）太平湖风景区

太平湖位于黄山市黄山区境内，是青弋江上游一座大型人工水库，东西长48千米，南北最宽处6千米，最窄处仅150米左右，总面积88平方千米，是安徽首个国家级湿地公园。太平湖四周青山环抱，翠岗连绵，炊烟袅袅，一派美丽恬静的山野风光；湖内秀岛错落，犹如繁星点缀。核心景点有白鹭洲乐园、黄金岛植物园、八卦岛、猴岛、龙窑寨、鹿岛、蛇岛及金盆湾旅游度假区等。

（4）屯溪老街

屯溪老街坐落在黄山市屯溪区中心地段，由新安江、横江、率水河三江汇流之地的一个水埠码头发展起来（见图6-25）。老街全长1 272米，包括1条直街、3条横街和18条小巷，由不同年代建成的300余幢徽派建筑构成的整个街巷，呈鱼骨架形分布，西部狭窄、东部较宽。街上的路面为褐红色麻石板；街道两旁鳞次栉比的店铺叠致有序，全为砖木结构，粉墙黛瓦；窗棂门楣有砖雕木刻，技艺精湛；屋与屋之间是高高的马头墙，构成了徽派建筑群体美。整条街道，蜿蜒伸展，首尾不能相望，街深莫测。屯溪老街是中国保存最完整、最具有南宋和明清建筑风格的古代街市，其古朴的徽派建筑艺术、优雅的文化氛围、浓郁的商业气息，充分彰显了徽州文化的魅力，2009年当选为"中国历史文化名街"。

图6-25 屯溪老街

（5）齐云山风景区

齐云山古称白岳，位于安徽省黄山市休宁县境内，因遥观山顶与云平齐得名，曾被乾隆皇帝题为"天下无双胜地，江南第一名山"。齐云山在自然景观上是典型的丹霞地貌风景，奇峰、怪石、峭壁、幽谷、岩洞、泉瀑遍布全山，丹山碧水，风景如画。

齐云山又是道家的"桃源洞天"，中国著名的道教名山，全山道观林立，明末最盛时有一百余处。历史上李白、朱熹、唐伯虎、徐霞客、郁达夫等名人雅士都曾登临,并留下数以千计的摩崖石刻。现存有庵堂祠庙33处,亭台16座,石坊3个,碑铭石刻537处,石桥5座。主要景点有洞天福地、太素宫、月华街、真仙洞府、五老峰、香炉峰等。

(6)九华山风景区

九华山位于池州市境内,是我国四大佛教名山之一,世界地质公园。九华山天开神奇,清丽脱俗,是大自然造化的精品,有"莲花佛国"之称。境内群峰竞秀,怪石林立,九大主峰如九朵莲花,千姿百态,各具神韵。连绵山峰形成的天然睡佛,成为自然景观与佛教文化有机融合的典范。景区内处处清溪幽潭、飞瀑流泉,构成了一幅幅清新自然的山水画卷。还有云海、日出、雾凇、佛光等自然奇观,气象万千,美不胜收,素有"秀甲江南"之誉。

九华山以地藏菩萨道场驰名天下,享誉海内外,现存寺庙99座,僧尼近千人,佛像万余尊。长期以来,各大寺庙佛事频繁,晨钟暮鼓,梵音袅袅,朝山礼佛的教徒信众络绎不绝。九华山历代高僧辈出,从唐至今自然形成了15尊肉身,现有5尊可供观瞻,其中明代无瑕和尚肉身被崇祯皇帝敕封为"应身菩萨",1999年1月发现的仁义师太肉身是世界上唯一的比丘尼肉身。在气候常年湿润的自然条件下,肉身不腐已成为生命科学之谜,引起了社会广泛关注,更为九华山增添了一分庄严神秘的色彩。九华山文化底蕴深厚,晋唐以来,陶渊明、李白、费冠卿、杜牧、苏东坡、王安石等文坛大儒游历于此,吟诵出一首首千古绝唱,黄宾虹、张大千、刘海粟、李可染等丹青巨匠挥毫泼墨,留下了一幅幅传世佳作。九华山现存文物2 000多件,历代名人雅士的诗词歌赋500多篇,书院、书堂遗址20多处,其中唐代贝叶经、明代大藏经、血经,明万历皇帝圣旨和清康熙、乾隆墨迹等堪称稀世珍宝。主要景点有真身宝殿、十王峰、大悲宝殿、甘露寺、百岁宫等。

(7)天柱山风景区

天柱山风景区位于安庆市潜山市西部,景区因主峰如"擎天一柱"而得名,主峰天柱峰,海拔1 488.4米,为江淮地区最高山峰。其山体属花岗岩峰丛地貌,地质遗迹保存较为系统完整,2011年被批准为世界地质公园。景区呈现峰雄、石奇、洞幽、水秀的景观特色,集北山之雄与南山之秀于一体,既有奇松怪石、飞瀑流泉,又有峡谷、幽洞、险关、古寨,白居易赞美诗曰:"天柱一峰擎日月,洞门千仞锁云雷。"

天柱山自古即为历史文化名山,公元前106年,汉武帝登临此山,封号"南岳"。景区宗教文化积淀深厚,道家将其列为第14洞天、57福地。三祖寺是佛教禅宗的发祥地之一,相传佛家三祖僧璨大师曾在此弘扬佛法,多次受到历代帝王加封,享有"禅林谁第一,此地冠南州"的盛誉,现仍保留有"解缚石"、三祖舍利塔、三祖洞等珍贵文物。古代先贤们的题刻遍布,尤其是石牛古洞内的山谷流泉摩崖石刻因历史悠久而被国务院列为国家重点文物保护单位,在约300米长的石壁上,汇集了唐、宋、元、明、清、民国、现代共300余幅石刻，诗、词、文、图、赋形式各异，行、草、隶、楷、篆五体俱全，其中有王安石和黄庭坚的真迹。

（8）黄山美食

徽菜是安徽的地方特色，其独特的地理人文环境赋予徽菜独有的味道。由于明清徽商的崛起，这种地方风味逐渐进入市肆，流传于苏、浙、赣、闽、沪、鄂以至长江中、下游区域，具有广泛的影响，明清时期一度居于八大菜系之首。徽菜善于就地取材，以鲜制胜；娴于烧炖，浓淡相宜；重油、重色、重火功。代表菜品有徽州毛豆腐、红烧臭鳜鱼、火腿炖甲鱼、腌鲜鳜鱼、黄山炖鸽等。此外，黄山地区还有数不清的传统风味小吃，如黟县的腊八豆腐、徽州裹粽、徽墨酥、千层锅、黄山烧饼等，令游客记忆深刻。

2. 江淮游览区

江淮游览区指安徽省长江以北区域，作为中国古代重要军事战略要地，发生了许多重要的战争，留下了大量的历史遗迹；同时，此区域又是古代许多名人汇聚之处，文化发达，历史遗存众多，成为今天人们生发怀古之情的旅游地。包括合肥的城隍庙、逍遥津、周瑜墓、三国遗址公园、大蜀山、天鹅湖、巢湖风景名胜区、包公园、包氏宗祠、三河古镇、李鸿章故居、渡江战役纪念馆等景点，滁州的琅琊山、醉翁亭等，六安的天堂寨风景区、大别山国家地质公园等，亳州的新四军纪念馆、曹操宗族墓群等，淮南的八公山、寿县古城等。

（1）合肥游览区

合肥市地处江淮之间，环抱巢湖，是一座具有2 000多年历史的古城，素有"三国故地，包拯家乡"之称。合肥历史上诞生了周瑜、包拯、李鸿章等一批历史名人，遗存的名胜古迹众多，如逍遥津、包公祠、李鸿章故居、吴王遗踪等。包公祠今称"包孝肃公祠"，是纪念北宋清官包拯的纪念地，祠附近有包公井和包拯墓园。逍遥津为古时淝水上的一个渡口，著名的三国古战场，今辟为逍遥津公园，有逍遥湖、逍遥山庄等景点。巢湖北岸的滨湖国家森林公园是中国第一个由退耕还林的人工林经过生态修复而建成的国家级森林公园，拥有山水庐州、焦姥春色、四水归堂等景观。

（2）琅琊山风景区

琅琊山风景名胜区位于安徽省东部滁州市境内，因欧阳修的《醉翁亭记》而名扬天下。这里自然风光秀美，人文景观丰富，自古有"皖东第一名胜"之赞誉。景区以茂林、幽洞、碧湖、流泉为景观特色。山间还有丰富的人文景观，有始建于唐代的琅琊寺，有卜家墩古遗址留下的大量古迹和文物，还有著名碑刻近百处。境内主要景点有醉翁亭、琅琊阁、城西湖、姑山湖、胡古等景点。

醉翁亭位于琅琊山半山腰，初建于北宋仁宗庆历年间，距今已有900多年的历史，为我国四大名亭之一。当年欧阳修因在朝得罪了左丞相等一伙奸党，被贬至滁州任太守后,常在此饮酒赋文,琅琊寺住持智仙和尚特为他建造了这亭子。欧阳修自称"醉翁",便命名为醉翁亭,并作了传世不衰的著名散文《醉翁亭记》。醉翁亭四周的台榭建筑,独具一格,意趣盎然。亭东有一巨石横卧,上刻"醉翁亭"三字;亭西为宝宋斋,内藏刻有苏轼手书的《醉翁亭记》碑两块,为稀世珍宝;亭西侧有古梅一株,传为欧阳修手植,故称"欧梅";亭前的酿泉旁有小溪,终年水声潺潺、清澈见底;再往西行,可观"九曲流觞"胜景。

(3)寿县游览区

安徽淮南市寿县是一座已有两千多年历史的历史文化名城,是古楚文化的故乡,是一座还保存完好宋代古城墙的城市。城北有闻名遐迩的历史名山八公山,还有赵国将军廉颇墓,楚国公子春申君墓,西汉淮南王刘安墓等。寿县地处皖中,控扼淮淝,古为南北要冲,是兵家反复争夺的地方。383年的前秦与东晋的淝水之战就发生在八公山下,创造了我国军事史上以少胜多的战例,给后人留下了"投鞭断流""风声鹤唳、草木皆兵"等历史掌故。

第三节 主要旅游线路介绍

一、上海市主要旅游线路

1. 市内休闲购物旅游线路

线路特色:此线路主要游玩老城区,将南京路步行街、豫园、人民广场、外滩、城隍庙、上海美术馆、老码头等景点有机串联起来,形成集旅游观光、休闲购物、文化娱乐等功能于一体的都市旅游产品。

2. 浦东新区现代建筑娱乐观光旅游线路

线路特色:这是一条集中于浦东新区的旅游线,游客以观赏现代化建筑、参加大型娱乐活动为主,包括东方明珠塔、世博园、金贸大厦、迪士尼乐园等景点。

3. 市郊休闲度假旅游线路

线路特色:本线路以市郊自然风光和古镇风情游为特色,包括淀山湖、佘山、朱家角古镇、崇明岛等。

二、江苏省主要旅游线路

1. 南京—扬州—镇江—无锡—苏州江南水乡风情旅游线路

线路特色:这是一条以江南水乡和园林旅游为特色的旅游线。主要景点包括南京的夫子庙、秦淮河、中山陵、明孝陵，扬州的瘦西湖、大明寺、个园，镇江的"三山"，无锡的太湖、锡惠公园，苏州的四大名园及虎丘、周庄等众多景点。

2. 宿迁—徐州—沛县—连云港楚汉文化精品旅游线路

线路特色：此旅游线以楚汉文化游为特色，景点包括项王故里、楚街、狮子山楚王陵、汉兵马俑博物馆、徐州博物馆、沛县歌风台、泗水亭、云台山等。

三、浙江省主要旅游线路

1. 杭州—绍兴—宁波—舟山浙东旅游线路

线路特色：此旅游线风光旖旎，历史悠久，有典型的江南水乡景观，也可游览历史古迹和宗教圣地。主要包括杭州西湖景区、绍兴水乡和名人故居、宁波天一阁藏书楼、河姆渡古人类文化遗址、奉化溪口雪窦山风景区、观音道场普陀山等。

2. 钱塘江—富春江—千岛湖浙西旅游线路

线路特色：这是一条以领略青山丽水为主要内容的旅游线，可以观赏钱塘江、富春江、新安江"三江"两岸奇秀山川，千岛湖千姿百态的景色，体验白居易《忆江南》里所描绘的"日出江花红胜火，春来江水绿如蓝"的美景。

3. 金华—天台—温州浙南旅游线路

线路特色：这是一条奇山秀水旅游线，沿途可观赏金华山深幽的岩洞，天台山华顶的日出，风光旖旎的楠溪江，以及以怪石、幽洞、瀑雄、景奇著称的雁荡山，还可以到横店体验影视制作的奇妙过程。

4. 嘉兴—湖州浙北旅游线路

线路特色：此旅游线可领略运河水乡、丝绸古镇风情。浙北河湖众多，河网密布，大运河纵贯南北，古镇风貌犹存。主要包括南浔古镇、乌镇、西塘水乡、织里蚕村、南湖风光，以及钱塘涌潮奇景。

四、江西省主要旅游线路

1. 南昌—九江—景德镇—婺源文化山水旅游线路

线路特色：此旅游线从英雄城南昌出发，在体验红色革命精神的同时，还能感受赣文化和婺源的徽州文化的特色，探寻庐山世界文化景观的深刻内涵，品味景德镇瓷器的艺术魅力，一饱婺源最美乡村的原生态美景。线路上主要景点有滕王阁、庐山、景德镇古瓷窑民俗博物馆、婺源县风景区等。

2. 南昌—鹰潭—弋阳—上饶赣东北名山道教文化旅游线路

线路特色：这是集追寻道教文化圣迹和观赏秀丽山水风光于一体的旅游活动，由参观南昌的八大山人纪念馆、游览鹰潭龙虎山和弋阳龟峰的丹霞美景、观光上饶三清山世界自然遗产的奇绝山色、追踪龙虎山和三清山道教遗迹等旅游活动构成。

3. 南昌—吉安—赣州赣中南红色文化旅游线路

线路特色：此旅游线以追寻当年中国革命过程中在江西留下的革命遗迹为主要线索展开旅游活动。主要包括南昌八一起义纪念馆和八一广场、吉安井冈山革命圣地、千年宋城赣州、共和国摇篮瑞金和将军县兴国、万里长征第一步之都等。

4. 新余—宜春—萍乡赣西绿色山水旅游线路

线路特色：该旅游线以体验休闲度假生活方式的旅游活动为主，在新余仙女湖观光度假、宜春明月山登山并泡温泉、萍乡武功山体验滑草活动的刺激。

五、安徽省主要旅游线路

1. 屯溪—黄山—黟县—歙县世界遗产旅游线路

线路特色：这条旅游线比较集中于黄山及黄山周边的世界自然和文化遗产的观光旅游，以充分感受徽文化的魅力为特色。主要包括黄山风景区、黟县西递村和宏村徽派民居建筑群、屯溪老街、歙县棠樾牌坊群、齐云山风景区等。

2. 黄山—池州—安庆宗教文化旅游线路

线路特色：此旅游线从黄山往北游，以游览安徽著名的宗教文化名山为主要特色，包括黄山的太平湖景区、佛教名山九华山、道佛名山天柱山等。

3. 合肥—寿县—滁州淮河文化旅游线路

线路特色：这是一条探访淮河文化、寻觅古人遗迹的旅游线。主要包括合肥包公文化旅游区、寿县古城和八公山下淝水之战古战场遗迹、滁州琅琊山和醉翁亭等。

 思考与练习

1. 比较长江下游旅游区与中原旅游区旅游资源特征的异同点。
2. 分析长江下游旅游区城市旅游资源的优势。
3. 请介绍京杭大运河沿线的旅游名城及各城代表性名胜。
4. 请用表格列出长江下游旅游区的世界遗产。
5. 请介绍皖南游览区的旅游特色。
6. 江西省红色旅游资源丰富，请具体介绍其红色旅游景点。
7. 长江下游旅游区各省之间旅游业协调发展较好，请具体谈谈这种省际协调关系。

8. 填空题：

（1）苏州四大名园是指_____、_____、_____、_____。

（2）南京古称_____；南昌古称_____；杭州古称_____；黄山古称_____。

（3）黄山"四绝"是_____、_____、_____、_____。

（4）京九铁路经过的唯一省会城市是_____。

（5）瘦西湖是我国历史文化名城_____的名胜，是一个湖泊园林。

（6）佛教名山_____为观音道场，素有"海天佛国"之称。

（7）_____曾是旧上海最繁华的地方，曾被辟为英租界，现在以"万国建筑博览"著称于世。

（8）龙井茶产于_____，是我国最负盛名的绿茶。

9. 单项选择题：

（1）被称为"天下第一江山"的是（　　）。
    A. 苏州　　　　B. 扬州　　　　C. 镇江　　　　D. 南京

（2）下列属于武汉名胜的是（　　）。
    A. 中山陵　　　B. 豫园　　　　C. 东湖　　　　D. 大明湖

（3）宁波的（　　）是我国现存最古老的藏书楼，享有"南国书城"的盛誉。
    A. 奎文阁　　　B. 天一阁　　　C. 滕王阁　　　D. 岳阳楼

（4）"吴中第一名胜"是指苏州的（　　）。
    A. 运河　　　　B. 园林　　　　C. 虎丘　　　　D. 寒山寺

（5）雁荡山是一座很有特色的名山，它位于（　　）。
    A. 杭州　　　　B. 乐清　　　　C. 宁波　　　　D. 福州

（6）京广铁路在（　　）跨长江，为此而修建长江大桥。
    A. 九江　　　　B. 南京　　　　C. 镇江　　　　D. 武汉

（7）（　　）起源于浙江一带，它以优美抒情的唱腔而赢得观众的喜爱。
    A. 京剧　　　　B. 昆曲　　　　C. 黄梅戏　　　D. 越剧

（8）（　　）的大多名胜与太湖景色相联系，因而被称为"太湖明珠"。
    A. 苏州　　　　B. 绍兴　　　　C. 无锡　　　　D. 湖州

（9）（　　）历史上名人辈出，如王羲之的《兰亭序》即作于此。
    A. 苏州　　　　B. 绍兴　　　　C. 无锡　　　　D. 湖州

(10)以下与滕王阁有关的古代文人是（　　），与岳阳楼有重要关系的名人是（　　）。

A. 王勃　　　　B. 陶渊明　　　　C. 范仲淹　　　　D. 李白

10. 判断题：

（1）绍兴是典型的江南水乡，全市有桥一万多座，是真正的"水城桥乡"。（　　）

（2）徐霞客曾赞美"五岳归来不看山，庐山归来不看岳"。（　　）

（3）江西庐山是著名的世界自然遗产，自然风光奇绝。（　　）

（4）"皖东第一名胜"九华山是一座佛教名山，为地藏道场。（　　）

（5）鄱阳湖是世界上最大的候鸟保护区，是候鸟的天堂。（　　）

11. 实训题：

（1）规划一条跨皖赣两省的旅游线路。

（2）写一篇上海旅游介绍词，不少于1 000字，要求包含上海主要的景点，文字通顺简练，生动活泼。

（3）在以下空白图上标示出本区各省的重要旅游线。

中国地图

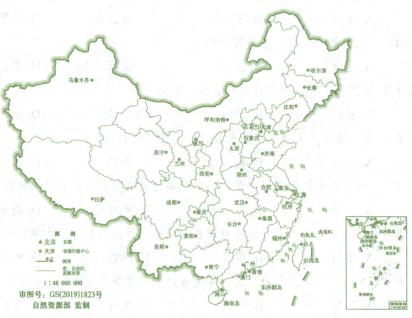

第七章
长江中上游旅游区

学习目标

了解长江中上游旅游区旅游地理环境特征，分析地理环境特征对该区旅游资源优势的影响，以及对该区旅游业发展的影响。掌握本区重要的旅游景点及旅游线路的分布规律和特点。

长江中上游旅游区包括四川、重庆、湖北、湖南三省一市，居我国大陆腹地，面积约 96 万平方千米，常住人口约 2.4 亿。全区地形复杂多样，气候温暖湿润，区域文化独特，民风民俗多姿多彩。自然保护区数量居全国之最，动植物资源极其丰富，自然景观纯净秀丽，人文旅游资源丰富多彩，名胜古迹众多，旅游发展条件优越，为我国重要的极具发展潜力的旅游区。

第一节　旅游地理环境及旅游资源特征

一、自然地理环境与旅游资源特征

1. 地表结构复杂，地貌类型多样，峡谷景观突出

纵观长江中上游旅游区的地形，高原、山地、盆地、丘陵、平原五种地貌类型齐全，并且横跨我国地貌上的三大阶梯，地表结构复杂，从西至东分别分布有我国地形第一级阶梯上的川西高原、第二级阶梯上的四川盆地及渝东和湘鄂西山地、第三级阶

梯上的两湖平原及湘中南丘陵山地等地形单元。

在三大阶梯的过渡地带，由于处于地质结构上的变化活动区，地层断裂较多，加上流水切割等多种因素的影响，导致河流峡谷地貌特别突出，出现许多两山夹峙、壁立千仞、江水中流、谷窄流急的壮观景象，如川西金沙江及大渡河大峡谷、渝东鄂西的长江三峡、鄂西北和湘西的神农溪及金鞭溪峡谷等众多峡谷，以其河谷与两侧山峰高低悬殊、垂直差异明显、气势雄伟壮观而著称于世，成为本旅游区独特的旅游资源。

此外，本区还有许多其他旅游区难得一见的奇异地貌景观，有川东、渝东南地区列入世界自然遗产名录的喀斯特地貌，如重庆武隆的开坑和地缝等；湘西武陵源的石英砂岩形成的砂岩峰林地貌，令人称奇；湘鄂地区的丹霞地貌也很典型。

2. 气候温暖湿润，动植物资源丰富，山地秀美奇特

长江中上游旅游区绝大部分属于湿润的亚热带季风气候，温暖湿润，夏季炎热，四季分明，高原山地区域气候垂直差异大。本区又居于我国自然地理南北、东西交界处，因而动植物资源极其丰富且有明显的过渡特征，加上深居内陆，山高谷深林茂，受人类活动干扰相对较少，仍然保存了许多珍稀动植物种类，如国宝大熊猫、金丝猴、梅花鹿、黑颈鹤、大鲵、水杉、银杉、珙桐、桫椤等。为了更好地保护这些珍稀动植物，本区建立了许多自然保护区，并在保护的前提下部分地域开发了游览和度假项目，建成了著名的旅游地，如四川的卧龙、王朗、九寨沟，湖北的神农架和湖南的武陵源等。

本区的山地丘陵地带受到温暖湿润气候的影响，植被繁茂，云雾多且变幻无穷，构成了山地景观纯净秀美奇特的显著特征，被赋予"峨眉天下秀""青城天下幽""五岳独秀"等称号，成为本区山地景观的形象写照。

3. 河湖众多，水体景观多姿多彩

西高东低的地势，温暖湿润的气候，大面积森林的水源涵养，使本区成为河网稠密、湖泊众多、水力资源极其丰富的地区。河流除与两岸峡谷形成本区特有的河流峡谷风光外，还在平原地区形成田园风光，在山地塑造出流泉飞瀑景观，在某些河道构成漂流河段。长江及其支流沿线往往成为本区各省最为重要的旅游线，如四川省的岷江沿岸、重庆市的长江沿岸、湖北省的长江及汉水沿岸、湖南省的湘江和沅水沿岸等，分别集中了本省大部分重要的旅游景观。本区湖泊主要集中在湖北和湖南之间的长江两岸，其中又以具有"千湖之省"之称的湖北省最多，武汉东湖风景区已经成为湖北省最为重要的综合性旅游地。

4. 省际关联性强，自然旅游资源具有共享性特征

由于本区各省（市）在地形上有许多共同构成的地形单元，加上长江及其支流从上游流经不同的省区，将各省之间非常紧密地联系在一起，加强了它们之间的关联性，使各省旅游资源之间呈现相同的风格，甚至有些旅游资源就是省际共享的。四川盆地

由四川和重庆共有，巫山山脉里有重庆、鄂西北、湘西，两湖平原里湖北南部和湖南北部紧密相连。长江流经本旅游区各省，使长江沿线旅游线成为本区最有优势的旅游线路。本区的各省旅游资源共享性特征在全国各旅游大区中别具一格，优势突出。

二、人文地理环境与旅游资源特征

1. 历史悠久，古代文明灿烂辉煌

四川三星堆的出土发掘，把长江流域的古代文明往前推至5 000年前，与黄河流域比肩甚至超前，加上各省古墓的发掘，都可证明本区的发展历史非常悠久，并创造了辉煌灿烂的古代文明。四川三星堆造型奇特、制作精美的青铜器皿，重庆大足石刻形象逼真的塑像，湖北楚墓里出土的青铜编钟，长沙马王堆汉墓出土的无与伦比的织品和漆器，等等，足以说明长江中上游的古代文明同样是中华文明最为灿烂的构成部分，并且成为了本区最有分量的旅游资源。

2. 巴蜀楚文化源远流长，人文旅游资源特色鲜明

由于3 000多年前，巫山一带包括重庆、湘西和鄂西北地区生活着古代巴人，重庆为巴国首府，巴的先人创造了独特的巴文化；四川一带一直居住着古蜀人，形成了蜀文化。现代学者一般将四川、重庆这一带的巴文化和蜀文化统称为巴蜀文化。其特点主要表现在四个方面，一是崇尚白虎，这是古代巴人图腾崇拜和祷告崇拜的延续，表现了性格上坚毅、勇敢、刚猛、追求力量；二是行为方式上尚武、粗犷、强悍、率直、真诚、热情，如土家族人和苗族人在节庆活动上表演的独特的项目"上刀山""过火海""肉莲响"等；三是热爱歌舞、娱乐的巴蜀人遗风，表达他们乐观向上、简单快乐的人生观，令快节奏、高压力生活的现代人向往不已；四是鬼巫文化异常发达，尤其是还生活在大山里的人，他们的生活方式依然保持着一定的神秘感。

源自中原、融合众多江南地区地域文化特性于一体的楚文化在春秋时期达到顶峰，成为与北方中原文化相抗衡、统领南方的优越文化。如果说巴蜀文化更多具有俗文化的特性，楚文化则更优雅、更浪漫、更飘逸。与古巴人不同，古楚人崇拜凤凰，楚文化表现出来的第一个特点是对美的事物和艺术无比热爱：青铜器的造型和纹饰的精美程度独领风骚；丝织、刺绣工艺先进，图案典雅优美；髹漆工艺种类繁多，色彩鲜艳，独爱红黑两色，技艺精湛，无与伦比；美术和乐舞成就卓著，尤其是湖北随州出土的编钟音色浑厚，是当时世界最先进的大型乐器。楚文化表现的第二个特征具有理想主义和浪漫主义色彩：屈原所创作的《离骚》是楚辞的代表，楚辞立意高洁，以自然朴素为美，喜欢无拘无束的想象、浪漫的表现手法，呈现楚文化特有的风采；湖北江陵马山一号墓出土的大量丝织与刺绣中，动物纹饰以凤纹为最多，在表现凤与龙及虎相斗的图案中，凤大多数被表现为胜

利者，除了表现楚人崇拜凤凰的民俗外，还表现出楚人追求理想主义的风格。

巴蜀文化与楚文化的特色无所不在地影响着长江中上游旅游区的人文旅游资源的特征，在遗址文物、名胜古迹、民风民俗等诸多方面带有这种文化的色彩。

3. 三国遗址遍布全区，革命圣迹分布广泛

长江中上游旅游区为三国时期最为重要的争斗之地，因而留下了许多历史遗迹。四川成都是蜀国都城，至今留有武侯祠、汉昭烈庙；剑门关犹在，"一夫当关，万夫莫开"雄姿不减；刘备托孤的白帝城仍存，附近还有诸葛亮的水八阵和旱八阵等军事遗址；云阳张飞庙、姜维墓等众多三国遗迹都是游客怀古的寄托。湖北的三国遗迹更多，有荆州古城、麦城、襄阳古隆中、赤壁古战场、当阳关陵庙、宜昌长坂坡等。湖南也有岳阳楼、小乔墓、关帝庙、三圣殿等。这些三国遗址、遗迹为本区开展三国游提供了极为优越的条件。

近代革命风起云涌，本区也是近代革命战火燃遍的地区，许多革命先驱在此生活和工作过，大量革命遗存丰富了本区的人文旅游资源。其中著名的有湖北武汉中央农民运动讲习所旧址、武昌起义军政府旧址、毛泽东故居、刘少奇故居、重庆中美合作所遗址、红岩村等，成为开展红色旅游、接受革命教育的重要资源。

4. 古今水利工程冠绝中外

本区大江大河水力资源丰富，同时自古水旱灾害严重，兴修水利成为千百年来人们达成的共识，并建成了一批不朽的水利工程枢纽，不仅成为中国之最，还是世界之最。建于战国时期的都江堰历经2 200多年一直惠泽成都平原，使其成为"天府之国"，以其历史悠久、工程设计科学巧妙而列入世界文化遗产名录。宜昌葛洲坝是万里长江上的第一坝，是我国20世纪80年代兴建的空前伟大的水利工程，不仅很好地发挥了发电、蓄洪、调节水源的作用，还以其宏伟的工程建筑吸引中外游客。2008年建成的三峡水利工程枢纽更是举世瞩目的世界第一大水利工程，它在发挥防洪、发电效益的同时，还给世人呈现"高峡出平湖"的壮美景观，成为本区旅游热点。

第二节　主要旅游地介绍

一、四川省旅游区

四川省地处中国西南地区内陆、长江上游，全省面积48.6万平方千米，常住人口8 341万，是我国的资源大省、人口大省和经济大省。

四川省地貌复杂，以山地为主，在地形上位于中国大陆地势三大阶梯中的第一级

和第二级，西高东低的特点特别明显，西部为高原、山地，海拔多在3 000米以上，东部为盆地、丘陵，海拔多在500～2 000米之间。四川大部分区域皆属于温暖湿润的气候特征，降水丰沛，河流众多，以长江水系为主，包括长江众多支流，较大的支流有雅砻江、岷江、大渡河、沱江、涪江、嘉陵江、赤水河等。这些支流从高山高原发育流入四川盆地，汇入长江干流，再流出四川盆地来到长江中下游平原，其间形成众多幽深峡谷和急流险滩，构造了四川独特的地貌特征和自然景观。

四川省地域辽阔，物产丰富，在漫长的发展历史中创造了特色鲜明的巴蜀文化，给后人留下了大量文物古迹，人文旅游资源极其丰富，从古代水利工程、古镇民居到名人故居，从寺庙道观、石刻壁画到现代艺术博物馆，从史前遗址到现代建设风貌，种类多样。四川是拥有世界遗产数量最多的省份之一，九寨沟、黄龙、乐山、峨眉山、都江堰、青城山、卧龙和王朗、四姑娘山等均被联合国教科文组织纳入世界遗产名录和"人与自然生物圈"保护网。此外还有剑门蜀道、三星堆、杜甫草堂、武侯祠等古迹，以及蜀南竹海、海螺沟冰川、稻城、亚丁等奇景（见图7-1）。

1.成都市游览区

成都市，别称"蓉城""锦城"，周太王以"一年成邑，二年成都"，故名成都。成都位于四川盆地西部、成都平原腹地，境内地势平坦、河网纵横、物产丰富、农业发达，自古享有"天府之国"的美誉。成都是国家历史文化名城，古蜀文明发祥地，由于历史上战争较少，政治、经济、文化发展稳定，文化发达，文明灿烂，名胜古迹众多，拥有都江堰、青城山、武侯祠、杜甫草堂、永陵、望江楼、青羊宫、文殊院、明蜀王陵、昭觉寺等众多历史名胜古迹和人文景观。成都的民俗文化也丰富多彩，特色鲜明。

（1）武侯祠

武侯祠（汉昭烈庙），是纪念三国时期蜀汉丞相诸葛亮的祠堂，因其生前被封为武乡侯而得名。成都武侯祠是中国唯一的君臣合祀祠庙，由刘备和诸葛亮君臣合祀祠宇及惠陵（刘备墓）组成。它是全国影响最大的三国遗迹博物馆，也是国家一级博物馆。成都武侯祠现分文物区、园林区和锦里三部分，主体建筑大门、二门、汉昭烈庙、过厅、武侯祠五重建筑严格排列在从南到北的一条中轴线上，以刘备殿最高，建筑最为雄伟壮丽，武侯祠后还有三义庙、结义楼等建筑。祠内供奉刘备、诸葛亮等蜀汉英雄塑像50余尊，唐及后代碑刻50余通，匾额、楹联70多块，尤以唐朝著名宰相裴度撰碑文、书法家柳公绰书写、名匠鲁建刻字的《三绝碑》和岳飞手书的《出师表》最为珍贵。

（2）杜甫草堂

成都杜甫草堂博物馆是中国唐代大诗人杜甫流寓成都时的故居。杜甫先后在此居

图 7-1 四川省示意图

住近 4 年,创作诗歌 240 余首。唐末诗人韦庄寻得草堂遗址,重结茅屋,使之得以保存,宋元明清历代都有修葺扩建。草堂占地面积近 300 亩,建筑古朴典雅、园林清幽秀丽,博物馆核心文物区内有照壁、正门、大廨、诗史堂、柴门、工部祠等景点。馆内珍藏有各类资料 3 万余册,文物 2 000 余件,包括宋、元、明、清历代杜诗精刻本、影印本、手抄本以及近代的各种铅印本,还有 15 种文字的外译本和朝鲜、日本出版的汉刻本 120 多种,是有关杜甫平生创作馆藏最丰富、保存最完好的地方。

(3)都江堰

都江堰位于成都市都江堰市城西,坐落在岷江上,始建于秦昭王末年(约公元前 256—前 251 年),由蜀郡太守李冰父子组织修建,至今已有 2 000 多年,是全世界迄今为止,年代最久、唯一留存、仍在一直使用、以无坝引水为特征的宏大水利工程,2000

年被联合国教科文组织列入世界文化遗产名录（见图7-2）。都江堰渠首枢纽主要由鱼嘴、飞沙堰、宝瓶口三大主体工程构成。鱼嘴是都江堰的分水工程，其主要作用是把汹涌的岷江分成内外二江，外江主要用于排洪，内江主要用于灌溉。飞沙堰有泄洪、排沙和调节水量的显著功能。宝瓶口起"节制闸"作用，能自动控制内江进水量。都江堰水利工程枢纽两千多年来一直发

图7-2　都江堰

挥着防洪灌溉的作用，使成都平原成为水旱从人、沃野千里的"天府之国"。都江堰风景区主要有伏龙观、二王庙、安澜索桥、玉垒关、离堆公园、玉垒山公园、玉女峰、灵岩寺、普照寺、翠月湖、都江堰水利工程等著名景观。

（4）青城山

青城山位于成都市都江堰市西南，因山林四季青翠，诸峰环峙若城，故名青城山。青城山历史悠久，东汉顺帝初年，张道陵入鹤鸣山修道，创立五斗米道，后从鹤鸣山来到青城山结茅传道，并羽化山中，青城山成为中国道教的发源地和天师道的祖山祖庭，成为了中国四大道教名山之一。青城山道教所传属于全真道龙门派丹台碧洞宗，历代道仙名士来此修道者无数，宫观建筑遍布山中，极盛时有道观70余处，胜景108处。青城山古木苍翠，树林繁茂，峰峦、溪流、宫观皆掩映其中，幽深莫测，素有"青城天下幽"之称。青城山景区分为前山和后山两部分。前山景色优美，文物古迹众多，主要景点有建福宫、天然图画、天师洞、朝阳洞、祖师殿、上清宫等；后山水秀、林幽、山雄，主要景点有金壁天仓、圣母洞、山泉雾潭、白云群洞、天桥奇景等。洞天贡茶、白果炖鸡、青城泡菜、洞天乳酒为青城"四绝"。

（5）成都民俗文化与美食

作为历史文化名城的成都，自古享有"天府之国"的美誉，拥有许多传承了千百年的民俗。它们起源于成都百姓生活的需要，与他们的生活息息相关，更包含了成都特定的人文、地域、时代特点。成都民俗文化的元素很多，主要可以选取川剧、茶馆、川菜及风味小吃为代表（见图7-3）。

川剧是融汇高腔、昆曲、胡琴（即皮黄）、弹戏（即梆子）和四川民间灯戏五种声腔艺术而成的传统剧种。川剧用四川话演唱，分小生、须生、旦、花脸、丑角5个行当，各行当均有自成体系的功法程序，尤以"三小"，即小丑、小生、小旦的表演

图 7-3 川剧和茶馆

最具特色。川剧高腔曲牌丰富,唱腔美妙动人,语言生动活泼,幽默风趣,充满鲜明的地方色彩,浓郁的生活气息和广泛的群众基础,"变脸""喷火""水袖"独树一帜。变脸是川剧表演的特技之一,通过拭、揉、抹、吹、画、戴、扯这几种方法,用于揭示剧中人物的内心及思想感情的变化,即把不可见、不可感的抽象的情绪和心理状态变成可见、可感的具体形象,即脸谱。表演时以烟火或折扇掩护,层层揭去脸谱。川剧剧目繁多,早有"唐三千,宋八百,数不完的三列国"之说,传统剧目有"五袍"(《青袍记》《黄袍记》《白袍记》《红袍记》《绿袍记》)、"四柱"(《碰天柱》《水晶柱》《炮烙柱》《五行柱》),以及"江湖十八本"等,还有川剧界公认的"四大本头"等。

据《成都通览》载,清末成都街巷计 516 条,而茶馆有 454 家,几乎每条街巷都有茶馆,即便是今天的成都,也是闹市有茶楼,陋巷有茶摊,公园有茶座,大学有茶园,处处有茶馆,尤其是老街老巷,走不到三五步,便会闪出一间茶馆来,而且差不多都座无虚席,茶客满棚,由此可见成都人对茶馆情有独钟。冲茶的功夫是成都茶馆一绝,如同杂技表演。正宗的川茶馆应是紫铜长嘴大茶壶、锡茶托、景瓷盖碗,成都人喜欢喝茉莉花茶。成都茶馆不仅历史悠久,数量众多,而且有它自己独特的风格:竹靠椅、小方桌、三件头盖茶具、老虎灶、紫铜壶和堂倌跑堂的方式。茶馆文化已经成为成都民俗文化的一种特定符号。

川菜是中国特色传统的四大菜系之一。川菜取材广泛,调味多变,菜式多样,口味清鲜,醇浓并重,以善用麻辣调味著称,并以其别具一格的烹调方法和浓郁的地方风味,融会了东南西北各方的特点,博采众家之长,善于吸收,善于创新,享誉中外。成都市被联合国教科文组织授予"世界美食之都"的荣誉称号。川菜以家常菜为主,代表菜品有鱼香肉丝、宫保鸡丁、水煮鱼、水煮肉片、夫妻肺片、辣子鸡丁、麻婆豆腐、回锅肉等。成都的风味小吃也令人难忘,同样具有鲜香麻辣特点,经典代表有担担面、铜井巷素面、钟水饺、肠旺粉、棒棒鸡、米凉粉、鸡丝豆腐脑、跷脚牛肉、冰汁绿豆羹、油茶等。

2. 卧龙自然保护区

卧龙自然保护区位于四川省阿坝藏族羌族自治州汶川县西南部，邛崃山脉东南坡，始建于1963年，是我国最早建立的保护区之一，是以保护高山生态系统及大熊猫、金丝猴、珙桐等珍稀物种为主的综合性的国家级自然保护区，区内分布的野生大熊猫数量约占全国的10%以上，圈养大熊猫数量约占全世界的40%，是中国最大的大熊猫保护区，被誉为"大熊猫的故乡"。包括卧龙在内的四川大熊猫栖息地，2006年7月作为世界自然遗产列入世界自然遗产名录。面积20万公顷的自然保护区内森林茂盛、空气清新，拥有美丽的自然风光。除了在基地观赏憨态可掬的大熊猫外，这里还有野外大熊猫观测站、大熊猫博物馆、金丝猴馆等场馆。

3. 九寨沟—黄龙风景区

九寨沟位于四川省西北部的阿坝藏族羌族自治州九寨沟县境内，是一条纵深50余千米的山沟谷地，因九个世代居住于此的藏民村寨而得名（见图7-4）。九寨沟以翠海（高山湖泊群）、瀑布、彩林、雪峰、蓝冰和藏族风情并称"九寨六绝"，这里四周雪峰高耸，湖水清澈艳丽，飞瀑多姿多彩，急流汹涌澎湃，林木青葱婆娑。蓝蓝的天空，明媚的阳光，清新的空气和点缀其间的古老村寨、栈桥、磨坊，组成了一幅内涵丰富、和谐统一的优美画卷，被世人誉为"童话世界"。

图7-4 九寨沟

水是九寨沟的精灵，九寨沟还是以地质遗迹钙化湖泊、滩流、瀑布景观、岩溶水系统和森林生态系统为主要保护对象的国家地质公园，号称"水景之王"，沟内有108个高山湖泊，湖水终年碧蓝澄澈，明丽见底，而且随着光照变化、季节推移，呈现不同的色调与水韵，斑驳陆离。景区内大型瀑布有17处，所有的瀑布全都从密林里穿出，有的瀑布从山岩上腾越呼啸，几经跌宕，形成叠瀑，成为难得一见的奇景。九寨沟原始秀丽的风光主要分布在从沟口至诺日朗主沟及则查洼沟和日则沟两条支沟，呈"丫"字形的地段内，现已开发出二滩、三沟、四瀑、十八群海，最著名的景点有剑悬泉、芳草海、天鹅湖、剑竹海、熊猫海、高瀑布、五花海、珍珠滩瀑布、镜海、诺日朗瀑布、犀牛海、树正瀑布、树正群海、卧龙海、火花海、芦苇海、留景滩、长海、五彩池、上下季节海等。

图 7-5 黄龙

黄龙风景名胜区位于阿坝藏族羌族自治州松潘县境内，与九寨沟相距 100 千米（见图 7-5）。黄龙以彩池、雪山、峡谷、森林"四绝"著称于世，再加上滩流、古寺、民俗称为"七绝"。景区由黄龙沟、丹云峡、牟尼沟、雪宝鼎、雪山梁、红星岩，西沟等景区组成。主要景观集中于长约 3.6 千米的黄龙沟，沟内遍布碳酸钙化沉积，并呈梯田状排列，享有"世界奇观""人间瑶池"等美誉。1992 年黄龙与九寨沟一起列入世界自然遗产名录。

4. 峨眉山风景区

峨眉山风景区位于四川省西南部峨眉山市境内，地势陡峭，风景秀丽，最高峰万佛顶海拔 3 099 米，素有"峨眉天下秀"之称。相传峨眉山是普贤菩萨的道场，是中国"四大佛教名山"之一。它以秀美的自然风光与繁荣的佛教文化闻名于世，于 1996 年列入世界自然与文化遗产名录。

自春秋战国以后，峨眉山已有 2 000 多年的发展历史，而佛教文化构成了峨眉山历史文化的主体，所有的建筑、造像、法器以及礼仪、音乐、绘画等都展示出宗教文化的浓郁气息。在过去漫长的时间中，峨眉山不仅积累了丰富的佛教文化瑰宝，也遗存了大量珍贵的文物。景区内现存文物古迹点 164 处，寺庙 30 处，寺庙及博物馆的藏品 6 890 多件，其中高 5.8 米，7 方 14 层，内外铸全本《华严经》和佛像 4 700 余尊的华严铜塔、万年寺明代铜铸佛像，以及明代暹罗国王所赠《贝叶经》等都是精品。

峨眉山层峦叠嶂、山势雄伟、云雾缭绕，景色秀丽，气象万千。春季郁郁葱葱，夏季百花争艳，秋季红叶满山，冬季银装素裹。登临金顶极目远望，可观日出、云海、佛光、晚霞、圣灯，景色十分壮丽。峨眉山山高林密，温暖湿润，动植物资源十分丰富，有各类植物 3 200 种以上，其中 107 种为峨眉山特有，珙桐、桫椤等古老物种尤其珍贵。2 000 余种动物出没其间，尤其是峨眉灵猴，嬉闹顽皮，憨态可掬，见人不惊，常与人同嬉，给峨眉山旅游增加无穷乐趣。

峨眉山自然风光和文物古迹众多，最为著名的有峨眉金顶、四面十方、报国寺、万年寺、伏虎寺、清音阁、洗象池、龙门洞、摄身崖、峨眉佛光等胜迹。

阅读资料 7-1

峨 眉 圣 灯

在元月的夜晚，当雨过天晴之时，游人站在舍身崖前，有时可见岩下的万山丛中升起无数荧荧发亮的光球。大者如球，小者如珠，飘飘荡荡，升降不定，这就是极具神秘色彩的"圣灯"奇景。

峨眉山的"圣灯"又名"佛灯"，和"佛光"一样大有名气，被人们赞之为"万盏明灯照峨眉""万盏明灯朝普贤"，比起"佛光"来，更难得一见，传说只有极有佛缘的人才能见到。"圣灯"的出现要具备四个自然条件：一是山下雨后初晴；二是天上没有月光；三是山下没有云雾；四是山顶没有大风大雨。峨眉山能看到"圣灯"的地方，不止一处，灵岩寺、伏虎寺、华严顶、洗象池、天门石，历史上都曾出现过。最多的还是金顶。宋人无名氏所作《鬼董》一书中记有："庐山天池峰，曼利刹利菩萨道场，夜夜有圣灯。"此外，尚未有见，至于国外是否有此奇观，也未有闻。嘻！说不定这"峨眉圣灯"将会登上"世界之最"的宝座。

圣灯现象极为奇特，其原因有三种说法：一说是山谷的磷火；二说为萤火虫发的光；还有一种说法认为，"圣灯"是一种附着在树枝上的"密环菌"得到充分的水分后和空气中的氧元素相互摩擦作用而发光，前提条件是空气中的湿度达到 100%。这和一千多年前的徐太妃诗中的"细雨湿润不灭，好风吹更明"，以及四百多年前王士性《游记》中的"俟圣灯一至，数千百如乱萤，扑之，皆木叶耳！"是十分吻合的。但目前圣灯仍是一个难解之谜。

（资料来源：四川康辉旅行社）

5. 乐山大佛景区

乐山大佛景区位于乐山市郊，岷江、大渡河、青衣江三江交汇处（见图 7-6）。大佛为唐代开元名僧海通和尚创建，依凌云山开凿，历时 90 载完成。大佛头与山齐，脚踏大江边，通高 71 米，眼睛长 3.3 米，脚背宽 8.5 米，为当今世界第一大坐佛，被誉为"山是一尊佛，佛是一座山"。大佛为一尊弥勒坐像，体态匀称，神势肃穆，雍容大度，气魄雄伟，临江危坐。1996 年 12 月 6 日，联合国教科文组织将峨眉山—乐山大佛列入世界文化与自然双重遗产名录。

6. 三星堆遗址

三星堆古遗址位于广汉市西北,是一座由众多古文化遗存分布点所组成的一个庞大的遗址群,距今已有5 000至3 000年历史,是迄今在西南地区发现的范围最大、延续时间最长、文化内涵最丰富的古城、古国、古蜀文化遗址。现有保存最完整的东、西、南城墙和月亮湾内城墙,出土了陶器、石器、玉器、铜器、金器、贝、骨等珍贵文物近千件,其中最具特色的首推青铜器神树、青铜立人像、青铜纵

图7-6　乐山大佛

目面具、金杖等,具有鲜明的地方文化特征,已被中国考古学者命名为"三星堆文化"。三星堆遗址被称为20世纪人类最伟大的考古发现之一,昭示了长江流域与黄河流域同属中华文明的母体,被誉为"长江文明之源"。

7. 蜀南竹海风景区

蜀南竹海位于四川南部的宜宾市境内,景区内共有竹子400余种,7万余亩,除盛产常见的楠竹、水竹、慈竹外,还有紫竹、罗汉竹、人面竹、鸳鸯竹等珍稀竹种。楠竹枝叠根连,葱绿俊秀,浩瀚壮观。蜀南竹海是世界上集中面积最大的天然竹林景区,植被覆盖率达92.4%,景区内绿色怡人,空气清新,是一座天然的绿色大氧吧。景区集竹景、山水、湖泊、瀑布、古庙于一体,有八大主景区两大序景区134处景点,其中天皇寺、天宝寨、仙寓硐、青龙湖、七彩飞瀑、万江景区、观云亭、翡翠长廊、茶花山、花溪十三桥等景观被称为"竹海十佳"。

8. 剑门蜀道景区

剑门蜀道风景名胜区主要是指广元经剑门关、剑阁到绵阳这一线的风景名胜,位于绵阳、广元市境内,是在连绵不断的秦岭、巴山、岷山之间,以"蜀道"为主干的带状风景名胜区。沿线地势险要,山峦叠翠,风光峻丽,关隘众多,唐代李白有"蜀道难,难于上青天"的形容。沿蜀道分布着众多的名胜古迹,主要有古栈道、三国古战场遗迹、武则天庙皇泽寺、唐宋石刻千佛岩、剑门关、古驿道翠云廊、七曲山大庙、李白故里等。剑门关峭壁如城墙,独路如门,一夫当关,万夫莫开,成历代兵家必争之地,也是古蜀道的咽喉。

9. 亚丁自然保护区

亚丁国家级自然保护区位于四川省甘孜藏族自治州稻城县香格里拉镇,主要由

仙乃日、央迈勇、夏诺多吉三座山和周围的河流、湖泊和高山草甸组成，是中国保存最完整、最原始的高山自然生态系统之一。保护区地形复杂，气候多样，是一个特殊的生态地理区域，动植物资源十分丰富，保护区主要保护其丰富的动植物资源、复杂多样的生物基因、罕见的自然景观及其赖以存在的极高山自然生态系统。保护区以仙乃日、央迈勇、夏纳多吉三座海拔在5 000米以上的雪峰为核心区，三座雪山相距不远，各自拔地而起，呈三角鼎立，藏传佛教称为"日松贡布"，意为三怙主神山。三座雪山峰峰形各异，但都洁白无瑕，一尘不染，山腰茫茫林海，飞泉瀑布于其间，山脚宽谷曲流，镶嵌着湖泊，景观壮丽，被誉为"最后一片净土"。

二、重庆市旅游区

重庆，简称"渝"，是地处中国西南部、长江上游的内陆直辖市，东邻湖北、湖南，南靠贵州，西接四川，北连陕西。总面积8.24万平方千米，常住人口3 101.79万。重庆地形以丘陵、山地为主，地貌奇特，群山巍峨起伏，北有大巴山，东有巫山，东南有武陵山，南有大娄山。长江干流自西向东横贯境内，长江众多支流在其境内纵横蜿蜒。气候温暖湿润，夏季高温，有"火炉"之称。巴渝历史厚重独特，文化悠久绵长，巴渝文化是长江上游最富有鲜明个性的民族文化之一，巴人一直生活在大山大川之间，大自然的熏陶和险恶的环境使巴人练就一种顽强、坚韧和剽悍的性格，他们以勇猛、善战而著称。巴渝文化表现在重庆人的性格、方言、生活方式、饮食、戏剧、工艺美术等各方面。

重庆拥有丰富的旅游资源，山、水、林、泉、瀑、峡、洞等自然景色奇特秀丽，以巴渝文化为特色的人文景观独特，共有自然、人文景点300余处，其中有世界文化遗产1个（大足石刻），世界自然遗产2个（重庆武隆喀斯特、重庆金佛山喀斯特），国家重点风景名胜区6个，国家森林公园24个，国家地质公园6个，国家级自然保护区4个，全国重点文物保护单位20个（见图7-7）。

1. 重庆市内游览区

重庆是一座有着3 000余年发展史的国家历史文化名城。1189年，宋光宗赵惇先封恭王，再即帝位，自诩"双重喜庆"，升恭州为重庆府，重庆由此得名。民国二十六年（1937年）11月，中华民国政府颁布《国民政府移驻重庆宣言》，正式于重庆办公，成为国民政府战时的"首都"，成为中国抗战时期大后方的政治、军事、经济、文化中心，抗日民族统一战线的政治舞台。重庆是一座江城，长江支流嘉陵江在重庆市汇入长江干流，形成重庆市区三面环水的城市格局，城市形如半岛，依山而建，民居建

图 7-7 重庆市示意图

筑参差错落，道路街区高低不平，故又被称为"山城"。重庆气候多雨多雾，亦称为"雾都"。

重庆是西南地区和长江上游地区最大的经济中心城市，是藏在大山里的一只金凤凰，经济发达，城市繁荣，风景迷人，尤其以山城夜景闻名，夜晚时分，万家灯火层层叠叠，朝天门码头灯火通明，船只穿梭繁忙，过东大桥和过江索道构成重庆别具一格的美景，令人难以忘怀。重庆市区自然景观有南、北温泉和缙云山，园林风景有枇杷山和鹅岭公园等，革命纪念地有红岩村和红岩革命纪念馆。位于商业步行街中心地带的人民解放纪念碑，是抗战胜利的精神象征，是中国唯一一座纪念中华民族抗日战争胜利的纪念碑。重庆市人民大礼堂是一座仿古民族建筑群，是中国传统宫殿建筑风格与西方建筑的大跨度结构巧妙结合的杰作，也是重庆的标志建筑物之一。中美合作所遗址之渣滓洞和白公馆、红岩革命纪念馆、红岩村八路军办事处、曾家岩 50 号、桂园等为重庆红色景点。

2. 缙云山风景区

缙云山风景名胜区包括缙云山、北温泉、合川钓鱼城以及北碚至钓鱼城之间的嘉陵江沿岸风景名胜。景区山高林密，环境清幽，气候温和，雨量充沛，云烟缭绕，气象万千，展示了巴山蜀水幽、险、雄、秀的特色。山中有植物1 700余种，素有"小峨眉"之称，是观日出、览云海、夏避暑、冬赏雾，以及观赏常绿阔叶林自然景观的绝佳去处。合川钓鱼城是南宋抗元的古战场，该城三面临江，屹立江心，尚存古城墙和七座城门以及护国寺、忠义祠等古迹。

3. 大足石刻

大足石刻位于重庆市大足区境内，主要为唐、五代、宋时所凿造。大足县是驰名中外的"石刻之乡""五金之乡"，境内石刻造像星罗棋布，公布为文物保护单位的摩崖造像多达75处，雕像5万余身，铭文10万余字，大足石刻是县内102处摩崖造像的总称，其中北山、宝顶山、南山、石门山、石篆山等5处规模最大、艺术价值最高而成为大足石刻造像的代表。石刻以佛教造像为主，兼有儒、道造像。这些石刻造像不仅有不计其数的各阶层人物形象，以及众多的社会生活场面，而且还配有大量的文字记载，从不同侧面展示了9世纪末至13世纪中叶中国石刻艺术的风格和民间宗教信仰的发展变化，是一幅生动的历史画卷。大足石刻以其规模宏大、雕刻精美、题材多样、内涵丰富和保存完整而著称于世，以鲜明的民族化和生活化特色，成为中国石窟艺术中一颗璀璨的明珠。于1999年12月1日列入联合国教科文组织世界文化遗产名录。

4. 长江三峡游览区

长江三峡西起重庆市奉节县白帝城，东至湖北宜昌市南津关，全长193千米，由瞿塘峡、巫峡和西陵峡三段大的峡谷和其间的两个宽谷组成。两岸山峰一般高出江面700~800米，峡谷最窄处不足百米，山峰陡立、峭壁对峙，峡谷幽深险峻。

瞿塘峡位于重庆奉节县境内，长8千米，是三峡中最雄伟险峻的一个峡谷（见图7-8）。峡谷入口处两岸断崖壁立，相距不足百米，形如门户，名夔门，山岩上有"夔门天下雄"五个大字。古人形容瞿塘峡说"案与天关接，

图7-8 长江三峡之瞿塘峡

舟从地窟行"。

巫峡位于重庆巫山县和湖北巴东县两县境内，西起巫山县城东面的大宁河口，东至巴东县官渡口，绵延45千米，包括金蓝银甲峡和铁棺峡，为长江横切巫山主脉背斜而形成。峡谷以幽深秀丽著称，整个峡区群峰如屏，怪石嶙峋，峡长谷深，迂回曲折，绵延不断，是三峡中最可观的一段，宛如一条迂回曲折的画廊，充满诗情画意，可以说处处有景，景景相连。"云雨巫山十二峰"为巫山最胜之景，南北岸各立六峰，峰峦高出江面2 000米，峰峰秀丽婀娜，其中以神女峰最为俏丽，峰上有一挺秀的石柱，形似亭亭玉立的少女。此外，这里还有大宁河小三峡、马渡河小小三峡等著名景点。大宁河是长江三峡中最美的一条支流，从崇山峻岭中奔腾而下，流经大昌古镇，到汇入长江干流口形成龙门峡、巴雾峡、滴翠峡三个秀丽奇绝的峡谷，人称小三峡。它兼得长江三峡之胜，却又别有天地，峡谷更为幽深秀美，两岸青翠欲滴，还有古代巴人的悬棺，更显得神秘奇异。

西陵峡在湖北宜昌市秭归县境内，西起香溪口，东至南津关，约长66千米，是长江三峡中最长、以滩多水急闻名的山峡。整个峡区由高山峡谷和险滩礁石组成，峡中有峡，大峡套小峡；滩中有滩，大滩含小滩。自西向东依次是兵书宝剑峡、牛肝马肺峡、崆岭峡、灯影峡四个峡区，以及青滩、泄滩、崆岭滩、腰叉河等险滩。

5. 武隆喀斯特风景区

武隆喀斯特旅游景区位于重庆市武隆区境内，拥有罕见的喀斯特自然景观，包括溶洞、天坑、地缝、峡谷、峰丛、高山草原等几乎所有喀斯特地貌景观，兼具丰富多彩的度假、休闲、娱乐、运动项目，以及土家族、苗族、仡佬族等少数民族独特的民俗风情，是国家5A级旅游区和世界自然遗产。旅游景点包括天生三桥、仙女山、芙蓉洞、龙水峡地缝。芙蓉洞被称为"天下第一洞""一座地下艺术宫殿和洞穴科学博物馆"。天生三桥以天龙桥、青龙桥、黑龙桥三座气势磅礴的天生石拱桥称奇于世，属亚洲最大的天生桥群。仙女山国家森林公园以其江南独具魅力的高山草原、南国罕见的林海雪原、青幽秀美的丛林碧野景观而誉为"东方瑞士""山城夏宫"。龙水峡地缝属典型的喀斯特峡谷地貌景观，由入口地缝、中途穿洞、出口地峡三段组成，地缝极其狭窄，两边悬崖千仞、岩壁绝险、植被茂密。

6. 重庆民俗文化与美食

在三千多年的发展历史中，重庆这片土地上刻画出了独具特色的巴渝文化，其中民俗文化是其重要的组成部分，彰显出重庆这一方水土和这一方人的独特魅力。

先说重庆人的性格。重庆人性格爽直、热情、幽默，好打抱不平，他们显然是很完美地继承了古巴渝人的风格和魅力。

再说重庆人的饮食风格。重庆人在吃的问题上绝对不能马虎，非常讲究，无辣不欢，所以重庆火锅著名天下，每年10月还要举行火锅美食文化节，邀请全世界游客到重庆来吃火锅。川菜也是重庆人的最爱，追求麻辣酸香的特色，尤以麻辣为重，诸如麻辣串、酸辣粉、辣子鸡、毛血旺、水煮鱼等独具特色。

重庆本地民间戏剧和民间活动也非常有特色。秀山花灯戏是由载歌载舞的秀山花灯派生出来的一个剧种，以反映日常生活和爱情故事的短小剧目为主。梁山灯戏俗称包头戏，它是梁平特有的民间戏种，它是从民间的玩灯和秧歌戏中演化而来的，到了清代中期，梁山灯戏已经遍及乡野，每至节庆假日，都驻台演出。铜梁龙灯是一种以"龙"为主要道具的龙舞和彩灯舞，兴起于铜梁县。从龙、灯彩扎制作到舞容演练，集民间舞蹈、音乐、美术、手工艺品为一体，是一种综合艺术。铜梁龙灯历史悠久，起于隋唐，盛于明清。

三、湖北省旅游区

湖北省，简称"鄂"，地处中国中部、长江中游，处于中国地势第二级阶梯向第三级阶梯过渡地带，地貌类型多样，山地、丘陵、岗地和平原兼备，西、北、东三面被武陵山、巫山、大巴山、武当山、桐柏山、大别山、幕阜山等山地环绕，中南部为江汉平原，与湖南省洞庭湖平原连成一片，地势平坦，土壤肥沃。长江自西向东横贯全省，长江干流及其最大的支流汉水流域几乎覆盖全省，使其成为一个河网纵横、湖泊密布的"千湖之省"。

湖北文化底蕴深厚，是古代楚文化的发祥地，楚国在800多年的历史中创造了光辉灿烂的文明。早在先秦时期，这里已经有了相当繁荣的文明。楚国制作的青铜器、丝织与刺绣、漆品已经达到了非常精美的程度；以屈原为代表的楚国诗人创作了大量流传千古的浪漫主义文学作品，楚辞对中国几千年文学艺术的发展产生了重要的影响；带有鲜明楚文化特色的哲学、艺术以及宗教已经发展得较为完善。湖北省的先人们留下了大量古文明的遗存，成为湖北重要的旅游资源。三国时期，湖北是蜀国和吴国主要活动场所，三国战争大量发生在湖北境内，留下了许多遗迹，成为人们感怀历史之处。在近现代中国革命斗争中，湖北也发挥了重要作用，革命胜迹遍布全省。湖北省人文旅游景观丰富多彩，有古人类遗址、古墓葬、古建筑、古战场遗址、古城遗址、名人故居、革命遗迹等。

湖北省山水名胜也不逊色，长江三峡享誉世界，世界文化遗产道教圣地武当山，"绿色宝库"神农架，以及城市湖泊东湖等的存在，更加丰富了湖北省的旅游文化内涵（见图7-9）。

图 7-9　湖北省示意图

1. 武汉市游览区

武汉地处江汉平原东部、长江中游，长江与汉江在城中交汇，形成武昌、汉口、汉阳三镇鼎立的格局，市内江河纵横、湖港交织，水域面积占全市总面积四分之一，湿地资源丰富，目前拥有6个国家湿地公园，是我国拥有国家湿地公园最多的城市。武汉自然风光独特，气候四季分明，拥有其他大都市罕有的166个湖泊和众多山峦。武汉素有"九省通衢"之称，地理位置十分优越，是中国内陆最大的水陆空交通枢纽和长江中游航运中心，交通极其便利。

武汉是国家历史文化名城、楚文化的重要发祥地，境内盘龙城遗址有3 500年历史。春秋战国以来，武汉一直是中国南方的军事和商业重镇，清末汉口开埠和洋务运动开启了武汉现代化进程，使其成为近代中国重要的经济中心，被誉为"东方芝加哥"。武汉是辛亥革命首义之地，近代史上数度成为全国政治、军事、文化中心。武汉有盘龙城遗址、武昌起义军政府旧址、八七会议会址和武汉国民政府旧址等33处全国重点文物保护单位，以及黄鹤楼、归元寺、古琴台、晴川阁、宝通禅寺、东湖、黄陂木兰文化生态旅游区等众多风景名胜。

（1）黄鹤楼

黄鹤楼位于长江南岸的武昌蛇山上，始建于三国时期吴黄武二年（223年），原为东吴孙权的军事建筑，后屡毁屡建，现在的黄鹤楼于1985年建成，是武汉市标志性建筑，与晴川阁、古琴台并称武汉三大名胜（见图7-10）。黄鹤楼主体建筑体为钢筋混凝土框架仿木结构，飞檐5层，攒尖楼顶，金色琉璃瓦屋面，通高51.4米，底层边宽30米，顶层边宽18米，全楼各层布置有大型壁画、楹联、文物等。楼外铸铜黄鹤造型、胜像宝塔、牌坊、轩廊、亭阁等一批辅助建筑，将主楼烘托得更加壮丽恢

图7-10 黄鹤楼

宏。登楼远眺，视野开阔，远山近水一览无余，"极目楚天舒"，不尽长江滚滚来，三镇风光尽收眼底。唐代著名诗人崔颢在此题下《黄鹤楼》一诗："黄鹤一去不复返，白云千载空悠悠。晴川历历汉阳树，芳草萋萋鹦鹉洲。"崔颢诗中的意境，深远隽永，耐人寻味。楼以诗名，从此黄鹤楼闻名遐迩。

（2）东湖风景区

位于武汉市中心城区的东湖是中国最大的城市湖泊，湖面面积33平方千米，是由长江淤塞而形成的。湖岸曲折，港汊交错，素有九十九湾之说。东湖风景区景观景点100多处，12个大小湖泊，120多个岛渚星罗，112千米湖岸线曲折，环湖34座山峰绵延起伏，10 000余亩山林林木葱郁。建有国家湿地公园，拥有东湖梅园、荷园、东湖樱园等13个植物专类园。武汉东湖是以大型自然湖泊为核心，湖光山色为特色，集旅游观光、休闲度假、科普教育为主要功能的旅游景区，被评选为国家5A级旅游景区。拥有听涛景区、渔光景区、白马景区、落雁景区、后湖景区、吹笛景区、磨山景区、喻家山景区。最为著名的景点有东湖绿道、朴缘禅茶、海洋世界、武汉大学、欢乐谷、鸟语林、磨山楚城、梅园、樱花园、荷花园等。其中东湖绿道串联起东湖磨山、听涛、落雁、渔光、喻家湖五大景区，由湖中道、湖山道、磨山道、郊野道、听涛道、森林道、白马道等主题绿道组成，打造"世界级绿道"。东湖景区不仅可以让武汉市民实现"让生活慢下来"的理想，成为武汉人最佳休闲地的选择，而且已经是国内外游客来到武汉必选的旅游景点。

（3）武汉的街市与美食

历史上武汉商业繁荣，街市文化非常发达，尤其是坐落在汉口码头附近的汉正街，自17世纪初就已是繁华的街市，当时街有32条，巷有64条。20世纪初，随着汉口开埠，租界设立与铁路的开通，汉正街形成小商品市场，极大地推动了武汉商业的繁荣。在中国改革开放之初，对商贸市场机会敏感的武汉人迅速恢复了汉正街小商品批发市场，成为全国率先发展起来的一批个体户。现在的汉正街已经发展到78条街巷，由服

装、皮具箱包、家用电器等10大专业市场组成的超大街区。除汉正街外，武汉还有江汉路、花园道、楚河汉街、吉庆街、户部巷等十多条特色街巷，在这里最能感受到武汉民俗文化的特色。

武汉是著名的"美食之都"。武汉饮食，可谓一早一晚，"过早"和宵夜最为经典，有"早尝户部巷，夜吃吉庆街"之美谈。武汉菜秉承湖北菜系风格，汇聚东西南北精华，菜品丰富多样，又自成特色。武汉特色小吃有热干面、三鲜豆皮、江城铁板炒饭、面窝、米粑、豆丝、欢喜坨、鸭脖子、武昌鱼、排骨藕汤、洪山菜薹炒腊肉、糯米包油条、糯米鸡等。尤其是户部巷小吃一条街，是历史上有名的美食街，可以吃到最正宗的武汉美食。

2. 宜昌市游览区

宜昌位于湖北省西部，处于长江三峡东端，素有"三峡门户"之称，自古风光奇特，巴文化与楚文化交融，历代为名人观光游览、怀古咏叹的胜地。现有屈原故里、三游洞、长江三峡、三峡大坝和葛洲坝等名胜景观。

（1）屈原故里

宜昌市秭归县乐平里是楚国伟大的爱国诗人屈原的故乡，这里有关屈原的名胜古迹和传说特别多，香炉坪是屈原出生的地方；照面井相传为屈原所凿；读书洞相传为屈原读书处；玉米三丘据传是屈原躬耕之地；屈原沱上建有屈原祠，现已改名为屈原纪念馆。相传屈原投汨罗江后，有神龟拖尸体回故里，当地人建祠葺墓，以供凭吊。在屈原祠内有一座5米多高的屈原铜像，他头束峨冠，凝目沉思，左手扶剑，右手揽衣，眉宇间透出对国家的忧思，表现出一位爱国诗人的风节。屈原故里每年端午节举行龙舟赛，热闹非凡。

（2）三峡水利枢纽

三峡水利枢纽位于宜昌市南津关上游三斗坪附近的中堡岛上，是世界最大的水利工程枢纽，大坝蓄水水位达175米后，就能看到"截断巫山云雨，高峡出平湖"的壮美图景了。三峡大坝景区目前对游客开放的景点是坛子岭、185观景平台和截流纪念园。登上坛子岭能鸟瞰三峡工程全貌；走近大坝观景，能直面雷霆万钧的泄洪景观。

（3）三游洞

三游洞位于西陵峡外，距宜昌约10千米。据说白居易、白行简、元稹三人曾一同游过此洞，人称"前三游"。另一说法是苏洵、苏轼、苏辙父子三人一同游过此洞，又称"后三游"。三游洞洞壁内刻有碑文，洞内还有塑像。

3. 神农架自然保护区

神农架是位于鄂西北的一片高大山地，群峰海拔皆超过1 500米，超过3 000米的山峰有六座，相传因峰高崖陡，上古的神农氏在此搭架上山采药而得名。神农架风景区是我国著名的原始森林区和自然保护区，森林覆盖率达98%，以丰富的动植物资源而入选世界生物圈保护网。主要保护对象为北亚热带山地森林生态系统及特有珍稀物种，有34种国家重点保护植物，79种国家重点保护野生动物，其中一级保护动物5种：金丝猴、华南虎、金钱豹、白鹳、金雕。保护区内林海茫茫，河谷深切，沟壑纵横，层峦叠嶂，山势雄伟。气温偏凉而且多雨，夏无酷热、冬无严寒，气候宜人。2016年7月17日，以世界自然遗产的身份被列入世界自然遗产名录。神农顶是国家5A级景区，位于南部的天生桥景区是一个以奇洞、奇桥、奇瀑、奇潭为特点的休闲、探险、揽胜的旅游区；金猴岭平均海拔2 500米，是金丝猴的主要栖息地和活动区，岭上古木蔽天，瀑布飞悬，水光山色浑然一体，美不胜收；神农谷奇云叠谷，石林丛生，云雾变幻莫测，气象瞬息万变；神农架国际滑雪场是华中地区第一家规模大、功能齐全、采用人工造雪和天然雪相结合的滑雪场。

　　神农架国家级自然保护区处于中国西部高山区向东部丘陵平原区过渡和亚热带气候向暖温带气候过渡的交叉带，特殊的地理位置、优越的自然环境和气候条件使这里的生物多样性非常丰富，保存着完整的生态系统，成为中国东、南、西、北动植物区系的荟萃地，素有"物种基因库""濒危动植物避难所"之美誉。

4. 武当山风景区

　　武当山，古有"太岳""玄岳""大岳"之称，位于湖北省西北部十堰市丹江口市境内。武当山在春秋至汉代末期，已是重要宗教活动场所，许多达官贵人到此修炼。东汉末期道教诞生后，武当山逐步成为中原道教活动中心。明代，武当山一直被历代皇帝作为"皇室家庙"来扶持，并把武当真武神作为"护国家神"来崇祀，武当山被尊为玄天真武上帝的修炼圣地，武当山的地位升华到"天下第一仙山"，位尊五岳之上，成为全国道教活动中心，呈现出二百多年的鼎盛局面。武当山古建筑群的整体布局以天柱峰金殿为中心，以官道和古神道为轴线向四周辐射，整个建筑群规模宏大，主题突出，井然有序。武当山有古建筑53处，建筑遗址9处，全山保存各类文物5 035件。武当山山势雄伟，峻峭挺拔，自然景观壮丽，有72峰、36岩、24涧、11洞、3潭、9泉、10池、9井、10石、9台等胜景，风景名胜区以天柱峰为中心，有上、下十八盘等险道及"七十二峰朝大顶"和"金殿叠影"等（见图7-11）。武当山也是武当武术的发源地，元末明初，道

图7-11　武当山金殿

士张三丰集其大成，开创武当派。1994年12月，武当山古建筑群入选世界文化遗产名录。

四、湖南省旅游区

湖南省位于长江中游，东临江西，西接重庆、贵州，南毗广东、广西，北连湖北，总面积21.18万平方千米，常住人口6 899万。东以幕阜、武功诸山系与江西交界，西以云贵高原东缘连贵州，西北以武陵山脉毗邻重庆，南枕南岭与广东、广西相邻，北以滨湖平原与湖北接壤。地貌轮廓是东、南、西三面环山，中部丘岗起伏，北部湖盆平原展开，沃野千里。湖南省河网密布，主要为湘江、资江、沅江、澧水四水及其支流，顺着地势由南向北汇入洞庭湖、长江，形成一个比较完整的洞庭湖水系。

湖南历史悠久，在先秦两汉时期的楚文化的基础上构建了特色鲜明的湖湘文化，呈现出"淳朴重义""勇敢尚武""经世致用""自强不息"等精神特质，造就出了大批英才，有汨罗江畔沉吟的屈子、独创造纸术的蔡伦、宋明理学之祖周敦颐、主持岳麓书院之张栻、晚清历史中成就显赫的曾国藩、左宗棠、郭嵩焘等，以及在近现代中国革命过程中功勋卓著的黄兴、蔡锷、毛泽东、蔡和森、刘少奇等革命家群体，使湖南获得了"湖南人才半国中""中兴将相，什九湖湘""半部中国近代史由湘人写就""无湘不成军"等盛誉。

湖南省山川秀美，古迹众多，有长沙、岳阳、凤凰等三座国家级历史文化名城，张家界武陵源风景名胜区和邵阳新宁崀山（中国丹霞）为世界自然遗产，还有武陵源—天门山、南岳衡山、邵阳新宁崀山、岳阳楼—君山岛、韶山风景区、花明楼、东江湖景区等国家5A级景区。湘西还是土家族和苗族等少数民族的聚集区，民风民情独特，民俗旅游资源与秀丽山水相互融合，成为湖南省著名的旅游区（见图7-12）。

1. 长沙市游览区

长沙位于湖南省东部偏北，湘江下游和长浏盆地西缘，是湖南省省会城市。从西周出现长沙这个地名以来的3 000多年历史中，长沙的地名和城市地址都没有变过。因屈原和贾谊的影响，长沙被称为"屈贾之乡"，同时它又被称为"楚汉名城"，马王堆汉墓和走马楼简牍等重要文物的出土反映其深厚的楚文化和湘湖文化底蕴。长沙历史悠久，山明水秀，风景名胜众多，主要游览点有岳麓山、爱晚亭、岳麓书院、橘子洲、花明楼、马王堆汉墓、走马楼简牍博物馆、世界之窗等。

（1）岳麓山风景区

岳麓山风景名胜区位于长沙市湘江之滨，依江面市，由麓山景区、橘子洲景区、岳麓书院、新民学会四个核心景区组成，为罕见的集"山、水、洲、城"于一体的国家5A级旅游景区，不仅拥有独特的自然景观，更因其深厚的历史文化底蕴而蜚声中

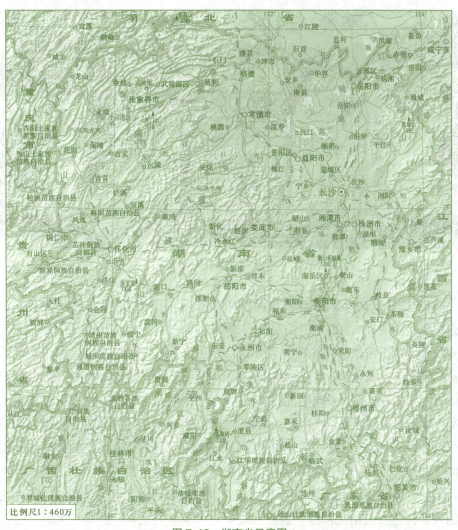

图 7-12 湖南省示意图

外。岳麓山融儒、佛、道为一体,包容了历史上思想巨子、高僧名道、骚人墨客共同开拓的岳麓山文化内涵。景区内有岳麓书院、爱晚亭、麓山寺、云麓宫、新民学会旧址、黄兴墓、蔡锷墓、第九战区司令部战时指挥部旧址等景点。

岳麓书院始建于北宋,由张栻和朱熹开创,至今已有一千余年历史,有"千年学府"之称,是中国四大书院之一(见图 7-13)。岳麓书院坐落于岳麓山脚下,为中国现存规模最大、保存最完好的书院建筑群,古建筑群分为教学、藏书、祭祀、园林、纪念五大格局。千年学府岳麓书院,是三湘人才辈出的历史记录,历代湘湖俊才彭龟年、王夫之、魏源、曾国藩、左宗棠、郭嵩焘、熊希龄等都曾受训于书院;毛泽东、蔡和森等革命历史伟人也曾在此"指点江山、激扬文字"。岳麓书院还以保存大量的碑匾文物闻名于世,如唐刻"麓山寺碑"、明刻宋真宗手书"岳麓书院"石碑坊、"程子四箴

图 7-13 岳麓书院

碑"、清刻朱熹"忠孝廉节碑"等。今天的岳麓书院不仅是湖南大学的文史哲人才培养和研究基地、湖南省旅游胜地,更是整个长沙市的文化窗口和文化名片。

爱晚亭坐落于岳麓山清风峡中,始建于清乾隆五十七年(1792年),为清代岳麓书院山长罗典创建,原名红叶亭,后由湖广总督毕沅据"停车坐爱枫林晚,霜叶红于二月花"的诗句更名爱晚亭。爱晚亭古朴典雅,亭坐西向东,三面环山,整体上保留了较多清代亭台楼阁建筑的风格。亭内有一横匾,上刻毛泽东手迹《沁园春·长沙》词,亭正面悬朱色鎏金"爱晚亭"匾,系毛泽东所题。爱晚亭入选全国重点文物保护单位名单。

橘子洲是湘江下游众多冲积沙洲中面积最大的沙洲,绵延十多里,也是世界上最大的内陆洲,被誉为"中国第一洲",由南至北,纵贯江心,西瞻岳麓,东临古城,是岳麓山风景区重要的组成部分。景点主要围绕"生态、文化、旅游、休闲"这一主题建设有洲头颂橘亭、汉白玉诗词碑、铜像广场、藤架广场、毛主席畅游湘江纪念点、揽岳亭、枕江亭、盆景园、大门广场等景点。

(2)湖南省博物馆

湖南省博物馆位于长沙市开福区东风路,是首批国家一级博物馆,是人们了解湖湘文明进程、领略湖湘文化奥秘的重要窗口。博物馆现有馆藏文物18万余件,尤以马王堆汉墓出土文物、商周青铜器、楚文物、历代陶瓷、书画和近现代文物等最具特色。

马王堆汉墓是西汉初期长沙国丞相、轪侯利苍的家族墓地。墓葬共计出土1具保存完好的女尸和棺椁,以及丝织品、帛书、帛画、漆器、中草药等遗物3 000余件。其中一号墓出土的大量丝织品中有一件素纱禅衣,该衣长1.28米,且有长袖,重量仅49克,织造技巧达到极高超的水平。一号墓出土的女尸保存完好,并未腐烂,与新鲜尸体相似,是防腐学上的奇迹。三号墓发现了大批帛书和两卷医简,绝大多数是古佚书,成为极其珍贵的史料。2016年6月，马王堆汉墓被评为世界十大古墓稀世珍宝之一。

（3）太平老街

太平街是长沙古城保留原有街巷格局最完整的一条街，坐落于长沙城区中部，重点地段为沿太平街、西牌楼、马家巷、孚嘉巷、金线街、太傅里两侧的历史街区。街区内，小青瓦、坡屋顶、白瓦脊、封火墙、木门窗，是这一带民居和店铺的共同特色；老式公馆则保留了较为原始的石库门、青砖墙、天井四合院、回楼护栏等传统格局。整治后的太平街历史文化街区不仅保留了贾谊故居、长怀井、明吉藩王府西牌楼旧址、辛亥革命共进会旧址、四正社旧址等文物古迹和近代历史遗迹，也给乾益升粮栈、利生盐号、洞庭春茶馆、宜春园茶楼等历史悠久的老字号注入生机。街区沿主街以经营名老字号、字画、民族工艺品、文化休闲产业、特色旅游产品为主。逛老街还能吃到地道的长沙臭豆腐、糖油粑粑等当地的风味小吃。

2. 岳阳楼洞庭湖风景区

岳阳楼洞庭湖风景名胜区位于岳阳市，主要由岳阳楼、君山、南湖、芭蕉湖、汨罗江、铁山水库、福寿山、黄盖湖等8个景区组成。

（1）岳阳楼

岳阳楼位于岳阳市古城西门城墙之上，北挨长江，下瞰洞庭，前望君山，自古有"洞庭天下水，岳阳天下楼"之美誉，为"江南三大名楼"之一，且是三大名楼中唯一保持原貌的古建筑（见图7-14）。岳阳楼始建于公元220年前后，其前身相传为三国时期东吴大将鲁肃的"阅军楼"，西晋南北朝时称"巴陵城楼"，中唐李白赋诗之后，始称"岳阳楼"。北宋庆历五年（1045年）春，任岳州知军州事的滕子京重修岳阳楼，邀请范仲淹作记，写下千古名篇《岳阳楼记》，吟出"先天下之忧而忧，后天下之乐而

图7-14　岳阳楼

乐"之绝句,声振四方,享誉天下。岳阳楼高 19 米,建筑风格上为木制、三层、四柱、飞檐、斗拱、盔顶,为纯木结构,整座建筑没用一钉一铆,仅靠木制构件的彼此勾连。岳阳楼的楼顶为盔顶式,据考证,它是中国仅存的盔顶结构的古建筑。岳阳楼北侧的三醉亭和南侧的仙梅亭遥相呼应,楼北面还有小乔墓。

(2)君山

岳阳君山,古称洞庭山、湘山,是洞庭湖中一座面积不足 100 公顷的小岛,与岳阳楼遥遥相对。君山小巧玲珑,空气新鲜,峰峦盘结,沟壑回环,竹木苍翠,风景如画,是避暑胜地。岛上历来有 36 亭、48 庙、秦始皇的封山印、汉武帝的"射蛟台"等珍贵文物遗址。君山银针茶叶誉满中外,唐代以来就列为贡品。汨罗江畔有屈子祠、杜甫墓等。此外,景区还有慈氏塔、襟代文庙、鲁录墓、黄盖湖、三国古战场等名胜古迹。

3. 衡山风景区

衡山,又名南岳、寿岳、南山,位于湖南省中南部衡阳市,为中国"五岳"之南岳。衡山又是著名的道教、佛教圣地,佛祖释迦牟尼两颗真身舍利子藏于衡山南台寺金刚舍利塔中,环山有寺、庙、庵、观 200 多处。衡山山神是民间崇拜的火神祝融,他被黄帝委任镇守衡山,教民用火,化育万物,死后葬于衡山赤帝峰,被当地尊称南岳圣帝。南岳是中国五岳之寿山,历来为祈福、求寿之圣地,福寿文化源远流长。衡山主要山峰有回雁峰、祝融峰、紫盖峰、天柱峰、岳麓山等,最高峰祝融峰海拔 1 300.2 米。衡山气候温暖湿润,处处茂林修竹,终年翠绿,奇花异草,四时飘香,自然景色十分秀丽,因而有"南岳独秀"之美称。自隋朝定衡山为南岳以来,经历代修建,留下名胜古迹甚多,有南天门、南岳大庙、祝圣寺、藏经殿、方广寺、祝融殿、南台寺、福严寺、邺侯书院等。南岳庙是衡山最大的庙宇,是帝王祭祀之所。祝圣寺是南岳第一大佛教禅林,大雄宝殿两壁嵌有 500 罗汉石雕。祝融峰之高、藏经殿之秀、方广寺之深、水帘洞之奇被称为南岳"四绝"。

4. 武陵源风景区

图 7-15 武陵源风景名胜区

武陵源风景名胜区位于湖南省西北部,由张家界国家森林公园、索溪峪自然保护区、天子山自然保护区和杨家界组合而成,被称为自然的迷宫、地质的博物馆、森林的王国、植物的百花园、野生动物的乐园(见图 7-15)。先后被列入世界自然遗产、世界地质公园和国家 5A 级旅游景区名录。武陵源风景区的地层以红砂岩、石英砂岩为主，经长期地质变化、水流切割、风化剥蚀，形成罕见的砂岩峰林峡谷地貌，数以千计的石峰危岩平地拔起，形态各异。罕见的奇秀峰群，多彩的湖瀑洞泉，迷人的洞岩地宫，浩瀚的绿色森林，一切都充满着原始的自然美，犹如一个神奇的世界和风味天成的艺术山水长廊。武陵源有"五绝"，即奇峰、怪石、幽谷、秀水、溶洞。武陵源三千多座石英砂岩峰林为国内外所罕见，这里的峰石直立而密集，那些岩壁和峰石如帛、如笋，似屏、似矛，一扇扇，一根根，连绵万顷，给人以层峦叠嶂的磅礴气势与恢宏大观的印象。武陵源水绕山转，众多的瀑、泉、溪、潭、湖各呈其妙。尤其是金鞭溪，在十多千米长的溪谷两岸峡谷对峙，红岩绿树倒映溪间。索溪峪的黄龙洞长七余千米，洞分四层，洞内有一座水库、两条河流、三挂瀑布、四处潭水、十三个厅堂、九十六条廊，为世所罕见。武陵源是土家族、白族、苗族等少数民族的聚居地，田舍炊烟与青山绿水，以及独具特色的民族歌舞相融交织，组成人与自然和谐相处的美景，与武陵源的大山、密林浑然一体构成一幅绝美的画卷。张家界是我国第一个森林公园，主要游览点有黄石寨、腰子寨、金鞭溪等。索溪峪以十里画廊、西海、宝峰湖、黄龙洞著称。天子山有"云雾、月夜、霞日、冬雪"四大奇观，各具魅力。这些景区景点合而为一，就构成了武陵源景区的独特景观。

5. 凤凰古城

凤凰古城，位于湘西土家族苗族自治州的西南部，是一个以苗族和土家族为主的少数民族聚集区。凤凰古城始建于清康熙四十三年（1704年），历经300多年古貌犹存。古城依山傍水，清浅的沱江穿城而过，红色砂岩砌成的城墙伫立在岸边，南华山衬着古老的东门城楼和北门城楼，城内青石板街道，江边木结构吊脚楼，回龙阁古街自古以来便是热闹的集市。这里不仅风景优美，且人杰地灵，名贤辈出：一品钦差大臣田兴恕、民族英雄郑国鸿、民国第一任民选内阁总理"湖南神童"熊希龄、文学巨匠沈从文、国画大师黄永玉等。主要景点有沈从文故居、熊希龄故居、杨家祠堂、东门城楼、文昌阁、沱江泛舟、万寿宫、陈宝箴老宅、南方长城等。

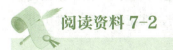

阅读资料 7-2

苗族待客民俗——拦门酒

苗族是一个非常好客的民族，每当有客人或者贵宾来临，都是全家，甚至全寨的人去迎接。而在迎接的方式里，苗寨有一种特别的迎接方式——拦门酒。这是一种非常隆重的礼节，以此来迎接远道而来的尊贵客人。拦门的时候，在门口摆上一碗碗酒，客人们每人都需要喝上一碗、两碗或者一口、两口才让进寨子。

拦门酒表达的是苗家人的心诚和敬意，就像酒一样浓烈，也像山泉一样清纯。拦门的时候，如果客人们喝得越多，苗家人心里越是高兴，因为这表示客人看得起苗家人，也敬重苗家人，所以大家当然很高兴。拦门酒用的酒一般分为两种，一种是包谷酒，这是苗家人用自己种的包谷酿造的。一般人喝完以后脸庞通红发烧，会立马产生一种顶天立地、豪气十足的男子汉剽悍气魄，一般都是男人喝。另一种就是糯米酒，苗家人也叫甜酒，这种酒是用高寒山区云雾中生长的一种圆颗糯米为原料，由妇人专事酿制而成，酒汁浓、清凉、甘甜、味香、口感可人，男女老幼皆宜。

当然，也不是只有这两种，还有高粱酒、红薯酒等，这里就不详细说明了。拦门用的酒一般都是摆在那里，可由客人随意挑选。

随着现在旅游的发展，拦门酒已经是苗家人待客的一道靓丽的风景线。当你在凤凰古城旅游的时候，每到一个苗寨，首先迎接你的必定是一碗香甜的酒。无论是男人还是女人，都必须喝，不过也不用担心，没有酒量的话，喝点甜糯米酒，味道十分甘甜。

（资料来源：凤凰网）

6. 桃花源风景区

桃花源风景区位于常德市西南34千米处，前有滔滔不绝的沅江，后有蜿蜒起伏的武陵群峰，境内芳草鲜美、落英缤纷，是东晋诗人陶渊明笔下千古奇文《桃花源记》所描述的世外桃源的真迹地。桃花源集古老、神奇、幽奥、秀美、壮阔、清丽于一体，熔诗情画意、历史传说为一炉，被人们誉为"人间仙境""世外桃源"。核心景区面积约12平方千米，有秦溪、秦谷、桃花山、桃源山、五柳湖、桃花源古镇、桃川万寿宫、《桃花源记》大型实景演出等。

7. 韶山风景区

韶山是伟大领袖毛泽东同志的故乡，也是他青少年时期生活、学习、劳动和从事革命活动的地方，是全国著名革命纪念地、全国爱国主义教育基地、国家重点风景名胜区。这里群山环抱，峰峦耸峙，气势磅礴，翠竹苍松，田园俊秀，山川相趣。风景区包括毛泽东故居、滴水洞、清溪、韶峰、黑石寨等，毛泽东同志故居为其核心景观，还有南岸私塾、纪念馆、毛泽东铜像、诗词碑林、毛泽东纪念园和毛氏三祠等景点。

第三节 主要旅游线路介绍

一、四川省主要旅游线路

1. 成都—都江堰—阿坝川北旅游线路

线路特色：此旅游线从成都往西北方面前行，以游览世界遗产，观光四川省奇丽的自然风光，感受独特的古蜀文化为特色，线路上景观皆为世界遗产。包括古老的都江堰水利工程枢纽、道教名山青城山、童话世界般的九寨沟景区和黄龙景区。

2. 成都—绵阳—广元—南充川东北古蜀文化探秘旅游线路

线路特色：此旅游线以探究古蜀文化和三国历史遗存为特点。游览的景点包括成都武侯祠、杜甫草堂、三星堆文化遗址、绵阳李白故里、广元剑门关、蜀道、南充阆中古城和张飞庙等。

3. 成都—雅安—汶川大熊猫踪迹探寻旅游线路

线路特色：这是一条以参观大熊猫为特色的旅游线。主要包括成都大熊猫繁育基地、雅安大熊猫发现地、卧龙大熊猫保护基地等。

4. 资中—内江—泸州—宜宾—自贡川南文化生态旅游线路

线路特色：本旅游线以游览亚热带原始森林，体验恐龙文化、盐文化、酒文化等为主要特色。主要游览景区包括自贡恐龙公园、自贡盐业博物馆、宜宾蜀南竹海、五粮液酒厂、兴文石海洞乡、泸州老窖酒厂等。

5. 雅安—泸定—康定—稻城康巴风情旅游线路

线路特色：此旅游线以山地高原自然生态和康巴文化体验为特色。主要游览区包括雅安蒙顶山、海螺沟、泸定桥、康定、稻城亚丁自然保护区等。

二、重庆市主要旅游线路

1. 重庆市—长江三峡都市山水旅游线路

线路特色：此旅游线以欣赏重庆都市风貌、感受山城文化、游览山水风光、品尝重庆美食为特色。线路景点主要包括重庆千年古镇磁器口、中美合作所遗址之渣滓洞和白公馆、重庆市夜景、大足石刻、缙云山、长江三峡。

2. 重庆市—武隆喀斯特地貌旅游线路

线路特色：此线路主要观赏武隆"中国喀斯特"世界自然遗产景观，包括重庆朝天门码头、过江索道、武隆芙蓉洞天坑三桥和仙女山国家森林公园。

三、湖北省主要旅游线路

1. 武汉—荆州—襄阳—宜昌三国文化旅游线路

线路特色：此旅游线以三国古迹为线索开展旅游活动，为湖北省最具文化魅力的旅游线。主要景点包括武汉黄鹤楼、荆州古城、襄阳古隆中、当阳关陵庙、宜昌长坂坡等。湖北现有三国文化遗址181处，且典故多、遗迹多，充分满足游客对三国故事的好奇心。

2. 武汉—襄樊—钟祥—十堰世界遗产旅游线路

线路特色：这是一条沿着湖北省古文化遗迹和世界遗产追寻的旅游活动线路。主要包括武汉东湖景区和古琴台、世界文化遗产钟祥明显陵、襄阳古城、世界文化遗产武当山道教圣迹、世界自然遗产神农架等。

3. 武汉—蒲圻—宜昌长江水路旅游线路

线路特色：这是一条沿长江溯江而上的旅游线，寻找沿江的楚文化载体、历史古迹和自然美景。主要包括汉口商业街区、蒲圻的赤壁古战场遗址、宜昌屈原故里、西陵峡、长江三峡水利枢纽和葛洲坝水利枢纽。

四、湖南省主要旅游线路

1. 常德—张家界—凤凰县山水风光旅游线路

线路特色：这条旅游线集中了湖南最纯净秀美的山水风光和古朴名镇，可以游览常德桃源仙境、世界自然遗产武陵源、湘西边寨古城凤凰、猛洞河风景区等景区景点。

2. 长沙—汨罗—岳阳楚湘文化旅游线路

线路特色：此旅游线从长沙起沿着湘江至洞庭湖边，可以充分感受湖湘文化风格，体验湖南民俗，品味湖南美食。主要游览历史文化名城长沙、汨罗市屈原纪念馆、岳阳洞庭湖风景区等。

3. 长沙—韶山—宁乡名人故居旅游线路

线路特色：湖南省众多名人尤其是近现代名人的故居比较集中在长沙、湘潭等地，这条旅游线上主要有长沙橘子洲、宁乡的花明楼刘少奇故居和纪念馆、杨开慧故居和纪念馆,以及韶山毛泽东故居和纪念馆等。

思考与练习

1. 长江中上游旅游区有哪些独具特色的旅游资源?
2. 分析比较巴蜀文化与楚文化的特点,并举例谈谈这两种文化属性里旅游资源特征的差异。
3. 分析长江在本区旅游开发规划中的重要性。
4. 在你心中武汉是一个怎样的城市?经历过2020年新冠肺炎疫情的重创,你认为武汉应该怎样复兴其旅游业?
5. 本区有哪些世界遗产级的旅游景观?请简要介绍它们。
6. 填空题:

    (1) 长江三峡是指_____峡、_____峡、_____峡。

    (2) 三国时期"刘备托孤"的故事发生于_____,"三顾茅庐"的故事发生于_____。

    (3) 中国古代"四大书院"是指_____、_____、_____和_____。

    (4) 位于_____的马王堆汉墓遗址出土了保存完好的汉代女尸和丰富的陪葬品。

    (5) 长江的源头称为沱沱河、通天河、金沙江,自_____起才称为长江。

    (6) 世界上最大的水利工程枢纽是_____。

    (7) _____是江南三大名楼中仅存的古建筑。

7. 单项选择题:

    (1) 下列属于武汉名胜的是(　　)。

    A. 中山陵　　　　　　　　　B. 豫园

    C. 东湖　　　　　　　　　　D. 大明湖

    (2) 巴蜀文化具有神秘的特性,它是一种(　　)文化。

    A. 尚龙　　　　　　　　　　B. 崇尚白虎

    C. 尚凤　　　　　　　　　　D. 尚蛇

    (3) 被称为"寿岳"的山岳是(　　)。

    A. 嵩山　　　　　　　　　　B. 华山

C. 泰山　　　　　　　　　　D. 衡山

（4）（　　）位于长江与嘉陵江汇合处，享有"山城"之美誉。

A. 成都　　　　　　　　　　B. 长沙

C. 重庆　　　　　　　　　　D. 宜昌

（5）古称为"玄岳"的道教名山是（　　）。

A. 青城山　　　　　　　　　B. 武当山

C. 齐云山　　　　　　　　　D. 龙虎山

（6）出土了举世闻名的青铜编钟的古墓是（　　）。

A. 马王堆　　　　　　　　　B. 三星堆

C. 曾侯乙墓

（7）关于巴楚文化旅游区描述正确的是（　　）。

A. 是我国少数民族最集中的地区　　B. 峡谷地貌景观突出

C. 古典园林居全国之冠　　　　　　D. 侨乡文化突出

8. 判断题：

（1）"国宝"大熊猫主要分布于川陕一带，其中扎龙自然保护区是目前最大的大熊猫保护基地，已列入世界自然遗产名录。（　　）

（2）1984年，我国建立了第一个国家级森林公园——张家界森林公园。（　　）

（3）湖北青城山的环境优美，素有"青城天下秀"之誉。（　　）

（4）四川峨眉山环境优美，植物种类多样，素有"峨眉天下幽"之誉。（　　）

（5）宜昌是春秋战国时期楚国的都城"郢"，亦是楚文化的中心。（　　）

（6）长沙地理位置重要，向有"九省通衢"之称。（　　）

（7）乐山大佛为当今世界第一大立佛，被誉为"山是一尊佛，佛是一座山"。（　　）

9. 实训题：

（1）请设计一条乘船从重庆到武汉的旅游线路，并详细介绍游客可以游玩的景点。

（2）查阅资料，评析本区众多的自然保护区开发为旅游景观的做法，并提出你认为更合理的做法。

（3）在以下空白图上标示出本区各省主要的旅游线路。

第七章 长江中上游旅游区

中国地图

第八章
华南旅游区

  学习目标

了解华南旅游区旅游地理环境特征,分析地理环境特征对该区旅游资源优势的影响,以及对该区旅游业发展的影响。掌握本区重要的旅游景点及旅游线路的特点和分布规律。

本区包括福建、广东、海南三省,面积33.91万平方千米,常住人口约1.6亿。华南旅游区位于中国的东南沿海开放地区,濒临东海和南海,经济发达,岭南文化风格独特,旅游资源丰富,旅游发展的基础条件良好。

第一节 旅游地理环境及旅游资源特征

一、自然地理环境与旅游资源特征

1.地貌类型多样,海岸地貌和丹霞地貌最为典型

本区地表起伏不平,地貌类型多样,山地和丘陵面积占大部分,只在河口区域分布有平原。海岸线漫长,沿海地区及海岛分布有丰富的海岸地貌旅游资源,从福建东南沿海、广东南部沿海,到海南岛,既有美丽的沙滩、造型千姿百态的岩岸,又有中国唯一大面积分布的红树林和珊瑚海岸,成为我国重要的滨海旅游度假区;闽北和粤北山区分布有大面积典型的丹霞地貌,形成奇异而秀丽的地貌景观,如广东丹霞山、

福建武夷山和泰宁大金湖世界地质公园等；福建东南沿海是我国花岗岩地貌的主要分布区之一，由于高温多雨，花岗岩球状风化现象极为突出，形成奇特的石蛋地貌风景区，如厦门的万石岩、鼓浪屿的日光岩以及泉州、漳州等地的"风动石"都属于此类地貌。由于地质地貌成因之间的联系，本区丹霞地貌外围往往有花岗岩奇峰异石出现，如在福建泰宁大金湖风景区，除丹霞地貌外，花岗岩地貌也十分奇特，其中金饶山景区就是因花岗岩石蛋构成的奇峰异石而出名的。

此外，肇庆七星岩是著名的岩溶地貌风景区；广东西樵山、雷州半岛、海南岛都有火山熔岩地貌分布。

2. 热带、南亚热带季风气候，典型的热带风光

本区大部分地区皆属于热带、南亚热带季风气候，年均气温高于20℃，高温多雨，长夏无冬，一年四季皆适于旅游，尤其是海南岛更是我国游客越冬的最佳选择。

终年湿热的气候条件下，本区山地丘陵植被覆盖率高、生态环境良好，鲜花四季盛开，城市绿化植物呈现一派热带风光，广东省森林覆盖率和城市建成区绿化覆盖率分别位居全国前列，城乡生态状况和人居环境远高于其他区域，其中厦门、深圳、广州、珠海分别被评为"花园城市"和"最适合人类居住城市"。

本区植被多为常绿热带雨林、季雨林和亚热带常绿阔叶林，特别是一些风格独特的热带树种如棕榈科植物，与热带城市环境和海滨风光结合在一起，构成美丽的热带风情。一些城市独特的树木花草，给城市增添了无限的韵味，著名的有福州大街小巷的榕树、厦门全城街边种植的芒果树、广州如火的木棉花、三亚和海口随处可见的椰子树，都是城市多姿多彩的名片。

3. 河网稠密，温泉资源丰富

本区气候高温多雨，水系众多，河网密布，以珠江、闽江、韩江三大水系为最大，大多数河流发育于北部山地丘陵，海南的河流主要发育于中部山区，流入南海，在河口处形成大面积冲积平原。这些水体与本区秀美的山地结合，构成本区青山秀水的美丽景观。

本区受到环太平洋火山地震带的影响，地热资源丰富，温泉众多，温泉总数占全国的十分之一，广东省境内温泉出露达200多处，福建省也有近200处，海南达100多处。其中广东从化和清远温泉、福建福州温泉、海南七星岭温泉等最为著名，是温泉疗养的好地方。福州因温泉多而集中，为全国大城市所罕见，被称为"温泉城"。

二、人文地理环境与旅游资源特征

1. 紧邻港、澳、台，区位优势明显，侨乡众多

华南旅游区处于我国东南沿海，紧邻香港特别行政区、澳门特别行政区和台湾省，

历来为我国大陆对外开放的前沿区域，出入境方便，华南地区侨乡众多，我国现有华侨、华裔、旅外华人有97%分布于东南亚各国，其祖籍以粤、闽、琼为最多。广东和海南与东南亚各国向来人员往来频繁，不仅在经济贸易方面联系紧密，在生活方式、文化特性等诸多方面也一脉相连，成为本区旅游的稳定客源。每年大批华侨、华人回内地观光、寻根觅祖、探亲访友，投资、经贸合作的人数占比很高，保证了本区入境旅游的稳定性。

2. 岭南文化特色鲜明，人文旅游资源多姿多彩

基于特殊的地理位置和历史条件，岭南地区在历史发展过程中深受中原文化和海外文化尤其是西方文化的影响，兼容并包，形成了具有独特风格的岭南文化，突出的特征是务实、开放、兼容、创新，具体表现在园林、建筑、宗教、艺术、语言、饮食等方面。

岭南地区尤其是广东和海南的园林建筑风格除具有中原园林建筑的特征外，还吸收了西方园林的特点，其园林建筑体型较之江南园林更轻盈、通透、朴实，体量较小；建筑装饰大量运用木雕、砖雕、陶瓷、灰塑等民间工艺；门窗格扇、花罩漏窗等除精雕细刻外，还要别具一格地镶上套色玻璃做成纹样图案；建筑布局形式和局部构件受西方建筑文化的影响，在中式传统建筑中有可能采用罗马式的拱形门窗或巴洛克式的柱头，或用条石砌筑规整的水池，厅堂外也可能设铸铁花架等，这些都充分反映了岭南园林中西兼容的特点。

岭南也是外来宗教首先的立足之地，除中国本土的道教外，佛教在本区具有极其重要的地位，佛教寺庙和佛教名山不仅数量多，地位也极重要，如泉州开元寺、韶关南华寺、福州鼓山、广东罗浮山、海南南山等。本区的宗教信仰中还有独特的妈祖崇拜，尤其是福建的湄洲岛，被认为是妈祖诞生、生活及升天之地，该岛上的妈祖庙在妈祖信仰者的心中具有"东方麦加"地位，每年朝拜者成千上万。此外，本区还有基督教、伊斯兰教、摩尼教等众多外来宗教。

本区戏曲文化源远流长，戏曲种类繁多，特色鲜明，包括粤剧、福建南音、海南剧等。粤剧在唱腔、配乐、戏服装饰、形体表现等方面都异于中原和江南地区的戏曲特点；福建南音被誉为"中国古典音乐明珠"，发源于泉州，流行于福建的南部，与唐、宋、元、明时期的音乐关系密切，是我国古典音乐文化保存最丰富和最完整的乐种。

本区在饮食习俗方面也有许多独特之处，尤其是粤菜系列成为中国四大菜系之一，自成一派，影响遍及东南亚甚至全世界各地。

本区的闽台文化、潮汕文化和客家文化也具有鲜明的特征，影响着本区生活的各方面。客家文化历史悠久，内涵丰富。客家是指历史上由于战乱等原因，中原汉民族大批民众南下进入赣闽粤三角地区，与当地土著居民融合而形成的一个独特的汉族族群，他们具有坚韧不拔的意志、勇于开拓的精神、勤劳朴实的品格及善于用血缘、亲缘、地缘等各种关系建立同宗、同乡、同一文化内相互合作关系的团体精神。客家历史源远流长，培育出大批对中华民族的文明与进步作出重要贡献的优秀人物，给本地留下许多文化遗产和特质遗产。

3. 经济发达，城市密集，人造景观独树一帜

华南旅游区是我国最先对外开放的地区，经济发展迅速，对外贸易十分兴盛，雄厚的经济基础和繁荣的商业贸易为本区的旅游业发展奠定了坚实的基础。珠江三角洲和福建沿海地区人口不断增长，广东省成为了全国人口最多的省份，城市化程度很高，城乡连成一片，城市密集。这不仅为旅游业发展提供了优越的经济条件，也丰富了本区的城市旅游资源，尤其本区还是热带、南亚热带地区，城市绿化和美化呈现独具魅力的热带风光，高楼大厦鳞次栉比，现代化的都市风貌成为亮丽的风景，吸引国内外游客。

珠江三角洲许多城市虽然没有如洛阳、北京那样的悠久历史和古老的文明，尤其是深圳、广州、珠海，但在它们强大的经济基础支持下，许多人造景观和主题公园展现了别样魅力，如深圳的世界之窗、东部华侨城、锦绣中华、欢乐谷等，珠海的国际高尔夫球场、珍珠园游乐场，广州的珠江豪华游船和广州电视塔"小蛮腰"等，不仅填补了文物古迹不足的缺憾，还营造了独具一格的城市旅游氛围。

4. 交通便利，景点通达性良好

华南旅游区交通发达，基本形成了以航空、铁路、高速公路、海运为骨干的便捷的旅游立体交通网络。航空以广州、福州、海口为中心，可直达我国其他大中城市和国外许多城市；铁路以京广线、京九线、鹰厦线为骨干，连接众多支线，可通达本区各大中小城市，尤其是海南岛与广东省之间的铁路开通后，更大大地改善了海岛的运输条件；海运条件良好，与东南亚各国海运的通达和美欧各国的国际航线的开辟，进一步优化了本区的交通运输；珠江和闽江也有一定的航运能力，尤其是在旅游内河运输方面有较大优势，发挥较好的作用。

第二节　主要旅游地介绍

一、福建省旅游区

福建省位于中国东南沿海，东北与浙江省毗邻，西北与江西省接界，西南与广东省相连，东南隔台湾海峡与台湾地区相望，全省陆地总面积12.14万平方千米，常住人口3941万。福建依山傍海，地势西北高，东南低，境内峰岭耸峙，丘陵连绵，河谷、盆

地穿插其间，山地、丘陵面积约占全省总面积的90%，素有"八山一水一分田"之称。海岸线漫长曲折，以侵蚀海岸为主，港湾众多，岛屿星罗棋布，共有岛屿1 500多个。

福建悠久的历史孕育了灿烂丰富的海丝文化、同根同源的闽台文化、古朴悠久的客家文化、休闲养生的温泉文化、美名远扬的茗茶文化、经典的红色文化等特色文化。依山傍海的优势成就了福建海陆文化悠久的发展历史，宋元时期，泉州成为世界上最大的商港之一，与世界上100多个国家通商贸易，成为著名的"海上丝绸之路"的起点，清末在马尾创办的福州船政局和福建船政学堂，成为中国近代海军和中国造船工业的摇篮。福建历史上人才荟萃，涌现出文学家柳永、史学家郑樵、民族英雄郑成功和林则徐、翻译家严复、爱国华侨领袖陈嘉庚、数学家陈景润等杰出人物。福建还是全国著名的革命老区和革命根据地，龙岩上杭古田镇的古田会议旧址是著名的红色旅游景点。

山海相依的自然地理环境特征和丰富多彩的历史文化，造就了福建丰富多样的旅游资源，有世界自然和文化遗产武夷山、世界自然遗产泰宁丹霞地貌、世界文化遗产福建土楼、世界地质公园泰宁世界地质公园、国家风景名胜区13个、国家级旅游度假区2个、国家历史文化名城4个，以及其他众多旅游景点（见图8-1）。

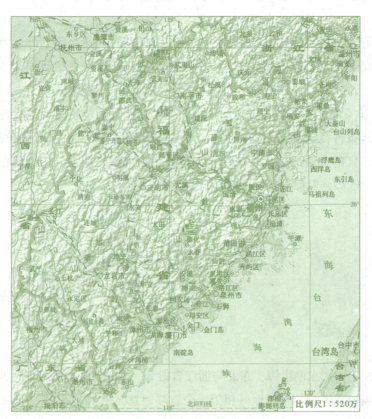

图8-1　福建省示意图

1. 福州市游览区

福州，地处福建省中东部的闽江口，与台湾地区隔海相望。福州建城于公元前202年，历史上曾长期作为福建的政治中心，自古以来就是重要的对外贸易港口。福州植榕，古已成风，城区有古榕树近千株，四季常青、枝荣叶茂、雄伟挺拔、生机盎然，故福州别称榕城。福州是中国优秀旅游城市，名山、名寺、名园、名居繁多，独具滨江滨海和山水园林旅游城市风貌。拥有三坊七巷、平潭海坛、鼓山、乌山、屏山、于山、青云山、弥勒岩、十八重溪、林则徐墓等国家重点风景名胜区。

闽菜世界闻名，具有两大鲜明特征：一为刀工灵巧高明，素有切丝如发，片薄如纸的美誉；二为汤菜众多，著名汤品如历史悠久的佛跳墙，有"坛起荤香飘四邻，佛闻弃禅跳墙来"的美誉。福州五大代表菜：佛跳墙、鸡汤氽海蚌、淡糟香螺片、荔枝肉、醉糟鸡。五碗代表：太极芋泥、锅边糊、肉丸、鱼丸、肉燕。福州的素菜也很有名，其中以鼓山涌泉寺的素菜最为著名。脱胎漆器、雨伞、角梳是当地著名的手工艺品，被称为"榕城三宝"。

（1）鼓山风景区

鼓山耸立于福州东郊，闽江北岸。据传因顶峰有一巨石如鼓，每当风雨交加，便有簸荡之声，故名鼓山。鼓山发展历史悠久，早在一千多年前就已闻名遐迩。山上涌泉寺始建于五代后梁开平二年（908年），现在建筑主要为清朝所修建，建筑物依山就势，层层迭进，有"进山不见寺，入寺不见山"之感，为闽刹之冠。现寺门上的匾额"涌泉寺"是康熙皇帝手书。鼓山的摩崖题刻不下300余处，宋代的题刻就达109处。鼓山林壑幽美，引人入胜，景点众多，有名称的就达160多个。这些景点以涌泉寺为中心，分东西南北四路分布，东路有回龙阁、灵源洞、喝水岩、龙头泉、白猿峡、水云亭、听水斋、甘露松等25景；西路庵堂岩洞多，最著名的是达摩洞十八景（俗称十八洞）。

（2）三山

福州三山是指福州市境内于山、乌山、屏山三座山的合称。

于山位于福州城区中心，整座山形状如巨鳌，于是有揽鳌亭、倚鳌轩、应鳌石、接鳌门、步鳌坡、耸鳌峰六鳌胜迹。于山又称"九日山"，据说是汉武帝时闽越王无诸曾于九月九日在这里宴会而得名。于山名胜古迹甚多，主要景点有平远台与戚公祠、九仙观与天君殿、大士殿、报恩定光多宝塔（即白塔）等。山上还有自宋代以来摩崖石刻100多处。

三山之中以乌山风景最佳，乌山被称为三山之首，从唐朝至今，一直是榕城闻名的风景胜地。乌山素有36奇观，自东往西大致可分为乌石塔、古庙群、道山亭、石林园、石壁观音、凌霄台等。乌石塔与于山白塔东西相对，形成榕城双塔景观。

屏山又名平山，俗称样楼山，汉代闽越王无诸曾于前麓建"冶城"，至今市内屏山之麓华大路一带，遗留下越王时期的古迹甚多。

福州城内三山鼎立，双塔对峙，闽江横贯城区，构成"三山两塔一条江"的独特城市风貌。

（3）三坊七巷历史文化街区

三坊七巷位于福州中心城区，是福州老城区仅存下来的一部分，自晋、唐形成起，便是贵族和士大夫的聚居地，清至民国走向辉煌。三坊七巷由三个坊、七条巷和一条中轴街肆组成，三坊是衣锦坊、文儒坊、光禄坊；七巷是杨桥巷、郎官巷、塔巷、黄巷、安民巷、宫巷、吉庇巷；一条街是指南后街。三坊七巷一直是闽都名人的聚居地，林则徐、沈葆桢、严复、陈宝琛、林觉民、林旭、冰心、林纾等大量名人皆出自于此，成为福州的骄傲。区域内现存古民居约有270座，以沈葆桢故居、林觉民故居、严复故居等9处典型建筑为代表，被国务院公布为全国重点文物保护单位。

2. 厦门游览区

厦门位于福建省东南端，濒临台湾海峡，与台湾岛和澎湖列岛遥遥相对。厦门市由厦门岛、鼓浪屿、海沧半岛、集美半岛、翔安半岛、大嶝岛、小嶝岛及内陆同安、九龙江等组成。"城在海上，海在城中"，厦门是一座美丽的"海上花园城市"，自然风光优美，城市环境整洁，是我国著名的旅游城市。岛、礁、岩、寺、花、木相互映衬，侨乡风情、闽台习俗、海滨美食、异国建筑融为一体，四季如春的气候更为海的魅力锦上添花。厦门著名的景区景点有鼓浪屿、万石植物园、南普陀寺、胡里山炮台、鳌园、环岛路、集美村、厦门大学等。

（1）鼓浪屿

鼓浪屿位于厦门半岛西南隅，与厦门岛隔海相望，岛西南方海滩上有一块两米多高、中有洞穴的礁石，每当涨潮水涌，浪击礁石，声似擂鼓，人们称"鼓浪石"，鼓浪屿因此而得名（见图8-2）。由于长期经受风化浪蚀，球状风化明显，花岗岩石蛋地貌遍布全岛，以日光岩为最高，为海上观日出的最佳处。

从19世纪中叶起，西方音乐开始涌进鼓浪屿，造就了鼓浪屿今日的音乐传统，培养出一大批杰出的音乐家。如今，鼓浪屿的人均钢琴拥有率为全国第一，成为闻名中外的"音乐之岛"。岛上林木茂密，环境优美，各式风格的中外建筑保存完好，融历史、人文和自然景观于一体，2017年7月8日，"鼓浪屿：国际历史社区"被列入世界文化遗产名录。鼓浪屿代表景点有日光岩、菽庄花园、皓月园、毓园、鼓浪石、鼓浪屿钢琴博物馆、郑成功纪念馆、厦门海底世界和天然海滨浴场、海天堂构等。

（2）南普陀寺

南普陀寺位于厦门市东南五老峰下，毗邻厦门大学，始建于唐朝末年，现存寺庙建筑为清康熙年间所建，为闽南佛教圣地。南普寺坐北朝南，依山面海而建，规模宏

图 8-2 鼓浪屿

大,气势庄严,中轴线主建筑为天王殿、大雄宝殿、乐途殿、大悲殿、藏经阁。两旁有钟鼓楼、禅堂、闽南佛学院等,寺前有放生池。寺内明万历年间血书《妙法莲华经》和何朝宗名作白瓷观音等最为名贵。

(3)集美村

集美村位于厦门半岛西北面,是著名的侨乡,旅居海外的侨胞有六万多人,是爱国侨领陈嘉庚先生的故乡。这里环境恬静幽雅,风光旖旎,嘉庚公园、陈嘉庚故居、鳌园归来园、李林园、龙舟池、鳄鱼园、万宝山观光果园、学村建筑群等都是独具闽南风韵的人文景观。集美学村在陈嘉庚先生亲自指导下创立,至今已有106年历史,其建筑熔中西风格于一炉,体现了典型的闽南侨乡的建筑风格。

3. 泉州游览区

泉州,又称"刺桐城",地处福建省东南沿海,晋江下游,是著名的侨乡,海上丝绸之路起点。泉州历史悠久,宋元时期,泉州一度成为世界最大的港口,商业贸易空前繁荣。全市现拥有国家级文物保护单位31处,其中极负盛名的有中国现存最早的伊斯兰教建筑清净寺、世界唯一保存下来的摩尼教遗迹草庵及庵内的摩尼光佛像石刻、中国最大的老君石刻造像、灵山圣墓、千年古刹开元寺及东西塔、九日山祈风崖刻、天后宫妈祖、郑成功史迹与陵墓、洛阳桥、安平桥、崇武古城等。丰富的人文景观、别具一格的民俗风情和秀出东南的自然风光交相辉映,使泉州成为一个全国乃至国际性的旅游胜地。泉州保留着弥足珍贵的戏曲文化遗产,有梨园戏、高甲戏、打城戏、"嘉礼"戏等剧种，其中蜚声海内外的有：晋唐士乐余韵南音、宋元南戏"活化石"梨园戏和中国一绝"提线木偶"。泉州作为古代"海上丝绸之路"的起点城市，伊斯兰教、印度教、古基督教、摩尼教、犹太教、佛教等世界多种宗教在泉州广泛传播，留下大量遗迹，使泉州成为多元文化融洽交汇、和平共荣的载体。作为南少林武术的发源地，泉州还具有独树一帜的武术文化。

（1）开元寺

开元寺位于泉州市鲤城区西街，是福建省内规模最大的佛教寺院。该寺始创于唐初垂拱二年（686年），初名莲花道场，开元二十六年（738年）更名开元寺。现存主要庙宇系明、清两代修建。寺院建筑规模宏大，构筑壮观，艺术精美，景色秀丽，寺院由中轴线自南向北依次有紫云屏、天王殿、拜亭、大雄宝殿、甘露戒坛、藏经阁；东翼有檀越祠、泉州佛教博物馆、准提禅院；西翼有安养院、功德堂、水陆寺；大雄宝殿前拜亭的东、西两侧分置镇国塔、仁寿塔两石塔，俗称东西塔。

（2）洛阳桥和安平桥

洛阳桥，曾名"万安桥"，位于洛阳江之上，是著名的跨海梁式大石桥，素有"海内第一桥"之誉，是古代"四大名桥"之一。宋皇祐五年（1053年），由泉州太守蔡襄主持修建，全长834米，宽7米。洛阳桥附属文物很多，现存的有2座塔、2座亭子、3个祠庙、4尊武士石像、20方历代碑刻，碑亭有"西川甘露"碑刻和清道光间石刻"天下第一桥"横额。中亭旁有崖刻"万安桥""万古安澜"和12方碑刻。其"筏型基础""种蛎固基法"是中国乃至世界造桥技术创举，被赞为"北有赵州桥，南有洛阳桥"。

安平桥，原名五里桥、西桥、安海桥，是泉州市境内连接晋江市和南安市的一座桥梁，是世界上中古时代最长的梁式石桥，也是中国现存最长的海港大石桥，是古代桥梁建筑的杰作，享有"天下无桥长此桥"之誉。安平桥始建于南宋绍兴八年（1138年），全长2 070米，桥面宽3～3.8米，共361墩，桥墩用花岗岩条石横直交错叠砌而成。桥上筑憩亭5座，中亭周围保存历代修桥碑记16方，亭前伫立2尊护桥将军，雕刻形象威武，系宋代石雕艺术品。桥面两侧有石护栏，栏柱头雕刻狮子、蟾蜍等形象。桥两侧的水中筑有4座对称的方形石塔和1座圆塔。桥的入口处筑有1座空心砖砌五层白塔，呈六角形。

（3）清源山风景区

清源山风景区地处晋江下游东北岸，因为山上泉眼多而又称为"泉山"。清源山峰峦起伏，岩石遍布，象形岩石，千姿百态，自然景色秀丽，人文景观荟萃，自古以来，清源山就以36洞天、18胜景闻名于世，其中尤以老君岩、千手岩、弥陀岩、碧霄岩、瑞象岩、虎乳泉、南台岩、清源洞、赐恩岩等为胜。山上留下了大量文物古迹，现存完好的有宋、元时期石雕造像7处9尊，历代摩崖石刻近600多方，元、明两代花岗岩仿木结构的石室多处。最负盛名的宋代老君造像，系全国最大的、艺术价值最高的道教石雕；九日山祈风石刻，是研究我国古代海外交通史和书法艺术的珍贵资料；唐武德年间，穆罕默德门徒三贤、四贤来泉州传教，殁葬于灵山，称伊斯兰圣墓。其旁有郑和第五次下西洋的"行香碑"，为我国海外交通的重要史迹。

4. 湄洲岛

湄洲岛包括大小岛、屿、礁30多个，是莆田市第二大岛，距大陆仅1.82海里。全岛海岸线长30.4千米，由金色沙滩和海蚀岩岸构成浪漫旖旎的滨海风光。岛上有水中有山、山外有海、山海相连、海天一色的奇特的自然景观。湄洲岛是妈祖的成神地，每年农历三月廿三妈祖诞辰日和九月初九妈祖升天日期间，朝圣旅游盛况空前，被誉为"东方麦加"，素有"南国蓬莱"的美称。湄洲岛的妈祖庙尊称为"湄洲祖庙"，创建于宋雍熙四年（987年），雕梁画栋，金碧辉煌，庙后方岩石上，有"升天古迹""观澜"等石刻（见图8-3）。2009年"妈祖信俗"成功入选世界人类非物质文化遗产代表名录，成为中国首个世界级信俗类非物质文化遗产。岛上有湄屿潮音、湄洲祖庙、九宝澜黄金沙滩、"小石林"鹅尾怪石等风景名胜30多处。

图 8-3 妈祖庙

5. 武夷山风景区

图 8-4 武夷山

武夷山位于江西与福建西北部两省交界处，属典型的丹霞地貌（见图8-4）。武夷山为国家级自然保护区和世界生物圈保护区，保存了世界同纬度带最完整、最典型、面积最大的中亚热带原生性森林生态系统，已知植物3 728种，许多如银杏等为孑遗植物；已知的动物有5 110种，有黑麂等濒危动物46种；丰富的种质资源已为中外科学家和研究机构所关注。

武夷山丹霞地貌构成了秀拔奇伟、独具特色的"三三""六六""七十二""九十九"之胜。三三指的是碧绿清透盘绕山中的九曲溪，六六指的是千姿百态夹岸森列的三十六峰，还有七十二个洞穴和九十九座山岩。武夷山碧水丹山，千姿百态，素有"奇秀甲东南"之称。自然景观有天游峰、九曲溪、红袍景区、水帘洞等。

武夷山是座历史悠久的文化名山。早在新石器时期，古越人就已在此繁衍生息。自秦汉以来，武夷山就为羽流禅家栖息之地，留下了不少宫观、道院和庵堂故址。武夷山还曾是儒家学者倡道讲学之地。陈朝顾野王首创武夷讲学之风。宋代学者杨时、胡安国和朱熹等都先后在此聚徒讲学，清朝康熙二十六年（1687年），康熙帝御书"学达性天"赐宋儒朱熹，匾额悬挂于朱熹亲手创建的武夷精舍。至今山间还保存着宋代全国六大名观之一的武夷宫、武夷精舍、遇林亭古窑址、元代皇家御茶园、明末清初农民起义军山寨以及400多处历代名人摩崖石刻等文物古迹。

武夷山风景区还有双竿竹、方竹、建兰等罕见的竹木、奇异的花卉、稀有的鸟兽和名贵的药材，特别是这里盛产的色艳、香浓、味醇的武夷岩茶，以其"药饮兼具"的功效名扬四海。

6. 泰宁世界地质公园

泰宁世界地质公园位于福建省西北的三明市泰宁县，由石网、大金湖、八仙崖、金铙山四个园区和泰宁古城游览区组成，公园以典型青年期丹霞地貌为主体，兼有火山岩、花岗岩、构造地貌等多种地质遗迹，是自然生态良好、人文景观丰富的综合性地质公园。金湖是泰宁县境内的人工湖，水深色碧，岛湖相连，随处可见丹崖悬瀑、古寺险寨、渔舟农舍和古木山花，有赤壁丹崖、猫儿山、尚书墓等名胜古迹180多处。泰宁古城拥有保存完好的明代民居建筑尚书第建筑群，以及明早期到清晚期各时期建筑物。泰宁古城还是中国革命战争时期的中央革命根据地，朱德、周恩来旧居和大批珍贵的文物都保存完好。

7. 福建土楼

福建土楼，主要位于福建省漳州市、龙岩市、泉州市境内，包括南靖土楼、永定土楼、华安土楼、平和土楼、诏安土楼、云霄土楼、漳浦土楼、泉州土楼等土楼群。福建现存的圆楼、方楼、五角楼、八角楼、吊脚楼等各式土楼，有30多种23 000多座。2008年7月，福建土楼被正式列入世界文化遗产名录。福建土楼是以土作墙而建造的，呈圆形、半圆形、方形、四角形、五角形、交椅形、畚箕形等，各具特色（见图8-5）。福建土楼属于集体性建筑，从历史学及建筑学的研究来看，土楼的建筑方式是出于族群安全而采取的一种自卫式的居住样式。建筑材料为土、沙石、竹木，甚至红糖及蛋白，就地取材，以建造外墙厚达一米至二米的土楼，坚固得可以抵御野兽或盗贼攻击，亦有防火抗震及冬暖夏凉等功用。

位于龙岩市永定区的永定土楼馥馨楼，是福建现存最早的土楼，建于公元769年，至今已有一千二百多年历史，是福建土楼群中最古老的一座。承启楼被称为福建土楼王，"高四层，楼四圈，上上下下四百间；圆中圆，圈套圈，历经沧桑三百年"。承启楼以它高大、厚重、粗犷、雄伟的建筑风格和庭园院落端庄丽脱的造型艺术，如诗的山乡神韵，让无数参观者叹为观止，客家土楼建筑闪耀着客家人的智慧，它具有防震、防火、防御多种功能，通风和采光良好，而且冬暖夏凉。它的结构还体现了客家人世代相传的团结友爱传统。

图 8-5　福建土楼

阅读资料 8-1

什么是客家人？

客家人是以客家方言为母语的一个汉族民系。在东晋战乱时，原籍为黄河流域地区的汉人大规模南迁，至闽、赣、粤等南方地区定居，后因人口增长，又经历几次迁移，分散到海南、湖南、广西、四川、台湾等地，甚至流散在全世界范围内，逐渐形成今天具有独特风貌的客家民系。据有关学者估计，全世界约有1亿客家人，其中70%居住在国内，还有30%分布在世界70多个国家和地区。人们常说："有太阳的地方就有华人，有华人的地方就有客家人。"客家人已成为当今世界上分布最广、影响最为深远的民系之一。客家人在各个领域表现突出，如朱德、叶挺、叶剑英、胡耀邦、陈寅恪、张弼士、李光耀等。

客家文化是汉族文化的一个重要支系，是中国南方文化的重要组成部分，其内容包括客家语、戏剧、音乐、舞蹈、工艺、民俗、建筑、人文、饮食等方面。客家人最为明显的特征是讲客家话，客家语系是汉民族八大方言之一。

二、广东省旅游区

广东，简称"粤"，位于南岭以南，南海之滨，与香港、澳门、广西、湖南、江西及福建接壤，与海南隔海相望。全省陆地面积 17.98 万平方千米，常住人口 11 346 万，为中国人口最多的省份。沿海共有面积 500 平方米以上的岛屿 759 个，居全国第三位，大陆岸线长 3 368.1 千米，居全国第一位。全境地势北高南低，北部、东北部和西部多低山，中部和南部沿海地区多为低丘、台地和平原，珠江三角洲平原是最大的平原，也是全省人口最集中的区域。广东全省处于热带、亚热带季风气候区，全年气温较高，冬季温暖，降水丰沛，台风灾害较频繁。广东有 3 000 多万海外侨胞，占全国海外侨胞人数一半以上，主要集中在珠江三角洲、潮汕平原和梅州等侨乡地区。

考古证实广东于先秦已存在高度文明，是中华文明发源地之一。广东是中国的南大门，处在南海航运枢纽位置上，成为海上丝绸之路最早发源地。改革开放后，广东成为改革开放前沿阵地和引进西方经济、文化、科技的窗口。

岭南文化由本根文化、百越文化、中原汉文化、海外文化四部分组成，其内涵丰富多彩，精彩纷呈，涵盖岭南建筑、岭南园林、岭南画派、戏曲音乐、工艺美术、民俗节庆、宗教文化、饮食文化、语言文化、侨乡文化等众多内容。岭南园林布局形式和局部构件受西方建筑文化的影响，如中式传统建筑中采用罗马式的拱形门窗和巴洛克的柱头，用条石砌筑规整形式水池，厅堂外设铸铁花架等，都反映出中西兼容的岭南文化特点。从地域上，岭南文化又分为广东文化、桂系文化和海南文化三大块，尤其以属于广东文化的广府文化、广东客家文化和潮汕文化为主，构成了岭南汉文化的主体。

广东方言也较多，并且非常有特色，保留了丰富的古汉语特点，各有特色的广东本土汉语方言有粤语、客家语、闽语等。广东粤方言在海外华人社区广泛流行，广东又是客家语最重要的流行地。所以广东在全球范围内知名度极高，这与其方言广泛流行于海外华人中有密切的关系。

广东省是中国第一经济大省，城市发达，交通便利，对旅游业的发展起着重要的支持作用。广东省自然旅游资源和人文旅游资源都非常丰富，景点众多，深受广大游客的喜爱（见表 8-1 和图 8-6）。

表 8-1 广东省 5A 级旅游景区名录（截至 2019 年 2 月 12 日）

序号	地市	景区名称	景区类型	等级
1	广州	广州市白云山风景名胜区	自然景观	AAAAA
2	广州	广州市长隆旅游度假区	主题游乐	AAAAA

续表

序号	地市	景区名称	景区类型	等级
3	深圳	深圳市观澜湖休闲度假区	度假休闲	AAAAA
4	深圳	深圳市华侨城旅游度假区	主题游乐	AAAAA
5	佛山	佛山市西樵山风景名胜区	自然景观	AAAAA
6	佛山	佛山市长鹿旅游休博园	度假休闲	AAAAA
7	韶关	韶关市丹霞山风景名胜区	自然景观	AAAAA
8	梅州	梅州市雁南飞茶田度假村	度假休闲	AAAAA
9	惠州	惠州市罗浮山风景名胜区	自然景观	AAAAA
10	惠州	惠州市西湖风景名胜区	历史文化	AAAAA
11	中山	中山市孙中山故里旅游区	博物馆	AAAAA
12	阳江	阳江市海陵岛大角湾海上丝路旅游区	其他	AAAAA
13	清远	清远市连州地下河	自然景观	AAAAA

图 8-6　广东省示意图

1. 广州市游览区

广州地处珠江三角洲北缘，气候终年温暖，四季鲜花常开，享有"花城"的美称。又因五羊献穗的传说故事而被称为"穗城""羊城"。

广州自古以来是岭南区域政治、经济和文化中心。在建筑、艺术、宗教、戏剧、音乐、文学、绘画、工艺、饮食、园林、风俗等各个文化领域皆表现出悠久的历史渊源和鲜明的个性。广州文物古迹众多，旅游资源丰富，其中以花城广场、广州塔、白云山、长隆旅游度假区、珠江夜游、陈家祠、圣心大教堂、越秀公园、南越王博物馆、南沙湿地公园、海珠湖国家湿地公园、从化温泉等景点最为盛名。近代革命历史纪念地有农民运动讲习所旧址、广州起义烈士陵园、黄花岗七十二烈士墓、黄埔军校、中山纪念堂、洪秀全故居等。2009年建成的广州塔，俗称"小蛮腰"，是广州新电视塔，高600米，曾为世界第一高塔，现在已经成为广州的新地标。

"食在广州"，广州是著名的美食之都。广州菜是粤菜的主体和代表，用料广博，选料精细，技艺精良，清而不淡，鲜而不俗，嫩而不生，油而不腻。口味上以清、鲜、嫩、滑、爽、香、脆为主，追求原料的本味、清鲜味。既符合广东的气候特点，又符合现代营养学的要求，是一种科学的饮食文化。广州著名的菜点有白切鸡、烧鹅、烤乳猪、红烧乳鸽、蜜汁叉烧、上汤焗龙虾、清蒸石斑鱼、白灼虾、干炒牛河等。广州特色小吃有广东早茶、煲仔饭、及第粥、猪肠粉、鸡仔饼等。

（1）越秀公园

越秀公园是广州最大的综合性公园，是岭南园林的典型代表（见图8-7）。公园主体是越秀山，由主峰越井岗及周围的桂花岗、木壳岗、鲤鱼岗等七个山岗和北秀、南秀、东秀三个人工湖组成。全公园内山水相依，风光自然，亭、台、楼、阁、廊、榭等园林景点，极富岭南特色。园内还有镇海楼、明代古城墙、四方炮台、中山纪念碑、广州美术馆、伍廷芳墓、明绍武君臣冢、海员亭、五羊石像、五羊传说雕塑像群、球形水塔等景点。

图 8-7　越秀公园

（2）白云山风景区

白云山国家5A级旅游景区，是南粤名山之一，自古就有"羊城第一秀"之称，由30多座山峰组成，主峰摩星岭高382米。白云山的绿化覆盖率已达95%以上，被称为广州的"市肺"。白云山峰峦叠翠，溪涧纵横，景色秀丽，登高可俯览全市，遥望珠江。景区从南至北共有7个游览区，依次为麓湖景区、三台岭景区、鸣春谷景区、摩星岭景区、明珠楼景区、飞鹅岭景区及荷依岭景区，其中云台花园是全国最大的园林式花园；鸣春谷为全国最大的天然式鸟笼；雕塑公园是全国最大的主题式雕塑专类公园。

（3）长隆旅游度假区

长隆旅游度假区位于广州市番禺区，是创立于1989年的综合性主题旅游度假区，总占地面积1万亩，集旅游景区、酒店餐饮、娱乐休闲于一体，拥有长隆欢乐世界、长隆国际大马戏、长隆野生动物世界、长隆水上乐园、广州鳄鱼公园、长隆酒店、香江酒店、长隆高尔夫练习中心和香江酒家等景点和设施。其中占地2 000多亩的长隆野生动物世界园区拥有众多珍稀濒危动物，园区拥有12只大熊猫，57只树熊（考拉）、近200多只白虎等世界各国国宝在内的500多种20 000余只珍奇动物。2007年被评为国家5A级景区，是国家文化部命名的"文化产业示范基地"。

2. 深圳市游览区

深圳，别称"鹏城"，地处珠江口东岸，南隔深圳河与香港相连。深圳市于1979年设立，是中国设立的第一个经济特区，是中国改革开放的窗口和新兴移民城市。深圳枕山面海山水风光优美。在70多千米长的海岸线上分布着众多优质海滩，海水清碧洁净，为迷人的海滨浴场。此外，深圳还有雄伟险峻的梧桐山，风景优美的红树林，以及众多环境幽雅的湖泊度假地。

深圳虽然历史古迹较为缺乏，但在其城市建设过程中却建造了许多人造景观和主题公园，从世界之窗、锦绣中华、民俗村，到欢乐谷、明斯克航母、东部华侨城、小梅沙海洋世界等，它们不仅设计建造独具一格，而且经营管理模式也成为全国其他地区学习的典范，成为深圳旅游资源的最大特色。目前深圳已经成为全球10大热门旅游目的地城市之一，主要旅游景点有世界之窗、欢乐谷、深圳红树林、东部华侨城、莲花山、梧桐山、大小梅沙、仙湖植物园、东门老街、大鹏湾、中英街、欢乐海岸、大鹏所城等。

3. 肇庆市游览区

肇庆，古称端州，位于广东省中西部、西江的中游。肇庆风光秀丽，旅游资源丰富。城区的七星岩，素有"岭南第一奇观"的美誉；鼎湖山是国家级自然保护区。沿西江、绥江溯江而上，盘龙峡、"天下第一石"、千层峰、广宁竹海大观、燕岩等景点次第展开，构成了千里旅游走廊的绚丽画卷。

（1）七星岩

七星岩是星湖景区的重要组成部分，因七座石灰岩峰排列状如天上北斗七星而得名，以峰林、溶洞、湖泊、碑刻、寺观为主体景观，七座岩峰巧布在面积达6.3平方千米的湖面上，20余千米长的林荫湖堤如绿色飘带般把湖面分割成五大湖，湖光山色，风光旖旎，绰约多姿，景区内的摩崖石刻是岭南地区保存得最多最集中的摩崖石刻群。主要有水月岩云、星岩春晓、天柱摘星、星岩烟雨、玉屏叠翠、千年诗廊、水中林趣、卧佛含丹、仙鹤呈祥、石洞古庙等景点。

（2）鼎湖山

鼎湖山位于肇庆市东北部，由10多座山组成，主峰海拔1 000米，是珠江三角洲地区的最高峰。鼎湖山是集风景旅游、科学研究、宗教朝拜于一体的胜地，被称为岭南四大名山之首。鼎湖山动植物资源非常丰富，是我国第一个国家级自然保护区，因地球上北回归线穿过的地方大都是沙漠或干草原，唯独鼎湖山一带有绿色植被覆盖，被誉为"北回归线上的绿洲"。鼎湖山自唐代以来就是著名的佛教圣地和旅游胜地，建于明崇祯年间的庆云寺成为岭南四大名刹之首。此外还有宝鼎园、飞水潭瀑布、蝴蝶谷、浴佛池、珍稀濒危植物园等景点。

4. 佛山市游览区

佛山位于广东省中部，地处珠三角腹地，毗邻港澳，东接广州，南邻中山。历史上佛山是中国四大名镇之一，有陶艺之乡、武术之乡、粤剧之乡之称，是中国龙舟龙狮文化名城，粤剧的发源地，广府文化发源地和兴盛地以及传承地之一。佛山自古经济发达，商业繁荣，文教鼎盛。佛山祖庙、东华里古建筑群、南风古灶·高灶陶窑、康有为故居为全国重点保护单位。佛山河网密布，生态环境优美，是独具特色的岭南水乡。佛山祖庙、西樵山、南风古灶、清晖园、皂幕山、南国桃园、陈村花卉世界、三水荷花世界被评为"佛山新八景"。其中，佛山祖庙融古代陶瓷、木雕、铸造、建筑艺术于一体，被誉为"东方艺术之宫"；西樵山是国家级风景名胜区，有"南粤名山数二樵"之美誉；顺德清晖园与佛山梁园是清代广东四大名园；高明皂幕山是佛山最高峰；陈村花卉世界是中国南方最大的花卉生产交易基地和花卉文化主题公园；三水荷花世界是目前世界上规模大、品种资源丰富的荷花生态园。

5. 仁化丹霞山风景区

丹霞山（中国红石公园），位于韶关市仁化县境内，是以丹霞地貌景观为主的风景区和世界自然遗产地。丹霞山是世界"丹霞地貌"命名地，是世界上发育最典型、类型最齐全、造型最丰富、景色最优美的丹霞地貌集中分布区。

丹霞山发育在红色砂砾岩石上，"色如渥丹，灿若明霞"，以赤壁丹崖为特色（见图8-8）。境内有大小石峰、石墙、石柱、天生桥共计680多座。目前已开发的游览景区有长老峰、阳元石、翔龙湖、锦江画廊和巴寨景区等以自然山水观光为主景区。丹霞山主峰景区分上、中、下三个景观层。下层为锦石岩景层，有始建于北宋的锦石岩石窟寺、梦觉关、通天洞、百丈峡及最典型的赤壁丹崖等景点。中层为别传寺景层，有岭南十大禅林之一的别传寺，还有一线天、双池碧荷等景点。上层有螺顶浮屠、乳泉春溜、玉台爽气、虹桥拥翠等胜景，是观日出的最佳去处。

图 8-8　丹霞山

三、海南省旅游区

海南省，简称"琼"，位于中国最南端，北以琼州海峡与广东省划界，西临北部湾与越南相对。海南省的管辖范围包括海南岛和西沙群岛、南沙群岛、中沙群岛的岛礁及其海域，海南岛是我国第二大岛。海南省全省陆地总面积3.5万平方千米，海域面积约200万平方千米，常住人口934.32万，世居少数民族主要是黎族和苗族。海南岛四周低平，中间以五指山、鹦哥岭为隆起核心高耸，向外围逐级下降。

海南具有三大得天独厚的旅游资源。一是宜人的海岛气候。全境属热带季风气候，长夏无冬，年平均气温23.8℃，成为最佳的越冬处所，冬季为海南的旅游旺季。二是良好的生态环境。岛上四季常青，遍地皆绿，森林覆盖率达52.3%，有五指山、坝王岭、尖峰岭、吊罗山、黎母山五大热带原始森林区。三是独特的热带风情。阳光、海水、沙滩、绿色、空气，当代五大旅游度假要素在这里一应俱全，同时还有热带雨林、椰风海韵、矿泉温泉、奇花异木、黎苗风情，形成了独特的热带海岛自然人文风光，成为全国著名的生态旅游省（见图8-9）。

2010年，海南岛开始了国际旅游岛的建设，并于2011年5月1日在三亚开始实施海南"离岛旅客免税购物"政策，为推动海南旅游业向国际化的方向发展提供了极优越的政策保障。

1. 海口市游览区

海口地处海南岛北部，自北宋开埠以来，已有上千年的历史，为国家历史文化名城。海口旅游资源丰富，是一座富有热带海滨风光和海岛都市风情的滨海城市。主要景点有五公祠、海口骑楼老街、海瑞墓园、万绿园、海口火山群、东寨港自然保护区、假日海滩等。

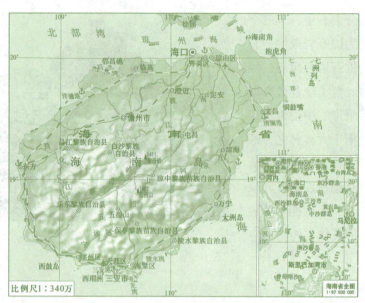

图 8-9 海南省示意图

(1) 五公祠

五公祠为海口市的一组古建筑群的统称，始建于明万历年间，主要由五公祠、苏公祠、伏波祠、观稼堂、学辅堂、洗心轩和五公祠陈列馆组成，人们习惯以"五公祠"统称。五公祠为该建筑群的主体建筑，是一座二层木质结构、单式斗拱的红楼，是为纪念唐宋两代被贬谪来琼的李德裕（唐朝宰相）、李纲和赵鼎（均为宋朝宰相）、李光和胡铨（均为宋朝的大学士）五位历史名臣而建的，由于人们景仰先贤"五公"而得名。

五公祠的东侧为苏公祠，是为纪念北宋大文学家苏轼而修建的一座园林式庭院。北宋哲宗绍圣四年（1097 年）苏轼被贬海南岛，曾在此居住过，这里还有苏轼留下的双泉、洞酌亭等遗迹。

(2) 东寨港自然保护区

东寨港国家级自然保护区地处海南省东北部，是以保护红树林为主的湿地类型的自然保护区。东寨港红树林是我国面积最大的一片沿海滩涂森林，绵延海岸线总长 28 千米，被誉为"海上森林公园"，且保护区内还有世界地质奇观的"海底村庄"。红树林保护区有鸟类 204 种、软体动物 115 种、鱼类 119 种、蟹类 70 多种、虾类 40 多种，是物种基因和资源的宝库，此外，红树林还具有防浪护堤、防灾减灾、净化环境等许多独特的生态功能，被誉为"绿色氧吧"。

2. 三亚游览区

三亚古称崖州，别称鹿城，地处海南岛的最南端。历史悠久，源远流长，文化多姿多彩。三亚市旅游资源得天独厚，是海南省风景名胜最多且最密集的地方，在约 200 千米的海岸线上，密布亚龙湾、大东海、鹿回头公园、天涯海角、海山奇观、南山文化旅游区等闻名中外的旅游景点。她不仅具备现代国际旅游五大要素——阳光、海水、沙滩、绿色植被、洁净空气，而且还拥有河流、港口、温泉、岩洞、田园、热带动植物、民族风情等各具特色的旅游资源，在国内外堪称一绝。

（1）亚龙湾

亚龙湾国家旅游度假区位于三亚市东南面 25 千米处，是一个拥有滨海公园、豪华别墅、会议中心、高星级宾馆、度假村、海底观光世界、海上运动中心、高尔夫球场、游艇俱乐部等资源的国际一流水准的旅游度假区（见图 8-10）。半月形海湾全长约 7.5 千米，这里有银色的沙滩、清澈的海水、绵延优美的海滨、未被破坏的山峰、海岛上原始粗犷的植被，以及错落分布的各具特色的度假酒店和豪华别墅，把亚龙湾装扮得风情万种、光彩照人。

亚龙湾附近海域拥有世界上最大、最完整的软珊瑚族群以及丰富多彩的硬珊瑚、热带鱼类等海洋生物，是中国开展海底观光旅游的最佳景区之一。亚龙湾海底世界已建成包括海底世界游览、美人礁岛屿水肺潜水、海底漫步、深海潜水摩托、香蕉船、拖电伞、徒手潜水、玻璃观光船、快艇观光、摩托艇、冲浪飞车、沙滩摩托车、冲浪、沙滩浴场等娱乐项目，还有与之配套的海底世界沙滩酒店，游人可以从中领略到海洋旅游的无限乐趣。

（2）天涯海角

天涯海角游览区位于三亚市西南方向 23 千米处，因景区两块巨石分别刻有"天涯""海角"而得名（见图 8-11）。自然景观是由大型海滩岩、下马岭、天涯湾以及沙滩和海水组成。主要有"天涯"石、"海角"石、"南天一柱"等景点。

图 8-10　亚龙湾

图 8-11　天涯海角

（3）南山文化旅游区

南山文化旅游区位于三亚市西南 40 千米处的南山，是一座展示中国佛教传统文化的国家 5A 级旅游景区。南山是中国最南端的山，历来被佛家称为吉祥福泽之地，唐代著名大和尚鉴真法师为弘扬佛法五次东渡日本未果，第五次漂流到南山，在此居住一年半并建造佛寺，传法布道，日本第一位遣唐僧空海和尚也在此登陆中国，驻足传法。南山的佛教文化景观主要有不二法门、金玉观音、慈航普渡园、如意吉祥园、三十三观音堂、龙五爷财神殿、南山寺、海上观音等。通身像高 3.8 米的金玉观世音被确认为世界最大的金玉佛像，耗用黄金 100 多公斤、120 多克拉南非钻石、数千粒红蓝宝石、祖母绿、珊瑚、松石、珍珠及 100 多公斤翠玉等奇珍异宝，采用中国传统"宫廷金细工"手工艺制造，被录入 1999 年《吉尼斯世界纪录大全》。

3. 琼海市游览区

琼海位于海南省东南部，万泉河中下游，是个著名的侨乡。这里集山、泉、河、海、湖于一体，聚碧水蓝天、阳光沙滩、椰风海韵、牧笛田园于一地。不仅有博鳌丝路天堂小镇，有深耕南海的潭门南海风情小镇，还有神秘的、浓郁的会山黎苗风情小镇，以及龙寿洋的万亩农业公园和千亩花海。这里还是举世闻名的红色娘子军诞生地，琼崖革命先驱王文明烈士的故乡，著名的革命老区。尤其著名的是博鳌亚洲论坛会址和万泉河，成为琼海的旅游名片。

（1）博鳌

博鳌是著名的国际会议组织——"亚洲论坛"永久性会址所在地。博鳌山岭起伏、植被茂盛，聚江、河、湖、海、山、岭、泉、岛八大地理地貌为一体。博鳌亚洲论坛永久会址景区坐落于东屿岛，其新颖、豪华、规模宏大的会场建筑及世界一流的附属设施与此地优越的海滨自然风光互为映衬，形成了独特的海滨会址景观。主要旅游景点除论坛会址外还有博鳌水城、玉带滩、蔡家大院等。

（2）万泉河风景区

万泉河发源于五指山，全长 163 千米，是生态环境优美的热带河流，沿河两岸典型的热带雨林景观和巧夺天工的地貌，令人叹为观止。万泉河的上游两岸，山峦起伏，峰连壁立，乔木参天，奇伟险峻；中下游，河水温顺平缓，河面开阔，漫江碧透，水清见底；入海口博鳌玉带滩，集清流、海水、沙滩、红礁、林带于一体，是目前世界河流出海口自然风光保护最好的地区之一。

万泉河风景区以自然河流景观为主体，以观光旅游休闲度假为主要功能，主要由万泉河游览休闲码头、巨石、椰树一条街、购物街、红色娘子军塑像、沙洲岛、万泉河大坝等观景点组成，游览项目有大型水上观光游船、摩托艇、快艇、竹排等。

4. 五指山风景区

五指山位于海南岛的中部，是海南岛第一高的山脉，主峰海拔 1 867 米，因峰峦起伏形似五只手指而得名。五指山是海南省山地旅游资源最丰富之处，山势雄伟，峥嵘壁立，顶峰倾斜指着天际，山峰之际云雾缥缈，宛若仙境；山区遍布热带原始森林，层层叠叠，逶迤不尽，五指山林区是一个蕴藏着无数百年不朽良树的绿色宝库；海南主要的江河皆从此地发源，山光水色交相辉映，构成奇特瑰丽的风光；大峡谷漂流成为五指山最具特色的旅游项目，它水中有盆景、岸边有森林，既有惊险刺激的急流险滩，又有舒缓悠静的平缓水区，是全国唯一可四季漂流的峡谷漂流点；在山谷坡地或山间盆地中分布着独具特色的黎族传统民居——船形茅草屋，黎族、苗族擅长歌舞的民族风情和独特风格的手工工艺品制作也对游客构成了极大的吸引力。五指山景点众多，现开发得最好的有大峡谷漂流、蝴蝶牧场、太平山瀑布、水满黎苗风情观光等。

第三节　主要旅游线路介绍

一、福建省主要旅游线路

1. 武夷山—福州—莆田名山名城旅游线路

线路特色：此旅游线沿鹰厦铁路线展开行程，游览福建世界自然和文化双重遗产武夷山景区、榕城福州的"三山两塔一条江"及佛教名山鼓山，以及妈祖圣地莆田湄洲岛，在尽情感受福建的名山美景和宗教文化的同时，还可以充分享受福建美食，品味闽文化的独特魅力。

2. 泰宁—三明—龙岩奇山秀水客家文化旅游线路

线路特色：此旅游线主要覆盖了福建省的客家族群分布地区，既可以观赏泰宁的世界地质公园的丹霞地貌奇特景观和大金湖秀丽山水，又能在三明和龙岩探寻客家人独特而神秘的土楼民居和风俗民情。

3. 泉州—厦门—漳州海上丝路休闲旅游线路

线路特色：这是一条沿着福建沿海游览的旅游线，以感受海上丝绸之路风光为特色，充分体验古老而又现代的闽南文化的魅力。主要包括泉州、厦门和漳州三个独具魅力的沿海城市。

二、广东省主要旅游线路

1. 珠海—广州—深圳现代都市魅力旅游线路

线路特色：此旅游线以广东沿海开放城市旅游为主，在充分感受国际大都市魅力的同时，还能尽情满足游客对广东美食之欲，体验独具魅力的粤文化的风情。主要包括珠海的石景山公园、广州珠江两岸古老与现代交融的城市风光、深圳一系列的主题公园。

2. 清远—韶关粤北山水旅游线路

线路特色：粤北地区以低山为主，韶关仁化的丹霞山为世界最为典型的丹霞地貌，丹山碧水，景观秀丽奇绝，而清远温泉闻名遐迩，条件极佳。

3. 阳江—开平—江门—佛山—肇庆粤文化旅游线路

线路特色：此旅游线从沿海的阳江到粤文化的重要发祥地肇庆，经过开平、江门、佛山等地深入广东民俗资源最丰富的区域，游客可以最充分地体验粤文化的独特魅力。包括阳江的海陵岛、开平碉楼、江门川岛、佛山祖庙、肇庆星湖、七星岩和鼎湖山等景点景区，还能享受广东特色美食。

三、海南省主要旅游线路

海口—琼海—五指山—三亚全岛精品旅游线路

线路特色：此旅游线集中了海南热带海岛最著名的景区景点，可以令游客最充分地游览品味海南海岛风光和文化。主要包括海口的五公祠和红树林自然保护区、琼海的博鳌亚洲论坛会址、五指山奇峰秀水、三亚热带海滨风光和南山佛教文化。

思考与练习

1. 解释丹霞地貌的概念，并简要介绍华南旅游区的丹霞地貌景观。
2. 请评价华南旅游区旅游业发展的区位优势。
3. 深圳作为一个年轻的城市，其旅游业发展的优势是什么？
4. 请介绍厦门的旅游资源。
5. 填空题：
   （1）我国海上丝绸之路的起点是_____。

（2）在我国，被称为"音乐之岛"的是_____。

（3）华南旅游区的方言较多，其中影响较大的是_____、_____、
_____等。

6. 单项选择题：

（1）（　　）湄洲岛上的妈祖庙为海内外妈祖信众崇仰的圣地与妈祖文化的中心。

  A. 广东   B. 福建

  C. 台湾   D. 海南

（2）（　　）是"亚洲论坛"永久性会址所在地。

  A. 海口   B. 三亚

  C. 文昌   D. 博鳌

（3）岭南园林自成一派，独具特色，（　　）是岭南园林的代表。

  A. 白云山公园   B. 越秀山公园

  C. 珠江公园   D. 二沙岛公园

7. 判断题：

（1）深圳是一个年轻的城市，它几乎没有历史古迹，所以几乎没有人文景观。（　　）

（2）厦门日光岩是典型的花岗岩球状风化地貌景观。（　　）

（3）位于广东省沿海的东寨港红树林是我国面积最大的一片沿海滩涂森林。（　　）

8. 实训题：

（1）广州是一个生活和工作节奏都较快的城市，但广州却也是一个值得慢慢游的城市。工程师李先生和他的老伴退休了，有了充足的时间去旅游。原来因为工作关系经常去广州出差，每次都来去匆匆，没时间好好看看这座美丽的城市，没心情好好感受一下这座城市的风情。现在他们决定去广州玩几天，享受享受退休的美好生活。

请你为李先生和老伴做一份广州旅游攻略。

（2）讨论并写一篇小论文：我国提出将海南岛打造成为"国际旅游岛"的战略，论述其可行性和实施策略。

（3）在以下空白图上标示出本区各省主要的旅游线路。

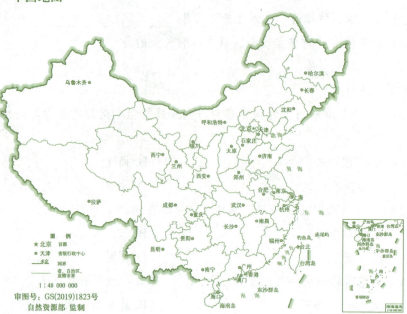

中国地图

第九章
西南旅游区

 学习目标

了解西南旅游区旅游地理环境特征，分析地理环境特征对该区旅游资源优势的影响，以及对该区旅游业发展的影响。掌握本区重要的旅游景点及旅游线路的特点和分布规律。

西南旅游区包括广西、云南、贵州三省区，面积为 79.53 万平方千米，常住人口约 1.34 亿。该区位于云贵高原，气候温和，四季如春，岩溶景观典型，峡谷风光独特，动植物资源丰富，各类保护区中珍稀动植物众多。少数民族集中分布，民族风情浓郁。交通条件逐渐改善，发展旅游业潜力巨大。

第一节 旅游地理环境及旅游资源特征

一、自然地理环境与旅游资源特征

1. 优越的地理位置，发展边境旅游条件良好

西南旅游区地处我国的西南边陲，南部和西南部紧邻越南、老挝和缅甸，与这三个国家有着数千千米的疆界，其中仅云南省就有陆地国境线 4 060 千米，彼此山水相依，村寨相连，还有怒江、澜沧江和元江分别流出国门，流入邻国，成为与邻国连接的重要纽带。广西南部濒临北部湾，拥有 1 595 千米的海岸线和众多岛屿，在海域上与东南亚各国一衣带水，紧密相连。这种独特的边境区域优势与当地的旅游资源相结合，给本区开发跨国旅游提供了良好的条件，并通过边境旅游活动的开展，将本区与全国其他地区更为紧密地联系在一起，带动本区旅游业的进一步发展。

2. 高原山地为主的地形，河流峡谷地貌景观突出

西南旅游区大部分处于横断山区、云贵高原和广西丘陵盆地，地形以山地、高原、丘陵为主，地势起伏很大。滇西和滇西南处于青藏高原东侧和横断山区，山高谷深，形成许多大峡谷和高山雪峰，特别是发源于青藏高原的金沙江、澜沧江和怒江自北向南穿越横断山区的担当力卡山、高黎贡山、怒山和云岭等巨大山脉时，不仅江南与两端山峰相对高差达数千米，自然景观垂直变化十分显著，而且形成了三江并行奔流170千米而不交汇的自然奇观，为世所罕见。横断山区的南段，地形为"帚状"山原宽谷，地面海拔1 000～1 500米，山原和宽阔的河谷盆地相间组合，河流众多，水系密集，地表景观显示出极大的垂直差异，热带、亚热带、温带的植被景观同时存在，多姿多彩。

云南元江以东和贵州的大部分地区属于云贵高原，海拔在1 000～2 000米之间，高原岩溶地貌发育典型，地表崎岖，高原边缘坡度很大，流经的河流多形成急流、跌水和瀑布。

广西东南部大瑶山、莲花山、云开大山等属于丘陵地貌，山丘坡度一般较为平缓，发育了许多著名的山地景观。广西南部濒临北部湾，海岸线漫长，海岸沙滩宽广，沙质细洁，滩缓水浅，浪小潮平，且气候终年温暖，是良好的海滨度假胜地。

3. 岩溶地貌分布广泛，发育典型，景观绚丽多彩

西南旅游区除云南西部以外的大部分地区分布了大面积的厚达3 000～6 000米以石灰岩为主的碳酸盐岩层，在湿热的气候条件下，广泛发育了热带、亚热带岩溶地貌，孤峰、石林、峰林、峰丛、天生桥、溶洞、地下暗河、天坑、岩溶瀑布等各种类型的岩溶景观无所不包，堪称世界上岩溶地貌发育最典型、最完美的自然博物馆，也是闻名世界的岩溶风景游览胜地。

由于海拔高度和雨热条件的不同，云贵高原和广西丘陵盆地的岩溶地貌发育进程各有差异。云贵高原海拔较高，气温相对较低，降水量不是很大，岩溶地貌发育进程相对缓慢，以处于岩溶发育较初期和青壮年阶段的石林、峰丛、岩溶洞穴、溶蚀谷地和地下暗河为主要表现形态，如著名的云南石林、织金洞、黄果树瀑布溶洞群及其周围的笔架状群峰等即是典型代表。广西盆地地势较低，气候湿热，雨量丰沛，其岩溶发育较为完善，密集如林的岩溶山峰彼此分离，清澈的河流环绕岩溶山峰慢流，呈现出"江作青罗带，山如碧玉簪"的绝美图景，桂林、漓江、阳朔一带的山水风光最能代表这一类岩溶地貌的特征。

4. 气候多样，景观垂直差异大

西南大部分地区属于亚热带、热带气候，气候普遍温暖湿润，一年四季皆适宜开展旅游活动。但因地形复杂，地势差异大，使气候复杂多样，随着地势高低起伏，气候特点呈现明显的垂直差异，景观随之呈现显著的垂直差异。

以西双版纳为代表的云南南部干热河谷地带属热带雨林气候，长夏无冬，一年分干湿两季，"四季皆为夏，一雨便成秋"是其气候特点的生动写照，景观上以大面积原始热带雨林为主。云南西部和西北部高山峡谷地区从谷底到山顶相差几千米高，呈现"一山有四季，十里不同天"的气候特征和景观特征。云南的其他区域大多属于亚热带季风性气候，由于受高原地形的影响，气候温和，冬夏温差不大，呈现"四季如春"的景象，昆明被誉为"春城"，地面景观四季常绿，鲜花盛开，昆明又是世界著名的"花城"。

贵州省大部分地区气候温和，冬无严寒，夏无酷暑，多云雾，少日照，雨量充沛，素有"天无三日晴"之说，且贵州是全国最容易发生冻雨的地区，进入冬季后由于冻雨造成道路不畅而影响旅游活动的开展。

广西地处低纬度，北回归线横贯中部，又由于海拔较低，夏季长而且炎热，冬季偶有寒潮的影响，热量丰富，夏湿冬干，降水丰沛，一年四季呈现一派生机盎然的景象。

5. 河湖密布，水体旅游景观奇丽多姿

受气候和地形的影响，发育了众多的河流自北向南或自西向东流经本区，并滋养了大量的湖泊、泉水、瀑布及地下河，形成本区丰富的水体资源。

广西地势较为低平，河流纵横交错，西江横贯东西，其支流桂江的上游为风光旖旎的漓江，以及著名的古运河灵渠，皆为世界遗产级的旅游资源。东南部海岸线曲折，岛屿众多，成为全国著名的热带海滨度假胜地。

贵州河流分为乌江、南盘江和北盘江水系，发育于中、西部山地，顺地势向北、东、南呈扇状流经全省。这些河流景观优美，河流落差较大，瀑布峡谷众多，形成许多著名的旅游景区，如黄果树瀑布群、沅阳河三峡和马岭河峡谷等。

云南省境内有金沙江、澜沧江、红河、南盘江、怒江5条干流及其63条支流，其中金沙江、澜沧江和怒江在横断山区紧邻并行南下，形成世界自然奇观"三江并流"，金沙江在丽江石鼓镇大转弯形成长江第一转弯和世界最深峡谷虎跳峡奇景。云南省境内的云贵高原上还分布有30多个高原湖泊，个个奇丽多姿，滇池、洱海、泸沽湖等与周围群山相互映衬，构成一幅幅无比美妙的图景。

6. 生物资源极为丰富，具有很高的观赏价值

地处低纬度的西南地区，由于水热条件优越，加上地形复杂多样，垂直差异大，

不仅是全国重要的林区，森林覆盖率高，而且深藏在幽深河谷地带免遭第四纪冰川毁灭的孑遗动植物资源极为丰富，尤其是云南省是世界公认的生物多样性保护热点地区，被称为"植物王国"。云南省拥有的高等植物 16 000 多种，约占全国植物种类总数的 50%，西双版纳地区为我国最大的热带植物宝库，素有"物种基因库"的美称，其原始热带雨林和独特的热带树木及花草成为吸引游客的重要资源。有脊椎动物 1 737 种，占全国的 58.9%，其中有不少是国家保护动物和物种动物，如滇金丝猴、绿孔雀、小熊猫、蟒、亚洲象、黑颈鹤等，不仅珍贵，而且可爱美丽，具有极高的观赏价值。

贵州素有"宜林山园"的美称，不仅动植物种类繁多，而且珍稀品种多，其中有药用植物 3 700 多种，占全国中草药品种的 80%，是中国四大中药材产区之一。在全省 1 000 多种野生动物资源中，属于珍稀动物的有 83 种，其中黔金丝猴、华南虎等 14 种被列为国家一级保护动物。

广西不仅动植物资源丰富，而且由于水热条件优越，具有经济价值的动植物资源也极丰富，所产的热带、亚热带水果在全国占重要地位，是闻名全国的"水果之乡"，成为广西旅游业发展的又一个无可替代的优势。

二、人文地理环境与旅游资源特征

1. 少数民族众多，民族文化绚烂多彩

西南旅游区是我国少数民族集中分布的地区之一，除汉族外，还有 29 个世居少数民族，少数民族人口数约占全国少数民族人口总数的一半。云南省世居少数民族有 25 个，其中白族、哈尼族、傣族、傈僳族、拉祜族、佤族、纳西族、景颇族、布朗族、普米族、阿昌族、怒族、基诺族、德昂族、独龙族共 15 个为云南独有的少数民族。广西壮族自治区世居少数民族有 11 个，其中壮族为我国人口最多的少数民族，仫佬族、毛南族、京族为广西独有。贵州省有世居少数民族 17 个，其中苗族、布依族、侗族、土家族人口均超过百万。

由于崇山峻岭的阻隔，各地居民之间相互交往受到限制，在漫长的发展历史过程中各民族在语言文字、生产方式、生活习俗、宗教信仰、民居建筑、审美情趣、礼仪禁忌、服饰装饰、节庆活动等各方面都保留了各自独有的特色，呈现出缤纷绚丽、多姿多彩的特点。如纳西族的东巴文、彝族的史诗《阿诗玛》、傣族的小乘佛教和竹楼、苗族的巫术和苗医苗药、壮族的铜鼓和山歌、侗族的风雨桥和无伴奏多声部大歌、摩梭人的走婚、布依族的石头寨等，无不对其他民族游客产生极大的吸引力。

各民族的节会也多如繁星，活动内容独特丰富。据不完全统计，西南地区少数民族的节日多达数千个，而且这些节会的活动项目和形式也五彩缤纷、热闹非凡，可以

对歌、跳舞、吹笙、打鼓、斗牛、赛狗、泼水、演傩戏、赛龙舟、放水灯、碰彩蛋、抛绣球,甚至"上刀山""下火海",等等,无奇不有,令游客啧啧称奇。这些众多的民族节庆活动中最为著名的有傣族的泼水节、白族的三月街民族节、壮族的三月三歌圩会、彝族的火把节、侗族的花炮节、苗族的跳花节、藏族的望果节等。

众多的民族文化和习俗为西南旅游区的旅游资源增添了许多神秘色彩,并且当这些奇异的民族风情与雄险奇秀的自然风光相结合时,更产生了神奇的旅游吸引力,如西双版纳原始热带雨林与傣族、路南石林与彝族、苍山洱海与白族、玉龙雪山与纳西族、泸沽湖与摩梭人、柳州立鱼峰与壮族、元阳梯田与哈尼族等,皆为该旅游区独具魅力的旅游资源。

2. 图腾崇拜多元化,宗教文化原始古朴

西南旅游区各民族在发展历史过程中培育了各自独特的图腾崇拜和宗教信仰,但都表现出原始古朴的共同特点。多元化的自然神灵崇拜有着根深蒂固的信仰习惯,保持着民族内部最为原始的神圣心理,即使到了高度发达的现代社会,仍然需要得到充分的尊重和宽容,虽然有些已经为旅游业所开发利用,但更多的还待开发,并且需要更为慎重地加以对待。比较典型的如傣族的小乘佛教,不仅其建筑风格独立于中原地区的佛教建筑,其活动形式也为泼水节等独特形式,其生活本质上全民性的佛教信仰仍然保持;再如纳西族的东巴图腾崇拜,千年保持着极为神秘的色彩。

3. 交通条件大为改善,助力旅游业的快速发展

西南地区受到地形条件的影响,历来为全国交通条件比较落后的地区,极大地限制了旅游景点的可进入性,阻碍了本区旅游业的发展。自我国西部大开发战略实施以来,西南地区的交通发展迅速,基本形成了以铁路和高速公路为骨架,民航、水运相结合的立体交通网络,大大改善了本区旅游业发展的基础条件,促进了旅游业的迅猛发展。

第二节 主要旅游地介绍

一、广西壮族自治区旅游区

广西壮族自治区,简称"桂",位于我国西南部,东界广东,南临北部湾,西与云南毗邻,东北接湖南,西北靠贵州,西南与越南接壤,广西陆地面积 23.76 万平方千米,常住人口 4 926 万。广西地处云贵高原东南边缘,地势西北高、东南低,四周多被山地、高原环绕，中部和南部多丘陵平地，呈盆地状，有"广西盆地"之称，猫儿山主峰海拔 2 141 米，是华南第一高峰。南临北部湾，海岸线曲折，天然港湾众多，海洋生物物种资源丰富，举世闻名的合浦珍珠产于这一带海域。广西地处低纬度，北回归线横贯中部，属亚热带和热带季风气候，气候温暖，雨水丰沛，光照充足。广西被称为动植物资源宝库，不仅珍稀动植物种类多，自古以来就是全国闻名的水果之乡，尤其以火龙果、番石榴、荔枝和龙眼最为著名。

广西地貌神秀奇特，历史悠久，有着丰富的自然和人文旅游资源，古人类、古建筑、古文化遗址、古水利工程、石刻、墓葬等古文物及革命斗争纪念遗址众多。桂林及其周边地区的岩溶地貌极其典型，为世界所罕见，有漓江、阳朔、芦笛岩、七星岩、高田风景区、古东森林瀑布群等景色优美奇绝的景区景点。柳州则有多个充满历史人文气息和传奇色彩的公园，其周边还有具有浓郁侗族文化风情的程阳风雨桥、八角寨和八协鼓楼。南宁是历史悠久的边陲城市，文化积淀深厚，自然风光也多姿多彩，拥有世界第二大跨国瀑布德天瀑布，常年苍翠的青秀山风景区等。西江重镇梧州既是一个重要内河港口，也是一个历史文化名镇，脍炙人口的"梧州八景"自宋代起就已形成。百色地区是全国知名的红色旅游胜地，也有阳圩镇汉墓群等古迹，以及通灵大峡谷、纳灵洞、水源洞等神奇秀丽的自然风光。濒临北部湾的北海是著名的热带海滨旅游城市，南洋风格的骑楼民居、天然古朴的涠洲、清洁柔美的银滩，无一不令人神往，广西以"北有桂林山水，南有北海银滩"而自豪。

壮族是个古老的少数民族，民族文化色彩斑斓，有反映壮族先民骆越人生动而丰富的社会生活的左江花山岩画艺术，有以刘三姐为代表的唱山歌能手，有载歌载舞的"三月三"歌圩会，有饰物丰富多彩的民族服饰，有风格独特的古朴饮食习惯，等等。

广西经过改革开放后多年的发展，经济提速，交通改善，思想观念更新，充分发挥旅游资源的优势，大力发展旅游业，成为全国旅游业快速发展的省份（见图 9-1）。

1. 桂林市游览区

桂林位于广西壮族自治区东北部，南岭山系的西南端，是世界著名风景游览城市。遍布全市的石灰岩经亿万年风化侵蚀，形成典型喀斯特岩溶地貌，千峰环立、一水抱城，山青、水秀、洞奇、石美，景观独特，自古以来就有"桂林山水甲天下"美誉，"桂林山水"被列入世界自然遗产名录。秀丽山水景点众多，最为著名的是"三山两洞一条江"，三山即象鼻山、伏波山和叠彩山，两洞即七星岩和芦笛岩，一条江即漓江。

桂林市是一座具有 2 000 多年历史的文化名城。从远古至今，历朝历代都在这里留下了灿烂的文化遗产。其中以甄皮岩为代表的史前文化，以宋、明古城池格局为代表

第九章 西南旅游区

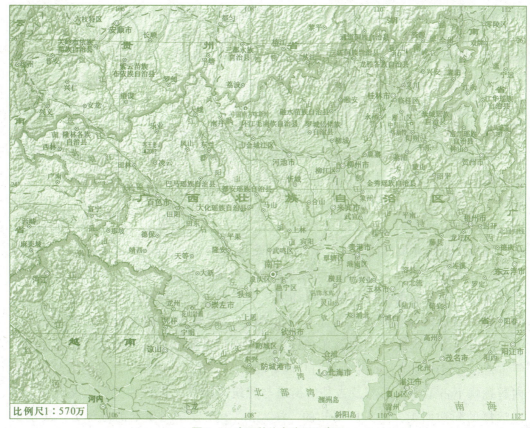

图 9-1 广西壮族自治区示意图

的古代城市建设文化，以灵渠、相思埭为代表的古代水利科技文化，以名山胜迹、历代摩崖石刻为代表的山水文化，以靖江王城、王陵墓群为代表的明代藩王文化，以近、现代革命遗迹、历史纪念地为代表的近现代文化是桂林历史文化的精髓。

（1）漓江风光

桂林漓江风景区是世界上规模最大、风景最美的岩溶山水游览区（见图9-2）。漓江属珠江水系的桂江上游河段，流经桂林市，从桂林至阳朔，漓江水路全程83千米，其中最优美的路段，是启程码头到兴坪之间约40千米的河道上，构成桂林山水风景的精华。漓江的特点，可以概括为清、奇、巧、变。清，指的是漓江水一年

图 9-2 漓江风光

四季晶莹透亮，清澈见底；奇，是指漓江两岸的山，奇异峻美；巧，是说漓江沿途奇奇怪怪的山石，形象万千，比拟无穷，摹人拟物，如"仙人推磨""九牛过江""猴子抱西瓜"等无不惟妙惟肖，而石崖上的石纹石色，光怪陆离，绚丽多姿，构成许许多多的画面；变，指的是漓江景致的变化多端，乘船游江，四季有景，时时皆景，景景不同。"江作青罗带，山如碧玉簪""几程漓水曲，万点桂山尖"都是对漓江风光的生动写照。漓江像一条青绸绿带，盘绕在万点峰峦之间，奇峰夹岸，碧水萦回，削壁垂河，青山浮水，风光旖旎，犹如一幅百里画卷，沿江胜景众多，最著名的有象山水月、穿山奇洞、斗鸡雄峙、龙门古榕、冠岩幽境、浪石览胜、画山、兴坪佳景、碧莲叠翠等。

（2）阳朔

阳朔位于桂林市区南面，县城距桂林市区65千米，是一个逾千年历史的风情小镇。阳朔境内有各种奇特的山峰两万多座，蜿蜒于万山丛中的大小河流16条，漓江最美的一段风景即在阳朔境内从杨堤、九马画山、兴坪到古镇渔村这一段，被明代旅行家徐霞客惊叹为"碧莲玉笋世界"，其美景自古被誉为"桂林山水甲天下，阳朔风景甲桂林"。此外，阳朔还有传说中的壮族歌仙刘三姐抛绣球定情的千年古榕；有国内外游客叹为观止的月洞奇观，以及有"小漓江"之称的遇龙河；镇内碧莲峰下古道摩崖石刻及古朴的街道与建筑等构成阳朔独特的人文风光；声名远播的阳朔西街，是人所周知的"洋人街"，充分享受生活的好地方。美丽的自然山水、奇妙的洞穴景观、迷人的田园诗境、悠远的古迹史址、淳朴的民风民情构成了阳朔独具特色的旅游资源。阳朔境内有自然风景点250多处，人文景观40余处，最著名的景点有十里画廊、遇龙河、西街、世外桃源、黄布倒影、月亮山等。

（3）桂林城区

桂林是一座文化古城，是具有万年历史的人类智慧圣地，具有丰厚的文化底蕴。秦始皇统一天下后，设置桂林郡，开凿灵渠，沟通湘江和漓江，桂林从此便成为南通海域、北达中原的重镇。宋代以后，它一直是广西政治、经济、文化的中心，号称"西南会府"。在漫长的岁月里，桂林的奇山秀水吸引着无数的文人墨客，写下了许多脍炙人口的诗篇和文章，刻下了2 000余件石刻和壁书，历史还在这里留下了许多古迹遗址。今日桂林遍植桂花树，每到金秋时节，全城金桂飘香，与桂林奇山秀水融合在一起，令人难以忘怀。市内有伏波山、独秀峰、叠彩山、象鼻山、塔山、穿山等著名的岩溶孤峰，有七星岩、芦笛岩等著名溶洞，城市建筑与这些山水保持着相依相偎的亲密关系，呈现"山在城中，城在峰林中，流水绕山穿城而过"的绝妙景象。

象鼻山是桂林的标志性景观，位于桂林市东南漓江右岸，山因酷似一只大象站在江边伸鼻吸水而得名（见图9-3）。象鼻山高出水面55米，在象鼻与象腿之间有一个水月洞，有如一轮明月静浮水上，形成著名的"象山水月"奇景。象鼻山有历代石刻文物50余件，多刻在水月洞内外崖壁上。

图9-3　象鼻山

七星岩是桂林最著名的溶洞之一，洞长约1 100米，最宽处54米，最高处27米，是距今100万年的一段古老的地下河。早在1 300年前，即从隋唐时代起，七星岩就已经成为旅游胜地，留下的题刻多达120多件。岩洞分为6个洞天，35处景观，千姿百态的石钟乳、石笋、石柱、石幔、石花等蔚为奇观的自然景致分布其间，处处栩栩如生，形神兼备。整个岩洞雄奇深邃，如童话世界般瑰丽多姿，被誉为"神仙洞府"。

（4）龙脊梯田

龙脊梯田，也称为龙胜梯田，位于龙胜县龙脊镇平安村龙脊山，距县城22千米（见图9-4）。龙胜梯田距今至少有2 300多年的历史，在漫长的岁月中，人们在大自然中求生存的坚强意志，在认识自然和建设家园中所表现的智慧和力量，在这里被充分地体现出来。梯田分布在海拔300至1 100米之间，坡度大多在26至35度之间，最大坡度达50度。这个规模宏大

图9-4　龙脊梯田

的梯田群，如链似带，从山脚盘绕到山顶，小山如螺，大山似塔，层层叠叠，高低错落。其线条行云流水，潇洒柔畅；其规模磅礴壮观，气势恢宏，有"梯田世界之冠"的美誉。整个龙脊梯田景区山清水秀，瀑布成群，春如层层银带，夏滚道道绿波，秋叠座座金塔，冬似群龙戏水，四季各有神韵。这里的壮、瑶民族世世代代居住在青瓦木楼之中，男耕女织，淳朴善良。

2. 柳州市游览区

柳州，史称龙城，又因地形为"三江四合，抱城如壶"，亦称"壶城"。柳州是广西第一大工业城市，同时素有"桂中商埠"之称，自古以来是西南地区重要的交通要道，是西南地区与中原沟通的枢纽，拥有2 100多年建置史，是国家历史文化名城，历史文化积淀厚重。同时，柳州又是非常有特色的少数民族风情旅游区，壮族的歌、侗族的楼、苗族的舞、瑶族的节堪称柳州民族风情四绝。柳州属于典型的喀斯特地貌，形成了"拔地奇峰画卷开"的山水特点。这里石山奇特秀美，岩洞瑰丽神奇，泉水幽深碧绿，江流蜿蜒曲折，具有良好的人文历史景观和丰富的旅游资源，主要景观有鱼峰山、柳侯公园、大龙潭、马鞍山、三江程阳八寨侗族风情景区、融水贝江苗族风情景区等。

（1）柳州奇石

"柳州奇石甲天下"，柳州被誉为"中华石都"。柳州境内多山，地理、地质情况复杂，自古盛产奇石、怪石，以奇特的造型、鲜艳的色彩、华丽的纹理、各异的质地、绝无雷同的个性为其特点。柳州赏石文化可谓源远流长，唐代著名文学家柳宗元为开柳州赏石文化先河之人，他在任柳州刺史时曾游览了柳州龙璧山，山下叠石层层，石质细腻而莹润，色泽光亮而鲜艳，是制砚的好材料，他采石为砚送友人刘禹锡，为此，刘禹锡赋诗《谢柳子厚寄叠石砚》答谢柳宗元，传为千古佳话。柳州市如今已形成以八桂奇石馆、鱼峰石玩精品馆、柳侯盆景石玩馆以及马鞍山奇石市场、柳州奇石城、中华石都、龙城石都等"三馆四场"为主要奇石场馆的发展格局，奇石专业店上千家，客流量、日交易额在全国首屈一指。

（2）柳侯公园

柳侯公园位于柳江北岸市区中心，始建于1906年，是为纪念唐代著名思想家、文学家、政治家柳宗元而建，内有柳侯祠、柳宗元衣冠墓、罗池等古迹。柳侯祠古朴轩昂，塑有柳宗元及其部将的仿铜塑像，陈列有文物、图表、书画，详尽介绍了柳宗元的生平和功绩，还有柳宗元书写的《龙城石刻》和苏轼书写的《荔子碑》等碑刻。通过扩建、修缮古迹、增设亭台等，现已发展成为综合性的文化公园。

（3）立鱼峰风景区

立鱼峰是柳州最主要的名山之一，位于柳江南岸闹市区，平地崛起，突兀耸秀，柳宗元称其"山小而高，其形如立鱼"，故得名立鱼峰，习称鱼峰山。相传此地为壮族歌仙刘三姐传歌处，现在仍然是壮族对歌的主要场所。景区由鱼峰山、马鞍山、小龙潭等柳州著名风景名胜组成。立鱼峰山上绿树成荫，还有宋、元、明、清等朝代摩崖石刻近百方，山脚一泓碧水称"小龙潭"，于潭畔俯览仰观，潭峰相映，如巨鲤跃立潭面，称为"南潭鱼跃"，为柳州古八景之一。山腰七洞贯通，人称"灵通七窍"。

>
>
> **关于刘三姐的传说与歌圩会**
>
> 传说刘三姐生于唐朝，真名叫刘三妹，是广西壮族人，活跃在广西柳江流域，是个优秀的民歌手。她聪慧机敏，歌如泉涌，优美动人，有"歌仙"之誉。壮族地区最大的歌圩日，又称"歌仙节"，相传就是为纪念刘三姐而形成的民间纪念性节日。每年的三月三，广西各地都要举行盛大的歌节，除传统的歌圩活动外，还要举办抢花炮、抛绣球、碰彩蛋及演壮戏、舞彩龙、擂台赛诗、放映电影、表演武术和杂技等丰富多彩的文体娱乐活动。届时，岭南壮乡四海宾朋云集，歌如海，人如潮。那不绝于耳的嘹亮歌声，寄托着人们对歌仙刘三姐的思念和对丰收、对爱情、对幸福美好生活的憧憬和向往。

（4）三江侗族风情景区

三江县位于湖南、贵州、广西三省毗邻地带，境内山岭叠翠，蜿蜒起伏。在这里生活的主体民族是侗族，可以欣赏到建筑艺术独特、举世闻名的国宝——程阳风雨桥以及马胖鼓楼和侗乡民舍，可以领略到侗家纯朴的古风民俗，还可以参加规模盛大的民族传统节日活动。侗乡一向被誉为"诗的家乡，歌的海洋"，多声部无伴奏的侗族大歌名扬四海，因其文学和音乐方面的珍贵价值而成为世界非物质文化遗产。此外，游客到侗乡还能欣赏到侗锦、侗布、挑花、刺绣以及银饰工艺品等，充分感受侗族多姿多彩的传统文化魅力。

3. 南宁市游览区

南宁，地处广西南部，因邕江穿城而过，简称"邕"，是一座有1 700年历史的文化古城。由于位处北回归线以南，城市绿化程度很高，有"绿城"之誉，市内植树种花，具有"草经冬而不枯，花非春仍奔放"的景色，是个著名的水果之乡和花园城市。南湖公园内的药用植物园创建于1959年，共收集、保存活体药用植物品种5 600多种，其中珍稀濒危药用植物100多种，是中国及东南亚地区最大的药用植物园。市内的国家5A级旅游景区青秀山风景区是古"邕州八景"之一，素以"山不高而秀，水不深而清"著称，景区内既有古香古色的八角重檐九级龙象塔，又有世界最大的苏铁园、热带雨林大观园、棕榈园、凤凰头等景观。位于北回归线的大明山保留着大面积的自然生态系统，是天然的植物园，因流云飞瀑、景色秀丽而被称为"广西庐山"。伊岭岩是一座典型的喀斯特岩溶洞，素有"地下宫殿"之美称。花山以大量古代壮族的山崖壁画为主要特色,成为了解研究壮族历史文化的珍贵史料。扬美古镇是一个有着上千年历史的小商埠,民风古朴,风光秀丽,有千年魁星楼、清代一条街、明清古建筑群、龙潭等著名景点。南宁广西博物馆以拥有众多铜鼓而闻名天下,收藏有世界最大的铜鼓,使游客可以更深入了解壮族的民俗和文化。

4. 北海市游览区

北海地处广西壮族自治区南端,北部湾东北岸。北海区位优势突出,地处华南向西南的过渡地带,是古代"海上丝绸之路"的重要始发港,是国家历史文化名城。北海三面环海,气候宜人,空气清新,风光旖旎;南洋风格的骑楼民居,涠洲的天然古朴,银滩的碧波粼粼;还有临海的海鲜大排档诱人的香气,珠海路老街家家户户门边晾晒的咸鱼干,悠闲的赶海拾贝,出海渔民的祭祀;北海湾的滑水、帆板、水上运动、沙雕、沙滩篝火和焰火,等等。海滨风光和滨海旅游项目应有尽有,境内有银滩、涠洲岛、星岛湖、冠头岭国家森林公园、山口国家级红树林生态自然保护区、美人鱼国家自然保护区等一大批景区景点,是一个集海、滩、岛、湖、山、林、古迹、人文等旅游要素于一体的旅游度假城市。

北海银滩有"南方北戴河"之美称,东西绵延约24千米,海滩宽度在30~3 000米之间,沙滩面积远超我国许多著名滨海沙滩,被称为"天下第一滩"(见图9-5)。沙滩均由石英砂堆积而成,在阳光的照射下,洁白、细腻的沙滩会泛出银光,故称银滩。北海银滩具有滩长平、沙细白、水温净、浪柔软、无鲨鱼等特点,而且度假区内的海域海水纯净,陆岸植被丰富,环境优雅宁静,空气格外清新,可容纳国际上最大规模的沙滩运动娱乐项目和海上运动娱乐项目,是中国南方最理想的滨海浴场和海上运动场所。该度假区还拥有北海特有的珍珠文化和广西少数民族风情,被评为"中国十大最美海滩"的第三名。

图9-5 北海银滩

涠洲岛位于广西北海市正南面21海里的海面上,距北海市区36海里。涠洲岛与火山喷发堆积和珊瑚沉积融为一体,使岛南部的高峻险奇与北部的开阔平缓形成鲜明对比,其沿海海水碧蓝见底。与其东南毗邻的斜阳岛沿海尽是奇美壮观的悬崖、临海岩洞和神奇怪诞的火山熔岩;岛上丛林幽森,花草夹道;岛民淳朴好客,恍若世外桃源。

北海特产的珍珠称南珠,素以凝重结实、硕大圆润、晶莹夺目、光泽持久而驰名中外,有"西珠不如东珠,东珠不如南珠"的声誉,是北海独具特色的旅游商品。

二、贵州省旅游区

贵州,简称"黔"或"贵",省会贵阳,地处中国西南内陆地区腹地,北接四川和重庆,东毗湖南、南邻广西、西连云南。面积17.62万平方千米,常住人口3 600万。贵州处于云贵高原东斜坡,地势西高东低,自中部向北、东、南三面倾斜,山地和丘陵占全省面积的92.5%,平均海拔在1 100米左右。境内岩溶地貌分布范围广泛,喀斯特地貌占全省国土总面积的61.9%,发育非常典型,形态类型齐全。属亚热带季风气候,气温变化小,冬暖夏凉,气候宜人。地跨长江和珠江两大水系,苗岭是长江和珠江两流域的分水岭,境内长江流域主要河流有乌江、赤水河、清水江、洪州河、舞阳河、锦江、松桃河、松坎河、牛栏江、横江等,珠江流域主要河流有南盘江、北盘江、红水河、都柳江、打狗河等。

贵州特殊的喀斯特地貌、原生的自然环境和浓郁的少数民族风情,形成了以自然风光、人文景观和民俗风情交相辉映的丰富旅游资源。贵州自然风光秀丽奇特,其山层峦叠嶂、秀峰林立;其水蜿蜒于崇山峻岭,奔腾穿行于深峡幽谷;喀斯特溶洞遍布全省各地,可谓"无山不洞,无洞不奇"。西部的草海绿如碧玉,绝美风景,被称为"高原上的明珠"。黄果树瀑布、龙宫、织金洞、阳河、红枫湖、赤水十丈洞瀑布、"小七孔"等美不胜收、闻名天下的景色征服了无数游客的心。

春秋以前,贵州属于"南蛮"之地,春秋到汉,贵州大部分属于古夜郎国,三国后为蜀汉政权所占据,至宋始称"贵州"。贵州历史上发育了独特的文化,其源头为夜郎文化,并在现代得到了创造和发展。悠久而灿烂的历史文化在贵州留下了众多的名胜古迹。有明代汉族移民的古村寨安顺云山屯古建筑群,保存完好的屯门、屯墙和哨棚;雷山朗德上寨古建筑群是苗族古老村寨;内外三城城城相连的福泉明城墙雄伟壮观。贵州还是个具有光荣革命传统的地方,遵义会议、黎平会议、强渡乌江、娄山关战役、四渡赤水等长征途中重大事件都发生在贵州,使贵州许多地方成为全国红色旅游经典景区(见图9-6)。

贵州是一个多民族共居的省份,少数民族人口占全省总人口的39%,世居民族有汉族、苗族、布依族、侗族、土家族、彝族、仡佬族、水族、回族、白族、瑶族、壮族、畲族、毛南族、满族、蒙古族、仫佬族、羌族等18个民族。各民族保持着自己的独特文化和风俗,少数民族多能歌善舞、热情好客,苗族飞歌、侗族大歌最具代表性;侗家鼓楼和风雨桥、苗族的吊脚楼、布依族的石头寨等民族独特的建筑令人称奇;偏

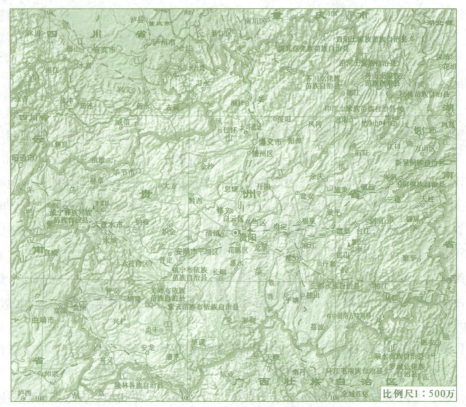

图 9-6 贵州省示意图

爱酸辣的贵州人的饮食独具特色;婚丧嫁娶的习俗也很特别,苗族的游方、侗族的行歌坐月、土家族的哭嫁、瑶族的凿壁谈婚等,传承至今。

1.贵阳市游览区

贵阳位于贵州省中部,苗岭横延市境,处贵山之南而得名。贵阳市海拔高度在1 100米左右,夏无酷暑,夏季平均温度为23.2℃,被称为"中国避暑之都",荣登"中国十大避暑旅游城市"榜首。贵州旅游资源丰富多彩,已开发的景点涉及32个景型,有山地、河流、峡谷、湖泊、岩溶、洞穴、瀑布、温泉、原始森林、人文、古城楼阁等各类旅游资源。著名的景区景点有青岩古镇、红枫湖景区、花溪湿地公园、甲秀楼、天河潭景区、南江大峡谷景区、黔灵山、贵御温泉旅游景区、息烽集中营革命历史纪念馆等。

(1)青岩古镇

青岩古镇位于贵阳市南郊,建于明洪武十年(1378年),因明朝屯兵而建镇,以青色的岩石而得名,是一座由军事城防演化而来的山地兵城,四周城墙用巨石筑于悬崖上,有东、西、南、北四座城门,城内3平方千米范围,文物景点近百处。古镇内设计精巧、工艺精湛的明清古建筑交错密布，寺庙、楼阁画栋雕梁、飞角重檐相间，现存有三牌坊、九寺、八庙、五阁、二祠、状元府、青岩书院、万寿宫、水星楼等。古镇中除了众多的寺庙，还保留着一座基督堂和一座天主堂，多种宗教和谐共处，形成其独特风格。古镇人文荟萃，有历史名人周渔璜、清末状元赵以炯。镇内有近代史上震惊中外的青岩教案遗址、赵状元府第、平刚先生故居、红军长征作战指挥部等历史文物。周恩来的父亲、邓颖超的母亲、李克农等革命前辈及其家属均在青岩秘密居住过。青岩古镇还是抗战期间浙江大学的西迁办学点之一。

（2）花溪湿地公园

花溪国家城市湿地公园位于贵阳市中心城区的北部，是以喀斯特地貌为特征的城市湿地公园。以花溪河为纽带，串联起十里河滩、花溪公园、洛平至平桥观光农业带三个景区，是全国罕见的城市湿地。

湿地公园两岸多漫滩，河流平缓，河道蜿蜒曲折，河道内有20多个弯道。景区内青山环绕，河水回曲，鱼翔浅底，鹭鸟翩飞；河中沙洲、小岛千姿百态，跌水浅滩星罗棋布。湿地公园是典型的城市湿地，具有河流、农田和库塘等多类型湿地，生物多样，生态良好。河滩区域内动植物种类丰富，植物总计千余种，当中有很多珍稀、特色植物种类，国家级和省级重点保护植物有香樟、榉树、青檀、沉水海菜花、牡丹、杜仲、银杏等7种，树龄达500年以上的古树有4棵；湿地公园是动物的乐园，总计有500余种之多，包括国家珍稀保护动物5种，以及被列入中国濒危动物红皮书鱼类、濒危等级属易危级的岩原鲤。景区内已经建成的大景点20余处，小景点近百处。主要的景点有：玉环摇碧、蛙鼓花田、月潭天趣、溪山魅影、水乡流韵、葱茸彩地、花圃果乡、溪边问农、梦里田园等。

花溪是以苗族和布依族为主的少数民族聚居区，风情浓郁，习俗古朴，民族传统历史文化悠久，内容丰富，富有地方特色。

（3）红枫湖风景区

红枫湖风景区位于贵阳以西32千米，是猫跳河上电站大坝建成后形成的人造湖，也是一个典型的喀斯特高原湖泊，水域面积57.2平方千米，分为北湖、中湖、南湖、后湖四大景区，北湖的岛、南湖的洞、中湖的山、后湖的湾，湖、岛、山、洞巧妙结合，构成一幅绚丽的画卷。红枫湖是一个融高原湖光山色、岩溶地貌、少数民族风情为一体的风景名胜区。

红枫湖湖面辽阔、湖水清澈、湖汊蜿蜒，190多个大小岛屿及半岛散布其间，形成山外有山、水外有水、湖中有岛、岛中有湖的奇异景观。红枫湖还分布着不可胜数的天然溶洞，形成了"山里有湖湖里岛，岛中藏洞洞中湖"的奇妙景观，尤以将军湾一带溶洞群最负盛名。红枫湖周边世代居住着苗、布依、彝等少数民族，风景区内建有苗寨、侗寨和布依寨，苗寨的吊角楼、侗家的鼓楼及风雨桥、布依族的石板房错落有致，别具特色。在此可观赏"上刀山、下火海"等令人叹为观止的民族歌舞及表演，领略到敬酒歌、拦路酒等浓郁的民族风情，构成红枫湖旅游的重要组成部分。

阅读资料 9-2

侗族人爱唱歌

侗族是中国南方的一个少数民族，主要分布在贵州、湖南、广西和湖北等省、区。侗族有本民族语言，却无文字。侗族有三宝：鼓楼、大歌、风雨桥。

侗族人常说："饭养身，歌养心。"他们视歌为宝，会唱很多歌的歌师很受族人尊重。一代代歌师通过口耳相传的方式教年轻、年幼的人唱歌。侗乡一直有"民歌之乡"的美誉，至今还有"行歌坐夜"的古风。侗族不仅以歌传情达意，更通过歌的传唱来传承民族历史、人伦礼俗和生存智慧等知识，即所谓的"汉人有书传书本，侗家无字传歌声"。

几乎每个侗寨都有歌班，歌班的组建一般遵循同族、同性、同辈的原则，由本族或本寨的歌师在农闲时传授，年轻人只有学好了才能去参加鼓楼的对歌。侗族大歌是侗歌中的精华，无指挥、无伴奏的纯唱功表演、众低独高的多声部组合，呈现出来的无疑是当之无愧的"天籁之音"。从古至今，侗族大歌历经沧桑传承下来，走出本民族，走出国界，赢得了世人的赞叹。2009年9月，侗族大歌被成功列入联合国教科文组织人类非物质文化遗产代表作名录。

（4）黔灵山风景区

黔灵山位于贵阳城区西北角，号称"黔南第一山"，以明山、秀水、幽林、古寺、圣泉、灵猴而闻名遐迩。景区内峰峦叠翠，古木参天，林木葱茏，古洞清洞，深谷幽潭，景致清远，自古是贵州高原一颗璀璨的明珠。建于清康熙十一年（1672年）的弘福寺位于黔灵山群峰中心，是十方丛林，为贵州首刹。黔灵山由弘福寺、黔灵湖、三岭湾等六个大浏览区构成，每一个景区都有着其独特魅力，综合在一起就形成了贵阳著名的风光秀丽的城市公园。

（5）甲秀楼

甲秀楼在贵阳市城南的南明河上，以河中一块巨石为基而建，是贵阳的标志性建筑，始建于明万历年间，现存建筑为清宣统年间重建。三层的小楼屹立在鳌矶石上，楼高约20米，朱梁碧瓦，面前是流淌着的南明河，有浮玉桥衔接两岸。走过浮玉桥，即是翠微园，园内亭台水榭，颇有江南之风。明清以来甲秀楼便是文人骚客聚集之处，高人雅士题咏甚多。现楼内古代真迹石刻、木皿、名家书画作品收藏中，清代贵阳翰林刘玉山所撰206字长联为一绝，比号称天下第一长联的昆明孙髯所题大观楼长联还多26个字。

2. 安顺市游览区

安顺位于贵州省中西部，距贵阳90千米，素有"中国瀑乡""屯堡文化之乡""蜡染之乡"等美誉。由于地处中国华南喀斯特地貌中心，是喀斯特地貌发育最成熟、最典型、最集中的地带，江河峡谷纵横交错，峰丛石林、森林湖泊、暗河泉水星罗棋布，100多个瀑布、1 200多个地表溶洞密布，构成一幅幅绚丽多姿的立体画卷。境内有众多风景名胜，最为著名的为黄果树风景名胜区、龙宫风景区、镇宁夜郎洞风景区、紫云格凸河穿洞风景区、九龙山国家森林公园、屯堡古建筑群、穿洞古人类文化遗址等。

（1）黄果树风景区

黄果树风景名胜区位于贵州省西南，距安顺市45千米，景区内以黄果树大瀑布为中心，分布着雄、奇、险、秀风格各异的大小18个瀑布，形成一个庞大的瀑布家族（见图9-7）。黄果树瀑布景区是黄果树景区的核心景区，占地约8.5平方千米，内有黄果树大瀑布、盆景园、水帘洞、犀牛滩、马蹄滩等景点。大瀑布高77.8米、宽101.0米，是中国最大的瀑布，也是世界著名大瀑布之一。奔腾的河水自70多米高的悬崖绝壁上飞流直泻犀牛潭，发出震天巨响。大水时，流量达每秒1 500立方米。瀑布激起的水珠，可以洒落到黄果树街市，即使晴天，也要撑伞而行，故有"银雨洒金街"的称誉。黄果树瀑布独特之处在于隐在大瀑布半腰上的水帘洞，水帘洞位于大瀑布四十米至四十七米的高度上，全长一百三十四米，有六个洞窗、五个洞厅、三股洞泉和六个水帘洞通道。在水帘洞，从各个洞窗中都可观赏到犀牛潭上的彩虹，这里的彩虹不仅是七彩俱全的双道而且是动态的，只要天晴，从上午九时至下午五时，都能看到，并随人的走动而变化和移动。

除黄果树大瀑布外，景区还有天星桥景区，集山、水、林、洞为一体；陡坡塘瀑布位于黄果树瀑布上游1千米处，瀑顶宽105米，高21米，是黄果树瀑布群中瀑顶最宽的瀑布；滴水滩瀑布总

图9-7　黄果树瀑布

高410米，为黄果树大瀑布的五倍，雄伟磅礴；神龙洞洞内分上、中、下三层，底层暗河与黄果树大神龙洞风光瀑布相连；郎宫景区三面环水，河滩宽广，水流平缓，四周高山耸立，田园开阔，错落有致的村舍中古榕树、芭蕉、木棉等掩映其间，展现出亚热带的河谷田园风光。

（2）龙宫风景区

龙宫位于安顺市南郊，距安顺城区27千米，国家5A级旅游景区。景区集溶洞、峡谷、瀑布、峰林、绝壁、溪河、石林、漏斗、暗河等多种喀斯特地质地貌景观于一体，是喀斯特地貌形态展示最为集中全面的景区。龙宫景区由龙潭秘境和通漩田园两大主题片区组成。一、二进龙宫为地下暗河溶洞，长达15千米，为国内之冠，且洞内钟乳千姿百态，其洞厅构造宛如神话中的龙王宫殿；观音洞为中国最大的洞中佛堂，总体面积达两万多平方米，而且所有的殿堂都是天然溶洞，人工雕刻佛像32尊，其中观音像高达12.6米，主殿上有一天然神似观音的钟乳石，天然和人造的佛像浑然一体；龙门飞瀑是中国最大洞中岩溶瀑布，高50余米，宽26米，流水以喷泻之势钻山劈石，气势磅礴，万马奔腾，十分壮丽；龙宫漩塘为旋水奇观，一个面积达万余平方米的圆塘，池水不借风力，日日夜夜、年年岁岁永不停歇地沿着顺时针方向旋转着；天下第一"龙"字是在龙宫漩塘景区通漩河左岸的占地面积120亩的田地里，春季采用油菜花和蚕豆套种，秋季采用普通水稻和黑糯米水稻套种，呈现折合约8万余平方米的"龙"字景观。得天独厚的自然资源，和以布依、苗族为主的多样民族文化等多种旅游资源交相辉映，绘就一幅怡然自得的人间仙境画卷。

3. 遵义市游览区

遵义位于贵州省北部，是贵州省第二大城市，是川渝黔金三角旅游区的重点旅游城市。气候终年温凉湿润，冬无严寒，夏无酷暑，雨量充沛，空气质量高；境内山川秀丽，风光独特，尤以山、水、林、洞为主要特色，是一个绝佳的休闲度假地，被评为"中国十大特色休闲城市"。遵义是中国工农红军长征途中著名的遵义会议的举行地，为中国红色旅游城市和中国历史文化名城。遵义还是国酒茅台的产地，所以又被称为"中国名酒之乡"。

（1）红色旅游景点

1935年1月上旬，中国工农红军第一方面军长征到达遵义，15日至17日，中共中央在此召开政治局扩大会议。会议通过了关于反对敌人五次"围剿"的总结决议，确立了以毛泽东为代表的新的中央领导集体，史称"遵义会议"。遵义会议会址原为黔军25军第2师师长柏辉章的私人官邸，修建于30年代初，是一座坐北朝南的二层楼房，为中西合璧的砖木结构建筑。遵义会议会址内有陈列馆、会议室、革命文物、历史资料、历史照片等，能让后人更直观生动地了解、理解这段革命历程。

除遵义会议会址外，遵义的红色旅游景点还有娄山关红军战斗纪念碑、四渡赤水纪念馆、遵义红军烈士陵园、红军街、红军遵义总政治部旧址、毛主席旧居、红军遵义警备司令部旧址、苟坝会议会址、中华苏维埃国家银行旧址、博古旧居、遵义会议陈列馆、娄山关摩崖石刻等。

（2）赤水风景区

赤水国家级风景名胜区位于赤水市，景观以瀑布、竹海、桫椤、丹霞地貌、原始森林等自然景观为主要特色，兼有古代人文景观和红军长征遗迹。赤水地处云贵高原向四川盆地过渡的大斜坡地带，海拔从1 730米急剧沉降至221米，谷深坡陡，沟渠纵横。经亿万年风化侵蚀，形成了1 200多平方千米全国面积最大、发育最美丽壮观、最具典型性和代表性、最年轻的丹霞地貌。特殊的地理气候，又成为国家一级保护植物、侏罗纪残遗种——"桫椤"的天然避难所，仅赤水桫椤国家级自然保护区内就有4.7万株，是全世界分布最集中的区域，被誉为我国最大的古生物博物馆。赤水水系极为发达，352条河溪遍布各处，加上数量众多的高原湖泊，以及129万亩浩瀚无垠的竹海（全国十大竹乡第一）、43万亩地球同纬度保存最完好的中亚热带常绿阔叶林等丰富植被涵养水源，更形成无数的飞瀑，据统计，3米宽以上的瀑布达4 000多条，是亚洲最大的瀑布群。

主要景区景点有赤水大瀑布、转石奇观景区、四洞沟、五柱峰、红石野谷、中国侏罗纪公园、燕子岩国家森林公园、竹海国家森林公园等自然景区；以及大同古镇、丙安古镇、复兴古镇、红军长征遗址等人文景区。赤水大瀑布景区是"赤水丹霞"世界自然遗产的核心景区之一，以十丈洞大瀑布、中洞瀑布为特色景观，拥有十丈洞大瀑布、中洞瀑布、万年石伞、奇兵古道、转石奇观、香溪湖、百亩茶花、石笋峰、亿年灵芝、会水寺摩崖造像、红军标语等自然、人文景观。景区原始幽静，林茂峰秀，丹崖艳丽，植物多种多样，山峦四季常青，云豹、麋鹿、猕猴等野生动物活跃出没，溪泉、瀑布密布，香溪湖波平水碧，是一处观瀑揽胜、怀古寻幽、避暑休闲的极佳胜景。

4.毕节市游览区

毕节市位于贵州省西北部的川、滇、黔、渝结合部，是一个多民族聚居、历史文化灿烂、资源富集、神奇秀美、三省通衢、红星闪耀的地方。毕节境内旅游资源丰富，有国家5A级旅游景区百里杜鹃、世界地质公园织金洞、国家自然保护区草海，以及九洞天、拱拢坪、高原湖泊支嘎阿鲁湖、贵州屋脊赫章韭菜坪等风景名胜区。

（1）百里杜鹃风景区

百里杜鹃景区位于毕节市中部，天然原始杜鹃林带宽1～3千米，绵延50余千米，总面积约125.8平方千米，有马缨杜鹃、露珠杜鹃、团花杜鹃等41个品种，囊括了世界杜鹃花5个亚属的全部,是迄今为止中国已查明的面积最大的原生杜鹃林,暮春3月下旬至5月各种杜鹃花竞相怒放,漫山遍野,千姿百态,铺山盖岭,五彩缤纷,素有"杜鹃王国""世界天然大花园"的荣誉。

百里杜鹃风景区不仅是杜鹃花的海洋,而且还是参天古树云集、山水林洞辉映、珍禽异兽栖息的原始森林旅游景区。景区内主要居住有彝族、苗族、布依族等少数民族,传统节日、民族民间工艺品等民族风情浓郁。百里杜鹃景区是国家5A级景区、贵州省十佳旅游景区。主要旅游景点有杜鹃林带、百里杜鹃大草原、米底河、杜鹃花王、千年一吻、黄家坝阻击战遗址等。

(2) 织金洞风景区

织金洞位于毕节市织金县官寨苗族乡,是一个多层次、多类型的溶洞。洞长12.1千米,最宽处175米,相对高差150多米,全洞容积达500万立方米,空间宽阔,有上、中、下三层,洞中遍布石笋、石柱、石芽、石旗等四十多种洞穴堆积物,形成千姿百态的岩溶景观。洞道纵横交错,石峰四布,流水、间歇水塘、地下湖错置其间,被称为"中国溶洞之王"。织金洞分为迎宾厅、讲经堂、雪香宫、寿星宫、广寒宫、灵霄殿、十万大山、塔林洞、金鼠宫、望山湖、水乡泽国等景区,有47个厅堂、150多个景点。最大的洞厅面积达3万多平方米,洞内有各种奇形怪状的石柱、石幔、石花等,组成奇特景观,身临其境如同进入神话中的奇幻世界。洞外还有布依、苗、彝等少数民族村寨,民族风情旅游资源丰富。

5. 梵净山风景区

梵净山位于贵州东北部铜仁市的印江、江口、松桃3县交界,系武陵山脉主峰,海拔2 572米,为国家级自然保护区、联合国"人与生物圈"保护网成员、世界自然遗产、国家5A级旅游景区(见图9-8)。

原始洪荒是梵净山的景观特征。由于山形复杂,环境多变,由此形成了全球为数不多的生物多样性基地。根据科考资料,区内现有植物种类约2 000余种,被列入国家保护的植物有31种,其中一级保护植物6种,二级保护植物25种。有珙桐林、铁杉林、水青冈林、黄杨林等44个不同的森林类型。原始森林里栖息着多种濒临灭绝的国家保护动物,如黔金丝猴、藏酋猴、云豹、苏门羚、黑熊等。其中黔

图9-8 梵净山

金丝猴被誉为"地球的独生子",仅存800余只,是国家重点保护的珍稀动物。全境自然景观奇绝,山势雄伟、层峦叠嶂、溪流纵横、飞瀑悬泻。其标志性景点有红云金顶、月镜山、万米睡佛、蘑菇石、万卷经书、九龙池、凤凰山等。

梵净山佛教开创于唐,鼎兴在明,自古就被佛家辟为"弥勒道场"。红云金顶日月升天是景区的中心,还有四大皇寺、四十八座觉庵庞大寺庙群,奠定了梵净山著名"古佛道场"的佛教地位,被称为"中国第五大佛教名山",是与五台山文殊菩萨道场、峨眉山普贤菩萨道场、九华山地藏菩萨道场、普陀山观音菩萨道场齐名的中国佛教名山,佛教文化为苍苍茫茫的梵净山披上一层肃穆而神奇的色彩。

6.西江千户苗寨

西江千户苗寨位于黔东南苗族侗族自治州雷山县东北部的雷公山麓,距离黔东南州州府凯里35千米,由10余个依白水河河谷东北侧坡地而建的自然村寨相连成片,是中国乃至全世界最大的苗族聚居村寨,现有住户1 432户,常住民居5 515人,是苗族第五次大迁徙的主要集结地,被誉为苗族的大本营。

千百年来,西江苗族同胞在这里繁衍生息,在苗寨上游地区开辟出大片的梯田,形成了农耕文化与田园风光。这里苗族文化底蕴深厚,民居建筑、服饰、银饰、语言、饮食、传统习俗不但典型,而且保存完整。由于受耕地资源的限制,生活在这里的苗族居民充分利用这里的地形特点,在半山建造独具特色的木结构吊脚楼,千余户吊脚楼随着地形的起伏变化,层峦叠嶂,鳞次栉比,蔚为壮观。西江每年的苗年节、吃新节、十三年一次的牯藏节等均名扬四海。西江千户苗寨是一座露天博物馆,展览着一部苗族发展史诗,成为观赏和研究苗族传统文化的大看台。

三、云南省旅游区

云南省,简称"云"或"滇",省会昆明市,地处中国西南边陲,东部与贵州、广西为邻,北部与四川相连,西北部紧依西藏,西部与缅甸接壤,南部和老挝、越南毗邻,全省总面积39.41万平方千米,常住人口4 829.5万。全省地势自西北向东南逐级下降,地形以山地高原为主,北部是青藏高原南延部分,西部为高山峡谷相间的横断山区,东部和中部为云贵高原部分,南部的宽谷盆地较多。全省海拔高低相差极大,梅里雪山主峰卡瓦格博峰海拔6 740米,为全省海拔最高点;河口县境内的中越界河处为全省最低点,海拔76.4米,海拔相差6 000多米。受复杂地形的影响,云南的气候也极为复杂,滇西北属寒带型气候,长冬无夏,春秋较短;滇东、滇中属温带型气候,四季如春,遇雨成冬;滇南、滇西南属低热河谷区,进入热带范围,长夏无冬,一雨成秋。在一个省区内,同时具有寒带、温带、亚热带、热带四个热量带的气候,有"一山分四季，十里不同天"之说，景象别具特色。全省河川纵横，湖泊众多。全省境内有长江、珠江、元江、澜沧江、怒江、大盈江6大水系，跨国河流多。全省有高原湖泊40多个，滇池面积最大，洱海次之。云南是全国动物和植物种类最多的省份，在全国3万种高等植物中，云南占60%以上，脊椎动物达1 737种，占全国58.9%，有国家一类保护动物46种，国家二类保护动物154种。云南省被誉为动物王国和植物王国。

云南是人类重要的发祥地之一，生活在距今170万年前的云南元谋人是迄今为止发现的亚洲最早的人类。在历史上云南曾出现过繁盛的古滇王国、古南诏国、大理国等地方政权，并留下了大量文明遗址和遗迹，对云南文化艺术的发展产生重要影响，也给当代旅游业提供丰富的人文旅游资源。云南是中国民族种类最多的省份，除汉族以外，人口在6 000人以上的世居少数民族有25个，民族风情多姿多彩，民俗文化源远流长。云南省各地保持着比较独特的饮食文化，没有形成比较统一的饮食风格，却也形成各地独特的风味饮食和土特产，如云南米线、云南白药、白族三道茶、傣族竹筒饭、普洱茶、虫草、松茸，等等。

依托独具特色的自然景观和丰富多彩的人文旅游资源，云南省大力发展旅游业，建成一批以高山峡谷、现代冰川、高原湖泊、石林、喀斯特洞穴、火山地热、原始森林、花卉、文物古迹、传统园林及少数民族风情等为特色的旅游景区。全省有景区、景点200多个，其中列为国家级风景名胜区12处，有6座国家历史文化名城，有6座国家历史文化名镇名村。丽江古城和红河哈尼梯田被列入世界文化遗产名录；三江并流、中国南方喀斯特（昆明石林）、澄江生物群被列入世界自然遗产名录（见图9-9）。

1. 昆明市游览区

昆明位于云贵高原中部，气候温和，夏无酷暑，冬无严寒，四季如春，气候宜人，鲜花常年开放，草木四季常青，是著名的"春城""花城"。昆明是全国十大旅游热点城市，首批中国优秀旅游城市，主要有石林世界地质公园、滇池、安宁温泉、九乡、阳宗海、轿子雪山等国家级和省级著名风景区，还有世界园艺博览园和云南民族村等100多处重点风景名胜，10多条国家级旅游线路，形成以昆明为中心，辐射全省，连接东南亚，集旅游、观光、度假、娱乐为一体的旅游体系。

（1）滇池

滇池，亦称昆明湖、昆明池、滇南泽、滇海，位于昆明市西南，面积330平方千米，为云南省最大的淡水湖，既有湖泊的秀逸和韵味，又有海的气势和情怀，被称为"高原明珠"。滇池的西岸有金马、碧鸡二山东西夹峙，湖上烟波浩渺，一碧万顷，湖四周多名山胜景，有大观楼、西山、海埂、白鱼口、郑和公园、石寨山古墓遗址等。

（2）西山

西山位于滇池西岸，由华亭山、太华山、罗汉山等组成。西山峰峦连绵40多千

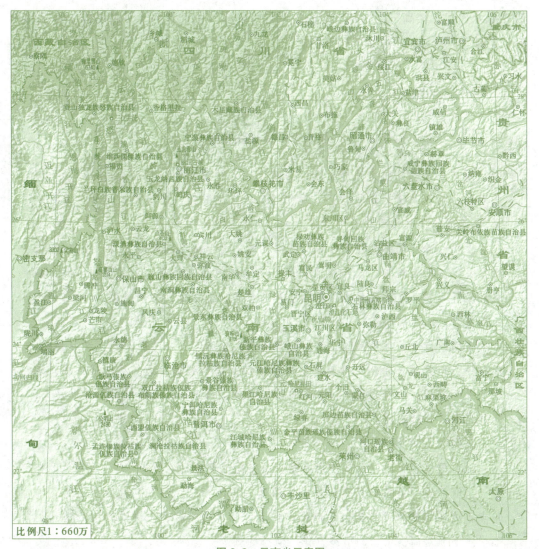

图 9-9　云南省示意图

米，海拔 1 900~2 350 米。相传古时有凤凰停歇，见者不识，呼为碧鸡，故也称碧鸡山。又因形状像卧佛，也叫卧佛山。从昆明城东南眺望，它宛如一位美女卧在滇池两岸，所以又叫睡美人。西山森林茂密，花草繁盛，清幽秀美，景致极佳，自古就有"滇中第一佳境"之誉。华亭寺、太华寺、三清阁、聂耳墓、玉兰园掩映在茂林修竹深处，龙门石窟嵌缀千仞峭壁之上，千亩小石林攒列罗汉山飞云奇秀之巅，气势磅礴的湖光山色，丰富厚重的千年历史文化，使西山独具神秘的魅力。

（3）大观楼

大观楼位于昆明市近华浦南面，始建于清康熙二十九年（1690 年），曾两度毁于兵燹，同治五年（1866 年）重建，因其面临滇池，远望西山，尽揽湖光山色而得名。大观楼临水而建，楼高三层，其中题匾楹联佳作颇多。由清代名士孙髯所作180字的长联，垂挂于大观楼临水一面的门柱两侧，号称"古今第一长联"。

阅读资料 9-3

昆明大观楼长联赏析

闻名中外的昆明大观楼长联，为清代诗人孙髯所作，这副长达一百八十字的对联，因景及情，借物咏怀，对仗精工，文情并茂，曾被誉为"古今第一长联"，赢得很多文学爱好者的欣赏。

上联：五百里滇池奔来眼底，披襟岸帻，喜茫茫空阔无边。看：东骧神骏，西翥灵仪，北走蜿蜒，南翔缟素。高人韵士，何妨选胜登临。趁蟹屿螺洲，梳裹就风鬟雾鬓；更苹天苇地，点缀些翠羽丹霞。莫孤负：四围香稻，万顷晴沙，九夏芙蓉，三春杨柳。

下联：数千年往事注到心头，把酒凌虚，叹滚滚英雄谁在？想：汉习楼船，唐标铁柱，宋挥玉斧，元跨革囊。伟烈丰功，费尽移山心力。尽珠帘画栋，卷不及暮雨朝云；便断碣残碑，都付与苍烟落照。只赢得：几杵疏钟，半江渔火，两行秋雁，一枕清霜。

赏析：

五百里滇池奔来眼底，披襟岸帻，喜茫茫空阔无边。

上联的这一开篇，从寥廓的空间落墨，写眼前景。这几句起得很得势。除暗点了大观楼的地理位置，还透露出作者登临大观楼、饱览汪洋浩瀚的滇池的喜悦。下面对周围山峦的情态，作了动态的刻画：

看：东骧神骏，西翥灵仪，北走蜿蜒，南翔缟素。

四个短句都用了比拟的修辞方式，特别是选用了骧、翥、走、翔四个声调各异的动词，读起来不仅音调铿锵，抑扬顿挫，具有语言的音乐美，而且把山峦描写得很灵动。下面接着写道：

高人韵士，何妨选胜登临。

这是承上启下的过渡句。作者今番独自凭眺，他愿意有更多的诗人雅客也来饱览这秀美的山川，分享登临的乐趣，于是深情地提出这样的倡议：

趁蟹屿螺洲，梳裹就风鬟雾鬓；更苹天苇地，点缀些翠羽丹霞。

这几句的大意是：趁着这螺状蟹形的洲屿装扮得像仕女那样，具有淡雅风姿的美好时节，更加上水中青苹、滩头修苇、凌空翠鸟、照眼红霞的迷人景色，何不来此一游！上联的最后几句写道：

莫孤负：四围香稻，万顷晴沙，九夏芙蓉，三春杨柳。

这上联的最后几句，作者又把思路推开一层，用不同季节而又富有地区特征的香稻、晴沙、芙蓉、杨柳，来渲染大观楼的迷人景色。

再看下联：

数千年往事，注到心头，把酒凌虚，叹滚滚英雄谁在？

下联的起句式从旷远的时间着笔，怀古代事。作者先用一句奠定怀古基调；又以"叹滚滚英雄谁在"自然过渡到对历史的追怀。

想：汉习楼船，唐标铁柱，宋挥玉斧，元跨革囊。

"汉习楼船"是指汉武帝刘彻，因洱海地区昆明族阻碍从滇池通往印度的通道，他让杨仆当楼船将军，练习水战的史实。"唐标铁柱"是说唐中宗景龙元年，吐蕃族的统治者入侵唐朝边界，当时讨击使唐九征打败了他们，唐九征在滇池附近建立铁柱以表功。"宋挥玉斧"是指王全斌平定了蜀地，欲乘势占取云南，宋太祖赵匡胤认为唐代天宝之乱是从南诏引起的，应引以为戒，便用玉斧在地图上标着大渡河的地方划了一下，说："此外，非我所有也。""元跨革囊"是指忽必烈于1253年亲统大军攻云南的事，随后大理便被元朝统一了。

伟烈丰功，费尽移山心力。

这里，诗人怀古后再总承接一句，表示对古代英雄的赞美。然后笔锋斗转，写道：

尽珠帘画栋，卷不及暮雨朝云；便断碣残碑，都付与苍烟落照。

这几句的大意是：尽管帝王的基业一时繁华，也禁不住政治风云的变化；即使是昔日宣扬封建帝王功德的碑碣，也已折断或字迹模糊，笼罩在黄昏的烟霭之中，倒卧在残阳的斜照之下。

这几句是从对历史的追怀回到凄凉的现实。诗人感叹风物虽好，却是人世沧桑；碑碣虽存，但已成历史陈迹。从而呼应了前文的"叹滚滚英雄谁在"一句。下联的最后几句写道：

只赢得：几杵疏钟，半江渔火，两行秋雁，一枕清霜。

这几句的大意是：如今仅仅赢得了稀疏的钟声，滇池中明灭寥落的渔火，两行南飞的秋雁和如同梦幻般的满目寒霜。

> 下联以凄清苍凉的情调，预示着封建王朝不可避免的衰亡命运，从中不难窥到作者因盛世的"繁华春去"而产生的对现实的严重不满与深切失望的心境。

（4）云南石林

云南石林位于昆明市石林彝族自治县境内，因石多似林而得名"石林"。路南石林占地总面积400平方千米，为世界地质公园、世界自然遗产和国家5A级旅游景区，被誉为"石林博物馆"。石林喀斯特地质景观类型多样，为纯灰岩剑状喀斯特的典型集中区，溶岩发育独特，地质演化复杂，自然景观上融雄、奇、险、秀、幽、奥、旷为一体，奇山怪石，惟妙惟肖，气势恢宏，令人惊叹；撒尼文化璨若繁星，史诗悠久、享誉世界。由大石林、小石林、万年灵芝、李子园箐、步哨山五个片区组成。

图9-10 大石林

大石林由密集的青灰色石峰组成，石峰直立突兀，陡峭险峻，高大刚硬，线条顺畅，最高大的独立岩柱高度超过40米。有"莲花峰""剑峰池""象距石台""凤凰梳翅"等典型景点（见图9-10）。在小石林中，疏朗秀美的石峰中静静伫立着美丽妩媚的阿诗玛，锋利的岩石与浓密的绿色相依，变得精美细腻。世代居住在石林的彝族撒尼人，个个都是天生的歌唱家、舞蹈家，他们劳作是歌、生活是舞，在奇峰异石之间，创造了与石林一样举世闻名的民族史诗《阿诗玛》。每年农历六月二十四日，被誉为"东方狂欢节"的彝族传统火把节，伴随着彝家人矫健的舞姿、熊熊的篝火、热情奔放的大三弦与千万支火把一起舞动，无不让千百万游客激情燃烧、如痴如醉、终生难忘。

（5）九乡风景区

九乡风景区位于昆明市宜良县九乡彝族回族乡境内，景区总面积167.1平方千米，既有灵秀的山水自然风光，也有壮丽恢宏的地下自然风光，更有历史悠久的人文景观和古朴淳厚的民族民俗风情，是独具特色的观光型喀斯特地质公园。

九乡溶洞的数量和规模堪称世界之最，计有大小溶洞上百座，成群连片；体量宏大，洞穴粗犷、宏大、空阔、雄伟壮观；类型齐全，几乎集中了省内所有溶洞风景区的景观类型；钟乳石千姿百态，无奇不有。现已开发十大景域，即峡谷旅游观光电梯、荫翠峡、惊魂峡、古河穿洞、雄狮厅、仙人洞、雌雄双瀑、林荫寨、蝙蝠洞和旅游索道。其中，荫翠峡平波清韵，景色清幽迷人，俗称"情人谷"；雄狮大厅为世界独一无二的地下厅堂，整个大厅面积达 15 000 平方米；雌雄瀑气势恢宏，如黄河倒悬；神田奇伟壮丽，充满田园风味；张口洞古人类活动遗迹是 4 至 10 万年人类演化的重要记录。九乡风景区已被命名为国家重点风景名胜区和国家地质公园，已成为著名的峡谷洞穴类观光型公园。

（6）云南民族村

云南民族村位于昆明市西南郊的滇池之畔，集云南主要的傣族、白族、彝族、纳西族、佤族、布朗族、基诺族、拉祜族、藏族、景颇族、哈尼族、德昂族、壮族、苗族、水族、怒族、蒙古族、布依族、独龙族、傈僳族、普米族、满族、回族、瑶族、阿昌族等 25 个少数民族的村寨、民族歌舞厅、民族广场、云南民族博物馆以及激光喷泉、水幕电影等旅游设施，可了解云南各民族的建筑风格、民族服饰、民族风俗，可以观赏民族歌舞表演，可以参与白族的"三月街"民族节、傣族的"泼水节"、彝族的"火把节"、傈僳族的"刀杆节"、景颇族的"目瑙纵歌"、纳西族的"三朵节"等独具民族特色的民族节日活动，是集中反映和展示云南民族社会文化风情的窗口。

2. 大理游览区

大理白族自治州位于云南省中部偏西，地处低纬高原，平均海拔 2 090 米，属低纬高原季风气候，四季温差小。大理依苍山，傍洱海，山水秀丽，其风景以"风、花、雪、月"而著称。大理古城是古代南诏国和大理国的都城，作为古代云南地区的政治、经济和文化中心，时间长达 500 余年。大理还是以白族为主的少数民族聚集区，民族风情独特。这个有着秀丽的自然风光、丰富的文物古迹、多彩民族风情的古城被评为中国历史文化名城和中国优秀旅游城市，境内景区景点众多，以蝴蝶泉、苍山、洱海、大理古城、崇圣寺三塔等景点最有代表性。

（1）大理古城

大理古城东临洱海，西倚苍山，形成了"一水绕苍山，苍山抱古城"的城市格局。从 779 年南诏王异牟寻迁都阳苴咩城，已有 1 200 年的建造历史。现存的大理古城是在明朝初年阳苴咩城的基础上恢复的，城呈方形，开四门，上建城楼，下有卫城，更有南北三条溪水作为天然屏障，城内由南到北横贯着五条大街，自西向东纵穿了八条街巷，整个城市呈棋盘式布局，素有九街十八巷之称。古城内东西走向的护国路，被称为"洋人街"，这里一家接一家的中西餐馆、咖啡馆、茶馆及工艺品商店，这些店铺的招牌和广告多用外文书写，吸引着各国游客来到这里寻找东方古韵，渐成一道别致的风景。全城清一色的清瓦屋面，鹅卵石堆砌的墙壁，显示着古城的古朴、别致、优雅。在城西的苍山脚下，每年的农历三月十五日至二十一日举行一年一度的民族传统节日"三月街"民族节，吸引国内外无数游客前来旅游观光，使古老的大理古城变得热闹非凡。

(2) 苍山

苍山，又称"点苍山"，因其山色苍翠、山顶点白而得名（见图9-11）。苍山是云岭山脉南端的主峰，由十九座山峰由北而南组成，海拔一般均在3 500米以上，巍峨雄壮，横亘大理境内，山顶白雪皑皑，银妆素裹，人称"苍山雪"，与秀丽的洱海风光形成强烈对照，形成"银苍玉洱"绝美景色。苍山云景变幻万千，其中最有名的是"望夫云"和"玉带云"。苍山美石古来闻名，这种瑰丽的岩石世界各地都有，但以大理的为最美，故以"大理石"命名，苍山十九峰，峰峰都有大理石。

图9-11 苍山和洱海

(3) 洱海

洱海是由西洱河塌陷形成的高原湖泊，外形如同耳朵，故名洱海，面积约251平方千米，为云南省第二大湖泊。湖内有"三岛""四洲""五湖""九曲"之胜。在洱海最南端的团山有一座洱海公园，是观赏苍山洱海景色的最佳处，观洱海湖水清澈如碧，四周风景秀美如画。"洱海月"是大理四大名景之一，月明之夜洁白无瑕的苍山雪倒映在洱海中，与冰清玉洁的洱海月交相辉映，构成"银苍玉洱"奇观。

(4) 蝴蝶泉

蝴蝶泉坐落在大理点苍山云弄峰下，面积50多平方米，为方形泉潭。泉水清澈如镜，泉自沙石中徐徐涌出，泉边树荫如盖，一高大合欢古树横卧泉上，于每年春夏之交，特别是4月15日，诱使成千上万的蝴蝶前来聚会，满天飞舞。最奇的是万千彩蝴蝶，交尾相随，倒挂蝴蝶树上，形成无数串，垂及水面，蔚为壮观。蝴蝶泉奇景古已有之，明代徐霞客笔下已有生动的记载。郭沫若于1961年游览时，手书"蝴蝶泉"三个大字，刻于泉边的坊石之上。

(5) 崇圣寺

崇圣寺，东对洱海，西靠苍山，位于云南省大理古城北约1千米处，建于南诏时期，成为南诏国、大理国时期佛教活动的中心（见图9-12）。大理国二十二代皇帝中，曾有九位到崇圣寺出家为僧。崇圣寺曾在清咸丰年间烧毁，只有三塔完好地保留下来，现在的寺院为2004年重建的，整个仿古建筑群落占地600亩，属于汉传佛教寺院。主要建筑有金翅鸟广场、山门、护法殿、弥勒殿、十一面观音殿、大雄宝殿、阿嵯耶观音阁、望海楼、罗汉堂、祖师殿、千佛廊等。

崇圣寺三塔为古代崇圣寺五大重器之首，主塔名千寻塔，高69.13米，建于唐代南诏国时期（833—840年），为方形密檐式空心砖塔，共16级，塔心内有木梯盘旋而上。塔身呈纺锤形，线条圆润，属典型的唐代建筑风格。南北两座小塔高度均为42.19米，建造于大理国段正严、段正兴时期（1108—1172年）。两小塔相距97米，为八角形楼阁式10级砖塔，每级塔檐上砌出模拟木构建筑的斗拱、平座和形状各异的塔形龛，塔身有佛像、莲花、花瓶等浮雕，层层各异。崇圣寺三塔集崇扬佛教、镇灾降邪和观赏三种功用于一身，具有极高的历史、文化和建筑价值。古朴而美丽的三塔与苍山洱海相互辉映，成为大理古城的标志性景观。

图9-12 崇圣寺

阅读资料9-4

大理"风花雪月"是指什么？

大理的自然景象以"风、花、雪、月"而闻名天下，即"下关风、上关花、苍山雪、洱海月"。

下关风：大理的下关（地名）是一个山口，这是苍洱之间主要的风源，风期之长、风力之强为世所罕见，一年之中大风日数在35天以上，风平均风速为每秒4.2米，最大风速达10级。下关风的成因是其特殊的地势形成的。

上关花：上关（地名）是一片开阔的草原，鲜花铺地，姹紫嫣红，人称"上关花"；大理气候温和湿润，最宜于花木生长，爱花养花也成了白族人民的一种生活习俗。

苍山雪：经夏不消的苍山雪峰，是苍山景观中的一绝。

洱海月：洱海风光秀美，每到月夜，水色如天，月光似水，人称"洱海月"。

3. 丽江市游览区

丽江位于云南省西北部、滇川藏三省区交界处，是古代"南方丝绸之路"和"茶马古道"的重要通道。丽江地形错综复杂，金沙江流经全市，山高谷深，山势陡峻挺拔，河流深切其间，玉龙雪山主峰为全境最高点，海拔5 596米。丽江是一个多民族聚居的地方，有12个世居少数民族，以纳西族和彝族为主，民族文化形式古朴，内涵丰富，民族风情独特。丽江是著名的旅游城市，拥有世界文化遗产丽江古城、世界自然遗产三江并流、世界记忆遗产纳西族东巴古籍文献等三大世界遗产。丽江市旅游资源丰富，有旅游风景点104处，最具有代表性的有二山（玉龙雪山、老君山）、一城（丽江古城）、一湖（泸沽湖风景名胜区）、一江（金沙江虎跳峡）、一文化（纳西东巴文化）、一风情（摩梭人风情）等知名旅游景观。

（1）丽江古城

丽江古城，又名大研镇，坐落在丽江坝中部，始建于宋末元初（13世纪后期），由丽江木氏先祖将统治中心由白沙古镇迁至现狮子山而营造的房屋城池，城内居民中纳西族占总人口绝大多数（见图9-13）。丽江古城是一座没有城墙的古城，城内的街道依山傍水修建，以红色角砾岩铺就，古城的奇特之处在于玉河水系穿城而过，修建有桥梁354座，使这座西部古城呈现出"条条街道见流水，户户门前有清溪"的江南水乡风景，家家户户都是"小桥流水人家"。丽江是中国以整座古城申报世界文化遗产获得成功的两座古城之一，文物古迹特别多，著名的有四方街、木府、五凤楼、黑龙潭、文昌宫、王丕震纪念馆、雪山书院、王家庄基督教堂、方国瑜故居、白马龙潭寺、顾

图9-13　丽江古城四方街

彼得旧居、净莲寺、普贤寺等景点。四方街是丽江古城中心，据说是明代木氏土司按其印玺形状而建。这里是茶马古道上最重要的枢纽站，明清以来各方商贾云集，各民族文化在这里交汇生息，是丽江经济文化交流的中心。木府原为丽江世袭土司木氏的衙署，始建于元代（1271—1368年），其内悬挂有历代皇帝钦赐的匾额十一块，反映了木氏家族的盛衰历史。位于城内福国寺的五凤楼始建于明代万历二十九年（1601年），融合了汉、藏、纳西等民族的建筑艺术风格，是中国古代建筑中的珍宝和典型范例。

丽江古城有着多彩的地方民族习俗和娱乐活动，纳西古乐、东巴仪式、占卜文化、古镇酒吧以及纳西族火把节等，别具一格。

（2）玉龙雪山

玉龙雪山在纳西语中被称为"欧鲁"，意为"天山"，其十三座雪峰连绵不绝，宛若一条"巨龙"腾越飞舞，故称为"玉龙"，它是纳西人的神山，传说是纳西族保护神"三多"的化身。玉龙雪山是亚欧大陆最南端的现代季风海洋型冰川分布区，分布有19

条现代冰川。雪山自然旅游资源丰富，以险、秀、奇著称，可分为雪域、冰川、高山草甸、原始森林景观等。玉龙雪山已开发的旅游景区（点）主要有：冰川公园、扇子陡滑雪场、甘海子、蓝月谷、云杉坪、牦牛坪等。其中，扇子陡峰是玉龙雪山的最高峰，陡海拔为5 596米，隔奔腾的金沙江与哈巴雪山相对，峰正下方即为冰川公园，游客可以观赏到冰川的末端千姿百态的冰塔林，因阳光折射呈现出蓝绿色，人称"绿雪奇峰"。云杉坪，又名"情死之地"，海拔3 240米，相传这里是纳西族神话传说中"玉龙第三国"的男女青年殉情处。

（3）虎跳峡

虎跳峡位于香格里拉市虎跳峡镇境内，距香格里拉市96千米，距丽江市80千米，是金沙江上的第一大峡谷，相传猛虎下山，在江中的礁石上稍抬脚，便可腾空跃过，故称虎跳峡。峡内礁石林立，有险滩21处，高达10多米的跌坎7处，瀑布10条。长江江水在这里被玉龙、哈巴两大雪山所夹峙，海拔高差3 900多米，峡谷之深，位居世界前列，最窄处，仅约30余米，江水在约30千米长的峡谷中，跌落了213米，江心有一个13米高的虎跳石，巨石犹如孤峰突起，屹然独尊，江流与巨石相互搏击，山轰谷鸣，气势非凡，金沙江在这里展示了一种不可阻挡的英雄气概。虎跳峡全峡分为上虎跳、中虎跳、下虎跳三段，上虎跳最重要的景观是"峡口"和"虎跳石"，中虎跳的是"满天星"和"一线天"，下虎跳的则是"高峡出平湖"和"大具"。

（4）泸沽湖

泸沽湖位于四川省凉山彝族自治州盐源县与云南省丽江市宁蒗彝族自治县之间，景区四周崇山峻岭，一年有三个月以上的积雪期，森林资源丰富，山清水秀，空气清新，景色迷人，泸沽湖被当地摩梭人奉为"母亲湖"，也被誉为"蓬莱仙境"。泸沽湖岸边生活着纳西族摩梭人约6 000人，独特的摩梭母系民族文化形成了特色突出的人文景观。景区由周边摩梭村落、永宁（扎美寺和永宁温泉）、阿夏幽谷、格姆女神山和小洛水村组成，共有17个沙滩、14个海湾、5个全岛、3个半岛和1个海堤连岛组成，沿湖还分布着18个自然村庄。

阅读资料9-5

丽江古城——耕读文化的经典遗存

丽江是纳西族文化的中心，也是汉、藏、白等多民族文化艺术的交汇之处，其建筑、音乐及壁画中都体现出民族相互融合交汇的特点。这里存留着享誉世界的古老象形文字——东巴文和纳西古乐；保存着名扬四海的世界文化遗产——大研古镇；挺立着雪山十三峰；静卧着世界上最窄、最长、落差最大的神奇峡谷——虎跳峡。

一、白沙明清建筑和白沙壁画

白沙镇是纳西族最早的发祥地，木氏土司曾在此建有家院。白沙村大宝积宫的壁画主要绘于明代末至清初，已有500多年历史，主要以佛教和道教的宗教内容为主，线条流畅，用色自然，历经数百年而不衰。

二、纳西服饰

纳西族男子的服饰与汉族大体相同，穿长袍马褂或对襟短衫，下着长裤。而妇女则多穿大襟宽袖布袍，袖口捋至肘部，外套紫色或藏青色披肩，下着长裤，腰系蓝白黑三色棉布缝制的围裙，披"七星羊皮"，羊皮上端缝着两根白色长带，从肩搭过，在胸前交错系在腰后。"七星羊皮"既美观又极具民族特色，还可暖身护体，它一般用整块纯黑色羊皮制成，剪裁为上方下圆，上部缝着6厘米宽的黑边，下面再钉上一字横排的七个彩绣的圆形布盘，圆心各垂两根白色的羊皮飘带，代表北斗七星，俗称"披星戴月"，象征纳西族妇女早出晚归，披星戴月，以示勤劳之意。

纳西族未婚女子一般梳长发或扎长辫披垂肩后，已婚妇女则在头顶梳发髻，喜欢戴蓝色帽子。

三、浅酌轻饮好惬意

丽江古城是个仿佛可以让时光静止的地方，一种从容安详的氛围缓缓地在街上飘荡，慢慢地走，细细地看，累了，街边尽是风格各异的酒吧，找一间坐下来，浅酌轻饮几杯，好不惬意！

四、东巴文化

东巴文化是人们对1 000多年来纳西人创造的东巴教文化的总称。国际学术界认为，古往今来，世界上以成千上万卷图画和象形文字记录下辉煌灿烂的本民族文化的，只有纳西族一个。这些被称为《东巴经》的遗存如今尚存两万多卷。"东巴"纳西语意为"山乡诵经者"，也就是说是东巴教的"经师"，他们是纳西族古代文化的创造者和传承者。纳西族先民认为人和自然是同父异母的两兄弟，最初这两兄弟彼此尊重敬爱，后来人类起了贪婪之心，对大自然肆意砍伐，胡作非为，惹怒了自然这个兄弟，便对人类施以惩罚。人类面临着前所未有的灾难，只好求告于神，乞求人畜平安，天下太平。此后，人类不再对自然滥加破坏，终于两兄弟又和好如初。

东巴文源于纳西族的宗教典籍兼百科全书的《东巴经》，是一种原始的图画象形文字，这种字由东巴所掌握，主要为东巴教徒传授使用，书写东巴经文，故称东巴文。纳西话叫"司究鲁究"，意为"木迹石迹"，见木画木，见石画石。是一种兼备表意和表音成分的图画象形文字。其文字形态十分原始，属于文字起源的早期形态，但亦能完整纪录典藏。东巴文有1 400多个单字，词语丰富，能够表达细腻的情感，能记录复杂的事件，亦能写诗作文。东巴文被称为世界唯一存活着的象形文字，被誉为文字的"活化石"。2003年，东巴古籍被联合国教科文组织列入世界记忆名录，并进行数码记录。

《东巴经》即东巴书写、念诵的经书，主要分布于金沙江上游的纳西族西部方言区，包括丽江和中甸、维西的部分地区。国内外学者认为，东巴经是研究纳西族古代的哲学思想、语言文字、社会历史、宗教民俗、文学艺术、伦理道德及中国西南藏彝走廊宗教文化流变、民族关系史，以及中华远古文化源流的珍贵资料。

五、丽江古城

丽江古城又叫大研镇，始建于宋朝，古城以古代土司府为中心，以四方街为代表，以纳西族民居为主体，以古朴的建筑风格和科学合理的布局闻名于世。

四方街是一个商业中心，也是茶马古道的通道，清澈的雪山雪水分三道穿街而过，日间流入千家万户供居民使用，夜间则泉水漫上街道，冲刷路面，走在湿漉漉的街道上，别有一番情调。

古镇明清建有石桥达300多座，街边建筑古香古色，大部分为全木式纳西族风格的老房子，门口贴着用东巴文写的对联，外地人看不懂，但知道一定是祝福吉祥如意的词语，很有一种神秘感，仿佛自己穿越千年来到了古代的街市。

来到丽江一定要来看看那"纳西的紫禁城"木府。木府位于丽江古城西南隅，是古代丽江木氏土司衙门。相传因为古代丽江世袭的统治者皆姓木，故大研镇没有筑围墙，以避"困"的忌讳。木府始建于元代，木氏土司历经元、明、清三朝，世袭相传21代。为了保护姓氏统治的高贵，木府推行"官姓木，民姓禾"的制度。木府建筑气势宏大，雕梁画栋，由西向东巍然而立，殿枕西山，以聚元气；坊迎玉水，生太极之脉；北列玉龙，南啸神虎，布秀呈奇，一派祥和富贵之气。徐霞客曾感叹："宫室之丽，拟于王者。"

> 三眼井是丽江古城常见的用水方式，通常是并排的三个水眼：第一眼为泉眼，饮水专用；第二眼接第一眼流入之水，用于做饭洗菜；第三眼再接第二眼的水，用于清洗衣物等。清水和脏水分流，流入家家户户，再流出古城，所以在古城家家门前有溪水，户户之间有桥通，又给人一种江南水乡"小桥流水人家"的感觉。
>
> 六、纳西古乐
>
> 据考证，纳西古乐源于唐、宋、元时期中原的词牌、曲牌音乐、道教科仪音乐、洞经音乐和皇经音乐，形成了它独特的灵韵，被誉为"音乐化石"。纳西古乐最具欣赏性的地方是其"稀世三宝"。第一件宝贝是古老的曲子；其次就是古老的乐器，乐师们手上所持乐器，皆有上百年历史；再有就是古老的艺人。

4. 三江并流

三江并流是指金沙江、澜沧江和怒江这三条发源于青藏高原的大江在云南省境内自北向南并行奔流170多千米，穿越担当力卡山、高黎贡山、怒山和云岭等崇山峻岭之间，形成世界上罕见的"江水并流而不交汇"的奇特自然地理景观。景区内高山雪峰横亘，海拔变化呈垂直分布，从760米的怒江干热河谷到6 740米的卡瓦格博峰，景区有造型迥异的雪山、原始森林和冰蚀湖泊。梅里雪山主峰卡瓦格博峰上覆盖着万年冰川，晶莹剔透的冰川从峰顶一直延伸至明永村森林地带，这是世界上最为壮观且稀有的低纬度低海拔季风海洋性现代冰川。"三江并流"地区被誉为"世界生物基因库"，这一地区占我国国土面积不到0.4%，却拥有全国20%以上的高等植物和全国25%的动物种数，包括国家级保护珍稀濒危动物滇金丝猴、羚羊、雪豹、孟加拉虎、黑颈鹤等77种，以及国家级保护植物秃杉、桫椤、红豆杉等34种。

三江并流风景区包括位于云南省丽江市、迪庆藏族自治州、怒江傈僳族自治州的9个自然保护区和10个风景名胜区，奇特的"三江"并流，雄伟的高山雪峰，险要的峡谷险滩，秀丽的林海雪原，幽静的冰蚀湖泊，少见的板块碰撞，广阔的雪山花甸，丰富的珍稀动植物，壮丽的白水台，独特的民族风情，构成了雄、险、秀、奇、幽、奥等特色，2003年7月根据自然遗产评选标准，被列入世界自然遗产目录。

5. 香格里拉

香格里拉藏语意为"心中的日月"，是云南省迪庆藏族自治州的首府，位于滇西北、青藏高原横断山区腹地，是滇、川、藏三省区交界地。1933年，詹姆斯·希尔顿在其长篇小说《失去的地平线》中，首次描绘了一个远在东方群山峻岭之中的永恒和平宁静之地"香格里拉"。1996年启动了在云南寻找香格里拉的考察。1997年9月，云南省政府在迪庆州府中甸县召开新闻发布会并宣布香格里拉就在迪庆。2001年12月17日，经国务院批准中甸县更名为香格里拉县。香格里拉景区内雪山耸峙，草原广袤，苍凉的茶马古道上的石门关，滇西奇观色仓大裂谷，林海中那些清幽宁静深邃神秘的高山湖泊，组成了香格里拉神奇险峻而又清幽灵秀的自然景观。世代生活于此的藏族、傈僳族、汉族、纳西族、彝族、白族等各个民族在生活方式、服饰、民居建筑、宗教建筑以及婚俗礼仪等传统习俗中互相融合又彼此独立，形成了浓郁的民族风情。香格里拉旅游资源丰富多彩，景点众多，最为著名的有普达措国家公园、独克宗古城、噶丹·松赞林寺、梅里雪山、白水台、虎跳峡小中甸花海、香格里拉大峡谷、纳帕海等景点。

梅里雪山是著名的"日照金山"，以其巍峨壮丽、神秘莫测而闻名于世，具有巨大的观赏价值和科学考察、探险价值，因其不可预测性至今无人能登上峰顶，更加深了其神秘性而令人向往。最高峰卡格博峰海拔6 740米，在藏语里是"白色的雪山"的意思，被奉为"雪山之神"，位居藏区八大神山之首，是藏传佛教神圣的朝觐之地，无数香客络绎不绝地从青海、西藏、四川、甘肃等地千里迢迢赶来，围着神山顶礼膜拜"转经"，短则三五天，多则半个月甚至更长时间。卡格博峰的周围耸立着太子雪山、白茫雪山和哈巴雪山等著名的雪山。

位于哈巴雪山山麓、香格里拉县城东南的三坝乡白地村的白水台纳西族语意为"渐渐长大的花"，是中国纳西族文化的发祥地，被东巴教徒视为"圣地"。白水台是由于碳酸钙溶解于泉水中而形成的自然奇观。含碳酸钙的泉水慢慢下流，碳酸盐随山就势逐渐沉淀形成台幔，好似层层梯田，被称为"仙人遗田"，面积约3平方千米，它是我国最大的华泉台地。

噶丹·松赞林寺建于1679年，是云南省规模最大的藏传佛教寺院，也是川滇一带的黄教中心，在整个藏区都有着举足轻重的地位，被誉为"小布达拉宫"。该寺依山而建，外形犹如一座古堡，集藏族造型艺术之大成，主殿庄严华贵，殿内壁画色彩鲜艳，笔法细腻。寺内收藏了有五世达赖和七世达赖时期的八尊包金释迦佛像、贝叶经、五彩金汁精绘唐卡、黄金灯等，有"藏族艺术博物馆"之称。

6.西双版纳游览区

西双版纳在古代傣语中又叫"勐巴拉那西"，意即"理想而神奇的乐土"。西双版纳傣族自治州地处云南省最南端，拥有中国唯一的热带雨林自然保护区，以神奇的热带雨林自然景观和少数民族风情而闻名于世。这里属热带季雨林气候，高温、多雨、潮湿，气温常年在21℃左右，每年5月至10月为雨季，其他时间为旱季。风景区以景洪为中心，包括勐仑、勐遮和澜沧江一线，勐仑河谷热带雨林是西双版纳植物王国的缩影；勐遮有景真八角亭、勐邦水库、曼岭缅寺、茶王树等景点；澜沧江一线有称为

图 9-14 热带雨林

"孔雀之乡"的橄榄坝、小白塔、仙人洞、大宗河瀑布、虎跳石等景点及多种野生植物群落（见图 9-14）。

进入西双版纳沟谷雨林原始森林公园，森林覆盖率达 98%，品种繁多的热带植物遮天蔽日，龙树板根、独木成林、老茎生花、植物绞杀等植物奇观异景随处可见；奇花异草与珍禽异兽众多，有望天树、桫椤等被称为"活化石"的孑遗植物 30 多种，稀有植物 135 种，有亚洲象、白腹黑啄木鸟、熊猴、绿孔雀等国家重点保护动物 45 种，是名副其实的"植物王国"和"动物王国"。

野象谷地处勐养自然保护区，距景洪市 22 千米，是中国首家以动物保护和环境保护为主题的国家公园。目前，西双版纳是亚洲象在中国唯一的栖息地。景区内沟河纵横，森林茂密，一片热带雨林风光，亚洲野象、野牛、绿孔雀、猕猴等保护动物都在此栖息。野象谷通过高空观象栈道、雨林观光索道、亚洲象博物馆、亚洲象种源繁育基地、亚洲象表演学校等多个游览项目，让游客得以在不干扰亚洲象生活的条件下安全地观察亚洲野象及其生存环境，成为中国唯一一处可以与亚洲野象近距离交流的地方，被誉为"人类与亚洲野象沟通的桥梁"。

世居西双版纳的有傣族、汉族、哈尼族、布朗族、拉祜族、基诺族、苗族、佤族等 13 个民族，其中傣族为主体。傣族的历史悠久，在长期的生活中创造了灿烂的文化，傣族的舞具有很高的艺术水平和鲜明的民族特色，动作为多类比和美化动物的举止，如流行广泛的"孔雀舞""象脚鼓舞"等。傣族信仰上座部佛教，在傣族地区，佛塔和佛寺随处可见。傣族民居——竹楼，是我国现存最典型的干栏式建筑，造型古雅别致，住在里面清凉舒爽。傣族男子有文身的习俗，表示勇敢、美观。

7. 瑞丽江—大盈江风景名胜区

瑞丽江—大盈江国家级风景名胜区位于云南省西部的德宏傣族景颇族自治州境内，其西北、西南、东南三面与缅甸山水相连，村寨相望。景区景点遍布德宏州，主要以潞西、瑞丽江流域、大盈江流域集中成片，景观资源构成丰富，景观独特，环境质量好，容量大。

　　风景区总体结构为"二线、三片区、一边"。"二线"即瑞丽江游览线和大盈江游览线。瑞丽江发源于高黎贡山西侧的腾冲县境内，由瑞丽流入缅甸，游览线以交错变化的峡谷及平坝河流景观，田园牧歌式的边地风光为景观特征；大盈江游览线，以江岸迂回曲折，水流平缓的坝区河流景观，南亚热带植物景观与星罗棋布的傣家村寨构成一幅山水如画的田园风光。"三片区"即潞西片区、瑞丽片区、盈江片区。潞西片区的芒市景区以水库景观、名胜古迹、历史建筑等人文景观构成景区特色，三仙洞景区以岩溶景观、民间传说和温泉为景区特色；瑞丽片区内的畹町景区以江河、瀑布、亚热带雨林、边境口岸城市为主要特色，瑞丽姐告景区以榕树群落、佛教建筑、历史文化古迹、边境口岸城市为主体构成，南姑河景区以文物古迹、铬尖晶沙矿区河流为景观；盈江片区内的允燕景区以盈江允燕山公园及民族文化风情为主要特色，凯邦亚湖景区以多岛屿、多水湾的大型人工水库和植物景观构成，铜壁关自然保护区以原始森林、热带季雨林—桫椤林及珍稀动植物景观资源为主要特色。"一边"即漫长的边境线，国境线长503.8千米，与缅甸接壤的边境口岸城镇、通道如瑞丽、畹町、弄岛、拉影、姐告等的边境贸易、宝玉石交易、热带、亚热带风光、异国情调和南传上座部佛教文化为背景的民俗风情，众多的口岸城镇及通道，为边贸往来和出入境旅游创造了良好条件。

8. 腾冲游览区

　　腾冲位于云南省西南部的保山市，西北与缅甸接壤。腾冲是著名的侨乡、文献之邦和翡翠集散地，由于地理位置重要，历代都派重兵驻守，明代还建造了石头城，称之为"极边第一城"。腾冲主要旅游景区有火山群国家公园、叠水河瀑布、北海湿地保护区、国殇墓园、艾思奇故居等。

　　腾冲是中国著名的地热风景区，以温泉遍布、热力强大、表现形式奇特著称于世。全区发现有64处地热活动区，温泉群达80余处，最高水温达96.3℃。其中热力最猛、景观最为奇妙的便是镶嵌在城西约20千米的腾冲热海，已开发了大小滚锅、哈麻嘴、美女池、狮子头、珍珠泉、鼓鸣泉、怀胎井、仙人澡堂及澡堂河瀑布等十余个景点，其中最壮观的就是称为"大滚锅"的硫磺塘，锅内有三个喷水孔，锅底水温最高可达102℃（见图9-15）。位于腾冲县北部的打鹰山是腾冲火山群的中心，东西有规

图9-15　热海"大滚锅"

律地排列着 70 多座火山，构成了中国近期火山的一个著名地带。

腾冲同时也素有"天然植物园物种基因库"之称，生长于腾冲县北部大塘乡的一种杜鹃花，是已发现的世界上多种杜鹃花中树最大、花朵最大、枝干最粗的一种，被科学家称为大树杜鹃王，已被国家列为重点保护植物。其他的珍稀树种还有秃杉、红花油茶、银杏、红豆杉、香柏等。

除火山、地热等著名的自然景观外，腾冲的国殇墓园因其厚重的历史背景和所蕴含的强烈爱国主义精神，成为了一处闻名于世的人文景观。

9. 建水游览区

建水县位于云南省东南部的红河哈尼族彝族自治州，古称临安，自元代以来就是滇南政治、文化、交通中心，文化发达，人才辈出，有保存完好、规模宏大的文庙，以及朝阳楼、双龙桥、指林寺、朱家花园等一大批古建筑。仅古寺庙、城区就有 40 多所，还有许多保存完好、以哈尼族草顶房、彝族土掌房为代表的各族古民居，堪称古建筑博物馆。此外，还有以朱德故居为代表的遍布革命先辈遗迹的革命遗址纪念地，有奇异多彩的云海和气势磅礴的红河景观。

燕子洞也是建水著名的景观，被认为是"亚洲最大、最壮观的溶洞之一"，不仅钟乳石奇观丰富多彩，而且春夏有百万只雨燕飞来巢居，蔚为壮观。洞内的峭壁悬匾及当地人采摘燕窝的绝技表演等共同构成燕子洞美妙奇特的旅游魅力。

第三节　主要旅游线路介绍

一、广西壮族自治区主要旅游线路

1. 南宁—柳州—桂林—阳朔山水精品旅游线路

线路特色：从南宁往北走，可以游览广西最精美的山水风光和各民族人文景观，体验壮族、彝族等少数民族的奇异风俗民情，是绝美的广西旅游线。主要景观包括南宁药用植物公园、柳州奇石文化和立鱼峰公园、桂林山水、漓江风光、阳朔西街、兴坪古镇、兴安灵渠、龙脊梯田等。

2. 北海—南宁—凭祥热带海滨风光及边境旅游线路

线路特色：这是一条广西最南方沿海滨、沿边境热带风光旅游线，可以欣赏北海银滩、涠洲岛及红树森美景，在南宁广西博物馆体验壮族古老文化和独特风俗，在青秀山感受热带地区的山水风光，在边境线上感受德天瀑布的震撼和凭祥的异域风情。

二、贵州省主要旅游线路

1. 贵阳—安顺—兴义—安龙震撼瀑布岩溶地貌旅游线路

线路特色：此旅游线最充分体现贵州世界著名的经典喀斯特地貌景观特色，感受中国最大瀑布的震撼。主要景区景点包括红枫湖、南江大峡谷、十里画廊、屯堡文化旅游区、黄果树瀑布、龙宫、关岭国家地质公园、二十四道拐、马岭河峡谷、万峰林、万峰湖、招堤荷花、明十八先生墓等。

2. 贵阳—织金—遵义—赤水—毕节绿色休闲及红色胜地旅游线路

线路特色：这是一条北行旅游线，以养生度假为特色，主要景点包括贵阳花溪湿地公园、织金洞风景区、遵义会议会址、永兴"中国茶海"景区、十里桃花江、四渡赤水纪念馆、中国丹霞世界自然遗产地、毕节百里杜鹃景区等。

3. 贵阳—凯里—镇远—铜仁黔文化旅游线路

线路特色：此旅游线以体验贵州独特的历史文化、宗教文化及民俗文化为主，同时还可以尽情享受纯净生态环境和秀美风光，是贵州省的一条旅游热线。线上主要景点包括黔灵山、甲秀楼、青岩古镇、西江千户苗寨、舞阳河景区、镇远古镇、梵净山自然保护区等。

三、云南省主要旅游线路

1. 昆明—大理—丽江—香格里拉滇西北经典精品旅游线路

线路特色：这是一条云南省最为经典的精品旅游线，从昆明往西北方向进入云南省高山深谷区，地形复杂，自然景观奇绝，人文景观极具特色，吸引大量国内外游客。线上主要景区景点有滇池风景名胜区、民族村、世博园、大理古城、苍山、洱海、崇圣寺、丽江古城、玉龙雪山、虎跳峡、三江并流、泸沽湖、梅里雪山、白水台、松赞林寺等。

2. 昆明—建水—元阳—普洱—景洪滇西南原生态风光旅游线路

线路特色：此旅游线以体验云南西南部热带雨林原生态风光为特色，线上景区景点包括九乡风景区、路南石林、建水古镇、燕子洞、元阳梯田、普洱茶马古道、西双版纳风景区等。

3. 昆明—大理—保山—德宏滇西奇景边境旅游线路

线路特色：由昆明往西，到达云南西部边境，可以让游客观赏其他地方难得一见的地热火山奇景，感受德宏多民族风情的独特魅力，体验缅甸边境旅游的乐趣、购买缅玉的方便。线上主要游览苍山洱海、蝴蝶泉、腾冲地热风景区、瑞丽江—大盈江风景区等。

思考与练习

1. 分析西南旅游区自然地理环境和人文地理环境特征对旅游业的影响。
2. 比较滇西北与滇西南两大游览区旅游景观的异同。
3. 介绍桂林—漓江风景区的旅游景观。
4. 丽江是哪个少数民族的聚集地？丽江的人文旅游资源有何特点？
5. 分别介绍昆明、南宁和贵阳三个省会城市的旅游特色。
6. 从可持续性发展的角度谈谈对西南旅游区的民族风情旅游资源的开发利用策略。
7. 填空题：
   （1）纳西族的神山是_____。
   （2）_____是亚洲象在中国唯一的栖息地，建有自然保护区加以保护。
   （3）_____有"南方北戴河"之美称，沙滩均由石英砂堆积而成。
8. 单项选择题：
   （1）左江花山岩画反映的是（　　）先民的生活方式和艺术审美情趣。
      A. 壮族　　　　B. 苗族　　　　C. 侗族　　　　D. 彝族
   （2）被称为"中国第五大佛教名山"的是（　　）。
      A. 黔灵山　　　B. 苍山　　　　D. 梵净山　　　D. 鱼峰山
   （3）大研古镇是指（　　）。
      A. 香格里拉　　B. 丽江古城　　C. 大理古城　　D. 青岩镇
   （4）（　　）是闻名全国的"水果之乡"，水果种类繁多，四季不断。
      A. 广西　　　　B. 云南　　　　C. 广东　　　　D. 福建
   （5）贵州赤水河畔素有"（　　）"之称。
      A. 水果之乡　　B. 白酒之乡　　C. 瀑布之乡　　D. 蝴蝶之乡
   （6）当今世界仅存的还流传在民间的活的象形文字是东巴文，它是（　　）的古老文字。
      A. 纳西族　　　B. 壮族　　　　C. 土家族　　　D. 白族

9. 判断题:

(1) 中国最长的对联出现在贵阳的秀甲楼,共有180个字。（　　）

(2) 亚洲最大药用植物园在广西柳州。（　　）

(3) 象鼻山是桂林市的标志性景点。（　　）

(4) 崇圣寺三塔是丽江古城的标志。（　　）

(5) 西双版纳是以热带雨林以及动植物资源繁多为主要特色的旅游区。（　　）

(6) 昆明花溪湿地公园是典型的城市湿地。（　　）

10. 实训题:

(1) 仿照以下云南十八怪的形式,把你所在省（或市县）的特色也编写一篇顺口溜,以利于旅游宣传推广。

云南十八怪

云南由于其独特的地理风貌、特殊的气候条件、多姿多彩的民族风情,以及奇特的风俗习惯,产生了许多不同于其他地方的奇异现象,人们形象地归纳为"云南十八怪",云南的特产和美食也大都包含在其中。

一、竹筒当锅煮饭卖:煮饭用锅这是千古风俗,但在西双版纳等地区,人们经常可以看到以竹筒代锅煮制的、呈圆柱形、外表裹着一层白色竹瓤、清香宜人的竹筒饭。

二、牛奶做成扇子卖:位于苍山脚下洱海之滨的大理洱源邓川坝子,出产一种用牛奶经过特殊工艺处理的扇子状的凝乳薄片,当地俗称"乳扇",是云南千家万户喜爱的食品。

三、过桥米线人人爱:云南过桥米线以米线洁白、配料讲究肉菜兼备、搭配相宜、油而不腻、美味可口为特点,老幼皆宜。滚烫的鸡汤配之以生肉、生菜和用米浆做成,构成了云南最有名的风味"过桥米线"。

四、草帽当锅盖:草帽是云南各族尤擅的工艺,四处可见草编的坐椅、草墩及草编的帘子、锅盖帽子。人们被草编的世界所炫目,将形状类似的草帽当成锅盖误以为怪,当然就怪了。

五、米饭粑粑叫饵块:古代中原就将稻米蒸煮制成饼状的干粮、点心称为"饵",便于携带即食,别有滋味。

六、鸡蛋用草拴着卖：云南山地占百分之九十以上，道路坎坷崎岖，老乡赶街卖鸡蛋，用草裹缠，防止蛋壳破裂，同时方便出售。

七、三个蚂蚱一碟菜：一定历史条件下，云南人民食苔藓，吃菌类、竹虫、蜂蛹，油炸蚂蚱，看着怪异，吃起来香脆可口。

八、土锅通洞蒸鸡卖：相传古时候有聪明的厨师为了吹捧县令，用通洞的土锅蒸出香气馥郁、鲜嫩无比的"汽锅鸡"，并且含有"培养正气"之意，后在民间广为流传，成为滇菜中的一道名品。

九、谈情说爱用歌代：云南少数民族能歌善舞，每逢佳节庆典，歌声是不可少的，年轻人谈情说爱往往也是从对歌开始。

十、竹筒做烟袋：云南竹类资源丰富，竹的利用也广泛，干栏式竹楼、竹椅、竹笠等。尤以竹烟筒最具特色，烟气通过蓄水的竹筒，吸时发出有节奏的咕嘟声，滋润喉咙，有声、有色、有味。

十一、星云湖里鱼分界：在云南江川星云湖与澄江抚仙湖相接处，水虽相连，但两湖的鱼互不来往，东边抚仙湖的青鱼和西边星云湖的黄鱼以"界鱼石"为界，到此就调头。

十二、新娘要把墨镜戴：结婚前一天新娘辞别父母要哭嫁，哭嫁要哭得很厉害。所以在结婚当天眼睛会哭肿，戴上墨镜可以遮住哭肿的眼睛。

十三、娃娃出门男人带：有些人觉得这是角色颠倒，其实是不懂男女平等。云南山高坡陡，男人背娃娃不仅安全可靠，而且显出男人本色。

十四、四季服装同穿戴：昆明素有"春城"之美誉，年均温度平均为十度到二十一度之间，"四季乱穿衣"成了昆明的一大特色。在武汉也有这样的季节，可不是"四季乱穿衣"，而是"二、四、八月（阴历）乱穿衣"。

十五、大理石头当画卖：大理石质地细腻，光滑润泽，花纹鲜艳。构图色彩精美的大理石，称为天然石画，有较高的艺术欣赏价值，被当作"石画"出售。

十六、火车没有汽车快：云南在准轨铁路出现前，20世纪初即有米轨铁路，由于峰壑沟洞多，火车盘山而行，有时甚至没有牛车快，时速仅三四十千米左右，云南现存全国唯一一段"寸轨"（七十二厘米）铁路，直到九十年代初还在使用，相比之下速度更慢。汽车在云南运输中大存优势。

十七、石头生在云天外：在云南，耸峙在高山峻岭的奇峰异石随处可见，千姿百态。

十八、四季鲜花开不败：立体气候和四季充足的阳光，使被称为"植物王国"的云南四季鲜花常开。

（2）在以下空白图上标示出本区各省主要的旅游线路。

中国地图

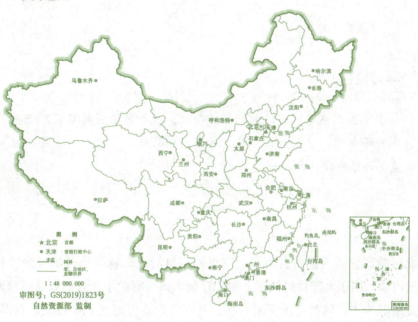

第十章 西北旅游区

学习目标

了解西北旅游区旅游地理环境特征，分析地理环境特征对该区旅游资源优势的影响，以及对该区旅游业发展的影响。掌握本区重要的旅游景点及旅游线路的特点和分布规律。

西北旅游区包括内蒙古自治区、宁夏回族自治区、新疆维吾尔自治区和甘肃省。该区位居内陆，属于大陆性气候区，面积辽阔，人口密度小，自然景观以草原、沙漠、荒漠、戈壁等为主，风沙地貌千姿百态。丝绸之路举世闻名，少数民族众多，民族风情独特。有着漫长的国境线，是一个开发前景广阔的旅游区。

第一节 旅游地理环境及旅游资源特征

一、自然地理环境与旅游资源特征

1. 地域空间广阔，边境线漫长，旅游业发展优势明显

西北旅游区面积广大，全旅游区面积333.49万平方千米，占全国国土面积的近35%，具有其他旅游区无法相比的区域优势，为旅游业的发展提供了广阔的空间环境。

内蒙古和新疆与蒙古国、俄罗斯、哈萨克斯坦、吉尔吉斯斯坦、塔吉克斯坦、阿富汗等国家接壤，有漫长的边境线，也具有许多共同的民族特征，共同的文化属性，政治上和经济上也具有密切的交往，这些都为发展跨境旅游提供巨大的便利，为本区旅游业的快速发展奠定坚实的基础。

2. 典型的温带大陆性气候，物产丰富而独特

西北旅游区远离海洋，深居内陆，属于典型的温带大陆性气候。其特点为降水稀少，天气干旱，光照充足，蒸发旺盛，年温差大，日温差大，多风沙。夏季炎热，冬季严寒且漫长，所以本区的旅游旺季多在短暂的7、8、9月份，旅游资源的利用率不高。但典型的大陆性气候却塑造出浩瀚而又神秘的大漠风光，孕育了我国面积最大、最美的草原景观。

独特的气候条件下，本区在肥沃的绿洲上出产了丰富的土特产，尤其是瓜果，个大而且糖分高，质量特别好，闻名中外。如甘肃的白兰瓜、醉瓜；新疆吐鲁番的葡萄、鄯善的哈密瓜、库尔勒的香梨、伊宁的苹果、叶城的大籽石榴、阿克苏的薄皮核桃、阿图什的无花果等。药材也是本区重要的土特产，如陇南的当归、大黄、党参；宁夏的甘草、枸杞等。另外，内蒙古的牛羊肉和奶制品，也是闻名全国的。本区的手工艺品也非常有特色，如自古以来名冠天下的甘肃酒泉夜光杯、新疆维吾尔地毯、贺兰石刻等，深受游客喜爱，甚至有些地方的特产成为了最重要的旅游资源，如人们偏爱在葡萄成熟时节去吐鲁番旅游，喜欢在内蒙古牛羊肥美的时候前往旅游。

3. 地貌类型多样，自然景观奇特

西北旅游区由于面积广阔，有着多样的地貌类型。这里有大面积的山地，也有巨大的盆地；既有广袤的高原，又有狭长的谷地，形成了各类地貌齐全、高山与盆地相间排列的地表结构。

新疆地形特征为"三山夹两盆"，天山山脉横卧中部，最高峰乔戈里峰海拔8 611米，为世界第二高峰，终年积雪，冰川广布。我国最大的内陆盆地塔里木盆地的中部分布着我国最大的沙漠塔克拉玛干沙漠。盆地的边缘是冲积平原，依靠高山冰川雪水灌溉，成为沙漠绿洲。在沙漠地区，由于风沙的作用使地表呈现大规模的风积地貌和风蚀地貌。高山、冰川、湖泊、沙漠、草原、绿洲、森林，构成新疆奇特而壮观的自然景象。

甘肃是以高原山地为主的地形特征，祁连山与内蒙古高原之间有一条东西向狭长的谷地，即著名的河西走廊，东西长达1 000千米，南北宽仅数十千米，是黄河以西通向西方的交通要道，历来为兵家必争之地。

宁夏地跨内蒙古高原和黄土高原，地形以山地、高原为主。南部以黄土流水侵蚀的地貌为特色，中部和北部多沙漠、荒漠景观。巍峨雄伟的贺兰山和六盘山大致呈南北向绵亘于宁夏的西部，成为银川平原的天然屏障。

内蒙古全境处于内蒙古高原之上，东部分布有我国面积最大的草原，中部以稀疏

草原和荒漠为主，西部干燥少雨，沙漠广布。

受到地形和气候的影响，本区自然景观上主要体现为沙漠戈壁景观、雪山冰川景观和草原绿洲景观。

二、人文地理环境与旅游资源特征

1. 文化遗存丰厚，古迹旅游资源众多

举世闻名的古代"丝绸之路"在我国境内的大部分地段都落在西北旅游区，在二千多年历史长河里，丝路文化发展给本区留下的城池建筑、宗教建筑、艺术文化等方面历史遗存，其数量之多、种类之丰富，为世人所惊叹，成为本区宝贵的文化遗产和人文旅游资源。如巍然挺立的从先秦到明代的古长城，湮没于茫茫黄沙里的楼兰、高昌等古城池，那神秘却又灿烂盛开过的西夏文化，那散落在河西走廊里曾经灿若繁星的小镇，更不用说敦煌莫高窟、麦积山石窟、炳灵寺石窟等一大批宗教文化艺术遗存，无不折射出极高的历史文化价值和艺术观赏价值。曾跋涉于"丝绸之路"上的历史人物如张骞、唐玄奘、王昭君、高适、岁参、左宗棠等，他们的故事和遗迹都给西北地区增添了许多文化内容和亮丽的色彩。

2. 民族风情浓郁独特，民俗旅游资源绚丽多彩

西北旅游区是我国少数民族聚居地区，世居民族除汉族外，还有维吾尔族、回族、哈萨克族、蒙古族、柯尔克孜族、锡伯族、塔吉克族、乌孜别克族、塔塔尔族、俄罗斯族、白俄罗斯族、东乡族、保安族、裕固族、藏族、撒拉族等少数民族。这些少数民族世代生活在西部广阔的地区，民族风格大多呈现热情、奔放、欢乐、勇敢等特点，并有着独具特色的语言文字、文学艺术、宗教文化、音乐舞蹈、民居建筑、节庆活动、手工艺品、服饰、饮食等民族文化和习俗，如甘肃莲花山一年一度的花儿会，内蒙古的盛会那达慕大会，宁夏回族的古尔邦节，内蒙古的奶茶，新疆的手抓饭，等等。这些独特的文化艺术和风俗习惯都是构成本区旅游资源的重要部分。

3. 以伊斯兰教为主的多元宗教文化

西北旅游区自古以来就是中西方文化和多种宗教文化以及多民族文化荟萃交融之地，因而形成了本区多元文化的特色。伊斯兰教自唐朝传入中国以来已有1 300多年历史，在本区影响较为广泛深远，主要分布于新疆的大部分少数民族地区、宁夏的回族聚居区、甘肃的回族聚居区。伊斯兰教传入本区后，经过长期与汉民族文化的碰撞与融合，形成了中国伊斯兰教文化的独特性，也成为本区具有特色的宗教旅游资源。

本区除伊斯兰教外，还有藏传佛教、基督教、天主教、道教和萨满教等宗教存在，形成多元宗教文化共存的现象。

第二节 主要旅游地介绍

一、内蒙古自治区旅游区

内蒙古自治区位于我国的北部边疆，由东北向西南斜伸，呈狭长形，东北部与黑龙江、吉林、辽宁、河北交界，南部与山西、陕西、宁夏相邻，西南部与甘肃毗连，北部与俄罗斯、蒙古接壤，全区总面积118.3万平方千米，常住人口2 534.0万。内蒙古自治区地势较高，平均海拔高度1 000米左右，全区处于内蒙古高原上。高原四周分布着大兴安岭、阴山、贺兰山等山脉，构成内蒙古高原地貌的脊梁。高原西端分布有巴丹吉林、腾格里、乌兰布和、库布其、毛乌素等沙漠。在大兴安岭的东麓、阴山脚下和黄河岸边，有嫩江平原、西辽河平原、土默川平原、河套平原等低谷平原，这里地势平坦、土质肥沃、光照充足、水源丰富，是内蒙古的粮食和经济作物主要产区。内蒙古的气候属于以温带大陆性季风气候为主，降水量少而不匀，风大，冬季寒冷而漫长，夏季温暖而短促，寒暑、干湿变化明显。在内蒙古的中、西部鄂尔多斯、乌兰察布、锡林郭勒和呼伦贝尔地区分布有我国面积最大、质量最好的草原，呈现"天苍苍，野茫茫，风吹草低见牛羊"的美丽景观。在河套平原，由于自然条件较好，且有黄河的灌溉，呈现出一派河渠纵横、阡陌相通的江南水乡景象，被称为"塞外江南"。

内蒙古自治区早在新石器时代就有古人类活动，留存有著名的"河套文化""大窑文化""红山文化"等文化遗址，还保存有元、明、清时代的文物古迹众多。以蒙古族为主的少数民族在长期的生产和生活过程中形成了独特的风俗习惯、宗教信仰、语言文字、生活方式，传承着绚丽的民族风情。人文旅游资源丰富多彩，但旅游交通条件有待进一步改善，基础设施有待进一步完善，以提高本区旅游接待能力，加速旅游业的发展（见图10-1）。

1. 内蒙古中部游览区

内蒙古中部游览区包括呼和浩特、包头、鄂尔多斯、乌兰察布等主要城市，是今天内蒙古政治、经济、文化活动的中心地带，也是内蒙古主要的旅游集散地。到此游览区游客可以领略北国塞上风光的奇特魅力。

（1）呼和浩特市

呼和浩特，旧称归绥，1954年改名为呼和浩特，蒙古语意为"青色的城"，因16

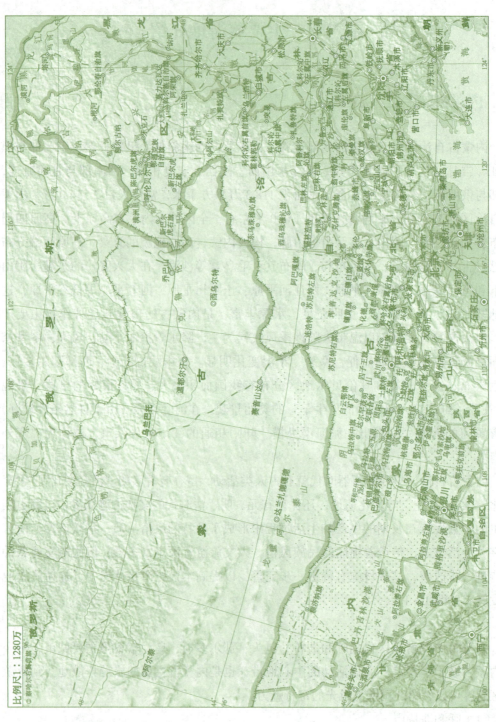

图 10-1　内蒙古自治区示意图

世纪达延法汗在此建宫殿，以青砖筑城，远望一片青色，故称为"呼和浩特"。这是一座国家历史文化名城，保存着丰富的历史文化古迹，有战国时期赵国、秦汉、明朝的古长城；有北魏盛乐古城遗址；有见证胡汉和亲、被誉为民族团结象征金字塔的昭君博物院；有黄教寺庙大召；有清朝管辖漠南、漠北等地的将军衙署；有现存世界唯一的蒙古文标注的天文石刻图的金钢座舍利宝塔；有辽代万部华严经塔（白塔）；有清康熙帝六女儿和硕恪靖公主府（现为呼和浩特博物馆）；有号称"召城瑰宝"的席力图召。境内还有哈达门高原牧场、神泉生态旅游风景区、"塞外西湖"哈素海。

大召寺位于呼和浩特市旧城内，蒙古语名"伊克召"，意思为"大庙"，始建于明代，是呼和浩特市内最大的黄教寺庙，也是蒙古少有的不设活佛的寺庙。辉煌的召庙建筑、珍贵的文物和艺术品，以及神秘的恰木舞蹈和佛教音乐，构成了大召独特的"召庙文化"。

昭君墓位于呼和浩特市南郊大黑河南岸，墓呈覆斗形，高 33 米，占地二十余亩，是史籍记载和民间传说中汉朝明妃王昭君的墓地，距今已有 2 000 余年的悠久历史，是中国最大的汉墓之一。传说，因每年深秋九月，塞外草衰时，附近草木枯黄，唯独昭君墓上芳草青青，故古人称之为"青冢"。

（2）包头市

包头，蒙古语"包克图"，意为有鹿的地方，故而又被称为"鹿城"，位于内蒙古中部，是内蒙古最大的工业城市和钢铁生产加工基地，是世界最大的稀土研发应用生产基地，被誉为"草原钢城""稀土之都"。这片土地上孕育了清新自然的草原风光，比如"城市中的草原"赛汗塔拉生态园和广阔的希拉穆仁草原；阴山山脉则创造了九峰山自然保护区和梅力更风景区等以奇峰异石为主的自然风光；绵延奔涌的黄河流经这里，留下了美丽的南海湿地景区。包头曾是北方游牧民族生息繁衍的地方，在与黄河流域的各代王朝的交往中，促进了各民族文化的融合，五当召和美岱召就是藏蒙两族文化交织的结晶；而妙法禅寺则是汉传佛教的代表。独特的地理位置和多种文化的交流与发展，为包头留下了无数的旅游宝藏。

五当召，位于包头市东北约 45 千米的五当沟内的大青山深处，原名巴达嘎尔召，始建于清康熙年间（1662—1722 年），是内蒙古自治区最大藏传佛教寺院。它是一幢层层依山垒砌的白色建筑，建有大小殿宇、经堂、僧舍 2 500 余间，群山环绕，为苍松翠柏掩映，雄浑壮观，建筑本身以及各殿堂的壁画和雕塑有很高的艺术价值。

（3）响沙湾

响沙湾地处陕西、山西、内蒙古乌金三角地带，位于中国著名的库布其沙漠的最东端，是国家 5A 级景区。响沙湾沙高 110 米，宽 400 米，依着滚滚沙丘，面临大川，背风向阳坡，地形呈月牙形分布，坡度为 45 度角倾斜，形成一个巨大的沙丘回音壁。沙子干燥时，游客攀着软梯，或乘坐缆车登上"银肯"沙丘顶，顺沙丘滑下，沙丘会发出轰鸣声，其成因人们至今无法解释清楚，鸣沙之谜对游客产生极大的吸引力。

基于独特的地形地貌及地理位置，响沙湾发展为集观光与休闲度假为一体的特大综合型沙漠休闲度假景区，包含莲沙度假岛、福沙度假岛、一粒沙度假村、悦沙休闲岛、仙沙休闲岛五个区域。

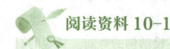

阅读资料 10-1

西北"沙漠游"五项注意事项

夏秋季节是西北"沙漠游"的最佳时机，沙漠地带气候特殊，游客在享受探险刺激的同时，更要注意安全旅行。旅行社的有关人员应提醒游客：

一、沙漠中的紫外线强，游客可适当在脸部使用防晒霜，但不宜在身上涂抹。最好穿着浅色长衣抵御紫外线的侵害。带摄影器材的朋友尤其要注意防止沙子进入摄影包内，以免损坏机器设备。

二、参加沙漠探险旅游的朋友切莫单独行动，进入沙漠腹地要有向导带领，最好带上 GPS 全球定位仪和通信设备。

三、沙漠里昼夜温差大，在沙漠里过夜要带足衣服和饮用水，并要备上眼药水、抗菌消炎药、感冒药等常用药品。

四、游客在骑骆驼时要注意防止骆驼站起来和卧倒时将人甩下。不要靠近骆驼的后腿和头部。万一在沙漠中遇见沙尘暴，千万不要到沙丘背风坡躲避，否则有窒息或被沙尘暴埋住的危险。应把骆驼牵到迎风坡，然后躲在骆驼身后抵御风沙。

五、请不要破坏沙漠中的各类植物。在结束了愉快的"沙漠游"后，应把垃圾带出沙漠，以保护沙漠的生态环境。

（资料来源：中央政府门户网站）

2. 内蒙古东部游览区

内蒙古东部游览区包括赤峰市、通辽市、呼伦贝尔市、锡林郭勒盟等盟市，是内蒙古自然条件最好的区域，以典型的游牧文化特色和广阔的草原生态风貌吸引着国内外游客，是内蒙古旅游业发展优势最突出的区域。

(1) 赤峰市

赤峰蒙古语"乌兰哈达",因城区东北部赭红色山峰而得名。赤峰市位于内蒙古自治区东南部,蒙冀辽三省区交汇处,赤峰市历史悠久,文化源远流长,是中华文明的发祥地之一,现已发现古人类文化遗址 6 800 多处。有史文明以后,赤峰成为我国北方各少数民族活动的中心,是草原青铜文化和契丹、辽文化的发祥地。在翁牛特旗出土的红山文化标志性器物——玉龙,被史学界定为"中华第一龙"。赤峰拥有各个时期历史文化遗址 7 300 多处,国家重点文物保护单位 50 处,辽王朝两大都城辽上京和辽中京分别坐落在巴林左旗和宁城县境内,喀喇沁亲王府是国内现存规模最大的清代蒙古族王爷府。

赤峰市地域辽阔,资源丰富,是具有生物和地质多样性的天然博物馆,是独具特色的生态旅游胜地。全市有草原 9 000 万亩,林地 3 000 万亩,森林覆盖率 23%,森林、草原、沙漠、内陆湖、温泉、地质奇观一应俱全,有国家地质公园 1 处、国家森林公园 6 处、国家级自然保护区 8 处、热泉 3 处。克什克腾旗的贡格尔草原是距离北京最近的草原;草原旁边的达里湖,是内蒙古著名的内陆湖泊;勃隆克沙漠景区集草原、湖泊、沙漠景观为一体,是体验民俗风情的佳处。此外,还有冰石林、冰石臼等罕见的地质奇观。

(2) 呼伦贝尔市

呼伦贝尔市地处内蒙古自治区东北部,以境内呼伦湖和贝尔湖得名。呼伦贝尔市拥有 12.6 万平方千米森林、10 万平方千米草原、2 万平方千米湿地、500 多个湖泊、3 000 多条河流,构成了中国规模最大、最为完整的生态系统。呼伦贝尔大草原地处大兴安岭以西,是世界四大草原之一,被称为世界上最好的草原(见图 10-2)。呼伦贝尔草原是个风光优美、景色宜人的地方,那里有一望无际的绿色,有延绵起伏的大兴安岭,还有美丽富饶的呼伦湖和贝尔湖。春天的呼伦贝尔万紫千红,春意盎然;夏天这里空气清新,气温凉爽,是避暑度假的胜地,牛羊肥美,奶茶飘香;到了秋天,这里是一片金黄;冬天,大雪纷飞,呼伦贝尔变成了白色的世界,银装素裹,白雪皑皑。呼伦贝尔还是我国北方狩猎、游牧民族的重要发祥地,曾经生活过鲜卑、契丹、女真等许多民族,这里的牧民仍然完整地传承着

图 10-2　呼伦贝尔大草原

祖先留下的传统文化和习俗，使游客能充分体验传统的蒙古族游牧文化。

(3) 锡林郭勒盟

锡林郭勒，蒙古语意为丘陵地带的河，位于内蒙古中部，以草原旅游资源丰富、草原类型完整而著称于世。其草原类型有草甸草原、典型草原、半荒漠草原、沙地草原，优质天然草场面积达18万平方千米。以锡林浩特市为中心的盟中部地区，自然旅游资源以草甸草原和典型草原风光为主，是盟内草原保持最原始状态的部分；人文旅游资源以内蒙古四大庙宇之一的贝子庙和蒙元文化园为代表，蒙古族民俗风情保留较完整，亦是搏克（蒙古式摔跤）健将的摇篮、民族服饰之都、蒙古长调之乡和游牧文化之源。以正蓝旗、多伦县为核心的盟南部区域，自然资源以典型草原和素有花园沙地之称的浑善达克沙地景观为主；人文旅游资源以蒙元文化、清代商业文化和察哈尔部落民俗风情为主，这里蒙元文化底蕴深厚，源远流长，金代的侍郎城遗址、元代的上都城遗址、清朝的皇家御马场和塞外商业古城多伦诺尔均在这片古老神奇的草原上。2012年元上都遗址被选为世界文化遗产。

3. 内蒙古自治区的传统民俗及饮食特色

(1) 那达慕大会

那达慕大会是内蒙、甘肃、青海、新疆的蒙古族人民一年一度的传统节日，在每年七、八月这一水草丰茂、牲畜肥壮的黄金季节举行，有着悠久的历史。

那达慕，蒙语是"娱乐"或"游戏"的意思。那达慕大会的内容主要有摔跤、赛马、射箭、赛布鲁、套马、下蒙古棋等民族传统项目，有的地方还有田径、拔河、排球、篮球等体育竞赛项目。此外，那达慕大会上还有武术、马球、骑马射箭、乘马斩劈、马竞走、乘马技巧运动、摩托车等精彩表演。夜幕降临，草原上飘荡着悠扬激昂的马头琴声，篝火旁男女青年载歌载舞，人们沉浸在节日的欢快之中。

(2) 祭敖包

祭敖包是蒙古民族传统的习俗，是草原民族崇尚自然思想的表现形式之一（见图10-3）。锡林郭勒盟是祭敖包历史遗存保存较为完整的地区。

蒙古族崇尚的"敖包"，也叫"脑包""鄂博"，意为"堆子"，以石块堆积而成，一般都建在山顶或丘陵之上，形状多为圆锥形，高低不等。祭敖包的仪式通常在每年农

图10-3 祭敖包

历五月至七月间举行。有的一个旗、一个苏木独祭,也有几个苏木、几个旗联合祭祀的。祭敖包从日出之前开始,仪式隆重、严肃。所有参加者都要围绕敖包沿顺时针方向转三圈,边转边向敖包滴洒鲜奶和酒,然后在敖包正前方叩拜,将带来的石头添加在敖包上,并用柳条、哈达、彩旗等将敖包装饰一新。祭敖包仪式结束后,便要举行"那达慕"活动,牧民们无拘无束、自由欢乐地参加摔跤、赛马、射箭等传统体育活动,引吭高歌,翩翩起舞,并聚在一起举杯畅饮。

(3)美食

蒙古族的传统饮食大致有四类,即面食、肉食、奶食、茶食。蒙古族牧民视绵羊为生活的保证、财富的源泉,日食三餐都离不开奶与肉。主要食品有烤全羊、全羊席、手抓羊肉、奶茶、马奶酒、莜麦面、资山熏鸡、肉干、哈达饼、蒙古馅饼、蜜麻叶、德兴元烧麦等。烤全羊是一道大菜,选用草原上膘肥、体重四十斤左右的绵羊,宰杀后,去毛带皮腹内加葱、姜、椒、盐等佐料整体烤制而成。羊形完整,色泽金红,羊皮酥脆,羊肉嫩香。这是蒙古族地地道道的美食,四十斤左右的全羊,足够一大桌朋友们大快朵颐。奶茶是蒙古民族传统的热饮料,是用砖茶和牛奶共同煮成的,食用时一般佐以饼等面食,有暖胃、解渴、充饥、助消化的功能。蒙古族嗜茶,且视茶为"仙草灵丹",过去一块砖茶可以换一头羊或一头牛,草原上有"以茶代羊"馈赠朋友的风俗习惯。

二、宁夏回族自治区旅游区

宁夏回族自治区,简称宁,首府银川。位于中国西北内陆地区,东邻陕西,西、北接内蒙古,南连甘肃,总面积 6.64 万平方千米,常住人口 688 万。宁夏地处黄土高原与内蒙古高原的过渡地带,地势南高北低,南部以黄土地貌为主,中部和北部是内蒙古高原的一部分,境内西北和西南分别有较为高峻的贺兰山和六盘山。黄河自中卫入境,向东北斜贯于平原之上,沟渠纵横,灌溉便利,稻香鱼肥,瓜果飘香,形成风光秀美的"塞上江南"银川平原。

宁夏是我国西部独具特色的旅游区。宁夏是我国回族人口最多的省份,有相当一部分群众信仰伊斯兰教,是我国最大的伊斯兰教圣地。宁夏旅游乐趣,可以乘羊皮筏在黄河漂流,骑骆驼在沙丘上看落日,走访回族民居等。连绵起伏的贺兰山,黄土高原上"绿色明珠"六盘山,驰名中外的沙坡头,风景如画的老龙潭,滚滚而流的九曲黄河,生态旅游"黄金宝地"沙湖等,都是宁夏著名的自然景观。宁夏的须弥山石窟,可与龙门、云冈石窟相媲美。贺兰山岩画被誉为游牧民族艺术画廊。西夏王陵被称作东方金字塔。此外,宁夏还有古老恢宏的南关清真大寺,中国最大的喇嘛式建筑群青

图10-4 宁夏回族自治区示意图

铜峡108塔,有中国长城博物馆之称的历代长城遗迹等(见图10-4)。

宁夏还是个物产丰富的地区,土特产闻名天下,最有名的地方特产首推枸杞、甘草、贺兰石、滩羊二毛皮等,因颜色分别是红、黄、蓝、白,所以又称"四宝"。宁夏枸杞以皮薄、肉厚、籽少驰名中外;甘草有补脾、益气等功能;贺兰石质地细密、刚柔相宜、紫绿相间,用其雕刻的贺兰砚,具有发墨、存墨、不干不臭、护毫等特点,雅趣天成;滩羊裘皮俗称"二毛皮",毛长2寸,毛穗洁白,质地细润,轻柔暖和,古有"千金裘"之称。

1. 银川市游览区

银川,古称"兴庆府",地处宁夏平原中部,黄河从市境穿过,素有"塞上江南、鱼米之乡"的美誉,是古丝绸之路商贸重镇,是宁夏的军事、政治、经济、文化、科研、交通和金融中心。银川是国家历史文化名城,历史悠久的塞上古城,史上西夏王朝的首都城,文物古迹众多,自然景观独特,拥有一批著名的自然旅游资源,自然景观有水洞沟旅游区、苏峪口森林公园、滚钟口风景区、金水旅游区、大小西湖、鸣翠湖、鹤泉湖等;人文历史景观有西夏王陵、贺兰山岩画、拜寺口双塔、三关口明长城、鼓楼、玉皇阁、海宝塔、承天寺塔、南关清真大寺、纳家户清真寺、马鞍山甘露寺、镇北堡华夏西部影视城、中华回乡文化园等。

(1)西夏王陵

西夏王陵是西夏历代帝王陵以及皇家陵墓,位于银川市西,西傍贺兰山,东临银川平原,分布9座帝王陵墓,254座王侯勋戚的陪葬墓,陵邑遗址1座,占地面积达10万平方米以上,规模宏伟,布局严整,是中国现存规模最大、地面遗址最完整的帝王陵园之一,也是现存规模最大的一处西夏文化遗址(见图10-5)。每座帝陵都是坐北向南,呈纵长方形的独立建筑群体,陵园四角建有角台,神道两侧是阙台,现存的灵台、鹊台、角楼、神墙依然耸立。陵区内最高大醒目的建筑是黄土夯筑的八角形灵台，台高23米，故有"东方金字塔"之称。西夏王陵受到佛教建筑的影响，使汉族文化、佛教文化、党项民族文化有机结合，构成了我国陵园建筑中别具一格的形式。

（2）水洞沟

水洞沟遗址旅游区位于宁夏灵武市临河镇，是一个集旅游观

图 10-5　西夏王陵

光、科学考察、休闲娱乐等功能为一体的综合型旅游区，是全国重点文物保护单位、国家5A级旅游景区、国家地质公园。1923年，法国古生物学家德日进、桑志华在这里发现了史前文化遗址，通过发掘，出土了大量石器和动物化石，水洞沟因此而成为我国最早发现旧石器时代的古人类文化遗址。水洞沟地处鄂尔多斯台地南缘，大自然造就的雅丹地貌，使这里充满了雄浑、奇特的荒谷神韵，经历了千万年的风沙雕蚀，这里集中了魔鬼城、卧驼岭、摩天崖、断云谷、柽柳沟等二十多处土林奇绝景观。由"横城大边"、烽燧墩台、城障堡寨、藏兵洞窟等构成的古代长城立体军事防御体系，成为中国保存较为完整的军事防御建筑大观园。

（3）南关清真寺

南关清真寺位于银川老城区，是宁夏回族自治区最大的清真寺之一，是一座具有阿拉伯风格和民族特色的建筑群体，是宁夏回族自治区的标志性建筑物。大寺始建于明末清初，主殿建筑坐西朝东，高26米，为圆形拱顶两层，上层是大殿、阳台，方形大礼拜殿可容纳1300多人做礼拜；下层有宽敞的沐浴室、小礼拜殿、女礼拜殿、阿拉伯语学校、阿訇卧室、办公室、会客室等，皆以回廊相连。

（4）海宝塔

海宝塔位于银川市的海宝塔寺内，因其与银川市西的承天寺塔遥遥相对，俗称"北塔"。据考证，海宝塔始建于北朝晚期至隋唐年间。是一座方形九层十一级楼阁式砖塔，由塔基、塔座、塔身、塔刹四部分组成，全部由青砖砌筑，通高53.9米，塔顶为绿色琉璃砖贴面的桃形四角攒尖式塔刹，楼体四面转角处都悬挂铁铃，内室四壁龛中供奉罗汉像。海宝塔建筑艺术风格为我国古塔所罕见，线条明快、层次丰富、觚棱秀削、挺拔粗犷，是汉地佛教与藏传佛教建筑形式相互融合，并吸收当地伊斯兰教传统建筑特色而产生的。这显示了中国古代汉、藏、回各族劳动人民的才能和智慧，也

是汉、藏、回民族团结的历史见证。登上塔的最高层，极目远眺，东望黄河如带，西顾贺兰巍峨，四周阡陌平展，渠道纵横，"塞上江南"美景一览无余。

（5）承天寺塔

承天寺塔在位于银川市西的承天寺内，银川人称"西塔"，始建于西夏垂圣元年（1050年），现存的承天寺塔于嘉庆二十五年（1820年）重修，保留了原西夏佛塔的基本形制。承天寺塔是一座密檐式八角形砖塔，塔身11层，连塔尖通高64.5米，是宁夏现存的一百多座古塔中最高的一座砖塔。塔室呈方形空间，室内各层为木板楼层结构，有木梯盘旋而上。整座塔造型挺拔，呈角锥形风格，古朴简洁。登顶层，凭窗眺望，古城风光和塞上景色尽收眼底。

承天寺现为宁夏回族自治区博物馆。承天寺坐西朝东，由前后两进院落组成。殿屋廊宇，规模宏大，前院是五佛殿和承天寺塔，后院有韦驮殿和卧佛殿。承天寺以"梵刹钟声"名噪塞上，成为明代宁夏八景之一。

（6）贺兰山

贺兰山位于宁夏回族自治区与内蒙古自治区交界处，山势雄伟，若群马奔腾。贺兰山最高峰3 556米，平均海拔2 000多米，从银川向西遥望，贺兰山绵延起伏，巍然屹立，层峦叠嶂，树木葱郁，横亘在沙漠与绿洲之间，成为银川平原西部的天然屏障。贺兰山脉主要景点有贺兰山岩画、滚钟口、三关口、拜寺口、苏峪口国家森林公园，另外观赏贺兰雪也是贺兰山旅游一大特色。

贺兰山在古代是匈奴、鲜卑、突厥、回鹘、吐蕃、党项等北方少数民族驻牧游猎、生息繁衍的地方。在南北长200多千米的贺兰山腹地，就有20多处遗存岩画。其中最具有代表性的是贺兰口岩画，约有千余幅个体图形的岩画分布在沟谷两侧绵延600多米的山岩石壁上，以人首像为主，占总数的一半以上，其次为牛、马、驴、鹿、鸟、狼等动物图形。岩画画面艺术造型粗犷浑厚，构图朴实，姿态自然，写实性较强，富有想象力，给人一种真实、亲切、肃穆和纯真的感受。它们生动地记录了距今10 000至3 000年前原始先民放牧、祭祀、狩猎、征战、生产等生活场景，成为今天我们研究人类文化史、宗教史、原始艺术史的文化宝库。

2. 青铜峡市游览区

青铜峡市位于黄河上游，宁夏平原中部，黄河穿境而过58千米，自秦汉先后开掘了秦渠、汉渠、唐徕渠等九大古干渠，有"九渠之首""贡米之乡""塞上明珠"之誉。青铜峡市旅游资源富集，历史文化源远流长，自然风光更是秀美奇绝，境内有两千多年前秦汉时期建造的古渠水系；有线条清晰、写意逼真的广武口子门岩画；有号称"宁夏小八达岭"的北岔口明长城；有西北最大最多的佛教庙群牛首山寺庙和始建于西夏时期排列奇特的一百零八塔；有气势雄伟，蔚为壮观，集发电、灌溉、防洪于一体的大型水利枢纽工程——青铜峡拦河大坝；有风光旖旎的库区鸟岛、金沙湾、黄河风情园；有颇具民族特色的回乡民俗风情园等众多旅游观光胜景。来到青铜峡，游客可领略黄河峡谷之美，寻梦千年古渠之源，探寻水利枢纽之伟，触摸西夏古塔之魂，追寻大禹治水之绩，尽享黄河鸟岛之幽。

位于青铜峡大坝之西陡峭山坡上的一百零八塔，是始建于西夏时期的喇嘛式实心塔群，在塔基里曾发现过书有西夏文题记的千佛图帛画。塔群随山势凿石分阶而建，共分十二阶梯式平台，由下而上逐层增高，佛塔依山势自上而下，按奇数排列成十二行，总计一百零八座，形成总体平面呈三角形的巨大塔群，因塔数而得名。一百零八塔是世上稀有的大型塔阵，以其独特的建筑格局、神秘的西夏历史和深远的佛教文化闻名遐迩。

青铜峡黄河大峡谷由贺兰山余脉与牛首山相夹而形成，是黄河上游最后一个峡谷，长约10千米，最窄处90米，峡谷山高水深，两岸悬崖峭壁，素有"塞上三峡""黄河小三峡"之誉。这里有观音台、世外桃源、三道沟、睡佛山、青铜峡石刻等景观，两岸山石"土色如金"，峡谷在蓝天碧水中互相映衬，呈现出青铜的颜色，青铜峡由此而得名。

3. 沙坡头游览区

沙坡头位于中卫市城区西部腾格里沙漠的东南缘，是国家级沙漠生态自然保护区，也是国家5A级旅游景区。沙坡头集大漠、黄河、高山、绿洲为一处，具西北风光之雄奇，兼江南景色之秀美。这里有中国最大的天然滑沙场，从百米沙坡上，顺势而下，下滑时沙中发出嗡嗡的轰鸣声，犹如金钟长鸣；有横跨黄河两岸的滑索，感受凌空飞跃黄河的刺激；还可以见到黄河文化的代表——古老水车；可以乘坐古老的运输工具——羊皮筏子，在黄河上畅游；到了沙漠，可以体验骑骆驼的项目，在骆驼背上，遥看周边金黄色的沙海，绮丽壮观；如果幸运还可以看到沙漠中难得一见的海市蜃楼；可以乘坐越野车沙海冲浪，咫尺之间可以领略大漠孤烟、长河落日的奇观。

沙坡头是中国第一个具有沙漠生态特点，并取得良好治沙成果的自然保护区，是干旱沙漠生物资源"储存库"，具有重要的科学研究价值。

三、甘肃省旅游区

甘肃省位于中国西北内陆腹地，处于黄河上游，东通陕西，西达新疆，南瞰四川、青海，北扼宁夏、内蒙古，西北端与蒙古接壤，总面积42.58万平方千米，常住人口2 637万。甘肃地处黄土高原、青藏高原和内蒙古高原三大高原的交汇地带，地形呈狭长状，地貌复杂多样，山地、高原、平川、河谷、沙漠、戈壁，类型齐全，地势自西南向东北倾斜。气候类型从南向北包括亚热带季风气候、温带季风气候、温带大陆性干旱气候和高原山地气候四大类型。

　　甘肃历史悠久，文化底蕴厚重。自西汉开通丝绸之路，甘肃便成为我国联系西域各国和欧洲的重要通道，也给甘肃的发展带来了繁荣昌盛，河西走廊的武威、酒泉、张掖、敦煌等重镇成为经济文化繁荣的国际性贸易城市，也成为宗教文化传播到中国的重要节点，造就了一大批艺术价值和宗教文化价值极高的佛窟、寺庙等遗址。秦、汉、明三代修筑的长城都以甘肃为起点，境内保存的长城总计超过3 600千米，占全国现存总量的60%以上，沿线遗存遗迹十分丰富。在河西走廊，"天下第一雄关"嘉峪关、"长城第一墩"、阳关、玉门关、汉长城等古长城遗存，都已成为旅游名胜。甘肃自古以来就是多民族聚居的地区，回、藏、土、裕固、保安、蒙古、撒拉、哈萨克、满等少数民族人口数量较大，其中东乡族、裕固族、保安族为甘肃特有的少数民族。各民族文化特色鲜明，民俗风情浓郁，宗教信仰各异，体现出多元文化的特点（见图10-6）。

　　甘肃旅游资源十分丰富，具有沙漠戈壁、名刹古堡、草原绿洲、佛教圣地、冰川雪山、红色胜迹和民族风情等多样而独特的景观。有麦积山、崆峒山、鸣沙山—月牙泉、嘉峪关等4处国家级旅游风景区，张掖、敦煌、武威、天水等4个国家历史文化名城，以及众多景区景点。

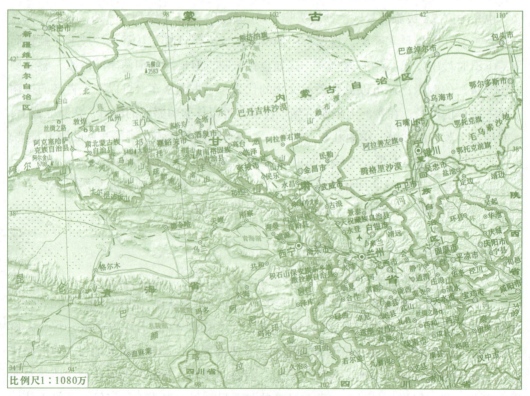

图10-6　甘肃省示意图

阅读资料10-2

河西走廊

河西走廊又称甘肃走廊,夹在祁连山与合黎山、龙首山等山脉之间,狭长且直,形如走廊,又因地处黄河之西,被称为"河西走廊"。从金城(兰州)出发,越过乌鞘岭,便进入了河西走廊,自东南往西北,依次经过东端凉州(武威)、甘州(张掖)、嘉峪关、肃州(酒泉)、西端瓜州、沙州(敦煌),一直延伸到玉门关附近。

古丝绸之路穿过河西走廊,分别从阳关与玉门关进入新疆,河西走廊因此成为古丝路的枢纽路段,连接着亚非欧三大洲的物质贸易与文化交流。东西方文化在这里相互激荡,积淀下蔚为壮观的历史文明。

1. 兰州市游览区

兰州,古称金城,是古丝绸之路上的重镇,黄河流经市区,是黄河文化、丝路文化、中原文化与西域文化的重要交汇地。兰州地处甘肃省中部,位于中国大陆陆域版图的几何中心,是中国大西北铁路、公路、航空的综合交通枢纽,交通位置非常优越。兰州气候宜人,年平均气温10.3℃,夏无酷暑,冬无严寒,是著名的避暑胜地。城市依山傍水,城市景观独特而秀丽,有五泉山、中山桥、白塔山、白云观、甘肃省博物馆、八路军办事处纪念馆等人文景观,有兰山公园、西湖公园、滨河公园、水上公园等风格各异的景点,还有国家级森林公园徐家山、吐鲁沟、石佛沟。

(1)白塔山公园

白塔山公园位于兰州市北部,因山头有一座白塔寺而得名。白塔寺始建于元代、重建于明朝,寺平面呈长方形,白塔居中,白塔高约17米,为实心砖塔,七级八面,各面雕有佛像,每级每角均有翘起的砖刻小龙头,下系风铃,随风飘荡,声清音脆。塔外通涂白浆,通体洁白,如白玉砌成,挺拔秀丽。白塔山树高林密,曲径通幽。站在山上,便可一瞰全市景观及九曲连环的母亲河。白塔与黄河上的铁桥构成雄浑壮丽的画面,成为兰州市的象征之一。

(2)五泉山公园

五泉山公园位于兰州市南侧的皋兰山北麓,是一处具有两千多年历史的远近闻名的旅游胜地。因有惠、甘露、掬月、摸子、蒙五眼泉水而得名,史有鞭响泉涌传说。蒙、惠二泉在五泉山东、西两侧,有水从缝中流出,形成瀑布,俗称东、西"龙口"。

公园景点以五眼名泉和佛教古建筑为主，园内丘壑起伏，林木葱郁，环境清幽；庙宇建筑依山就势，廊阁相连，错落有致。五泉山的"铜接引佛"和"泰和铁钟"是公园的"镇山之宝"，现为国家级的保护文物。

2. 天水市游览区

天水，古称秦州，位于甘肃省东南部，毗邻关中平原，据传是伏羲和女娲诞生地，华夏文明的重要发祥地之一，素有"羲皇故里"之称。天水历史悠久，是秦人、秦早期文化的发祥地，有3 000多年的文字记载史和2 700多年的建城史。这里气候宜人，风光秀丽，文物古迹众多，是丝绸之路上著名的旅游城市，主要有麦积山、伏羲庙、南郭寺、玉泉观、甘谷大象山、武山水帘洞、秦安县凤山、张家川回乡风情园等景区景点。

（1）麦积山风景名胜区

麦积山风景名胜区位于西秦岭东段小陇山之中，由麦积山石窟、仙人崖、石门、曲溪、街亭温泉5个景区180多个景点组成。麦积山石窟始建于384年，石窟凿于麦积山悬崖峭壁上，层层叠叠，密如蜂房，其惊险陡峭居我国四大石窟之首，存有221座洞窟、10 632身泥塑石雕、1 300余平方米壁画，以其精美的泥塑艺术闻名世界，被誉为东方雕塑艺术陈列馆（见图10-7）。其塑像呈现出强烈的民族意识和世俗化的特点，从塑像的体形和服饰看，逐渐摆脱了外来艺术的影响，体现出汉民族的特点。麦积山石窟保留有大量的宗教、艺术、建筑等方面的实物资料，丰富了中国古代文化史，同时也为后世研究我国佛教文化提供了丰富的资料和史实，2014年6月22日，其作为中国、哈萨克斯坦和吉尔吉斯斯坦三国联合申遗的"丝绸之路：长安—天山廊道的路网"中的一处遗址点成功列入世界文化遗产名录。

图10-7 麦积山石窟

（2）伏羲庙

伏羲庙也称为太昊宫，俗称人宗庙，始建于明成化十九年至二十年间（1483—1484年），是中国唯一有伏羲塑像的伏羲庙。伏羲庙临街而建，院落重重相套，四进四院，宏阔幽深。庙内古建筑包括戏楼、牌坊、大门、仪门、先天殿、太极殿、钟楼、鼓楼、来鹤厅共9座。整个建筑群坐北朝南，依次排列，层层推进，庄严雄伟，具有鲜明的中国传统建筑艺术风格。由于伏羲是古史传说中的第一代帝王，因此建筑群呈宫殿式建筑模式，为全国规模最大的伏羲祭祀建筑群。

3. 河西走廊游览区

河西走廊夹在祁连山与合黎山、龙首山等山脉之间，狭长且直，形如走廊，又因地处黄河之西，故被称为"河西走廊"。自东南往西北，河西走廊依次经过凉州（武威）、甘州（张掖）、嘉峪关、肃州（酒泉）、瓜州、沙州（敦煌），一直延伸到玉门关附近。古丝绸之路从西安出发，穿过河西走廊，分别从阳关与玉门关进入新疆，河西走廊因此成为古丝路的枢纽路段，连接着亚非欧三大洲的物质贸易与文化交流，东西方文化在这里相互激荡，积淀下蔚为壮观的历史文明。

（1）武威

武威，古称凉州、雍州、姑臧，汉武帝派骠骑将军霍去病远征河西，击败匈奴，为彰其"武功军威"命名武威。武威位于河西走廊东端，是古丝绸之路要冲，境内名胜古迹众多，雪域高原、绿洲风光和大漠戈壁等自然景观与历史文化交相辉映，著名的旅游名胜有雷台公园、武威市博物馆、百塔寺、莲花山、天梯山石窟、冰沟河森林公园、沙漠公园等。

雷台汉墓距今已经有1 700多年的历史。据史料记载，雷台为前凉（301—375年）国王张茂所筑灵钧台，台上有明清时期的古建筑群雷祖殿、三星斗姆殿等10座，其建筑雄伟、规模宏大。雷台下发现一处东汉墓葬，出土有金、银、铜、铁、玉、骨、石、陶器等文物231件，其中艺术价值最高的是一匹铜奔马，又称"马踏飞燕"，铸造技巧精湛，堪称青铜艺术极品，1983年被中国国家旅游局定为"中国旅游标志"（见图10-8）。

图10-8 铜奔马

百塔寺，又名白塔寺，始建于元代，距今已有750多年的历史，为藏传佛教凉州四寺（白塔寺、莲花山寺、海藏寺、金塔寺）之一。公元1247年，西凉王阔端与西藏地方宗教领袖萨班在凉州举行了具有历史意义的"凉州商谈"，使西藏正式纳入中国版图。其后，萨班在凉州讲经说法，宣传佛教，他主持扩建了白塔寺，寺院规模宏大，巍峨壮观，有4座城门，8座烽墩，东西长420米，南北长440米，四周有围墙，犹如城垣，号称"凉州佛城"，寺内有大塔一座，周围环绕小塔99座，故名百塔寺。

（2）张掖

张掖，古称"甘州"，位于河西走廊中段，由于黑河贯穿全境，形成了特有的荒漠绿洲景象。境内地势平坦、土地肥沃、林茂粮丰、瓜果飘香。雪山、草原、碧水、沙漠相映成趣，既具有南国风韵，又具有塞上风情，自古就有"塞外江南"和"金张掖"之美誉，所以有"不望祁连山顶雪，错将甘州当江南"这样的佳句。张掖有着悠久的历史、灿烂的文化、优美的自然风光和独特的人文景观，市内有大佛寺、木塔寺、土塔寺、西来寺、马蹄寺、镇远楼、山西会馆、民勤会馆、黑水国遗址等名胜古迹。

张掖大佛寺，始建于西夏永安元年（1098年），因寺内有巨大的木胎泥塑卧佛涅槃像故名大佛寺，又名睡佛寺。卧佛长34.5米，为中国现存最大的室内卧佛像。现存建筑有大佛殿、藏经阁、土塔三处。藏经阁内珍藏有明英宗颁赐的六千多卷佛经，经文保存完好，以金银粉书写的经文最为珍贵。

镇远楼俗称鼓楼，位于张掖市中心，东西南北四条大街交汇于此，是河西走廊现存最大的鼓楼，明正德二年（1507年）所建。楼为三层木构塔形，飞檐翘角，雕梁画栋，结构精巧，造型雄伟壮观。基座有"十"字洞通向东西南北与四条大街衔接。楼上四面悬有匾额：东为"金城春雨"，西为"玉关晓月"，南为"祁连晴雪"，北为"居延古牧"。现鼓楼东南角悬唐钟一口，是以铜为主的合金铸成，工艺精湛，浑厚雄伟。钟身饰有飞天及朱雀、玄武、白虎、青龙图案。此钟古代多用来报时或火灾报警。

（3）嘉峪关

嘉峪关市位于甘肃省西北部，河西走廊的中部，是中国丝路文化和长城文化的交汇点，素有"河西重镇""边陲锁钥"之称。

嘉峪关，因地势险要，建筑雄伟，号称"天下第一雄关"，是明长城最西端的关口，历史上曾被称为河西咽喉（见图10-9）。嘉峪关始建于明洪武五年（1372年），由内城、外城、罗城、瓮城、城壕和南北两翼长城组成，全长约60千米。长城城台、墩台、堡城星罗棋布，由内城、外城、城壕三道防线组成重叠并守之势，壁垒森严，形成五里一燧，十里一墩，三十里一堡，百里一城的防御体系。内城墙上建有箭楼、敌楼、角楼、阁楼、闸门等共十四座，关城内建有游击将军府、井亭、文昌阁，东门外建有关帝庙、牌楼、戏楼等。嘉峪关是明代长城沿线建造规模最为壮观、保存程度最为完好的一座古代军事城堡，于1987年被联合国教科文组织列入世界文化遗产地名录。

图10-9　嘉峪关

（4）酒泉

酒泉市，古称肃州，地处河西走廊西端的阿尔金山、祁连山与马鬃山之间，酒泉因"城下有泉""其水若酒"而得名。这里地势平坦，水源充足，素有"戈壁绿洲"之称，山脉连绵，戈壁浩瀚，盆地毗连，构成了雄浑独特的西北风光，是甘肃重要的旅游胜地。境内遍布风景名胜，有世界文化遗产敦煌莫高窟，以及周边的鸣沙山、月牙泉、敦煌三危山、敦煌博物馆、敦煌古城等系列旅游胜地；有阳关、锁阳城、西汉酒泉胜迹、万佛洞等历史古迹古城；有酒泉卫星发射中心。

西汉酒泉胜迹又名酒泉公园，位于酒泉市内。史传汉武帝元狩二年（公元前121年），骠骑将军霍去病西征匈奴，大获全胜于此，汉武帝赐御酒以赏，霍去病以功在全军，人多酒少，遂倾酒于泉中，与将士共饮，故有"酒泉"之名。酒泉公园是河西走廊唯一保存完整的一座汉式园林，园内建有酒泉胜迹、月洞金珠、西汉胜境、祁连澄波、烟云深处、曲苑餮秀、花月双清、芦伴晚舟八大景区。

阳关，位于敦煌市西南70千米处的阳关镇，始建于汉武帝元鼎年间。昔日的阳关城早已荡然无存，仅存一座汉代烽燧遗址，耸立在墩墩山上，供人们凭吊古阳关遗址，远眺绿洲、沙漠、雪峰的自然风光。

瓜州榆林窟又名万佛洞，是中国佛教石窟艺术的重要宝窟之一，位于瓜州县城南76千米处榆林河谷两侧的砾石崖壁。存石窟42个，窟内共存唐至元代800多年间的彩塑千余身，壁画1 000多平方米。

莫高窟，俗称千佛洞，位于敦煌市东南25千米鸣沙山麓的大泉河畔，始建于十六国的前秦时期，历经十六国、北朝、隋、唐、五代、西夏、元等历代的兴建，形成世界上规模最大、延续时间最长、保存最完整、艺术内容最丰富的石窟群，南北延伸长约1 610多米，保存完好的洞窟有492个，内有4.5万平方米的壁画和2 000多身彩塑。莫高窟以壁画成就最高，壁画富丽多彩，各种各样的佛经故事、山川景物、亭台楼阁等建筑画、山水画、花卉图案、飞天佛像以及当时生活生产的各种场面等，是十六国至清代1 500多年的民俗风貌和历史变迁的艺术再现，雄伟瑰丽，是中国古代美术史的光辉篇章。1987年，莫高窟被列为世界文化遗产。

鸣沙山距敦煌城南五千米，因沙动成响而得名。山为流沙积成，沙分红、黄、绿、白、黑五色。其山东西绵亘40余千米，南北宽约20余千米，主峰海拔1 715米，沙垄相衔，盘桓回环。沙随足落，经宿复初，此种景观实属世界所罕见。月牙泉处于鸣沙山环抱之中，其形酷似一弯新月而得名。面积13.2亩，平均水深4.2米。水质甘冽，澄清如镜。流沙与泉水之间仅数十米。但虽遇烈风而泉不被流沙所掩没，地处戈壁而泉水不浊不涸。这种沙泉共生，泉沙共存的独特地貌，确为"天下奇观"（见图10-10）。

敦煌雅丹国家地质公园，俗称敦煌魔鬼城，距离敦煌市区168千米，位于玉门关西北边，东西长约25千米，南北宽约13千米。主要景观为规模宏大、气势磅礴的大型垄岗状、墙状和塔柱状等雅丹体，它们拟人似物，栩栩如生，成了我国西部名副其实的"魔鬼城"，与浩瀚无垠的戈壁、沙漠景观相辅相成。

图10-10　月牙泉—鸣沙山

4. 崆峒山

崆峒山位于平凉市城西12千米处，有"西来第一山""西镇奇观"之誉，因相传黄帝曾登临崆峒山向广成子问道，崆峒山又被称为"天下道教第一山"。崆峒山树木葱郁，怪石嶙峋，峰林耸峙，主峰海拔2 123米，自然景观兼具北方山势之雄伟和南方景色之秀丽。自秦汉以来，山上陆续兴建了亭台楼阁，庙宇殿堂，留下了众多人文古迹。隍城、弹筝峡、塔院和雷声峰等都是崆峒山著名的景观。

四、新疆维吾尔自治区旅游区

新疆维吾尔自治区，简称"新"，首府乌鲁木齐市，位于中国西北边陲，地处亚欧大陆腹地，陆地边境线5 600多千米，周边与俄罗斯、哈萨克斯坦、吉尔吉斯斯坦、塔吉克斯坦、巴基斯坦、蒙古、印度、阿富汗八国接壤，总面积166万平方千米，是中国陆地面积最大的省级行政区，常住人口2 486.76万。新疆地形为山脉与盆地相间排列，北部是阿尔泰山，南部为昆仑山系，横亘于中部的天山把新疆分为南北两半，南部是塔里木盆地，北部是准噶尔盆地，呈现出"三山夹两盆"的显著特点。新疆的最低点吐鲁番艾丁湖低于海平面155米，也是中国的陆地最低点。境内形成了独具特色的大冰川，是新疆的天然"固体水库"。山脉的积雪、冰川孕育汇集为500多条河流，分布于天山南北的盆地，其中较大的有塔里木河、伊犁河、额尔齐斯河、玛纳斯河等。许多河流的两岸都有无数的绿洲，也是新疆各民族集中分布区。新疆有许多自然景观优美的湖泊，其中著名的有博斯腾湖、艾比湖、布伦托海、阿雅格库里湖、赛里木湖等。新疆远离海洋，深居内陆，四周有高山阻隔，海洋气流不易到达，形成明显的温带大陆性气候，温差较大，日照时间充足，降水量少，气候干燥。大部分地区春夏和秋冬之交日温差极大，故历来有"早穿皮袄午穿纱，围着火炉吃西瓜"之说。极端干燥的气候孕育了中国的最大的沙漠,即位于塔里木盆地中的塔克拉玛干沙漠,也是世界第二大沙漠。

新疆古称西域,是古丝绸之路的重要通道,是东西文明交融的地区,在发展历程中留下了数以百计的古文化遗址、古墓群、古宗教遗迹等人文景观。新疆又是一个多民族的聚居区,世居民族有汉族、维吾尔族、哈萨克族、回族、柯尔克孜族、蒙古族、塔吉克族、锡伯族、满族、乌孜别克族、俄罗斯族、达斡尔族、塔塔尔族13个,民族风情独具特色,素有"歌舞之乡"美称,叼羊、"姑娘追"等民俗活动别具特色,富有情趣,民族服饰绚丽多彩,民族风情旅游资源丰富多彩。特殊的气候使新疆特产数不胜数,新疆民谣说:"吐鲁番的葡萄哈密的瓜,库尔勒的香梨人人夸,叶城的石榴顶呱呱。"道出了新疆有名的四个水果之乡。此外,还有伊犁的苹果,叶城大籽石榴,阿克苏薄皮核桃,和田的美玉和羊毛地毯、天山雪莲,等等。

新疆土地辽阔,旅游资源丰富,现有世界自然遗产1处,即天山;入选人类非物质文化遗产代表作名录2项,即维吾尔木卡姆艺术和柯尔克孜族史诗《玛纳斯》;国家历史文化名城5座、国家5A级风景名胜区12处、国家地质公园7个、国家森林公园17个、国家级自然保护区9个、国家湿地公园4个。

1. 乌鲁木齐市游览区

乌鲁木齐,旧称迪化,是新疆维吾尔自治区首府,地处新疆中部、天山山脉中段北麓,是世界上距离海洋最远的大城市。天山山脉分布着高山冰雪景观、山地森林景观、草原景观,为游客观光、探险提供了丰富的内容;各民族的文化艺术、风情习俗,构成了具有民族特色的人文旅游景观。红山公园、新疆国际大巴扎、新疆民街、二道桥民族风情一条街、天山大峡谷景区、水磨沟景区等带有浓郁新疆民俗风情的景区景点,享誉国内外。

(1) 红山公园

红山公园是乌鲁木齐市一座集旅游观光、古典特色、人文内涵、体育健身为一体的综合性自然山体公园,红山山体由紫色砂砾岩构成,呈赭红色,气势雄伟,形态壮观,就像一条头西脚东的巨龙一样昂首屹立在乌鲁木齐市市区中心,是乌鲁木齐的标志性景观。矗立在红山嘴上的镇龙宝塔是清乾隆五十三年(1788年)修建的,"塔映斜阳"也成了乌鲁木齐著名的旧八景之一。园内还有远眺楼、林则徐雕塑和庙宇等,红山是观赏这座边城景色最好的地方。

(2) 新疆国际大巴扎

巴扎,维吾尔语意为集市。新疆国际大巴扎是世界规模最大的大巴扎,集伊斯兰文化、建筑、民族商贸、娱乐、餐饮于一体,是新疆旅游业产品的汇集地和展示中心,具有浓郁的伊斯兰建筑风格,是乌鲁木齐作为少数民族城市的景观建筑,又是一座标

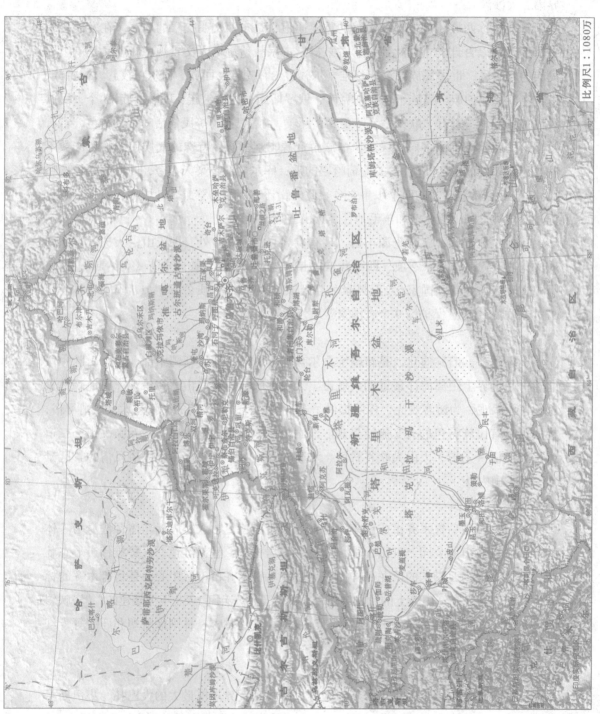

图 10-11 新疆维吾尔自治区示意图

志性建筑，它重现了古丝绸之路的繁华，集中体现了浓郁西域民族特色和地域文化。

（3）天山大峡谷景区

天山大峡谷位于乌鲁木齐县境内，地处天山山脉中段北坡的博格达峰和天格尔峰之间，数条山溪性河流在两峰之间流过，形成罕见的森林大峡谷，是天山北坡最完整、最具观赏价值的原始雪岭云杉林区。大峡谷主要景点包括天山坝、照壁山、加斯达坂、天鹅湖、牛牦湖林海松涛、哈萨克民族风情、高山草原、雪山冰川等，二湖、三瀑、四溪、十八谷相映争辉，囊括了除沙漠以外的新疆所有自然景观，是人类游牧文化的活博物馆。

2. 天山天池—博格达峰游览区

天山天池古称"瑶池"，地处昌吉回族自治州阜康市境内，博格达峰的北坡山腰，为古代冰川泥石流堵塞河道形成的高山湖泊（见图10-12）。天池海拔1 980米，湖面呈半月形，面积约4.9平方千米，最深处103米。湖滨云杉环绕，雪峰辉映，碧水似镜，风光如画。可观赏雪山、森林、碧水、草坪、繁花的景色。附近还有小天池、灯杆山、石峡等景点。

图10-12 天山天池—博格达峰

博格达峰，海拔5 445米，是天山山脉东段的最高峰，三峰并立，成"山"字形，昂天挺立，终年冰雪覆盖．银盔玉甲，气势雄伟。三峰之下千峰竞秀，万壑流芳，目力所及，遍是原始森林和山甸草原，葱茏青翠，风光如画。

3. 伊宁市游览区

伊宁市是伊犁哈萨克自治州的首府，位于新疆西北边陲，地处伊犁河谷盆地中央，北倚天山雪峰，南临伊犁河，四周是美丽的草原和神秘的森林，是亚欧大陆干旱地带的一块"湿岛"，土地肥沃，水源充足，草原辽阔，物产丰富，享有"塞外江南""苹果之乡"以及"天马故乡"之美誉。伊宁市古称宁远，在历史上它是中国西部的一个繁华商埠。伊宁又是一个多民族聚居的地方，各族人民各自保持了鲜明浓郁的民族特色，维吾尔族的伊犁赛乃木、锡伯族的贝伦舞、俄罗斯族的踢踏舞、哈萨克族的赛马、叼羊、"姑娘追"以及具有民族音韵的阿肯弹唱、伊犁麦西来甫等少数民族传统娱乐活动，为这个西北边城增添了无穷魅力。伊宁以盛产苹果闻名海内外，参观果园，品尝鲜果是伊犁旅游的重要项目之一。比较出名的景区有伊犁河谷、阿拉木图亚风情园、喀赞其民俗村、汉家公主纪念馆、林则徐纪念馆、伊犁河大桥、拜图拉清真寺、伊宁回族大寺、维吾尔民居一条街、汉宾乡果园八角凉亭、解忧公主薰衣草庄园、花海那拉提等，以及遍布周围的雪岭冰川、高山湖泊、森林公园、草原毡房，都是旅游观光、度假休闲的好去处。

伊犁河位于伊宁市郊 16 千米处，河面宽阔、风光秀丽，全长 1 500 千米，自东向西在霍尔果斯河口流入哈萨克斯坦境内。美丽的伊犁河畔雪峰耸立、绿树成荫，离伊宁最近的河段处有著名的伊犁大桥，这里是拍摄落日的极佳地点，"伊桥落日"已经成为摄影爱好者的良好题材。

林则徐纪念馆位于伊宁市边境经济合作区。鸦片战争后不久，以禁毒和抗英而声誉卓著的民族英雄林则徐，被贬谪伊犁，虽身处逆境，仍忠诚报国。在两年时间里，他致力勘垦，兴修水利，造福人民，受到伊犁各族人民的尊敬和爱戴。为纪念他的功绩，修建了这座纪念馆，展厅内陈列展出的照片、实物等有 2 000 多件。

伊犁河谷的霍城被称为"中国的普罗旺斯"，每年 6—7 月，呈现一大片紫色的梦幻般的薰衣草花海，吸引全世界游人的目光。伊犁已建成了全国最大的薰衣草基地，是世界三大薰衣草种植基地之一。

4. 喀什—和田游览区

喀什、和田皆位于新疆的西南部，是典型的南疆地区，是古丝绸之路上的重镇，古代商业贸易和宗教文化繁荣，中西方文化交汇，民族风情浓郁，旅游资源丰富。

（1）喀什

喀什古称"疏勒"，位于塔里木盆地西部，南依喀喇昆仑山与西藏阿里地区，西靠帕米尔高原，是中国最西部的边陲城市，是南疆最大的城市，也是一座有着千年历史的国家历史文化名城。居民以维吾尔族为主，旅游特色集雪山、沙漠、田园等风光和民族风情于一体，主要名胜有喀什老城、香妃墓、艾提尕尔清真寺、高台民居、大巴扎、石头城、叶尔羌河等。

喀什老城位于市区中心，拥有几百年历史，是喀什噶尔和维吾尔文化最经典的代表。老城内的建筑大多充满了伊斯兰和维吾尔族风情，街道纵横交错，风格统一。游客漫步其中，仿佛走进了中亚的异域，感觉十分神奇。老城中心的艾提尕尔清真寺为中国最大的一座清真寺，始建于 1442 年，分为正殿、外殿、教经堂、院落、拱拜孜、宣礼塔、大门等七部分，是一个有着浓郁民族风格和宗教色彩的伊斯兰教古建筑群，古尔邦节时，全疆各地都有穆斯林前来礼拜，成为全新疆穆斯林聚礼处（见图 10-13）。

阿帕霍加墓又名香妃墓，坐落在喀什市东北郊 5 千米处的浩罕村，始建于 1640 年前后，是一座典型的伊斯兰式古老的陵墓建筑，据说墓内葬有同一家族的五代 72 人，因其中葬有明末清初喀什著名伊斯兰教依禅派大师阿帕霍加而得名。陵墓由门楼、小礼拜寺、大礼拜寺、教经堂和主墓室 5 部分组成，陵园东部的主墓室是这处建筑群的主体，造型宏伟壮观，风格庄严华丽，为整个建筑群之冠，也是新疆最为宏大精美的陵墓。

泽普金湖杨国家森林公园位于泽普县城西南 40 千米的戈壁深处，坐落在叶尔羌河冲积扇上缘，三面环水，景色宜人。森林公园内天然胡杨林面积达 1.8 万亩，夏季浓荫蔽日，杂花生树；入秋黄叶如染，如诗如画。"胡杨、碧水、绿洲、戈壁"四位一体的独特自然风貌向人们展示

图 10-13　艾提尕尔清真寺

了一副塞外边疆独有的画卷。公园东部有一棵"胡杨王"，该胡杨树为雄性，已有千年以上的历史，其生命力旺盛实属罕见，真实地印证了胡杨"生而千年不死，死而千年不倒，倒而千年不朽"的胡杨精神。公园内还有塔木阿力古墓群和汉代佛教传入新疆的历史文化遗迹，形成了这里浓郁的历史文化背景。随着跑马场、湖心岛和沙枣长廊等景观的综合开发，金湖杨国家森林公园现已被选入国家 5A 级旅游景区。

（2）和田

和田，古称"于阗"，藏语意思为产玉石的地方，位于昆仑山与塔克拉玛干大沙漠之间。和田历史文化底蕴深厚、地理位置特殊、物产丰富，是西域最早的佛教中心，许多著名高僧如法显、玄奘都在此留下了足迹。这里曾是古丝绸之路南道重镇，也是和田玉的故乡，以盛产艾德莱斯丝绸、手工羊毛地毯、和田玉而闻名天下，素以"玉石之都""地毯之乡"著称。

和田佛文化遗址和出土文物较多，旅游资源较为丰富，有美尔力克沙漠、千里葡萄长廊、尼雅遗址、安迪尔古城、丹丹乌里克故城遗址、桑株岩画、热瓦克佛寺、神秘泪泉、米利克阿瓦特、约特干、阿克斯比尔、热瓦克、赞木庙等，还有阿克斯皮力古城、买力克阿瓦提古城、喀拉墩古城、阿西古城堡、阿萨古城堡以及约特干遗址、热瓦克佛塔、库克玛日木石窟等世界知名的古遗址。

5. 吐鲁番游览区

吐鲁番市位于新疆维吾尔自治区中部，是天山东部的一个东西横置的形如橄榄状的山间盆地，四面环山，盆底艾丁湖水面低于海平面 155 米，是中国最低的盆地。典型的大陆性暖温带荒漠气候，日照充足，热量丰富但又极端干燥，降雨稀少且大风频繁，故有"火洲""风库"之称。夏季极端高气温为 49.6℃，地表温度多在 70℃以上，有过 82.3℃的纪录；冬季极端最低气温-28.7℃；日温差和年温差均大。特殊的气候使吐鲁番成为世界著名的葡萄等瓜果产地。吐鲁番是古丝绸之路上的重镇，有 4 000 多

年的文化积淀，曾经是西域政治、经济、文化的中心之一。已发现文化遗址200余处，出土了从史前到近代4万多件文物。大量的文物和史实证明，吐鲁番是世界上影响深远的中国文化、印度文化、希腊文化、伊斯兰文化四大文化体系和萨满教、祆教、佛教、道教、景教、摩尼教、伊斯兰教七大宗教的交融交汇点。吐鲁番旅游文物资源丰富，主要旅游景区景点有火焰山、葡萄沟、艾丁湖、高昌古城、交河故城、坎儿井、阿斯塔那古墓群、柏孜克里克千佛洞、苏公塔等。

（1）火焰山

火焰山，维吾尔语称"克孜勒塔格"，意为红山，童山秃岭，寸草不生，飞鸟匿踪。每当盛夏，红日当空，赤褐色的山体在烈日照射下，砂岩灼灼闪光，炽热的气流翻滚上升，就像烈焰熊熊，火舌撩天，故又名火焰山。火焰山是中国最热的地方，夏季最高气温高达47.8℃，地表最高温度高达89℃，沙窝里可烤熟鸡蛋，是名副其实的"中国热极""火洲"。

（2）葡萄沟

与火焰山荒山秃岭形成强烈对比的是那一条条穿过山体的沟谷，沟底大多清泉淙淙、绿树成荫，形成条条狭长绿洲，有葡萄沟、桃儿沟、木头沟、吐峪沟、连木沁沟、苏伯沟等，其中最著名的当数葡萄沟（见图10-14）。葡萄沟南北长约8千米、东西宽约2千米，沟内有布依鲁克河流过，主要水源为高山融雪，因盛产葡萄而得名，现已成为国家5A级旅游景区。葡萄沟溪流两侧，葡萄架遍布，葡萄藤蔓层层叠叠，绿意葱葱，四周是茂密的白杨林，花草果树点缀其间，农家村舍错落有致地排列在缓坡上，景观别具特色。因阳光充足且日温差特别大，这里的葡萄糖量高达20%～24%，居世界之冠。夏天，沟里风景优美，凉风习习，是这个"火洲"里特殊的"大空调"，避暑的天堂。在葡萄沟里，不仅能感受到大自然的神奇景观、品尝到世界上最甜的葡萄，还能领略到葡萄沟里维吾尔族小伙儿的热情舞蹈、惊险刺激的达瓦孜表演、热闹喜庆的少女采葡萄等旅游项目，是享誉中外的旅游胜地。

图10-14　葡萄沟

（3）高昌故城

高昌故城包括外城、内城和宫城（可汗堡）三重城，城址内分布有大量宗教建筑遗址和宫殿遗址。寺院建筑内有摩尼教壁画和佛教壁画、塑像等。城内遗物丰富，出土有不同文字的文书和经典。宫城在最北面，保留较好的外城西南和东南角保存两处寺院遗址。内城北部正中有一座不规则的方形宫城，俗称"可汗堡"。高昌故城在13世纪末的战乱中废弃，大部分建筑物消失无存。

6. 罗布泊风景区

罗布泊位于塔里木盆地东部的最低处，塔克拉玛干沙漠的最东缘，盆地中河流如塔里木河、孔雀河、车尔臣河、疏勒河等汇集于此，曾是中国第二大内陆湖，后塔里木河断流，导致罗布泊最终干涸，成了寸草不生的"死亡之海"。湖盆周边台地形成典型的雅丹地貌，楼兰城等古城也成为了废墟。风景区内自然和历史人文旅游资源丰富，景点众多，有古烽火台、营盘汉代遗址、汉代后勤驿站遗址、太阳墓、古胡杨林、库木克塔格沙漠、孔雀河、红柳沟戈壁滩、楼兰古城和龙城雅丹等。

楼兰古国在公元前176年前建国，是古丝绸之路上的一个小国，位于罗布泊西部，公元630年却突然神秘消失，共持续800多年。现今只留下了一片废墟遗迹，被称为"沙漠中的庞贝"。古城呈方形，占地10万多平方米，城内断壁残垣，满目狼藉，但古陶器、漆器、玉器、丝毛织品残件及古代中外钱币到处可见，是一个埋藏在"沙漠中的宝地"，是历史遗落下来的"博物馆"。

在罗布泊古湖盆的东、西、北三面，约有3 000平方千米的"雅丹"地貌，其中国家地质公园白龙堆雅丹是第四纪湖积层抬升形成的砾质土丘地貌，由于水蚀和风蚀作用，形成东北至西南走向的长条状土丘群，绵亘近百千米，横卧于罗布泊地区的东北部，淡黄色的土丘鳞次栉比，高低起伏，气势雄伟，形态万千，景观奇特。但由于气候特殊，环境恶劣，交通不便，所以目前并不适宜于大规模旅游开发。

7. 阿勒泰游览区

阿勒泰地区位于新疆北端、准噶尔盆地北部，东部与蒙古国、西部与哈萨克斯坦、北与俄罗斯接壤。气候特点是夏季干热，冬季严寒，年均气温0.7℃～4.9℃，极端最低温度-51.5℃，气候条件不佳和交通不便成为本游览区最大的限制因素。区内阿尔泰山发育了许多冰川，孕育了众多峡谷河湖，风景优美，最为著名的有喀纳斯景区、可可托海风景区、白沙湖景区、蝴蝶沟等景区景点，以及高山风光、冰川雪岭、湖泊温泉、岩画石刻、切木尔切克古墓群及草原石人等。

"喀纳斯"是蒙古语，意为美丽而神秘的湖。喀纳斯湖位于阿勒泰地区布尔津县北部，湖面积45.73平方千米，湖深188.5米，是中国最深的冰碛堰塞湖。喀纳斯湖景区由高山、河流、森林、湖泊、草原等奇异的自然景观组成，还有"湖怪"之谜、"云海佛光"之谜、"浮木"之谜、"变色湖"之谜等神秘奇景。湖的北面是白雪皑皑的高峰，湖泊四周重峦叠嶂，山林犹如画屏，不同植物群落分布在山林不同层次，色彩各异，四季变幻，五彩缤纷。湖面风静波平时似一面硕大的调色板，随着昏晨交替、天气变幻万千，美不胜收。这个被誉为"人间仙境、神的花园"的中国最美的湖泊，入选为国家 5A 级旅游景区、国家地质公园、国家森林公园、中国自然保护区、国家自然遗产，并带动了阿勒泰地区的旅游业发展。

可可托海风景区位于新疆北部阿勒泰地区富蕴县，由额尔齐斯大峡谷、可可苏里、伊雷木特湖、卡拉先格尔地震断裂带四部分组成。它以优美的峡谷河流、山石林地、矿产资源、寒极湖泊和奇异的地震断裂带为自然景色，融地质文化、地域特色、民族风情于一体，是以观光旅游、休闲度假、特种旅游（徒步、摄影等）、科学考察等为主要特色的国家 5A 级旅游景区。卡拉先格尔地震断裂带是 1931 年富蕴八级地震所留遗迹，有壮观的塌陷区、沟槽、垅脊、串珠状断陷塘、鼓包、张裂隙等地震遗迹景观。该遗迹至今保存完整，是目前世界地震史上最壮观、最惊人、保存最完整的地震遗迹，素有"地震博物馆"之称，具有地质研究、科学考察、生态旅游等价值。

8. 民俗文化与美食

新疆在地域上离东部地区较远，历史上处于东西方文化交汇的通道上，多元文化的特性显著，加上少数民族聚集，民俗文化丰富多彩，饮食文化独具特色。

（1）古尔邦节

古尔邦节，又称宰牲节，与开斋节（肉孜节）、圣纪节并列为伊斯兰教三大节日。古尔邦节的时间在每年伊斯兰历十二月十日，肉孜节（开斋节）后七十天左右（见图 10-15）。

过节前，牧区农区老百姓家家户户都把房舍打扫得干干净净，忙着精制节日糕点。节日清晨，穆斯林沐浴熏香，严整衣冠，到清真寺参加聚礼，聚礼之后就要宰牲，把献祭的牲畜宰好，大块连骨肉炖到锅里后，男子们开始互相串门，拜贺节日。妇女们则留在家里摆上节日食品，烧茶备水，准备迎接客人前来拜贺。大家除了互相道贺，

图 10-15　古尔邦节

彼此问候之外,还要共餐痛饮、吹拉弹唱,一起娱乐。无论城市农村,都要在广场上举行盛大的麦西来甫歌舞集会。广场四周要布置色彩缤纷的伞棚、布棚、布帐,夹板房内铺设着各式各样的木桌、板车、地毯、毛毯、方巾,上面备有花式繁多的小吃甜点。哈萨克、柯尔克孜、塔吉克、乌兹别克等民族在节日期间还举行叼羊、赛马、摔跤等比赛活动。

(2)十二木卡姆

维吾尔木卡姆渊源于维吾尔民族文化,又受波斯—阿拉伯音乐文化的影响,是维吾尔族一种大型传统古典音乐,汇集歌、诗、乐、舞、唱、奏于一身,运用音乐、文学、舞蹈、戏剧等各种语言和艺术形式表现维吾尔族人民绚丽的生活和高尚的情操,反映了他们的理想和追求以及当时的历史条件下所产生的喜怒哀乐。十二木卡姆就是十二套古典音乐大曲,这十二套大曲分别是拉克、且比亚特、木夏维莱克、恰尔尕、潘吉尕、乌孜哈勒、艾介姆、乌夏克、巴雅提、纳瓦、斯尕、依拉克。维吾尔十二木卡姆的每一个木卡姆均分为大乃额曼、达斯坦和麦西热甫三大部分;每一个部分又由四个主旋律和若干变奏曲组成。其中每一首乐曲既是木卡姆主旋律的有机组成部分,同时,又是具有和声特色的独立乐曲,为木卡姆伴奏的乐器有萨塔尔、弹布尔、热瓦普、达普、都塔尔等。

(3)"姑娘追"

"姑娘追"是盛行于哈萨克、柯尔克孜等族的民间传统游戏,多在婚礼、节日等喜庆之时举行。2009年4月25日列入联合国非物质文化遗产名录。

不同氏族部落或地区的男女青年交错组合,一男一女两人一组。活动开始,二人骑马并走向指定地点。去的时候,小伙子可以向姑娘逗趣、开各种玩笑,姑娘也不会生气。到达指定地点以后,小伙子立即纵马急驰往回返,姑娘则在后面紧追不舍,追上后便用马鞭在小伙子的头上频频挥绕,甚至可以抽打,以报复小伙子的调笑,小伙子不能还手。"姑娘追"已成为一项饶有风趣的群众性体育活动。

(4)饮食习俗与美食

中国最大的穆斯林聚居地新疆维吾尔自治区目前已经形成了自成体系、风格独特的清真饮食文化。他们的一日三餐大致是这样安排的:早饭吃馕和各种瓜果酱、甜酱,喝奶茶、油茶等;午饭是各类主食;晚饭多是馕、茶或汤面等。

新疆盛产绵羊,由此维吾尔族便有了食羊肉的习俗。羊肉的做法很多,有全国人民都熟悉的烤羊肉串,还有烤全羊、烤羊腿、手抓羊肉、清炖羊肉、羊肉汤、羊肉饺子等。此外,新疆的美食还有大盘鸡、拉条子、馕、油馓子、新疆凉面等。

新疆维吾尔族人还喜爱水果,这与新疆盛产葡萄、哈密瓜、杏、梨、苹果、大枣等水果有关,可以说瓜果是维吾尔族人民生活必需品。

第三节 主要旅游线路介绍

一、内蒙古自治区主要旅游线路

1. 呼和浩特—包头—鄂尔多斯草原沙漠观光旅游线路

线路特色：此旅游线为内蒙古比较经典的传统旅游线，以典型的草原风光、雄浑的大漠文化和深厚的蒙古文化底蕴为主要特色，主要游览景点包括乌兰察布格根塔拉草原、昭君墓、五当召、响沙湾、成吉思汗陵等。

2. 赤峰—锡林浩特—呼伦贝尔草原风情及蒙元文化旅游线路

线路特色：这是一条中国最美的草原旅游线，以草原生态景观、民族风情、蒙元文化与地质奇观为旅游主题，主要游览景点有赤峰冰石林和冰石臼、元上都遗址、喀拉沁清代蒙古王府、呼伦贝尔草原等。

二、宁夏回族自治区主要旅游线路

银川—青铜峡—中卫—固原黄河、大漠及回乡文化旅游线路

线路特色：这是一条贯穿宁夏从北至南的全境旅游线，游客可以观赏塞上江南的风光，感受黄河雄险神奇，体验古西夏王国的神秘，探寻回族民俗文化和宗教文化的风采，还能参与独特的沙漠旅游活动，内容极其丰富多彩。主要景点包括西夏王陵、贺兰山岩画、沙湖、水洞沟、黄河漂流、青铜峡及108塔、沙坡头、火石寨须弥山石窟等。

三、甘肃省主要旅游线路

1. 兰州—天水—平凉黄河文明、华夏文化旅游线路

线路特色：甘肃黄河以东地区是华夏文化重要的发祥地，此旅游线的主题为黄河上游风光、宗教遗迹和华夏文明踪迹，主要景点包括黄河三峡、兰州黄河百里风情走廊、五泉山、炳灵寺、拉卜楞寺、麦积山石窟、伏羲庙、崆峒山、王母宫石窟等。

2. 兰州—武威—张掖—嘉峪关—酒泉—敦煌丝路文化旅游线路

线路特色：此旅游线从兰州往西穿越河西走廊，可以充分游览古丝绸之路上河西

重要的古城镇的历史古迹和塞上风光，体验古老而又神秘的丝路文化及丰富而辉煌绚丽的宗教文化的精髓。主要景区景点包括武威雷台汉墓、张掖大佛寺、嘉峪关古长城、酒泉公园和胡杨林、敦煌莫高窟、鸣沙山、月牙泉、阳关遗址、玉门关遗址、敦煌雅丹国家地质公园等。

四、新疆自治区主要旅游线路

1. 乌鲁木齐—伊宁—阿勒泰北疆神奇山水、民族风情旅游线路

线路特色：这是一条北疆地区的旅游线，以雪山、幽谷、秀湖、彩林、草原、伊斯兰宗教文化、多民族风情为主要内容，主要包括天山、天池、大巴扎、那拉提、伊犁河谷、薰衣草花海、喀纳斯湖、可可托海等众多景区景点。

2. 喀什—和田南疆大漠绿洲风情旅游线路

线路特色：此旅游线深入南疆地区，以游览大漠风光、绿洲田园景色，体验维吾尔民族风情为主要特色，主要包括喀什老城、艾提尕清真寺、香妃墓、泽普金湖杨国家森林公园、美尔力克沙漠等景区景点。

3. 乌鲁木齐—吐鲁番—罗布泊沙漠绿洲及丝路文化旅游线路

线路特色：这是东疆旅游线，以吐鲁番为中心，处于历史上东土与西域之间的重要连接点上，有丰富而神秘的历史古迹，也有神奇的沙漠景观，有典型的绿洲风光和独特的民族风情，还有闻名于世的瓜果特产。主要包括火焰山、葡萄沟、坎儿井、交河故城、高昌古城、楼兰古城、吐鲁番民俗博物馆、罗布泊雅丹等景区景点。

思考与练习

1. 西北旅游区的优势旅游资源是什么？
2. 分析西北旅游区旅游业发展中的限制性自然地理和社会环境因素。
3. 请谈谈蒙古族风情及文化艺术的特色，并分析它对游客的吸引力。
4. 什么是丝绸之路？丝路文化对西北旅游区有怎样的影响？
5. 简要介绍宁夏回族自治区的旅游景点，并谈谈宁夏旅游的注意事项。
6. 西北旅游区物产极其丰富，请列表介绍本区各省的特产。
7. 填空题：
    （1）新疆地形可概括为"三山夹两盆"，即_____、_____、_____、_____、_____。

（2）被称为"东方金字塔"的＿＿＿＿＿＿位于贺兰山东麓，陵区具有神秘色彩，留下了许多难解之谜。

（3）＿＿＿＿＿＿石窟位于甘肃天水，是我国四大石窟之一，其泥塑艺术堪称一绝。

（4）敦煌莫高窟是世界现存规模最大的佛教艺术宝库，现存有壁画和雕塑的洞窟共492个，尤以＿＿＿＿＿＿成就最高。

（5）丝绸之路上的＿＿＿＿＿＿遗址被称为"沙漠中的庞贝"，是历史遗落下来的"博物馆"。

（6）＿＿＿＿＿＿是新疆人民创造的独特的灌溉形式，充满智慧。

8. 单项选择题：

（1）我国最大的清真寺是（　　）

  A. 化觉巷大清真寺   B. 艾提尕清真寺

  C. 东关清真寺   D. 南关清真寺

（2）我国海拔最低的湖泊是（　　）

  A. 艾丁湖   B. 博斯腾湖

  C. 玛纳斯湖   D. 天池

（3）（　　）是维吾尔族创造的一种住宅形式，以适应新疆夏季炎热、冬季严寒多大风的气候特点。

  A. 碉房   B. 土楼

  C. 四合院   D. "阿以旺"

（4）林则徐曾被贬谪至（　　），此地建有林则徐纪念馆以纪念这位民族英雄。

  A. 喀什 B. 伊犁 C. 乌鲁木齐 D. 哈密

9. 判断题：

（1）和田是我国南疆第一大城市，也是一座具有千年历史的古城。（　　）

（2）罗布泊"魔鬼城"是风蚀丹霞地貌。（　　）

（3）天山天池景色奇美，被称为"人间瑶池"，它是冰碛湖。（　　）

（4）呼伦贝尔草原是中国最大最美的草原，也是世界四大草原之一。（　　）

（5）铜奔马被中国国家旅游局定为"中国旅游标志"，它是出土于甘肃酒泉的古代青铜艺术品。（　　）

10. 实训题：
   （1）设计一条兰新铁路沿线的跨省（区）旅游线路，并为游客精选旅游景点。
   （2）在以下空白图上标示出本区各省（区）主要的旅游线路。

中国地图

第十一章
青藏旅游区

学习目标

了解青藏旅游区旅游地理环境特征，分析地理环境特征对该区旅游资源优势的影响，以及对该区旅游业发展的影响。掌握本区重要的旅游景点及旅游线路的特点和分布规律。

青藏旅游区包括青海省和西藏自治区。该区为巨大高原区，高山、极高山众多，积雪、冰川、冻土覆盖面积广大，高寒气候，生态脆弱。古朴的藏族风情、宗教文化和宗教建筑构成了本区神秘诱人的人文旅游资源。随着交通条件和经济条件的改善，本区旅游开发前景广阔。

第一节　旅游地理环境及旅游资源特征

一、自然地理环境与旅游资源特征

1. 高山冰川大面积分布，山地旅游景观奇特壮丽

青藏高原地势险峻，平均海拔4 500米以上，为世界最高的大高原，有"世界屋脊"之称。高原上耸立着数列巨大的山系，有昆仑山、阿尔金山、祁连山、喀喇昆仑山、唐古拉山、冈底斯山、念青唐古拉山、喜马拉雅山、横断山等山脉。全世界海拔8 000米以上的高峰全部位于青藏高原西南边缘。由于地势高，气温低，许多山峰终年

积雪，冰川广泛发育，青藏高原上的冰川面积约占我国冰川总面积的80%以上。雪山冰川高耸入云，银光闪闪，景色蔚为壮观，往往成为藏族人民心中的圣山。

巨大山脉之间，高原、盆地、谷地等众多地貌形态交错分布，地势起伏明显。昆仑山和冈底斯山之间是藏北高原，地面坦荡，湖泊星罗棋布，生态原始纯净，珍稀野生动物如野牦牛、藏羚羊等生存其间，但由于气候极恶劣，人烟稀少，为大面积的无人区。冈底斯山和喜马拉雅山之间为藏南谷地，发育了雅鲁藏布江，深切出世界最深的雅鲁藏布大峡谷。同时冲积出河流宽谷，成为西藏人口最为集中、工农业生产最为发达的地区。青藏高原东南部的横断山区，岭谷并列，山高谷深，一系列接近南北走向的山脉之间夹峙着怒江、澜沧江、金沙江、雅砻江、大渡河等河流，景观呈现显著的垂直差异。祁连山东段地势较低，谷地宽广，海拔多在2 500米左右，是优良的牧场和农业区，包括青海湖盆地、黄河谷地和湟水谷地等，其中湟水谷地和青海湖盆地是进入青藏高原的要道，也是当年文成公主西嫁松赞干布所走的唐蕃古道。湟水谷地草原广大，青海湖风光秀美，成为青海省人口聚集区和最重要的旅游区。

2. 气候独特，动植物资源丰富多样

青藏高原由于地势高峻，形成独特的高原气候，空气稀薄，气压较低，太阳辐射强，日照时间长，造就了拉萨的"日光城"之称。高原气温低，年较差小，但日较差大，形成"一年无四季，一日有寒暑"的奇特现象。但在高原的东南边缘地带，高山深谷区域，却呈现另一番景象，山谷气候温暖湿润，降水丰沛，四季常绿，稻茶飘香，一派郁郁葱葱的热带、亚热带河谷风光。这里高差巨大，垂直地带性明显，从河谷到高山可以观赏到从我国海南岛到极地的各个自然带的景象，动植物资源异常丰富，不仅是天然的旅游胜地，也是科学研究的极佳场所。

奇特的高原繁衍着奇特的动物。有国家保护的一级、二级动物多种，金丝猴、藏羚羊、野牦牛、野驴、野骆驼、盘羊、雪豹、羚牛、白唇鹿、梅花鹿、黑颈鹤等。珍稀濒危植物在这一地区也有大量分布，如桫椤、巨柏、喜马拉雅长叶松、喜马拉雅红豆杉、冷杉等。尤其值得一提的是，青藏高原是世界上杜鹃花种类最为丰富的地区，在藏东南林芝一带就有大面积的杜鹃生长，被称为"杜鹃花王国"。这些珍稀动植物均是青藏高原自然保护区的主要保护对象。目前，我国在高原范围内建立了各种类型的自然保护区，以保护脆弱的生态环境，保护濒危稀有的野生动植物资源。

3. 高原湖泊星罗棋布，湖光山色景观秀丽

青藏高原上的湖泊数以千计，约占全国湖泊面积的1/3，是我国湖泊最多地区之一。青海湖是我国最大的湖泊，纳木错是我国第二大咸水湖和世界上最高的大湖泊。

此外，还有色林错、羊卓雍措、扎日南木错、当首雍错、班公错、鄂陵湖、扎陵湖等。高原湖泊景色十分秀美，林海环绕，雪山相映，湖滨地区地形坦荡，水草丰美，鱼群遨游，为优良的牧场，同时也是野生动物飞禽走兽的栖息之所。这些湖泊给这些鸟类提供了食物来源和栖息场所，同时这些美丽的候鸟也给湖区增添无限生机和秀丽景色，成为湖区旅游的一大看点。

4. 地热资源丰富，地热景观奇绝

青藏高原是我国地热资源最丰富的地区，雅鲁藏布江及其谷地一带岩浆活动十分强烈，地热现象非常激烈且普遍。主要有热泉、温泉、沸泉、间歇泉等二十多种，类型之多，活动之强，全球少有。地热为青藏高原一大奇观，地热田热气蒸腾，与雪山、冰川交相辉映，构成一幅"冰火相融"的绝妙景象，成为本旅游区独具特色的旅游资源。

二、人文地理环境与旅游资源特征

1. 宗教文化古老神秘，宗教建筑壮观雄伟

青藏高原世居少数民族以藏族为主，有相当一部分藏族人民信仰藏传佛教，因藏人尊称高僧为"喇嘛"，所以藏传佛教又被称为"喇嘛教"。青海、西藏佛教文化盛行，民族生活处处渗透着神秘的宗教色彩，佛教圣地、圣迹比比皆是，寺院庙堂数以千计，贝叶经随处可见，转经、转山、转湖的信众络绎不绝，西藏各地的许多习俗和民族节日大多与宗教有关，可见藏区的宗教渊源极为深厚。

由于藏传佛教的盛行，佛教寺院遍布高原各地，最盛时达2 000余座。拉萨的布达拉宫、大昭寺、小昭寺，日喀则的扎什伦布寺，青海的塔尔寺等寺庙在社会上享有极大的特权，建筑宏伟壮观，文化艺术水平惊艳世界，文物收藏极为丰厚，佛事活动盛况空前，具有极高的宗教研究价值、文化艺术价值、建筑艺术价值和旅游价值。

2. 民俗风情多姿多彩，藏族文化旅游资源独特丰厚

西藏是藏文化的发祥地，由于高原环境的相对独立，与外界交往不够频繁，使这里的民风民俗保持得相对完整，以藏族为主的各民族的婚丧嫁娶、宗教节日、歌舞戏曲、绘画雕塑、居住方式等众多方面都有浓郁的民族特色。尤其是藏民族的节庆活动特别多，内容丰富多彩，形式不拘一格，有藏历元旦过新年、正月十五酥油花灯节、四月十五佛诞节、七月望果节等全民性的节庆活动，还有雪顿节、传大召、萨噶达瓦节、燃灯节等宗教节日。这些都是高原文化的精华部分，也是最能吸引游客的旅游资源，它们共同构成了高原丰厚而又独特的藏族文化旅游资源。

第二节　主要旅游地介绍

一、青海省旅游区

青海省位于中国西北内陆，北部和东部同甘肃相接，西北部与新疆相邻，南部和西南部与西藏毗连，东南部与四川接壤，总面积72.23万平方千米，常住人口603万。地势总体呈西高东低，地貌以高原和山地为主，全省平均海拔3 000米以上，祁连山、巴颜喀拉山、阿尼玛卿山、唐古拉山等山脉横亘境内，山脉纵横，层峦叠嶂，湖泊众多，峡谷、盆地遍布。青海省境内有大小湖泊2 043个，其中青海湖是我国最大的内陆咸水湖，柴达木盆地大面积的盐沼成为我国最大的钾盐储存区，以"聚宝盆"著称。气候汇聚了大陆季风气候、内陆干旱气候和青藏高原气候三种气候形态，日照时间长、辐射强；冬季漫长、夏季凉爽；气温日较差大，年较差小；降水量少，地域差异大，东部雨水较多，西部干燥多风，缺氧、寒冷。青海境内众多高山积雪和冰川融水成为长江、黄河、澜沧江等许多大江河的发源地，故被称为"江河源"，素有"中华水塔"之称。

青海具有悠久的历史，自古昆仑山被称为"中华龙脉之祖"，昆仑神话是华夏文明和中华文化的源头之一，已列入世界非物质文化遗产。在古代东西文明交流过程中，唐蕃古道和丝绸之路必经青海地区，留下了大量历史遗迹和文化遗存。青海还是个多民族的聚居地，汉、藏、回、蒙古、土、撒拉等民族历史悠久，勤劳豪放，能歌善舞，民俗风情别具一格。青海的宗教信仰也呈现多元化的特征，佛教、伊斯兰教、道教、基督教和天主教都在青海有传播，其中藏传佛教和伊斯兰教在信教民众中有着广泛的影响。

青海旅游资源博大而丰富，奇异的地貌、独特的高原气候、丰富的动植物资源以及众多的名胜古迹综合在一起形成了青海三大旅游景区：东部旅游区有湟中塔尔寺、百里油菜花海、孟达林区、多彩少数民族风情；青海湖旅游区包括日月山寻古、青海湖漫游、鸟岛奇观、金银滩草原等；西部旅游区有三江源国家自然保护区、巴隆国际狩猎场、阿尼玛卿山、昆仑山、万能丈盐桥、南八仙风蚀雅丹地貌、黄河谷地大峡谷等（见图11-1）。

1. 西宁市游览区

西宁，古称青唐城、西平郡、鄯州，地处青海省东部、湟水中游河谷盆地，古

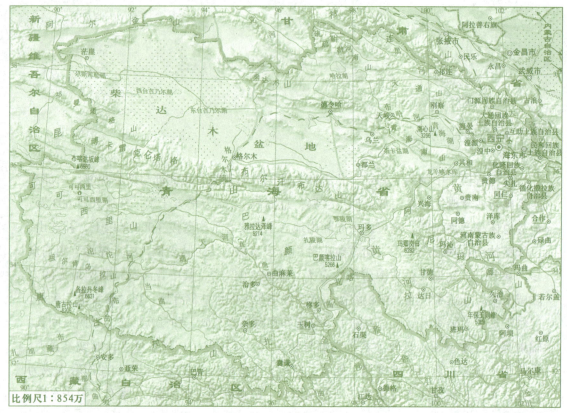

图 11-1 青海省示意图

"丝绸之路"南路和"唐蕃古道"的必经之地,自古就是西北交通要道和军事重地,素有"西海锁钥""海藏咽喉"之称。西宁历史文化源远流长,有着得天独厚的自然资源,绚丽多彩的民俗风情,旅游资源十分丰富,拥有塔尔寺、青海湖、原子城、日月山等景观。

（1）塔尔寺

塔尔寺创建于明洪武十二年（1379年）,藏语称为"衮本贤巴林",意思是十万狮子吼佛像的弥勒寺,位于青海省西宁市西南25千米处的湟中县城鲁沙尔镇。塔尔寺是中国藏传佛教格鲁派（黄教）六大寺院之一,是中国西北地区藏传佛教的活动中心。主要建筑依山傍塬,分布于莲花山的一沟两面坡上,共有大金瓦寺、小金瓦寺、花寺、大经堂、九间殿、大拉浪、如意塔、太平塔、菩提塔、过门塔等大小建筑共1 000多座院落,4 500多间殿宇僧舍,规模宏大,宫殿、佛堂、习经堂、寝宫、喇嘛居住的扎厦以及庭院交相辉映、浑然一体。寺庙的建筑涵盖了汉宫殿与藏族平顶的风格,独具匠心地把汉式三檐歇山式与藏族檐下巧砌鞭麻墙、中镶时轮金刚梵文咒和铜镜、底层镶砖的形式融为一体,和谐完美地组成一座汉藏艺术风格相结合的建筑群。酥油花、壁画和堆绣被誉为"塔尔寺艺术三绝",另外寺内还珍藏了许多佛教典籍和历史、文学、哲学、医药、立法等方面的学术专著。每年举行的佛事活动"四大法会",更是热闹非凡。塔尔寺是青海省首屈一指的名胜古迹和全国重点文物保护单位,是国家5A级旅游景区。

（2）青海湖景区

青海湖景区位于西宁市西北部,距西宁市136千米,是国家5A级旅游景区。青海湖古称"西海",是中国最大的内陆湖、最大的咸水湖,湖面海拔3 196米,面积4 583平方千米。湖区盛夏时节平均气温仅15℃,为天然避暑胜地。湖中有海心山、三块石、鸟岛、海西山、沙岛5个形态各异的岛屿,山峦叠翠,景观独特。湖水冰冷且盐分很高,浮游生物少,所以湖水透明度很高,清澈碧蓝,湖天一色,景色秀丽。湖畔绿草成茵,牛羊成群,不同季节呈现不同的景象。湖附近景区沿湖分布,以原子城（西海镇）为起点,主要景区为日月山、沙岛、二郎剑景区、鸟岛、金银滩草原等。每年4到6月间,有近10万只候鸟陆续迁徙到湖西岸的鸟岛繁衍生息,是青海湖一大奇观（见图11-2）。西海镇附近的草原,每至夏季盛开金鹿梅黄花和银鹿梅白花,犹如金色和银色的草滩,取名为金银滩草原,民族音乐家王洛宾在此采风时创作了著名的歌曲《在那遥远的地方》,金银滩草原更是名扬天下。

图11-2 青海湖鸟岛

2. 格尔木市游览区

格尔木位于柴达木盆地中南部,南依昆仑山、北靠察尔汗盐湖,是青海省西部的新兴工业城市,因建于戈壁滩而显得别具一格。市区范围内有被誉为"大漠英雄树"的胡杨林保护区,有充满民族风情的蒙古族草原帐篷度假村,还有较具发展潜力的温泉水库。

察尔汗盐湖距格尔木60千米,是我国最大的盐湖,湖中的盐花晶莹透明,千姿百态,像珊瑚、宝石、花朵、宝塔,但表面却平整坚实、光洁明净,可以行驶汽车。敦煌至格尔木的公路从盐湖上通过,其中有30千米用盐铺成,就是著名的"万丈盐桥"。20世纪70年代格尔木铁路也从此通过,在湖上修建了32千米的盐湖铁路,被誉为"钢铁长虹"。盐湖风光别具一格,到处银光闪闪,玉砌冰雕。甚至居民还用盐造房子,宛若水晶宫殿。盐湖在正午时分有时会出现"柴达木海市蜃楼"奇观。

3. 玉树游览区

玉树藏族自治州位于青海省西南部青藏高原腹地，是长江、黄河和澜沧江的发源地。地势高耸，地形复杂，气候多变，环境严酷，属典型的高寒性气候。境内有独特的高原自然景观和民俗风情，有玉树歌舞、藏族服饰和奇特的风俗人情，有文成公主庙和众多教派的佛教寺院，有列入新赛嘉那玛尼石堆和岗察寺殿内宗喀巴佛像，有"三江源"、隆宝滩和可可西里等三个国家级自然保护区。全州有供旅游观光的景观、景点 40 余处。玉树的民俗风情独具魅力，是闻名于世的藏族歌舞之乡，这里还有规模盛大的玉树赛马节。

文成公主庙，又叫"加萨公主庙"，相传系唐代藏民为纪念文成公主而建，已有 1 300 多年历史，是唐蕃古道的重要文化遗存之一。文成公主庙坐北朝南，面临溪流，依崖而建，设计巧妙，是一座既有唐代艺术风格又有藏式平顶建筑特点的古式建筑。

三江源头地区是中国面积最大的天然湿地分布区，素有"中华水塔"之称。万里长江发源于唐古拉山脉的主峰各拉丹东南侧的大冰川，绵亘几十里的冰塔林，犹如座座水晶峰峦，千姿百态，景色绮丽。滚滚黄河发源于巴颜喀拉山北麓的卡日曲河谷和约古宗列盆地，源头湖泊、小溪星罗棋布，水草丰美，甚为壮观。三江之源，以其拥有的大山、大江、大河、大草原、大雪山、大湿地、大动物乐园等原生态的自然景观，以其汇集了藏传佛教、唐蕃古道、玉树歌舞、赛马节等博大精深的宗教文化和多姿多彩的民俗风情、节庆活动，极为典型地体现出青海之大美意境和内涵。

位于玉树藏族自治州西部的可可西里国家级自然保护区总面积 450 万公顷，是中国建成的面积最大，海拔最高，野生动物资源最为丰富的自然保护区之一，主要保护藏羚羊、野牦牛、藏野驴、藏原羚等珍稀野生动物、植物及其栖息环境。2017 年获准列入世界自然遗产名录，成为中国第 51 处世界遗产。

4. 青海的民俗和美食

青海是一个多民族的省份，独特的风俗习惯形成了青海人文景观的特色之一。草原歌舞、藏戏、蒙古摔跤、赛马、回族歌舞、土族安昭舞、撒拉族民居、各民族服饰等风情万种。最具代表性的是青海花儿会。

（1）花儿会

"花儿"是流传在青海、甘肃、宁夏广大地区的民歌，被誉为大西北之魂，2009 年 9 月被联合国列为人类非物质文化遗产（见图 11-3）。青海是花儿的重要传唱地区，历史悠久，内容丰富多彩，形式自由活泼，曲令众多，语言生动形象，曲调高昂优美，具有浓郁的生活气息和乡土特色，歌手辈出。花儿是青海民歌之魂，居住在这里的汉、藏、回、土、撒拉等各族群众，无论在田间耕作，山野放牧，外出打工或者路途赶车，只要有闲暇时间，都要唱上几句悠扬的"花儿"。可以说，人人都有一副唱"花儿"的金嗓子，花儿对青海人来说像每天的饮食一样普通。每年农历四月至六月，河湟谷地春意盎然，百花争艳，大地一片生机，各地别开生面的花儿演唱会也相继开始，身着盛装的人们熙熙攘攘，欲献绝技的歌手摩肩接踵，嘹亮的歌声此起彼伏，漫山遍野成了花儿的海洋。

图 11-3 花儿会对歌

西宁凤凰山花儿会多于农历四月八举行。届时艳阳高照，满目青山，歌手们携情侣，带酒食，三五成群，边饮美酒边赛歌，歌声传遍四野，气氛热烈至极。

民和县峡门花儿会历史悠久。每年五月端午节在满山遍布眼眼清泉的乱泉滩举行。人们头戴杨柳帽，手提节日饭，痛饮清泉水，放声唱花儿，别是一番情趣。

乐都县瞿昙寺花儿会每年农历六月十四至十六日举办，十五日是高峰。歌手们一边领略瞿昙寺胜景，一边引吭高歌，心情格外激动，歌声格外动听。

五峰山花儿会于农历六月六日在素有"风景胜地"之称的五峰山澄花泉边举行。

大通县六月六的老爷山花儿会则又以演唱源于藏族的"长寿令"的花儿见长，这里林木葱茏，悠悠白云上飘荡着声声花儿，一片诗情画意。

十分有趣的是，各地的花儿会不仅风情各异，而且都和特别美丽而动听的传说和独特的习俗联结在一起。

（2）特产与美食

青海的特产有昆仑玉、安冲藏刀、土族盘绣、冬虫夏草、雪莲、西宁大黄、牦牛肉干、青稞酒、民和羊肉等。青海菜品具有一种粗犷的美，主料以牛羊肉为主。有青海湖湟鱼、面片、酸奶、酿皮、焜锅馍馍、油锅盔、羊肠面、德令哈糌粑等。

二、西藏自治区旅游区

西藏自治区位于青藏高原西南部，平均海拔在 4 000 米以上，素有"世界屋脊"之称。北邻新疆，东接四川，东北紧靠青海，东南连接云南。面积 120 万平方千米，常住人口 343 万，是中国人口最少、密度最小的省区；周边与缅甸、印度、不丹、尼泊尔、克什米尔等国家及地区接壤，陆地国界线 4 000 多千米，是中国西南边陲的重要门户。地势由西北向东南倾斜，地形复杂多样，大致可分为喜马拉雅山区、藏南谷地、藏北高原和藏东高山峡谷区。境内有众多巨大高山，主要有喜马拉雅山脉、昆仑山脉、喀喇昆仑山—唐古拉山脉、冈底斯—念青唐古拉山脉和横断山脉。境内超过8 000米的高峰有5座，其中世界第一高峰珠穆朗玛峰就耸立于中尼边境上。西藏境内著名的河流有金沙江、怒江、澜沧江和雅鲁藏布江，其中国际性河流多。西藏的气候独特而且复杂多样，空气稀薄，气压低，容易缺氧，且太阳辐射强烈，日照时间长。气候类型自东南向西北依次有热带、亚热带、高原温带、高原亚寒带、高原寒带等各种类型，总体上具有西北严寒干燥、东南温暖湿润的特点。西藏是中国湖泊最多的地区，1 500多个大小不一、景致各异的湖泊错落镶嵌于群山莽原之间，以咸水湖为主。在西藏，许多湖泊都被赋予宗教意义，纳木错、玛旁雍错、羊卓雍错被并称为西藏的三大"圣湖"。

西藏古称"蕃"或"吐蕃"，自古以来就是中国领土的重要组成部分。西藏在悠久的发展历史中创造了灿烂的藏族文化。藏族的英雄史诗《格萨尔王传》已用多种文字传播世界各地。以藏族为主体的少数民族风情独具魅力，他们性格开朗乐观、热情奔放、坚韧不拔，能歌善舞，坚守传统民族风俗和生活习惯。

西藏独特的高原地理环境和历史文化，造就了数量众多、类型丰富、品质优异、典型性强、保存原始的旅游资源。自然旅游资源主要有以喜马拉雅山脉为主的雪山风光区域、藏北羌塘草原为主的草原风光区域、藏东南森林峡谷为主的自然生态风光区域、阿里神山圣湖为主的高原湖光山色风光区域等。西藏人文旅游资源也十分丰富，

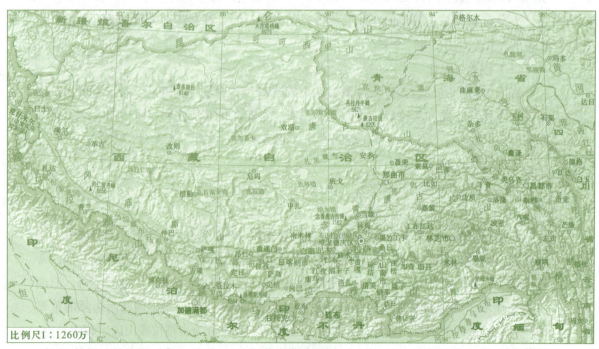

西藏自治区示意图

现有1 700多座保护完好、管理有序的寺庙，形成独特的人文景观。主要有以拉萨布达拉宫、大昭寺、罗布林卡为代表的藏民族政治、经济、宗教、历史、文化中心的人文景观区；以山南雍布拉康、桑耶寺、昌珠寺、藏王墓群为代表的藏文化发祥地人文景观区；以日喀则扎什伦布寺、萨迦寺为代表的后藏宗教文化人文景观区；以藏北"古格王朝古都遗址"为主的文物古迹人文景观区；以昌都康区文化为代表的"茶马古道"历史文化人文景观区等。

1. 拉萨游览区

拉萨地处西藏高原中部、拉萨河中游河谷平原，有"日光城"之称。7世纪，松赞干布统一全藏，将政治中心从山南迁到拉萨，从此拉萨一直是西藏的政治、经济、文化和宗教中心，已经有1 300多年的历史。拉萨有许多古迹遗址，布达拉宫、大昭寺和罗布林卡被列为世界文化遗产。主要旅游景点有哲蚌寺、色拉寺、小昭寺、宗角禄康、藏王陵、楚布寺、拉萨清真寺、曲贡遗址、西藏博物馆、药王山、直贡噶举派寺庙群等，主要商业区有八廓街、宇拓路步行街、拉萨百货大楼等。周围具有经济价值和医疗作用的地热温泉遍地，堆龙德庆县的曲桑温泉、墨竹工卡县的德中温泉享誉整个藏区。

（1）布达拉宫

布达拉宫坐落于拉萨市区西北红山上，最初为吐蕃王朝赞普松赞干布为迎娶尺尊公主和文成公主而兴建，17世纪五世达赖喇嘛时期重建后，成为历代达赖喇嘛的驻锡地和政教合一的中心（见图11-4）。布达拉宫依山建造，群楼重叠，殿宇嵯峨，气势雄伟，坚实墩厚的花岗石墙体，松茸平展的白玛草墙领，金碧辉煌的金顶，具有强烈装饰效果的巨大鎏金宝瓶、幢和红幡，交相映辉，红、白、黄3种色彩的鲜明对比，分部合筑、层层套接的建筑型体，都体现了藏族古建筑迷人的特色。

布达拉宫由白宫、红宫两大部分和与之相配合的各种建筑所组成，主楼高117米，共13层。白宫因外墙为白色而得名，白宫横贯两翼，为达赖喇嘛生活起居地，有各种殿堂长廊，摆设精美，布置华丽，墙上绘有与佛教有关的绘画，多出名家之手。红宫位于布达拉宫的中央位置，外墙为红色，供奉佛像、松赞干布像、文成公主和尼泊尔尺尊公主像数千尊，以及历代达赖喇嘛灵塔，黄金珍宝镶嵌其间，配以彩色壁画，金

图11-4 布达拉宫

碧辉煌。

布达拉宫是"西藏历史的博物馆"。布达拉宫大量收藏和保存了极为丰富的历史文物，珍宝馆展出宫藏文物200件左右，其中包括封诰、印鉴、礼品、文献典籍、贝叶经、佛像、唐卡、法器等。

（2）大昭寺

大昭寺位于拉萨老城区中心，由藏王松赞干布建造，已有1300多年的历史，是西藏现存最辉煌的吐蕃时期的建筑，也是西藏最早的土木结构建筑，在藏传佛教中拥有至高无上的地位。大昭寺融合了藏、唐、尼泊尔、印度的建筑风格，成为藏式宗教建筑的千古典范。寺前终日香火缭绕，信徒们虔诚地叩拜在门前的青石地板上，留下了深深印痕。大昭寺殿高4层，整个建筑金顶、斗拱为典型的汉族风格，碉楼、雕梁则是西藏样式，主殿二、三层檐下103个木雕伏兽和人面狮身排列成行，寺内有长近千米的藏式壁画《文成公主进藏图》和《大昭寺修建图》。2000年，大昭寺被选为世界文化遗产。

（3）拉萨三寺

拉萨市内寺庙众多，其中色拉寺、甘丹寺和哲蚌寺合称"拉萨三寺"，皆建于明永乐年间。

色拉寺，全名为色拉大乘寺，创建于1419年，在拉萨三大寺中是最后修建的一座寺院，坐落在拉萨北郊的色拉乌孜山下，传说山下原长满了色拉（野玫瑰），因而得名。色拉寺保存着上万个金刚佛像，大殿和经堂四壁保存着大量彩色壁画原作，最著名的塑像是大殿里的马头明王像。寺周围柳林处处，流水涓涓，自古就是高僧活佛讲经说法之地，有许多僧尼小寺环绕其间。

甘丹寺位于拉萨达孜县境内旺波日山上，寺庙傍山而立，群楼重叠，巍峨壮观。该寺是黄教六大寺中地位最特殊的一座寺庙，它是由藏传佛教格鲁派的创始人宗喀巴于1409年亲自筹建的，可以说是格鲁教派的祖寺。

哲蚌寺系黄教六大寺庙之一，坐落在拉萨市西郊的根培乌孜山南坡的坳里，由黄教创始人宗喀巴之弟子降央曲吉·扎西班丹于1416年创建。整个寺院规模宏大，鳞次栉比的白色建筑群依山铺满山坡，远望好似巨大的米堆，故名哲蚌。哲蚌，藏语意为"米聚"，象征繁荣，藏文全称意为"吉祥积米十方尊胜洲"，它是格鲁派中地位最高的寺院，也是藏传佛教最大的寺庙。

（4）罗布林卡

罗布林卡位于拉萨西郊，于18世纪40年代由达赖七世修建，是历代达赖喇嘛消夏理政的地方，是一座典型的藏式风格园林。罗布林卡意为"宝贝园林"，建筑以格桑颇章、金色颇章、达登明久颇章为主体，有房374间。园内有植物100余种，不仅有拉萨地区常见花木，而且有取自喜马拉雅山南北麓的奇花异草，还有从内地移植或从国外引进的名贵花卉，堪称高原植物园。罗布林卡是西藏人造园林中规模最大、风景最佳的、古迹最多的园林。罗布林卡现被辟为人民公园，园内还有拉萨唯一的动物园。每年藏历七月初一到初七的拉萨雪顿节，罗布林卡都是拉萨市的活动中心之一，各地有名的藏戏团体都会涌向这里（见图11-5）。

图11-5 藏戏

（5）纳木错

纳木错位于拉萨市西北，为一个断陷构造湖，是西藏第二大湖泊，也是世界上海拔最高的大湖。当地藏族民众叫纳木错为"腾格里海"，意思是"天湖"，是西藏的"三大圣湖"之一，是藏传佛教的著名圣地。纳木错还是预卜凶吉祸福的圣湖，每逢夏天，有不少喇嘛前往朝圣，以湖中显现的景象来预卜未来。纳木措湖畔玛尼堆遍布，如有教徒经过这里，总会投下一颗石子。这个西藏人心目中的圣湖，每年都吸引着教徒们迢迢千万里，完成艰辛的旅程，来转湖朝圣，以寻求灵魂的超越。它是世界海拔最高的大湖，远离现代文明的污染，保持着自然原始生态，是朝圣者心目中的圣地。

2. 日喀则游览区

日喀则位于青藏高原西南部，是西藏第二大城市，拥有500多年的历史，是历代班禅的驻锡地。周围土地肥沃，农牧业发达，历来为西藏的粮仓和农牧产品的集散地。日喀则市游览区的旅游资源丰富，寺庙主要有扎什布伦寺、江孜白居寺、萨迦寺等，以及江孜人民英勇抗击英军入侵的根据地江孜宗山；市辖定日县有珠穆朗玛峰为首的冰峰雪山、原始森林带、神山、圣湖、草原、名寺古刹；日喀则喜马拉雅山南麓有被称为西藏小江南的六大名沟，即亚东沟、陈塘沟、嘎玛沟、绒辖沟、樟木沟和吉隆沟。其中吉隆沟被评价为"小河谷装下了半部西藏史"。

（1）扎什伦布寺

扎什伦布寺，全名为"扎什伦布白吉德钦曲唐结勒南巴杰瓦林"，意为"吉祥须弥聚福殊胜诸方州"，位于日喀则的尼色日山下，是西藏黄教四大寺之一，是历代班禅生活主事之地，为该地区最大的寺庙，也是日喀则的象征。扎什伦布寺于1447年由宗喀巴的弟子根敦朱巴主持创立，寺庙际山枕水，层楼高耸，蔚为壮观，总建筑面积达30万平方米，大小殿堂和住宅上千间，以大强巴佛殿最为雄伟，殿内供奉铜镀金弥勒佛，高26.2米，用黄铜近12万公斤、黄金6 700两铸成，仅镶嵌佛像两眉间就使用大小钻石、珍珠1 400颗，为世所罕见。寺内保存有昔日皇帝赐给班禅大师的古瓷、金银碗碟、玉石器、金印等。在灵塔殿，有历代班禅的豪华灵塔。

（2）萨迦寺

萨迦寺位于萨迦县本波山下，是一座藏传佛教萨迦派寺院，也是萨迦派的主寺，萨迦寺用象征文殊菩萨的红色、象征观音菩萨的白色和象征金刚手菩萨的青色来涂抹寺墙，所以萨迦派又俗称为"花教"。萨迦寺分南寺和北寺。萨迦北寺由昆·贡觉杰布创建于1073年，如今已经荡然无存。萨迦派第五代祖师八思巴建了萨迦南寺，经历代昆氏子孙扩建，形成今天所见的萨迦寺规模。全寺是一组典型的元代城堡建筑，占地面积约45 000平方米，结构十分特别，有两圈城墙，外围高大围墙，高5米，厚近2米，城墙上有垛口，四隅各建一座碉楼。外面还有护城河，城门为"工"字形，整个平面图是大"回"字套着小"回"字，整个寺院唯有东面有门桥以供出入。

萨迦寺至今还保存大量文物，藏有珍贵的贝叶经、《布德甲龙马》大藏经和元代坛城壁画、古瓷器等浩瀚艺术珍品，文物价值极高，因此萨迦寺被国内外学术界称为中国"第二个敦煌"。萨迦寺的壁画堪称一绝，可谓集西藏壁画之大成。元代壁画总计有上万平方米，以萨迦历代法王画像和曼陀罗最有特色，仅曼陀罗壁画就有130多幅，其中尤以八思巴会见忽必烈、萨迦寺建设等场面最为宝贵。

3. 林芝游览区

林芝，古称工布，位于西藏东南部、雅鲁藏布江中下游。林芝海拔平均3 000米左右，最低在雅鲁藏布江下游墨脱县巴昔卡，海拔155米，是世界陆地垂直地貌落差最大的地带，造成了林芝的热带、亚热带、温带及寒带气候并存的多种气候带。雅鲁藏布江在境内大拐湾，形成世界上最大的峡谷雅鲁藏布江大峡谷。林芝的原始森林保存完好，高大挺拔的西藏古柏、喜马拉雅冷杉、"植物活化石"桫椤以及百余种杜鹃等大面积分布，是一个名副其实的"绿海"。

林芝桃花沟是一片天然野生桃林，三面环山，高处有水源，四周林木葱茏，终年碧绿苍翠，涧有流水，是春天林芝的最美游览地。

色季拉山位于林芝县以东，登临海拔4 728米处的山口，可观日出、云海、无际的林海和远眺南迦巴瓦峰俊美的雄姿。色季拉山西坡达则村旁的本日拉山，是西藏本教的圣地，为西藏四大神山之一，来此转山朝拜的人，一年四季络绎不绝，信徒来自四面八方。每逢藏历八月十日，还要举行一次规模盛大的转山活动，称为"娘布拉酥"。色季拉山还分布有大面积的杜鹃花，而且品种多，盛开期间气势浩大，景色极为壮观。

墨脱的山多、水多、瀑布也多。藏布巴东瀑布群为雅鲁藏布大峡谷中最大的河床瀑布，被评为中国最美六大瀑布之首，在世界河流峡谷中构成罕见的自然奇观。此外，还有高达四百公尺的汗密瀑布，有从悬崖绝壁倒挂的老虎嘴瀑布，有云崖飞泻的地东瀑布，有云雾缭绕的背瀑布，有银带飞舞的拉格瀑布，等等。

米堆冰川位于波密县玉普乡米美、米堆两村，冰川主峰海拔6 800米，雪线海拔只有4 600米，末端海拔只有2 400米。冰川下段已穿行于针阔叶混交林带，是西藏最主要的海洋型冰川之一，也是世界上海拔最低的冰川之一。该冰川常年雪光闪耀，景色神奇迷人。

4. 羊卓雍措

羊卓雍措位于山南市浪卡子县，是西藏三大圣湖之一，湖面海拔4 441米，总面积638平方千米，属淡水湖（见图11-6）。湖的形状很不规则，分叉多，湖岸曲折蜿蜒，湖中山地突兀，湖内分布有21个小岛，岛上牧草肥美，野鸟成群。湖岸的宁金抗沙峰海拔7 206米，山体雄伟，发育了多条冰川，银光闪烁。羊卓雍措湖面平静，一片翠蓝，仿佛山南高原上的蓝宝石。湖南面的桑丁寺，建筑宏伟壮丽，为西藏唯一的女活佛多吉巾帕姆驻锡寺院。羊卓雍措集高原湖泊、雪山、岛屿、牧场、温泉、野生动植物、寺庙等多种景观为一体，湖光山色之美，冠绝藏南。

图11-6 羊卓雍措

5. 宗教信仰及民俗

藏族有相当一部分群众信仰藏传佛教。藏传佛教中又分为黄教格鲁派、红教宁玛派、花教萨迦派、白教噶举派等，藏族著名的六大寺院扎什伦布寺、哲蚌寺、色拉寺、拉卜楞寺、塔尔寺等都是格鲁派寺院。

佛教在藏族人心中地位至高无上，无论待人接物，还是日常生活，似乎都离不开宗教信仰。所以，藏族的很多重要节日都与虔诚的信仰有关。藏历元旦是藏族群众重要的节日，人们要穿着节日的盛装相互拜年，并到寺院朝拜祈愿。四月十五日相传是释迦牟尼成佛和文成公主到西藏的日子，各地的藏族群众都会举行宗教纪念活动。七月，粮食即将成熟，藏族群众背着经卷转绕田间，称"旺果节"，祈盼丰收。藏族群众朝拜佛像、佛塔、活佛时，一般也在有宗教活动的寺庙中进行，要磕长头，双手合十举过头顶，头顶、前额、胸口拱揖三次，然后匍匐在地上，伸直双脚，如此反复进行。在藏语里活佛意为神佛化为肉身；喇嘛是藏传佛教里对高僧的尊称；六字真言指唵、嘛、呢、叭、咪、吽六个字；转世是佛教灵魂转世，生死轮回的意思。有贵客前来，主人就会献上哈达，以白色为主，也有浅蓝色或淡黄色的，蓝、黄、白、绿、红五彩哈达用于最隆重的仪式上。

藏族群众以糌粑为主食，糌粑是由青稞或豌豆炒熟后磨制而成的炒面，吃的时候，把糌粑放进酥油茶或青稞酒里搅拌，再捏成小团就可以了。青稞酒是用青稞酿制而成的一种低度酒，酥油茶是倒入木质长筒内的茶叶加上盐巴和酥油融合而成的食品。藏族群众宁可三月无肉，也不可一天无酥油茶。

第三节　主要旅游线路介绍

一、青海省主要旅游线路

1. 西宁—青海湖—金银滩环青海湖风情旅游线路

线路特色：此旅游线通过近距离观赏青海湖的美景，体验青海湖转湖的精彩。主要包括日月山、倒淌河、青海湖、鸟岛、二郎剑景区、黑马河、原子城、沙岛、金银滩大草原等景区景点。

2. 西宁—格尔木—可可西里高原风情旅游线路

线路特色：此旅游线深入到青海西部，可以充分体验青海盆地高原的独特自然奇观。主要包括都兰国际狩猎场、察尔汗盐湖、茶卡盐湖、昆仑山口、可可西里自然保护区。

3. 西宁—玉树唐蕃古道风情旅游线路

线路特色：唐蕃古道是我国历史上一条非常著名的交通大道，也是唐代以来中原内地去往青海、西藏乃至尼泊尔、印度等国的必经之路。线路主要景点有塔尔寺、赞普林卡、黄河源头、扎陵湖、鄂陵湖、文成公主庙、三江源自然保护区等。

二、西藏自治区主要旅游线路

1. 拉萨—林芝藏东旅游线路

线路特色：此旅游线因地形复杂，交通对旅游有一定的限制性影响，更突显其神秘感，线路上有拉萨的布达拉宫、大昭寺、小昭寺、拉萨三寺、罗布林卡、纳木错、八廓街等，还有林芝地区的桃花沟、巴松错、雅鲁藏布江大峡谷、藏布巴东瀑布群、色季拉山、米堆冰川等。

2. 拉萨—日喀则—江孜—浪卡子藏南旅游线路

线路特色：这是一条传统的黄金旅游线，交通相对较为便利，通达性较好，宗教文化特别发达，线路上除拉萨市众多的寺院外，还有羊八井地热田，日喀则的扎什伦布寺、萨迦寺、白居寺、江孜宗山、珠峰自然保护区，以及山南地区浪卡子的羊卓雍措等景区景点。

思考与练习

1. 青藏旅游区自然地理环境有何特征？
2. 青藏高原发展旅游业的优势与障碍有哪些？
3. 分析藏传佛教对青藏旅游区旅游业的影响。
4. 试述青藏铁路的开通对青藏旅游区旅游业发展的影响，并分析本区旅游业的发展对当地社会生活的影响。
5. 填空题：
   （1）布达拉宫的灵塔内安放着_____的遗体，现共有8座灵塔。
   （2）_____是西藏第二大城市，是历代班禅的驻锡地。
   （3）_____盆地是我国海拔最高的盆地，盐矿资源极丰富。
   （4）_____是中国面积最大的天然湿地分布区，素有"中华水塔"之称。
6. 单项选择题：
   （1）拥有珍贵壁画而享有我国"第二敦煌"之誉的西藏寺庙是（   ）。
       A. 布达拉宫   B. 大昭寺   C. 萨迦寺   D. 扎什伦布寺
   （2）（   ）是藏族人的一种住宅形式，与藏区的地形、气候相适宜。
       A. 雕房   B. 土楼   C. 四合院   D. "阿以旺"
   （3）（   ）是世界上海拔最高的大湖，是藏传佛教的著名圣地。
       A. 青海湖   B. 纳木错   C. 鄂陵湖   D. 羊卓雍措
   （4）中国民族音乐家王洛宾在（   ）采风时创作了著名的歌曲《在那遥远的地方》。
       A. 青海湖   B. 可可西里
       C. 雅鲁藏布江峡谷   D. 玉树
7. 判断题：
   （1）青藏神秘的自然生态成为该旅游区最有价值的旅游资源。（   ）
   （2）羊八井是柴达木盆地著名的地热田。（   ）
   （3）藏族传统节日望果节是典型的宗教节日。（   ）

（4）文成公主庙相传系清朝藏民为纪念文成公主而建，已有1 300多年历史。
（   ）

8. 实训题：

（1）设计一条青藏铁路沿线跨省旅游线，为游客精选景点。

（2）在以下空白地图上标示出青海省和西藏自治区主要旅游线。

中国地图

第十二章
港澳台旅游区

学习目标

了解港澳台旅游区旅游地理环境特征，分析地理环境特征对该区旅游资源优势的影响，以及对该区旅游业发展的影响。掌握本区重要的旅游景点及旅游线路的特点和分布规律。

港澳台旅游区包括台湾地区、香港特别行政区和澳门特别行政区。该区地处我国南部地区，气温终年较高，热带风光迷人，海洋旅游资源丰富。

第一节 旅游地理环境及旅游资源特征

一、自然地理环境与旅游资源特征

1. 地理位置优越，海洋旅游资源丰富

本区地处我国东南沿海，由岛屿或半岛组成，其中台湾岛是我国第一大岛屿，香港包括香港岛、九龙半岛、新界和离岛四大部分，澳门由澳门半岛、氹仔岛海和路环岛组成。港澳台背靠祖国大陆，面临浩瀚的太平洋，位于远东贸易航路要冲，地理位置十分优越，海岸线曲折，优良港湾多，成为亚洲重要的港口，台湾有基隆、高雄港口，香港有维多利亚港等世界级的重要港口。

曲折的海岸地貌是本区重要旅游资源。台湾岛的北部和南部海岸有各种形态的奇岩和海蚀地貌；西部海岸沙滩绵长，有许多理想的海滨旅游胜地；东部海岸断崖峭壁直逼太平洋，形成闻名世界的海岸奇观。

海港风光与城市风情完美结合是本区旅游资源的另一大特色。无论是香港的维多利亚港，还是台湾的基隆或高雄港，其吸引游客的优势皆为其面临浩渺的大海，同时又背靠繁华的城市，使游客吹着海风而领略现代化都市风情，成为最具吸引力的旅游地。

2. 南亚热带—热带季风气候，冬季旅游胜地

本区大部分区域都位于北回归线以南，年均温都较高，长夏无冬或冬季短暂，成为著名的冬季旅游胜地。由于气候条件优越，台湾岛成为著名的宝岛，作物生长旺盛，农产品丰富，水果、茶叶品种多，质量佳，是亚洲重要的水果和农产品出口地，也成为吸引游客的一个重要因素。台湾的森林覆盖率达50%以上，植物类型丰富，奇花异草、珍禽异兽众多，尤其著名的是兰花和蝴蝶，台湾兰花种类多达上百种，闻名世界。台湾盛产蝴蝶，有"蝴蝶王国"之称。

台风是本区气候的又一大特点，每年6—10月台风次数最为频繁，尤其是台湾地区是我国受台风影响最多的地方，台风成为本区影响旅游活动的最重要因素之一。

3. 地壳活动频繁，火山和温泉旅游资源丰富

本区处于环太平洋地震、火山活动带，尤其是台湾，自古以来就是中国地震的多发区，同时地热资源也极为丰富，火山地貌类型齐全且典型，几乎全岛都有温泉分布，已发现128处温泉，是我国温泉密度最高的地区，其中北投、阳明山、关子岭和四重溪温泉号称"台湾四大温泉"。

二、人文地理环境与旅游资源特征

1. 中西文化荟萃，旅游文化多元

港澳台自古以来就是我国不可分割的领土，但在历史发展过程中，三地都曾受外国殖民统治，其中香港曾受英国殖民统治长达150多年，澳门受葡萄牙殖民统治也达百年以上，台湾在17世纪上半叶曾经历了荷兰、西班牙等欧洲殖民帝国的统治达40多年，中日甲午战争后，又经历了日本帝国主义的殖民统治达半个世纪。在这个过程中，三地传统文化与外来文化经历了长久的冲突和融合，形成了以中国传统文化为内核，以中西文化交融为特色的文化形态。

这种多元文化特征首先表现为宗教信仰的兼容并包。港澳台三地皆以佛教和道教最为盛行，妈祖信仰非常普及，寺庙、道观众多，但同时，基督教、天主教、伊斯兰教及印度教亦颇多信众。

其次，三地的节庆活动也体现为中外融会，缤纷多彩。中国传统节庆日保留完好的同时，西方节庆活动也普遍开展，这些节庆活动为特色旅游增添了许多项目，丰富了旅游资源的内涵。

中西文化的融合还体现在建筑和城市风貌上。港澳台现在保留下来的传统建筑都具有中西合璧的特点，有中式的古老宅院，也有西洋式的楼房；有明、清的古庙和楼阁，也有欧陆式的古雅教堂。城市风貌除现代建设的高楼大厦外，还保留一些具有西方特色的建筑，澳门的历史街区保留了澳门400多年的历史建筑，是中国境内现在年代最远、规模最大、保存最完整和最集中的中西建筑交相辉映的历史城区。

2. 现代化大都市，典型的城市旅游景观

港澳台与内地的北京、西安、南京等古都相比，没有那么多名胜古迹，但现代化都市风貌却形成了对现代游客巨大的吸引力。香港是一个国际金融中心，银行机构数目仅次于纽约和伦敦，是世界上金融密度最大的地区之一。发达的金融业不但对香港经济发展有重大的促进作用，也间接带动了旅游业的发展，使香港成为世界著名的商务旅游和会议旅游中心。香港中环是银行、商行、股票交易所、酒店等聚集中心，高楼大厦，车水马龙，一派繁华的现代都市景观。澳门虽然城市规模不大，但环境幽静，景致别具特色，尤其是被列入世界文化遗产名录的澳门历史街区，使澳门城市风貌成为澳门最具价值的景观。台湾在20世纪70年代以后，经济得到迅速发展，城市建设快速发展，传统建筑与现代建筑交相辉映，台北101大楼曾是世界最高大楼，成为台湾标志性建筑，高雄作为亚洲大型港口，同时都市建设也与之相得益彰，成为台湾旅游的热点。

港澳台地区的饮食文化丰富多彩，博采众长，成为极具魅力的旅游资源。香港有亚洲"美食之都"的美誉，以选择繁多而质高味美的美食而闻名于世，无论是西餐还是中餐都制作精细，从法式大餐，到广式早茶，从遍布全球的美式快餐到尼泊尔菜，应有尽有，服务于世界各地游客的需要。澳门具有葡式风格的西点，不仅味美，而且形美，成为享誉世界的经典美食。台湾把全中国各地的美食都融合在一起，还保留了日式料理的特点，使台湾饮食多元化特征异常显著，尤其是台湾的夜市，其美食种类之繁多，口味之绝妙，享誉天下。美食成为港澳台地区提升旅游品质的重要因素。

3. 国际贸易自由，购物旅游特征显著

香港、澳门和台湾都是长期立足于发展市场经济和外向型经济，加之良好的投资环境，吸引了大量外来资金和外来商品，因而市场繁荣，贸易发达，尤其是香港，作为国际自由贸易港，一般消费品均可免税进口，因此，市场上世界各地产品云集，价格较低，被称为"世界商品橱窗""购物天堂"。活跃的贸易往来刺激游客增加，促进了旅游业的发展。

第二节 主要旅游地介绍

一、香港旅游区

香港位于中国南部、珠江口以东,西与澳门隔海相望,北与深圳市相邻,包括香港岛、九龙、新界和周围262个岛屿,陆地总面积1 106.34平方千米,总人口约748.25万人,是世界上人口密度最高的地区之一。香港地形主要为丘陵,平地较少。属于海洋性亚热带季风气候,全年雨量充沛,四季花香,春温多雾,夏热多雨,秋日晴和,冬微干冷。1842—1997年间曾受英国殖民统治,1997年7月1日,中国政府对香港恢复行使主权,香港特别行政区成立,实行"一国两制"的基本国策。

香港是一座高度繁荣的自由港和国际大都市,全球第三大金融中心,有"东方之珠""美食天堂"和"购物天堂"等美誉。丰富的旅游资源助力旅游业成为香港重要的社会经济发展部门,是香港第三大创汇产业。香港中西合璧的文化景观,传统文化与现代文化的融合,独特的自由贸易政策,来自世界各地的商品和美食,现代都市风光,以及维多利亚港、迪士尼乐园、海洋公园、浅水湾、太平山顶公园等密集景点吸引了世界各地的游客。

1. 香港岛游览区

香港岛,简称为港岛,是香港最繁荣的区域。香港岛以山地为主,最高峰为太平山,海拔554米,现今港岛最繁华的平地大多是填海而来。香港岛是香港开埠最早的地区,其北面有皇后大道、德辅道、干诺道等繁华大街;南部有著名的深水湾、浅水湾,是主要旅游区和高级住宅区;中部是特区政府机关所在地,到处都是商业大厦和购物中心。海洋公园、浅水湾、太平山、兰桂坊、维多利亚港、金紫荆广场等都是港岛著名的旅游景点。

(1)太平山顶

太平山古称香炉峰,本地居民又称它为扯旗山、维多利亚山,位于香港岛西部,是全港最高峰。太平山风光秀丽,山顶还是观赏香港美妙夜景的最佳去处。有缆车直通山顶,山顶还设有露天观景台、商场、银行和餐厅等配套设施。还有狮子亭等不少历史建筑。

(2)浅水湾

浅水湾位于香港岛太平山南面,依山傍海,海湾呈新月形,号称"天下第一湾",

也有"东方夏威夷"之美誉,是香港最具代表性的海湾。浅水湾在香港岛之南,坡缓滩长,波平浪静,水清沙细,沙滩宽阔洁净而水浅,且冬暖夏凉,水温在16℃至27℃之间,历来是消夏弄潮的胜地,也是游人必至的著名风景区。昔日,香江八景之一的"海国浮沉",指的就是浅水湾的海滨浴场。在浅水湾的东端还有佛教色彩的镇海楼公园,门前竖立着"天后圣母"和"观音菩萨"巨大塑像。海边远处建有七色的慈航灯塔,气势雄伟,吸引众多游客在此留影。在沙滩周围有许多茶座、酒家、快餐店和超市,可以欣赏落日美景。

(3)金紫荆广场

在1997年7月1日香港特别行政区成立时,中央政府把一座金紫荆铜像赠送香港,安放在会展中心旁,面对大海,这个广场也被命名为金紫荆广场。这座高6米的铜像正式名称为"永远盛开的紫荆花",寓意香港永远繁荣昌盛。在金紫荆广场一角还矗立着高20米的香港回归纪念碑,与金紫荆铜像遥相呼应。

金紫荆广场位于香港湾仔香港会议展览中心新翼人工岛上,三面被维多利亚港包围,与对岸的尖沙咀相对,是观景的好地方。广场附近还有一条长四百米的海滨长廊,游客可无拘无束地漫步其间或附近的草地,观赏维多利亚港两岸景色。

(4)维多利亚港

维多利亚港简称维港,名字来自英女王维多利亚,位于香港岛和九龙半岛之间的海港(见图12-1)。它是一天然良港,港阔水深,景色迷人,香港亦因其而拥有"东方之珠"之美誉。每天日出日落,繁忙的渡海小轮穿梭于南北两岸之间,渔船、邮轮、观光船、万吨巨轮和它们鸣放的汽笛声,交织出一幅美妙的海上繁华景致。维多利亚港两岸的夜景是世界知名的观光点之一,由于香港岛和九龙半岛高楼大厦满布,入夜后万家灯火,相互辉映,香港的夜景因而与日本函馆、意大利那不勒斯并列"世界三大夜景"。为庆祝特别节日及吸引游客,维港每年都会举行数次烟花表演。

图12-1 维多利亚港

(5)海洋公园

香港海洋公园位于港岛南区黄竹坑,是一座集海陆动物、机动游戏和大型表演于一身的世界级主题公园。公园依山而建,分为"高峰乐园"及"海滨乐园"两大主要景区,以登山缆车和海洋列车连接。在这里不仅可以看到趣味十足的露天游乐场、海豚表演，还有千奇百怪的海洋鱼类、高耸入云的海洋摩天塔，更有惊险刺激的越矿飞车、极速之旅，备受游客喜爱。园内拥有40多个游乐设施，包括亚洲动物天地、梦幻水都、威威天地、热带雨林天地、海洋天地、急流天地、动感天地等，有越矿飞车、极速之旅、疯狂过山车、海洋剧场、海洋馆等人气项目，是科普、观光、娱乐的完美组合。

2. 九龙半岛游览区

九龙是位在北边港口的半岛，东南西三面被维多利亚港包围。九龙也是组成香港繁盛的市区不可或缺的一部分，以尖沙咀、油麻地及旺角最具吸引力，这些地区购物、饮食、娱乐与文化中心应有尽有，有著名的商业中心尖沙咀中心、帝国中心、好时中心、南洋中心等，各式商店鳞次栉比，是游客聚集的购物天堂。

（1）尖沙咀

尖沙咀位于九龙半岛的南端，与香港岛的中环及湾仔隔着维多利亚港相望。区内集中了大量的商店、购物中心、餐厅和办公大楼，包括新港中心、太阳广场、美丽华商场、新世界中心等，每天都车水马龙，挤满了市民和游客。这一带也是高级宾馆的集中地，在此还可以观赏维多利亚港全景（见图12-2）。

图12-2　尖沙咀街景

（2）黄大仙祠

香港黄大仙祠又名啬色园，始建于1945年，是香港最著名的庙宇之一。建筑雄伟，金碧辉煌，极尽中国古典庙宇的特色。其中以牌坊建筑最具特色，充分表现中国传统文化。除了大雄宝殿外，祠内其他建筑也充满传统特色，如三圣堂奉祀吕祖（吕洞宾）、观音和关帝，并挂有万世师表孔子的画像。祠内又珍藏不少道教、佛教和儒家的典籍，可谓集儒、释、道三教于一身。

（3）星光大道

香港星光大道位于香港九龙尖沙咀东部的尖沙咀海滨花园，由新世界发展有限公司于2003年赞助兴建，并移交给香港特别行政区政府管理，供市民休憩及游客观光。它仿效好莱坞星光大道，将杰出电影工作者的芳名与手掌印镶嵌在特制的纪念牌匾上，按年代依次排列，星光大道可容纳100名电影工作者的纪念牌匾。此外，漫步星光大道，在观看众多名人手印的同时，可欣赏到香港著名的维多利亚港景色、香港岛沿岸特色建筑，这里还是香港崭新的多媒体灯光音乐汇演——幻彩咏香江的理想观赏点。

3. 大屿山岛游览区

大屿山是香港最大的岛屿，位于香港西部海域，地势以山地为主，山溪下有小块平坦土地，大澳镇是岛上人口最集中的地方，许多人会在周末或者节假日到大屿山游玩、休息。山上气势磅礴，有"凌绝顶"之称。山下有罗汉寺，寺内的罗汉洞及罗汉泉景色迷人。山的西面有宝莲寺和"天坛大佛"，北面有清代海盗张保仔的古堡，东南海岸则有香港海岸最长的海水浴场——长沙湾渔场。

（1）香港迪士尼乐园

香港迪士尼乐园位于新界大屿山，占地126公顷，建成于2005年，是全球第5座、中国第1座迪士尼乐园。乐园分为美国小镇大街、探险世界、幻想世界、明日世界、玩具总动员大本营、灰熊山谷及迷离庄园等7个主题园区，其中灰熊山谷和迷离庄园为全球独有。除了家喻户晓的迪士尼经典故事及游乐设施外，香港迪士尼乐园还配合香港的文化特色，构思一些专为香港而设的游乐设施、娱乐表演及巡游。园区内设有主题游乐设施、娱乐表演、互动体验、餐饮服务、商品店铺及小食亭。此外，乐园每天晚上会呈献巡游表演节目及烟花汇演。

（2）天坛大佛

香港天坛大佛坐落在香港大屿山木鱼峰顶，大屿山地域宽阔、风光秀丽，岛上坐落着雄伟壮观的宝莲寺，大佛就矗立在寺旁。大佛建于20世纪90年代初，是当今世界上最大露天青铜释迦牟尼佛坐像，由202块青铜焊接而成，重250吨，佛像身高23米，莲花座及基座总高约34米。从木鱼山脚登上天坛底座，有260级石级。底座仿北京天坛圜丘而建，故名天坛大佛。大佛是依据佛经如来三十二相而设计，面相参照龙门石窟的卢舍那佛，而衣纹和头饰则参照敦煌石窟第三百六十窟的释迦牟尼佛像，因此大佛兼备隋唐佛教全盛时期造像的特色。在三楼的纪念堂中，供奉了佛陀真身舍利。

4. 香港风俗与饮食特色

（1）抢包山

抢包山是香港的民间岁时风俗，起源于清朝中期，距今已有两百多年历史。太平清醮期间，长洲北帝庙前会有三个挂满包子的包山。包山高约 13 米，仅用竹棚搭成，每个包山挂上了约 16 000 个包子。包子名为"幽包"，是一种曾被贡神的印有红色"寿"字的莲蓉包，又叫"平安包"。抢包山通常会在太平清醮的最后一晚举行。在村长一声号令后，过百名男子便会爬上包山，尽他们所能抢夺包子。按照传统说法，取得越多包子，福气就越高，于是抢包山的人你推我挤，争先恐后，甚至不时出现"叠罗汉"的场面，险象环生。数分钟内，数以万计的包子便一扫而空，抢得的包子则会分派给其他居民。

（2）抢头香

农历年三十晚，香港市民到黄大仙祠抢上头炷香，除夕日午夜，踏入子时一刻，黄大仙祠内敲响钟声，大批市民争相抢占香炉前的正中位置，上头炷香，并双手合十祈福，希望新年能幸福平安。

（3）香港饮食特色

香港饮食融合了粤菜和西餐的饮食特点和习惯，造就了香港"美食天堂"的美名。全世界各地的美食汇聚于香港，日本、韩国、越南、泰国、印度菜等餐厅在香港都十分常见，极受欢迎。

香港大部分的家庭还是以中国菜为主，尤其是粤菜中的广府菜、客家菜、潮汕菜最常见。代表菜品有避风塘炒蟹、盐酥鸡、干炒牛河、烧鹅皇等。盆菜是新界原住民在节日时的传统菜。街头小食是香港饮食文化的一部分，车仔面、鱼蛋、鸡蛋仔、肠粉、碗仔翅、钵仔糕、狗仔粉、凉粉、猪红、牛杂、萨其马、龙须糖、脆麻花、蛋散都是很受欢迎的街头美食。

二、澳门旅游区

澳门特别行政区，简称"澳"，位于中国南部，地处珠江三角洲西岸，包括澳门半岛以及氹仔和路环两个离岛，陆地面积 32.8 平方千米，总人口 67.2 万。1999 年 12 月 20 日中国政府对澳门恢复行使主权。澳门是一个国际自由港和世界旅游休闲中心，是世界人口密度最高的地区之一，也是世界四大赌城之一，澳门的博彩业在其经济中产生举足轻重的影响。

由于澳门独特的地理位置和历史背景，澳门文化兼容并包，是一种以中华文化为主、兼容葡萄牙文化的具有多元化色彩的共融文化。

经过100多年东西方文化的碰撞,澳门成为一个风貌独特的城市,留下了大量的历史文化遗迹。澳门自然风景优美,文物古迹众多,气候宜人,一派热带海滨风光。市区绿树成荫,高楼大厦耸立其间,展现着澳门的现代城市特色。富有东方色彩的寺院庙宇、文艺复兴时间建筑风格的天主教堂、欧洲中世纪古堡式的炮台、原始的石板路和碎石路、中西合璧的市井风情等都表现了澳门作为一个文明交汇点的特有魅力,每年都吸引着大量的游客来此观光。主要景点有澳门历史城区、大三巴牌坊、妈阁庙、东望洋灯塔、大炮台、澳督府、渔人码头、葡京赌场、谭公庙等。

1. 澳门历史城区

澳门历史城区是由22座位于澳门半岛的建筑物和相邻的8块前地所组成,以旧城区为核心的历史街区。澳门历史城区是中国境内现存年代最古老、规模最大、保存最完整和最集中的东西方风格共存建筑群,当中包括中国最古老的教堂遗址和修道院、最古老的基督教坟场、最古老的西式炮台建筑群、第一座西式剧院、第一座现代化灯塔和第一所西式大学等。城区见证了澳门四百多年来中华文化与西方文化互相交流、多元共存的历史。正因为中西文化共融的缘故,城区当中的大部分建筑都具有中西合璧的特色。城区内的建筑大部分至今仍完好地保存或保持着原有的功能。2005年,中国"澳门历史城区"正式被列入世界文化遗产名录。

2. 大三巴牌坊

大三巴牌坊,其正式名称为圣保禄大教堂遗址,是澳门天主之母教堂正面前壁的遗址,是澳门的标志性建筑物之一,2005年与澳门历史城区的其他文物成为联合国世界文化遗产(见图12-3)。圣保禄教堂于1580年竣工,后经历3次大火,屡焚屡建,直至1835年10月26日,最后一场大火将其烧得只剩下教堂正门前壁,此墙因类似中国传统牌坊而得名"大三巴牌坊"。

牌坊高约27米,宽23.5米,由三至五层构成三角金字塔形,无论是牌坊顶端高耸的十字架,还是铜鸽下面的圣婴雕像和被天使、鲜花环绕的圣母塑像,都充满着浓郁的宗教气氛,给人以美的享受。建筑糅合了欧洲文艺复兴时期巴洛克式建筑风格与东方建筑的风格,体现出东西艺术的交融,雕刻精细,巍峨壮观,并有明显东方色彩的雕刻,包括牡丹及菊花图案,各种雕像栩栩如生,令它在全世界的天主

图12-3 大三巴牌坊

教教堂中具有独一无二的特色。

3. 妈阁庙

妈祖阁，俗称天后庙，初建于明弘治元年（1488年），距今已有五百多年的历史。庙宇坐落在澳门半岛的西南面，沿岸修建，背山面海，石狮镇门，飞檐凌空，是澳门的三大禅院之一，庙内主要供奉道教女仙妈祖，主要建筑有大殿、弘仁殿、观音阁等殿堂。在各具特色的建筑物之间，有石阶和曲径相通，四周苍郁的古树，错杂的花木，纵横的岩石，把园林的幽雅和古庙的庄严巧妙地结合在一起，显得古朴典雅，雄伟壮观，极富民族特色。每年春节和农历三月二十三日妈祖生辰，妈阁庙香火至为鼎盛，不少善男信女都会前来拜神祈福。

4. 大炮台

大炮台坐落在大三巴牌坊侧，建于1616年明神宗年间，本属教会所有，为保护圣保禄教堂内的教士而兴建，用以防范海盗，后转为军事设施区。大炮台是澳门众多炮台中规模最大、最古老的炮台，四周均置有巨炮，1662年，荷兰人企图入侵，炮台山上的大炮保卫了澳门，把荷兰人击退。现炮台山上建有澳门博物馆，大片空地上绿草如茵，古树参天。

5. 渔人码头

澳门渔人码头是澳门首个主题公园和仿欧美渔人码头的购物中心，占地100多万平方米，整个项目按照设计分为宫廷码头、东西汇聚、励骏码头3个主题区域。渔人码头建于外港新填海区海岸，邻近港澳码头，东面向着粼粼碧波的大海和具有后现代设计概念的友谊大桥，与日夜繁忙的港澳码头、新八百伴百货大楼、赌船"澳门皇宫"、文华东方酒店、雄伟的澳门文化中心以及莲花广场为邻。

6. 东望洋山

东望洋山，旧称松山，是澳门半岛最高山冈，也是澳门的地理坐标。东望洋山古称琴山，以其横卧似瑶琴得名。山顶可以俯瞰全澳门半岛的景观。山上景点有东望洋灯塔，圣母雪地殿教堂，东望洋炮台。

灯塔位于东望洋山山顶，于1865年9月24日正式开始运作，是中国沿海地区最古老的现代灯塔。灯塔的旁边有一座小教堂，即圣母雪地殿教堂，主色为白色，带着黄色的线条点缀，具17世纪葡萄牙修院的建筑风格。

东望洋炮台为澳门现存最古老的西式炮台建筑群的一部分。东望洋炮台除数座炮台堡垒外，还有由四组隧道组成的防空洞。在此可俯瞰澳门全景和珠江口的壮丽景色。

7. 澳门博彩娱乐场

葡京赌场是澳门最大的一间赌场，也是澳门的标志性建筑（见图12-4）。赌场位于葡京酒店的左边，是一座三层圆柱形建筑，入夜时分，由霓虹灯组成的皇冠形门额最具特色。赌场中央大厅内设有几十张赌台，中西式赌法应有尽有。

三、台湾地区旅游区

图 12-4　葡京赌场

台湾地区，简称"台"，地处中国大陆东南海域，东临太平洋，西隔台湾海峡与福建省相望，南界巴士海峡与菲律宾群岛相对。台湾地区由台湾岛和周围属岛以及澎湖列岛等岛屿组成，总面积约 3.6 万平方千米，人口约 2 350 万。台湾东部多山脉，中部多丘陵，西部多平原，全省有 2/3 的面积为山地和丘陵，主要山脉有中央山脉、雪山山脉、玉山山脉、阿里山脉和台东山脉。台湾位于环太平洋地震火山带上，多火山、地震和温泉。北回归线穿过台湾中南部的嘉义、花莲等地，将台湾南北划为两个气候区，中部及北部属亚热带季风气候，南部属热带季风气候，整体气候夏季长且潮湿，冬季较短且温暖。6 月至 9 月是台风季，民众生活、工农业及旅游业都会受到较大影响。

台湾是中国领土不可分割的一部分。台湾文化以中华文化为主体，是中华文化的重要组成部分，高山族的南岛文化亦有影响，近现代又融合日本和欧美文化，呈现多元风貌。台湾是一个美丽的宝岛，旅游资源非常丰富，境内的阿里山、日月潭、太鲁阁峡谷、玉山、垦丁、阳明山等都是著名的自然旅游景点。新北市瑞芳区九份老街、台北市北投区、彰化县鹿港镇、新北市莺歌区等观光小镇地方风情浓厚，是寻幽访古的旅游胜地。境内有不少特色温泉，温泉文化别具一格。位于城市的著名景点有台北 101 大楼、台北故宫博物院、中正纪念堂、台北中山纪念馆、高雄爱河、各处夜市和各大商圈等。遍布全台的夜市各具特色，小吃美食琳琅满目。台湾购物环境优越，台北市的信义商圈、忠孝东路商圈、西门町商圈等是著名的购物商圈。

1. 台北游览区

台北游览区以台北市为中心，包括基隆、新竹、桃园、宜兰等市县所辖区域，主要景点有台北故宫博物院、孙中山纪念堂、台北 101 大楼、士林景区、夜市、西门町、大屯火山群、北投温泉、野柳、狮球岭炮台等。

（1）台北故宫博物院

台北故宫博物院建造于 1962 年，为仿造中国传统宫殿式建筑，主体建筑共 4 层，

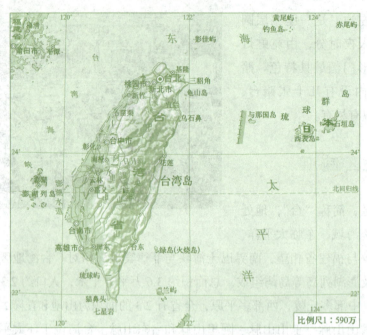

图 12-5 台湾地区示意图

白墙绿瓦，正院呈梅花形。院前广场耸立五间六柱冲天式牌坊，整座建筑庄重典雅，富有中华民族特色。院内收藏有北京故宫、南京故宫、沈阳故宫、承德避暑山庄、颐和园、静宜园和国子监等处的皇家旧藏，馆藏文物达69.6万余件文物。所藏的商周青铜器、历代的玉器、陶瓷、古籍文献、名画碑帖等皆为稀世之珍，最为著名的有闻名海内外的清代玉雕"翠玉白菜"、西周毛公青铜鼎、王羲之的《快雪时晴帖》、黄公望的《富春山居图》后部长卷、苏东坡的《寒食帖》、《四库全书》等。台北故宫博物院堪称中国文化艺术之宝库，展馆每三个月更换一次展品。

（2）大屯火山群

大屯火山群位于台湾岛北部，面积430平方千米，地域覆盖了台北市和台北县，是台湾火山地形保存最完整的地区。由16个火山喷发口造成的圆锥形山体组成，大屯山居于群山之中，海拔1 000多米，顶上呈漏斗状的火山口，雨季积水成湖，称为"天池"。在大屯山东南有座更大更高的火山，顶上有7座小峰，如七仙女下凡，亭亭玉立，故名七星山，它是大屯火山群中最新的火山，山顶上巨大的爆裂火口仍不断吐出硫气浓烟。在大屯山和七星山之间，还有座小观音山，顶上火山口直径有1 200米，深300米，是大屯火山群中最大的火山口。

（3）北投温泉

北投温泉位于台北市北郊，是台湾北部著名的温泉区。"北投"原是少数民族平埔族北投社所在地，温泉发现于1893年，此后游娱业逐渐发展起来。北投温泉的形成非常特别，是因大屯火山爆发，地下水被火山底部的热源加热后，从岩层的裂缝涌出而成的。温泉的泉质分为青磺、白磺两种。青磺温度高达摄氏一百度，泉水清澈微绿，亚洲只有日本秋田县和北投才有，适合煮温泉蛋、嬉戏游玩。而北投温泉路上饭店、民宿的温泉则属于白磺泉，泉水颜色是乳白色并散发淡淡的硫磺味，又被称为"牛奶汤"，具有促进血液循环以及使人精神舒畅的作用。北投山林中还有中和寺、玉皇寺、善化寺等古迹，与东北的阳明山风景区以及东南的士林景区共构成台湾北部最大的游览区。

（4）士林官邸

台北士林官邸位于台北市士林区福林路，早期属日本殖民统治时期总督府园艺所用地，因环境清幽，三面环山，山清水秀且交通便利，后选定为蒋介石的所谓"总统官邸"。官邸由外而内共分为外花园、内花园、正房几个区域。外花园中有温室盆栽区及玫瑰园；内花园是中式庭院和西式庭院的合称，西式庭院里的苗圃、花艺、雕塑、水池都洋溢着浓浓的西方风情；中式庭院里的拱桥、曲池、流水等东方庭院造景，则令人仿佛置身古代中国。中西两种风格同时聚合在一个地方，并没有显得突兀和怪异，却有种别样的美。士林官邸占地甚广，分为山区和平地两部分，整个园区古树参天，群花竞秀，景色清幽。

（5）台北101大楼

台北101大楼位于台北市信义区，坐落于台北信义区金融贸易区中心，占地面积153万平方米，其中包含一座101层高的办公塔楼及6层的商业裙楼和5层地下楼面，每8层楼为1个结构单元，彼此接续、层层相叠，构筑整体。101大楼是台北最显眼的地标性建筑，曾经六年蝉联"世界第一高楼"称号（见图12-6）。101观景台拥有世界最大、最重，且唯一

图12-6 台北101大楼

外露供参观的风阻尼球。89层为室内观景层，91层为室外观景台，拥有全方位绝佳的观景视野，是欣赏台北夜景的最佳地点之一。还设有纪念证书摄影服务等，南侧有7台40倍的望远镜设置于各角落。

（6）台北饶河街夜市

饶河街观光夜市位于台北市松山区饶河街，范围从八德路四段至抚远街交叉口的

慈佑宫，全长约为600米，是台北最受欢迎的观光夜市。饶河街夜市规模大，美食多，古早豆花、蚵仔面线、福州胡椒饼、牛肉面、药炖排骨、麻辣臭豆腐、麻辣鸭血、杨桃汁、蟹壳黄、生炒蟹脚、蚵仔煎，都是样样有名气、店店有人潮，让许多来到饶河街观光夜市的民众大饱口福。饶河街夜市同时开设了许多的服饰商店，附近还有一座建于1757年的祭拜妈祖的寺庙慈佑宫。每逢周末假日，饶河夜市人山人海，夜市聚集了许多外来的旅客，成为台湾旅游的一大特色。

2. 台中游览区

台中地区是台湾地形变化最显著的区域，以台中市为中心，从低海拔的海岸线，到海拔3 900米的高山，地形由平原向丘陵及至山地；以东西横贯公路为主轴，连接山岳、山谷、断崖、湖泊、平原，是台湾主要的山岳风景区。台湾八景中有三景分布在本区，分别是"双潭秋月""阿里云海""玉山积雪"，其中阿里山和日月潭成为台湾标志性景观，为中外游客所向往。

（1）日月潭

日月潭位于南投县鱼池乡水社村，由玉山和阿里山之间的断裂盆地积水而成，是台湾最大的天然淡水湖泊，环潭周长35千米，水域面积770公顷，平均水深30米。日月潭中有一小岛，名为光华岛，将日月潭分隔为南北两部分，岛的东北面湖水形圆如日，称日潭；西南面湖水形状如月，称月潭。

日月潭之秀美可以经得起各个角度欣赏。它环湖皆山，重峦叠嶂，郁郁苍苍；湖面辽阔，水平如镜，潭水湛蓝；湖中有岛，水中有山，波光岚影；一年四季，晨昏景色，各不相同。湖畔的山麓建有许多亭台楼阁，既是观赏湖光山色的极好场所，又是对优美自然景致的巧妙点缀。潭西的涵碧楼，清幽素雅；与涵碧楼相对峙的是潭南青龙山麓的玄光寺；沿着玄光寺后石砌小径登山，可达玄奘寺，寺中有小塔，供奉唐代高僧唐三藏灵骨，因而成为台湾一大佛教圣地。玄奘寺后山，青龙山顶峰上建有九层的慈恩塔，是仿照辽宋古塔式样建造的。此外，潭畔可供游览的景点有文武庙、孔雀园和光华岛等。

（2）阿里山

阿里山位于嘉义市境内，与玉山山脉相邻，共由十八座高山组成，主峰塔山海拔2 600多米。阿里山风景区群峰环绕、山峦叠翠、巨木参天，还是民族风情浓郁的邹族聚居地，深入邹族文化园区可以了解这一特色民族的历史文化。阿里山景观多元，春可赏花、夏能避暑，秋冬观日出、看云海，一年四季皆有可观，日出、云海、晚霞、森林与高山铁路，合称阿里山五奇。

祝山山顶上的观日楼是此地欣赏日出的最佳地点，阿里山日出，四季出现位置与时间皆不同。

秋天是观赏云海的最佳季节，最佳地点则是神木站前的二万坪、游乐区内的慈云寺、阿里山宾馆、阿里山火车站、沼平公园、祝山观日楼与第一停车场附近。阿里山的云海是台湾八景之一。

阿里山所拥有的丰富森林资源，涵盖了不同气候带，呈现变幻多端的奇景，从平地的龙眼、相思树、桂竹林等热带植物开始，顺着山势攀升，景致变换成属于暖带林的樟木、楠木和柳杉林，再往上到了温带林则可见到铁杉、台湾扁柏、华山松、台湾杉与红桧等。这里所产的是世界罕见的高级建筑木材，如台湾杉、铁杉、红桧、扁柏和小姬松，称为阿里山特产"五木"。到了阳春三月，阿里山又成为一个绯艳绚丽的樱林，山上有高山博物馆，陈列各种奇木异树，高山植物园内种有数百种热带、温带、寒带植物，游人既可饱览林海在微风中泛起层层波澜的胜景，还可增广见闻。

阿里山的铁路全长 72 千米，由海拔 30 米上升到 2 450 米，坡度之大举世罕见。火车从山脚登峰，似沿"螺旋梯"盘旋而上，途经热、暖、温三带，风景多样，搭乘火车如置身绿野仙境。坐上阿里山火车，给阿里山旅游增添了许多的情趣（见图 12-7）。

此外，阿里山还有慈云寺、高山植物园、高山博物馆、姐妹潭等景点。

图 12-7　阿里山森林小火车

（3）玉山

玉山风景区位于嘉义、南投、高雄三县交界处的北回归线上，主峰海拔 3 952 米，为中国东部最高峰，虽居热带和亚热带，但常年积雪，以"奇峰、云瀑、林涛、积雪"四景闻名，同时也是冬季滑雪的好场所。玉山群峰西接阿里山，东与中央山脉高峰大水窟山、秀姑峦山等相望，气势磅礴，冠绝东南，是登山游览胜地。风景区内还有亚洲黑熊、台湾猕猴等多种珍稀野生动物。

3. 台东游览区

台东游览区主要包括花莲县和台东县，位于台湾地区东南部，往东直逼太平洋，西靠中央山脉，背山面海，自然风景奇绝，尤以惊险壮丽的断崖幽谷最为突出。花莲县是台湾原住民最多的区域，境内原住民以台湾原住民第一大族阿美族分布最广，民族风情独特。主要景区景点有太鲁阁大峡谷、九曲洞、鲤鱼潭、石梯坪、天后宫、卑南文化公园等。

图12-8 太鲁阁峡谷

太鲁阁公园位于台湾岛东部,地跨花莲县、台中县、南投县三个行政区(见图12-8)。太鲁阁公园的特色为峡谷和断崖,以雄伟壮丽、几近垂直的大理岩峡谷景观闻名。沿着立雾溪的峡谷风景线而行,触目所及皆是壁立千仞的峭壁、断崖、峡谷、连绵曲折的山洞隧道、大理岩层和溪流等风光。公园内巨峰林立,从清水到南湖大山顶,落差达3 742米,造就了层次复杂的植物分布特点,给野生动物栖息活动提供了空间。其主要的建筑有长春祠、燕子口、靳珩公园、九曲洞、慈母桥、天祥;主要的自然景观有锥麓断崖、流芳桥、大禹岭、布洛湾、砂卡当步道、绿水合流步道、清水断崖步道、白杨步道、豁然亭步道、莲花池步道、黄金峡谷。园内有台湾第一条东西横贯的中横公路系统。

4. 台南游览区

台南游览区地处北回归线以南,以台南和高雄两市为中心,包括台南、高雄、屏东及澎湖4县,主要风景区有以台南市为中心的历史古迹区、以港口为中心的高雄城市风情游览区、以热带景观和独特海滨风光特色的恒春半岛观光游览区。

(1)台南市

台南市是台湾最古老的城市,拥有台湾最多的名胜古迹,仅寺庙及教堂就达200多座,其中开元寺、弥陀寺、法华寺和竹溪寺合称"台南四大古刹",此外还有安平古堡、孔庙、赤崁楼等。

安平古堡为台湾八景之一,是台湾历史最为悠久的一座古城镇,始建于明末,原是荷兰人建造的贸易据点,当时称红毛城,郑成功收复台湾后接收了该城,并改名为安平镇,作为郑氏府第和全台政治中心。1662年6月,郑成功病逝于城内。古堡内现存有古老的街市房舍、古灯塔、古寺庙和亿载金城等古迹。

开元寺始建于明末,为郑成功的儿子郑经所建,原名承天府行台,后借郑成功家乡泉州的开元寺名更名为"开元寺"。寺内殿宇巍峨,正殿奉祀释迦牟尼,右祠奉祀郑成功,左殿奉祀早期开发台湾的诸先人,是台湾地区最著名的古刹之一。

台南市的孔庙是全台湾建成的第一座孔庙,建成于明永历年间,也是郑成功收复台湾后在台湾建立的第一所高等学府,清朝初期一度是全台童生入学之所,有"全台首学"之称,它的建立标志着儒学正式进入了台湾,成为台湾教育发展史上的一个重要里程碑。建筑以主祀至圣先师孔子的大成殿为主体，内有清朝诸皇帝御笔匾额数块，每年孔子诞辰都在这里举行祭孔大典。

（2）高雄市

高雄市地处台湾本岛西南部，是台湾最大的港口城市，全年长夏无冬，一派热带海港风光。高雄风光可以"高雄八景"概括，即旗山夕照、埕埔晓鹭、猿峰夜雨、戍楼秋月、江港归帆、鼓湾涛声、苓湖晴风和江村渔歌。主要景点有西子湾、十八王公庙遗址、史迹文物陈列馆、旗津半岛、莲池潭、佛光山、武德殿、渔人码头等。

高雄市西侧的西子湾风景区是一处以黄澄沙滩、碧蓝海水浴场、迷人的夕阳美景及天然礁石闻名的湾澳，山海衬着繁忙进出高雄港的各国船只，可谓最具港都特色的风景区。西子湾的西子夕照为高雄八大胜景之一，每到日落时分，沿着海岸护堤的石砌栏杆成为欣赏落日余晖的最佳位置。另外，还有十八王公庙遗址、人文荟萃的中山大学及史迹文物陈列馆。史迹文物陈列馆原为旧英国领事馆废址，陈列有人文及地理历史背景及其他台湾文物史料、古今景观照片、建筑模型、打狗抗日的炮战图片。

旗津半岛是高雄港区外侧的一条西北—东南向的沙洲，长达11.3千米，平均宽达200米，如同一条巨龙蜷卧在台湾海峡的碧波中，成为天然的防波堤，为高雄港遮风避浪。坝内港阔水深，清波荡漾，坝外骇浪汹涌，水天相连。半岛上著名的景点有旗津渡轮、灯塔、天后宫及海岸公园。其中，旗津灯塔为台湾本岛上的第二座灯塔，塔角为八角形，有阳台可供远眺高雄港全景。

位于高雄市旗山区中山路的旗山老街，是一条还保留着百年前南洋巴洛克建筑图景的老街。在这里除了逛街，游览富有历史感的旗山旧火车站、旗山天后宫，还可以品尝让人垂涎三尺的当地小吃，如香蕉蛋糕、屏东肉圆等等，独具特色。

左营的莲池潭四周也有孔庙、春秋阁等多处观光景点。孔庙是仿山东曲阜孔庙格局兴建的台湾最大孔庙。佛光山是台湾著名的佛教圣地，寺庙建筑庄严，大多为印度风格的佛堂，颇有特色。

（3）恒春半岛

恒春半岛隶属屏东县，是台湾全岛最南处。由于一年四季气温在20℃～28℃之间，树木常绿，鲜花盛开，有旖旎的热带海滨风光。这里珊瑚礁随处可见，碧海蓝天、黑色的珊瑚礁、白色的沙滩构成了这里迷人的景致。南端与有鹅銮鼻，西有猫鼻头，垦丁公园闻名中外。游人来到这里不仅能欣赏海景，还能看到一望无际的草原，垦丁牧场也是台湾最大的牧场。恒春古城坐落于恒春半岛的最南端，是台湾唯一保存完好的古城垣。

垦丁公园是台湾是台湾唯一的热带区域公园，公园兼有山海之胜，园内有上千种热带植物，巨大的榕树不定根到处伸展，交杂在千姿百态的珊瑚礁上，成为一大奇观，动物中仅蝴蝶就有 200 多种，其中有很多是世界稀有品种。这里三面都是湛蓝清澈的大海，东面是太平洋，西有台湾海峡，南临巴士海峡，半岛最南端的岬角——鹅銮鼻，恰好与台湾海峡与巴士海峡分界处的猫鼻头遥遥相对。在鹅銮鼻上屹立着 18 米高的灯塔，如果站在灯塔之上，就可以看到台湾岛南端起伏的低矮丘陵和平坦的台地，饱览天海一角与珊瑚礁林的秀丽景色。

（4）兰屿

兰屿是台湾东部约 45 平方千米处的太平洋上的一个小岛，是由海底火山喷发隆起而形成的岛屿，岛上因盛产蝴蝶兰而闻名，故称之为"兰屿"。岛上风景优美，一派热带风光，有世外桃源之称。因冬季季风强劲，夏秋两季多台风，故四周海岸多受波浪侵蚀，造成许多特殊海蚀地形景观，遍布天然岩穴与奇石怪崖，著名的有军舰岩岛、坦克岩、玉女岩、双狮岩、龙头岩及情人洞等。岛上的原住民为达悟族人，他们和善好客、乐天知命，保有与此间天地一样纯净简单的性格，神秘独特的习俗和淳朴原始的风貌，使兰屿被誉为"台湾最后一块净土"。

（5）澎湖列岛

澎湖列岛位于台湾岛西南部的台湾海峡中，由大小 64 个岛屿组成，北回归线横跨列岛中部。澎湖是台湾海峡两岸海上交通的咽喉，是著名的渔港，因开发早，古迹甚多，加上特殊的地理景观，使澎湖县观光旅游资源极为丰富。入夜后，渔船上和岸上的灯火与天空的繁星交相辉映，景色别有情趣，"澎湖渔火"自清代起即为台湾八景之一。澎湖天后宫、西屿炮台、西屿东谷均为台湾地区一级古迹。其他景点还有观音亭、顺承门、孔庙、施公祠、七美人冢等，以及澎湖跨海大桥、海水浴场、成功水库、西屿灯塔、果叶日出、通梁古榕等。

思考与练习

1. 港澳台地区最突出的优势旅游资源有哪些？
2. 请简要介绍香港的旅游景点，并分析香港旅游业的发展优势。
3. 分析外来文化对港澳台地区人文旅游资源的影响。
4. 澳门博彩业在其旅游业中的比重是怎样的？
5. 填空题：
   （1）台湾最大的港口城市是_____，它地处台湾本岛西南部。
   （2）台湾最大的牧场是_____，在这里不仅能看到最美的海景，还能看到一望无际的草原。

（3）_____是澳门最著大的一间赌场，也是澳门的标志性建筑。

（4）_____是观赏香港维多利亚港夜景的最佳去处。

6. 单项选择题：

（1）（   ）是亚洲金融中心，也是世界三大金融中心之一。

    A. 香港　　　　　　B. 澳门　　　　　　C. 台北

（2）列入世界文化遗产名录的是（   ）。

    A. 台北历史街区　　B. 澳门历史街区　　C. 中环历史街区

（3）（   ）是台湾最古老的城市，拥有众多的名胜古迹。

    A. 台北市　　　　B. 台南市　　　　C. 台中市　　　　D. 高雄市

7. 判断题：

（1）澳门的大三巴牌坊是澳门的标志性景观，它本是妈祖庙，后毁于火灾，只留下石砌前壁，形似牌坊。（   ）

（2）台湾东部断裂带形成了独特的断崖峡谷景观。（   ）

（3）台南地区集中了大量的温泉，成为台湾温泉旅游的主要地。（   ）

（4）日月潭是台湾代表性景观，由于位处台北附近，成为最受欢迎的景观。（   ）

（5）香港海洋公园不仅是一个世界著名的观赏海洋动物的公园，还是一个极佳的游乐场所。（   ）

8. 实训题：

（1）设计一条台湾环岛九日游的旅游线，为游客精选景点。

（2）设计一条港澳两地五日旅游线。

主要参考文献

1. 段强、吴江江:《红色旅游精品线路指南》,现代出版社,2005。
2. 赖声伟:《中国旅游地理》,上海交通大学出版社,2017。
3. 李娟文、王红国:《中国旅游地理》(第6版),东北财经大学出版社,2017。
4. 李淑梅:《中国旅游地理》,东北师范大学出版社,2014。
5. 刘琼英:《中国旅游地理》,东北财经大学出版社,2012。
6. 刘亚轩、贺红茹、张嵩等:《中国旅游地理》,清华大学出版社,2016。
7. 全国导游资格考试统编教材专家编写组:《全国导游基础知识》(第4版),旅游教育出版社,2019。
8. 汤德伟:《中国珍稀动物》,上海人民美术出版社,2004。

图书在版编目(CIP)数据

中国旅游地理/谢永健主编. —上海：复旦大学出版社,2021.4
(复旦卓越.21世纪旅游管理系列)
ISBN 978-7-309-15488-7

Ⅰ.①中⋯ Ⅱ.①谢⋯ Ⅲ.①旅游地理学-中国 Ⅳ.①F592.99

中国版本图书馆 CIP 数据核字(2021)第 020664 号

中国旅游地理
谢永健　主编
责任编辑/谢同君

复旦大学出版社有限公司出版发行
上海市国权路 579 号　邮编：200433
网址：fupnet@fudanpress.com　http://www.fudanpress.com
门市零售：86-21-65102580　团体订购：86-21-65104505
外埠邮购：86-21-65642846　出版部电话：86-21-65642845
上海崇明裕安印刷厂

开本 787×1092　1/16　印张 24.5　字数 479 千
2021 年 4 月第 1 版第 1 次印刷

ISBN 978-7-309-15488-7/F·2772
定价：58.00 元

如有印装质量问题,请向复旦大学出版社有限公司出版部调换。
版权所有　侵权必究